AF745719

COIMBRA
JURÍDICA

Autor: Ana Raquel Gonçalves Moniz

Título: O Estado Constitucional Monárquico de Governo Moderado

Contributo para a Compreensão do Constitucionalismo Oitocentista

Volume I – Coordenadas E Fundamentos

Edição

Imprensa da Universidade de Coimbra

Email: imprensa@uc.pt

URL: http://www.uc.pt/imprensa_uc

Vendas online: http://livrariadaimprensa.uc.pt

Coordenação editorial

Maria João Padez de Castro

Design: Carlos Costa

Infografia: Imprensa da Universidade de Coimbra

Execução gráfica: KDP

ISBN: 978-989-26-2522-5

eISBN: 978-989-26-2523-2

DOI: https://doi.org/10.14195/978-989-26-2523-2

Ana Raquel Gonçalves Moniz

O ESTADO CONSTITUCIONAL MONÁRQUICO DE GOVERNO MODERADO

CONTRIBUTO PARA A COMPREENSÃO DO CONSTITUCIONALISMO OITOCENTISTA

VOLUME I – COORDENADAS E FUNDAMENTOS

Imprensa da Universidade de Coimbra
Coimbra University Press

O ESTADO CONSTITUCIONAL MONÁRQUICO DE **GOVERNO MODERADO**

CONTRIBUTO PARA A COMPREENSÃO DO **CONSTITUCIONALISMO OITOCENTISTA**

VOLUME I – COORDENADAS E **FUNDAMENTOS**

ANA RAQUEL GONÇALVES MONIZ

Nota prévia

O trabalho que ora se publica corresponde às reflexões desenvolvidas num duplo contexto: por um lado, a análise do constitucionalismo oitocentista como horizonte do desenvolvimento do poder moderador (ou do poder neutro); por outro lado, a lecionação do seminário de Doutoramento de História do Direito, em ano de comemoração do bicentenário da Constituição de 1822.

Se estas foram as causas mais próximas deste escrito, o seu impulso inicial deve-se, em grande medida, ao incentivo e entusiasmo que Senhor Professor Doutor Rui de Figueiredo Marcos colocou nas minhas incursões histórico-jurídicas, os quais muito agradeço. O desafio então apresentado conduziu ao sobressaltar de um percurso de investigação que, agora significativamente mais inquieto, se espraiou para horizontes que, afinal, sempre tinham sido da minha predileção.

Contribuíram ainda, de forma significativa, para a génese e desenvolvimento desta obra as diversas apreciações (verdadeiras orientações-provocações) que o Senhor Professor Doutor Paulo Otero teve a generosidade de me transmitir, num diálogo profícuo cujo agradecimento se impõe.

Registo ainda, com afetuoso reconhecimento, as impressões trocadas, a propósito de alguns dos temas versados, com a Senhora Professora Doutora Maria da Glória Garcia e com os Senhores Professores Doutor António Pedro Barbas Homem, Doutor João Loureiro e Doutor Ibsen Noronha.

Coimbra, em 18 outubro de 2023

Sumário

Introdução

> A história é, mais que simples sucessão cronológica de factos e aconteceres coisificados e tornados estranhos ao homem, a própria essência e substância da sua vida espiritual. O homem só vive històricamente, e isto deve entender-se com relação a todas as suas formas de actividade espiritual, incluindo o direito e o Estado[1].

O estudo do constitucionalismo oitocentista assume-se especialmente relevante numa década marcada pelo assinalar do bicentenário da revolução liberal de 1820, do movimento constitucional português, da Constituição de 1822 e da Carta Constitucional de 1826, e num momento, como o atual, dogmaticamente particularizado pela indefinição do constitucionalismo e do próprio conceito de constituição nos contextos nacional, comparado e global[2].

O século XIX português e europeu está muito longe de se ter revelado pacífico. Pelo contrário, foram múltiplas as convulsões que o atravessaram: dir-se-á que o continente nunca chegou a recuperar verdadeiramente das consequências da Revolução Francesa e das subsequentes campanhas napoleónicas. Não surpreenderá, por isso, o retrato pessimista que nos chega, à la *fin du siècle*, pela mão dos *Vencidos da*

---

1 Cabral de Moncada, *Filosofia do Direito e do Estado*, Coimbra Editora, Coimbra, 1995, p. 7.

2 Salientando esta nota (também no contexto do cruzamento entre história e constitucionalismo), *v.* Lacchè, «Rethinking Constitutionalism between History and Global World: Realities and Challenges», in: *Giornale di Storia Costituzionale/Journal of Constitutional History*, n.º 2, vol. 32, 2016, p. 6.

Vida. Recordem-se as pinceladas acutilantes (quase agrestes) com que Eça[3] desenha a Europa e o País – este último marcado por um discurso oco, porquanto em Portugal "[t]agarella-se n'um desabalado fluxo labial, cuja qualidade, d'esde 1820, não tem deixado de miseravelmente decahir, da eloquencia, degenerando na loquacidade – da verbosidade, descambando na verborreia!".

O advento das monarquias liberais europeias (continentais) ocorre no rescaldo das feridas das guerras napoleónicas e na sequência do Congresso de Viena, não apenas originando a criação de novos Estados ou a recomposição de Estados anteriormente existentes, mas também implicando o reconhecimento da necessidade de alteração do *modus agendi* dos poderes públicos – sem prejuízo da manifestação, aqui e além, da necessidade de respeito pela tradição ou mesmo de um certo saudosismo relativamente aos tempos passados. Se a Revolução implicava um corte abrupto com o passado, a Restauração pressupunha o resgate de alguns dos elementos do regime anterior, naturalmente moldados em função das conceções demoliberais dominantes: soberania popular e legitimidade monárquica conviveriam lado a lado. Esta conjugação e, sobretudo, a sua experiência histórica determinaram, contudo, que o liberalismo – também na sua versão portuguesa – nunca lograsse resolver o seu desafio mais premente: o problema de encarar a monarquia constitucional como uma solução para a construção do Estado de direito demoliberal[4]. Mas tal não significa que a análise deste período histórico também não partilhe do entusiasmo primígeno de Garrett ou da defesa sólida de Herculano, considerando os avanços potenciados quer pelo nascimento do modelo, quer pela sua "regeneração" na segunda metade do século XIX.

---

3 Eça de Queiroz, «A Europa», in: *O Reporter*, n.º 79, 20.03.1888, p. 1, considerando, aliás, que o estado de crise representa "a situação periódica da Europa", que "nunca deixou de ser medonha".

4 Cf. Rui Ramos, «Concepções do Poder Real na Monarquia Portuguesa», in: Rui Ramos/José Murillo de Carvalho/Isabel Corrêa da Silva (org.), *Dois Países, Um Sistema: A Monarquia Constitucional dos Braganças em Portugal e no Brasil (1822-1910)*, D. Quixote, Alfragide, 2018, p. 87, salientando que os liberais nunca conseguiram resolver a questão de saber se "a monarquia era um adversário ou um aliado do projecto de fazer de Portugal um Estado de cidadãos livres".

Sendo o direito constitucional filho das revoluções[5], aquelas perplexidades não deixaram de afetar as dimensões político-constitucionais e, muito especialmente, a visão que se teve sobre o exercício dos poderes (doravante constitucionalmente plasmados) dos órgãos de soberania, em geral, e do rei, em especial[6]. A emergência das constituições como leis positivas traz para a arena jurídica os primeiros debates sobre a supremacia constitucional, a relação com a lei, a organização, (de)limitação e relacionamento entre os poderes e a garantia das liberdades fundamentais. Não obstante a pluralidade e, sobretudo, a diversidade de sistemas instituídos, torna-se nítido que este período encerra o conjunto de questões a formular ao constitucionalismo (naturalmente, com uma acuidade e um alcance distintos), e que recrudescem em tempos de crise, independentemente da respetiva natureza: em causa continuam problemas intemporais como a subordinação do poder público ao direito, o governo limitado e a defesa dos direitos fundamentais[7]. Sem que obliteremos as profundas modificações sofridas pelos textos constitucionais, não deixa, apesar de tudo, de se revelar sintomático do relevo dos movimentos constitucionais de finais de setecentos e início de oitocentos, que as duas primeiras constituições escritas ainda se encontrem em vigor: reportamo-nos, evidentemente, à Constituição norte-americana de 1787 e à Constituição norueguesa de 1814 – numa conjugação feliz entre um sistema republicano presidencial e uma monarquia constitucional parlamentar, entre uma constituição além-Atlântico e uma constituição europeia.

---

5 Aponta-se, tradicionalmente (cf., *v. g.*, Mathieu/Verpeaux, *Droit Constitutionnel*, PUF, Paris, 2004, p. 18), como primeiro manual de direito constitucional da Europa continental a obra de Compagnoni, *Elementi de Diritto Costituzionale e Democratico, ossia Principi di Giuspubblico Universale*, Presso Giustino Pasquali Qu. Mario, Venezia, 1797. Ora, este Autor considera que a revolução e a guerra (*in casu*, as invasões napoleónicas) representam a causa próxima do resgate das liberdades e da feitura da Constituição (cf. *Op.* cit., pp. VII e ss., 1 e s.).

6 Ou mesmo, em muitas das repúblicas oitocentistas, do presidente – que se assumia, na prática, como "uma espécie de monarca republicano", como acutilantemente descreve Van Caenegem, *An Historical Introduction to Western Constitutional Law*, Cambridge University Press, Cambridge, 1995, p. 9.

7 Salientando esta dimensão, *v.* Rosenfeld, «Modern Constitutionalism as Interplay Between Identity and Diversity: An Introduction», in: *Cardozo Law Review*, vol. 14, 1993, pp. 497 e ss.; Dippel, «Die Kurhessische Verfassung von 1831 im Internationalen Vergleich», in: *Historische Zeitschrift*, vol. 282, 2006, pp. 628 e s. (embora com uma perspetiva mais analítica).

Ontem como hoje, as nuvens adensam-se em consequência de se constitucionalizarem todas as questões sociais. Recrudescia a tentação para o discurso jurídico (e mesmo extrajurídico) sucumbir à *vis attractiva* do discurso constitucional, conduzindo à desvalorização do direito constitucional e à sua vulgarização depreciadora, e originando um autêntico «neojoaquimismo constitucional» ou «neoconstitucionalismo joaquimita»[8]. Numa linguagem muito mais expressiva, recordava-se que "num país constitucional, tem-se sempre aberta sobre a mesa a Carta Constitucional – ou para descansar nela o charuto, ou para tirar dela um argumento"[9]. E não é por acaso que o comentário surge numa geração (a *Geração de 70*) que se rebelava, de forma pessimista, contra o texto constitucional e o sistema político por ele instituído...

Todavia, as convulsões próprias do período não escondem a enorme riqueza jurídica que ele contém, e que se precipitou em realizações tão relevantes como a garantia dos direitos e a organização do poder político vertidos em normas constitucionais, ou ainda como o Código Civil, o diálogo entre centralização e descentralização protagonizado pelo (intenso) movimento da codificação administrativa[10], a abolição da pena de morte[11] e os Códigos Penais (de 1852 e de 1886), o Código Comercial (de Ferreira Borges e, mais tarde, de Veiga Beirão), as diversas reformas judiciárias ou a codificação do processo civil de 1876[12] – elas próprias consubstanciando

---

8 Sobre esta conceptualização (aplicada agora *avant la lettre*), *v.* João LOUREIRO, «Crise(s) de uma Nota Só? Constitucionalismo(s), Escassez e Neojoaquimismo», in: Paulo OLIVEIRA/Gabriel Prado LEAL (org.), *Diálogos Jurídicos Luso-Brasileiros: Perspetivas Atuais do Direito Público – O Direito em Tempos de Crise*, Editora JusPodium, Salvador, 2015, pp. 69 e ss., esp.te pp. 89 e s..

9 Eça de QUEIROZ, *Uma Campanha Alegre*, vol. I, Publicações Europa-América, 1987, p. 58.

10 Sobre a codificação administrativa, *v.*, por todos, Marcello CAETANO, «História da Codificação Administrativa», in: *Estudos de História da Administração Pública Portuguesa*, Coimbra Editora, Coimbra, 1994, pp. 357 e ss..

11 Sobre esta questão, *v.* Braga da CRUZ, «O Movimento Abolicionista e a Abolição da Pena de Morte em Portugal», in: *Pena de Morte: Colóquio Comemorativo do Centenário da Abolição da Pena de Morte em Portugal*, vol. II, Imprensa da Universidade de Coimbra, Coimbra, s.d., pp. 423 e ss.; Rui de Figueiredo MARCOS, «A Morte da Pena de Morte em Portugal», in: *Pena de Morte: 150 Anos da Abolição da Pena de Morte em Portugal – Comemorações*, Faculdade de Direito da Universidade de Coimbra, Coimbra, 2019, pp. 36 e ss..

12 Para uma síntese sobre esta matéria, *v.* Almeida COSTA, *História do Direito Português*, 5.ª ed., Almedina, Coimbra, 2011, pp. 466 e ss.; António HESPANHA, *Uma Monarquia Constitucional: Elementos Estruturais do Constitucionalismo Monárquico Português*, ed. do Autor (ed. Kindle), Lisboa, 2019, ponto 4.4.; Reis MARQUES, «Estruturas Jurídicas», in: José MATTOSO, (dir.), *História de Portugal*, vol. V – O Liberalismo, Editorial Estampa, s. l., 1998, pp. 152 e s..

uma dimensão relevantíssima da afirmação do regime liberal. Sem prejuízo da importância emergente de todas estas manifestações da vivacidade jurídica do século XIX, não persistirão muitas dúvidas que, para o direito público, o relevo assumido por este período temporal reside na afirmação do constitucionalismo como modelo para a organização e legitimação do(s) poder(es) público(s), dando origem a uma evolução da conceção do Estado e do exercício do poder que só hoje começa a atingir o seu culminar[13]. Na verdade, não se pode olvidar que o ritmo da vida política nacional da época em análise encontra-se irremediavelmente marcado pelos andamentos impostos pelas sucessivas constituições e sucessivas vigências, e, posteriormente, pelas reformas da Carta Constitucional, as quais se refletiram, de forma muito especial, no sentido e alcance do poder moderador e da centralidade assumida pelo rei, enquanto órgão de Estado, no concerto com as demais funções.

Centralizar a reflexão neste período não ignora, porém, que os diversos institutos jurídico-constitucionais oitocentistas conhecem raízes em momentos anteriores, sendo dotados de uma "pré-história" ou de "tempos pré-constitucionais" (que, todavia, não caia na tentação da "«retroatividade» dos conceitos constitucionais"[14]), os quais remontam ao *Ancien Régime*, à Idade Média e mesmo a momentos anteriores, e que forneceram o arcabouço burocrático-administrativo (e mesmo militar) imprescindível à emergência e desenvolvimento do próprio Estado constitucional[15]. Trata-se de uma asserção especialmente pertinente quando está em causa o estudo do período liberal, sobretudo porque importa tomar em consideração a ausência de uma uniformidade entre os vários

---

13 Grimm, «The Achievement of Constitutionalism and its Prospects in a Changed World», in: Dobner/Loughlin (eds.), *The Twilight of Constitutionalism?*, Oxford University Press, Oxford, 2010, p. 3.

14 Vital Moreira/José Domingues, *História Constitucional Portuguesa*, vol. I, Assembleia da República, Lisboa, 2020, p. 51.

15 Aludindo já, no horizonte da história constitucional oitocentista, também a uma "pré-história" no sentido do texto, *v.* Stolleis, «La "Casa Europea" y su Constitución», in: *La Historia del Derecho como Obra de Arte*, Editorial Comares, Granada, 2009, pp. 70 e 78 (cf. também pp. 74 e s.). Considerando fundamental a moldura burocrática e militar, erguida durante o absolutismo, para a instituição do Estado de direito liberal, *v.* Brunner, *Land and Lordship*, University of Pennsylvania Press, Philadelphia, 1992, p. 98.

"liberalismos" e a necessidade do seu estudo histórico-comparativo[16], bem como a circunstância de o ideário revolucionário e racionalista típico dos movimentos francês e, em parte, norte-americano (que pressupõe um corte radical com o *Ancien Régime*) conviver com a perspetiva historicista inglesa e alemã, bem como com o movimento tradicionalista e realista ibérico[17]. E importa, sobretudo, ter consciência, de uma certa geolocalização (*malgré tout*) das reflexões empreendidas, pois que, como adverte Miguel Baptista Pereira[18], "só no Ocidente é que a liberdade gerou uma história, que é também um movimento para a liberdade política".

Estamos, assim, diante de um trabalho que conjuga o Direito Constitucional com a História do Direito – ou que se encontra no âmago da História do Direito Constitucional, enquanto parcela fundamental da investigação dos/sobre os fundamentos histórico-jurídicos do Direito Público. Tomamos, para este efeito, a História do Direito (ou história jurídica[19]) no sentido de ramo jurídico-dogmático que estuda o sentido evolutivo dos sistemas jurídicos, incidindo sobre as fontes do direito, as instituições e o pensamento jurídicos. Neste horizonte, urge recuperar os critérios da periodização do direito português, talqualmente os mesmos foram conciliados por Almeida Costa[20], que reconduz a evolução do direito nacional a três períodos: o período da individualização do direito português; o período do direito português de inspiração romano-canónica

---

16 Em particular, sobre esta matéria, *v.* Freeden, «European Liberalisms: An Essay in Comparative Political Thought», in: *European Journal of Political Theory*, n.º 1, vol. 7, 2008, pp. 9 e ss. (embora estas reflexões, de índole teórica e metodológica, possuam um espetro mais alargado, não se circunscrevendo aos liberalismos oitocentistas).

17 Salientando a fluidez dos liberalismos e a necessidade de considerar outros contributos alternativos (e não apenas os tradicionais modelos francês, inglês e norte-americano), *v.* Westler, «Between Tradition and Revolution: The Curious Case of Francisco Martínez Marina, the Cádiz Constitution, and Spanish Liberalism», in: *Journal of the History of Ideas*, vol. 76, n.º 3, julho 2015, pp. 393 e s..

18 Miguel Baptista Pereira, «Europa e Filosofia», in: *Revista Filosófica de Coimbra*, n.º 4, vol. 2, 1993, p. 274.

19 Para utilizarmos uma terminologia preferida por Braga da Cruz, *História do Direito Português*, polic., Coimbra, 1955, pp. 1 e ss., justamente sobre o conceito de história jurídica.

20 Almeida Costa, «Uma Perspectiva da Evolução do Direito Português», in: *Boletim da Faculdade de Direito*, vol. LXIV, 1988, pp. 1 e ss. [também publicado em Maria João Padez de Castro/Rui de Figueiredo Marcos (coord.), *Orações de Sapiência da Faculdade de Direito. 1856-2005*, Imprensa da Universidade de Coimbra, Coimbra, 2007, pp. 329 e ss.].

[este subdividido na época da receção do direito romano renascido e do direito canónico renovado (direito comum), e na época das Ordenações]; e o período da formação do direito português moderno (seccionado na época do jusnaturalismo racionalista e na época liberal)[21]. Cruzando estes dois vetores (objeto da História do Direito e respetiva periodização), o estudo que nos propomos desenvolver dirige-se à análise da específica configuração da organização do Estado constitucional durante a época do liberalismo oitocentista. Estamos perante uma análise que, sem ignorar os contornos especificamente históricos e filosóficos, parte de uma perspetiva que assenta no constitucionalismo e nas primícias do direito constitucional europeu (e, naturalmente, também português), na senda quer da posição, defendida por Grossi[22], segundo a qual a investigação jurídica se não deve caracterizar pelo isolamento ou pela insularidade entre os diversos ramos (mas, pelo contrário, convocar todos os saberes em direção à mesma "aventura cognoscitiva", sem, todavia, cair na tentação do ecletismo), quer do entendimento, perfilhado por Stolleis[23], de acordo com o qual a disquisição histórico-jurídica pressupõe a mobilização de conhecimentos oriundos de outras ciências paralelas à história e ao direito (como a ciência política, a antropologia cultural, a história da vida privada, ou a história política[24]).

O presente texto incide, assim, sobre uma parcela da História Constitucional, concebida como a área histórico-jurídica que se ocupa, em especial, da génese e desenvolvimento da constituição do Estado liberal (apreendida, em sentido amplo, como "conjunto de estruturas normativas e políticas da organização da comunidade"[25]) e do Estado

21 Esta periodização ficou estabilizada no pensamento histórico-jurídico do nosso Professor, constituindo a base para a exposição das suas lições: cf. Almeida Costa, *História...*, cit., pp. 193 e ss..

22 Grossi, *Società, Diritto, Stato: Un Recupero per il Diritto*, Giuffrè Editore, Milano, 2006, pp. 3 e ss..

23 Stolleis, «Escribir Historia del Derecho: ¿Reconstrucción, Narración o Ficción?», in: *La Historia del Derecho como Obra de Arte*, Editorial Comares, Granada, 2009. p. 2.

24 Associando, entre nós, a História Constitucional com a História Política, *v.* Jorge Miranda, *A Constituição Portuguesa: Uma Introdução Geral*, Almedina, Coimbra, 2022, p. 12. Atente-se, porém, na periodização desenvolvida pelo Autor, que aglutina, dentro do período do constitucionalismo liberal, também a Primeira República (*Op.* cit., p. 16)

25 Schulze, «Un Nouveau Domaine de Recherche en Allemagne: L'Histoire du Droit Européen», in: *Revue Historique de Droit Français et Etranger*, n.º 1, vol. 70, janeiro/março 1992, p. 44.

liberal-democrático, e que, metaforicamente, ocupa a área de um triângulo cujos lados são a História do Direito, a Ciência Política e o Direito Constitucional[26] , ou, numa perspetiva alternativa, a História, a Filosofia e a Teoria do Direito (Constitucional)[27]. E que não perde de vista a vocação tendencialmente universal ou global[28] (verdadeiramente, cosmopolita) que o constitucionalismo nascente possuía, em virtude da sua indelével conexão com o pensamento moderno-iluminista, associada à(s) diferente(s) experimentação(ões) histórica(s) de um movimento dirigido à limitação do(s) poder(es) e à tutela das liberdades. Nessa medida, o trabalho agora encetado mobiliza, conjugadamente, uma perspetiva genético-política (que apresenta como pano de fundo a realidade sócio-política da época, mas não esquece os contributos proporcionados pelos períodos anteriores[29]), uma perspetiva normativo-institucional (tendo por base o direito constitucional positivado nos diversos documentos constitucionais oitocentistas), uma perspetiva histórico-experiencial (que, não se limitando a uma pura

26 A metáfora inspira-se em Fioravanti, «Constitucionalismo e Historia del Pensamiento Jurídico», in: Varela Suanzes-Carpegna (ed.), *Historia e Historiografía Constitucionales*, Editorial Trotta, Madrid, 2015, p. 92.

27 Cf. Augsberg/Müller, «Verfassungshistoriographie zwischen Geschichtswissenschaft, Philosophie und Rechtsdogmatik», in: Augsberg/Müller (ed.), *Theorie der Verfassungsgeschichte*, Mohr Siebeck, Tübingen, 2023, pp. 3 e ss..

28 *V.* também Lacchè, «Rethinking Constitutionalism...», cit., pp. 8 e s..

29 Fioravanti (*Stato e Costituzione: Materiali per una Storia delle Dottrine Costituzionali*, G. Giappichelli Editore, Torino, 1993, p. 111) chama justamente a atenção para a necessidade de os estudos histórico-jurídico-constitucionais se não confinarem, em exclusivo, às Épocas Moderna e Contemporânea – a demandar um ir-e-vir no tempo, a partir de um centro (que será o século XIX) entre o passado e o futuro. Ainda assim, afigura-se inegável que o nascimento do Estado constitucional (ainda que com raízes em momentos anteriores) se encontra, desde logo em termos formais (no sentido de Estado dotado de uma constituição escrita), associado, nos Estados Unidos, à Constituição de 1787, e na Europa continental, à Revolução Francesa (e à Constituição de 1791), havendo, nos demais países deste continente, deslizado ao longo do século XIX; a nível material, e na medida em que associemos o Estado constitucional à submissão a uma constituição dos poderes por ela constituídos, incluindo o poder legislativo (que, embora qualificado como *supreme power*, se encontrará submetido, *in limine*, aos fundamentos últimos a instituição do Estado – a proteção da liberdade e da propriedade), bem como à limitação dos poderes do monarca, concebido como mais um (a par de outros) órgãos público que exerce o seu poder (*lato sensu*) sob e à sombra de uma constituição, então afigura-se inegável o contributo do (temporalmente anterior) constitucionalismo inglês e do constitucionalismo alemão (cf. Böckenförde, *Constitutional and Political Theory: Selected Writings*, Oxford University Press, Oxford, 2017, pp. 143 e s.).

exegese dos textos constitucionais, atenta na forma como os mesmos, quando submetidos à experimentação histórica, se foram realizando nas situações concretas[30]) e uma perspetiva doutrinal (que, não perdendo de vista as reflexões histórico-jurídicas do nosso tempo, atende com particular atenção à imprensa e a opúsculos, sobretudo de natureza política, aos debates parlamentares ou, em geral, à prática dos órgãos constitucionais, bem como aos contributos dogmáticos já elaborados pelos pensadores e pelos juristas da época, nacionais e estrangeiros)[31].

Considerando as diversas raízes do constitucionalismo, não se estranhará que também a História Constitucional pressuponha uma comparação jurídica. Repare-se, aliás, que a comparação no âmbito do(s) constitucionalismo(s) remonta, desde logo, a Montesquieu, cujo *magnum opus* – *De L'Esprit des Lois* – se encontra perpassado por relevantes elementos comparativos, como atesta paradigmaticamente o citadíssimo capítulo sobre a Constituição inglesa, onde se encontra delineado o princípio da separação de poderes[32]; a mesma finalidade presidiu à obra de Jean-Louis de Lolme[33], que se destinava integralmente a dar a conhecer a Constituição inglesa, enquanto modelo a seguir sob diversas perspetivas; e idêntica

30 Alertando para os perigos de uma história constitucional meramente dogmática, reduzida à história dos conceitos e dos textos (constituições), sem qualquer ligação com a prática, *v.* António Hespanha, «Constitución, Historia Constitucional», in: *O Direito Imaginado para um Estado Imaginário: Mitos Doutrinais e Realidades Institucionais do Modelo Constitucional do Liberalismo Monárquico Português*, ed. do Autor (ed. Kindle), Lisboa, 2017, pontos 1.1. e ss., e *Uma Monarquia...*, cit., ponto 1.1..

31 Varela Suanzes-Carpegna, «La Historia Constitucional: Algunas Reflexiones Metodológicas», in: Varela Suanzes-Carpegna (ed.), *Historia e Historiografía Constitucionales*, Editorial Trotta, Madrid, 2015, pp. 13 e ss., que seguimos de perto. *V.* também Varela Suanzes-Carpegna, *Historia Constitucional de España*, Marcial Pons, Madrid, 2020, p. 18, sobre a metodologia, insistindo na necessidade de observar, concomitantemente, o ordenamento constitucional (aqui incluindo – *et pour cause* – quer as instituições, quer as garantias dos cidadãos), o pensamento jurídico e a dinâmica política.

32 Montesquieu, *De l'Esprit des Lois*, Garnier-Frères Libraires-Editeurs, Paris, s.d., pp. 142 e ss., Livro XI, Capítulo VI, com a epígrafe "De la Constitution d'Angleterre"). Tushnet [«Comparative Constitutional Law», in: Reimann/Zimmermann (eds.), *The Oxford Handbook of Constitutional Law*, Oxford University Press, Oxford, 2006, p. 1226] considera, inclusivamente, que esta obra constitui uma verdadeira reflexão sobre direito constitucional comparado e uma predecessora da atual escola comparatista jusconstitucional.

33 De Lolme, *Constitution d'Angleterre*, 5.ª ed., Lemonnier, Libraire/Audin, Libraire, Paris, 1819 (embora a primeira edição date de 1771).

ideia estava subjacente ao pensamento de Gneist[34], e ao relevo assumido, na sua obra, pela história constitucional inglesa. Estamos perante questões que, possuindo uma importante *dimensão histórico-constitucional*, postulam, para além de uma avaliação cuidada a partir do ordenamento jurídico-constitucional português, um confronto com outros sistemas que nos afetaram ou sobre os quais a ordem jurídica nacional exerceu alguma influência (como sucede, paradigmaticamente, com a constituição inglesa – concebida, com frequência, como a inspiração para a autonomização do poder moderador –, com as diversas constituições francesas ou com a constituição imperial brasileira). A análise do tema não prescinde igualmente de uma *dimensão teorético-histórica*, que enquadre o problema no cenário mais amplo das conceções sobre a(s) forma(s) de governo (designadamente, da monarquia constitucional), da legitimidade monárquica e o seu confronto com a democracia, e da divisão de poderes.

Por último, trata-se de um tema que, dotado de evidente relevo histórico-jurídico, não deixa de apresentar importantes reflexos na atualidade jurídico-constitucional – herdando maiores traços, em determinadas matérias, do modelo oitocentista, que dos regimes constitucionais republicanos que historicamente a antecederam[35]. Dada a problematicidade que, no atual cenário constitucional, o concerto dos poderes públicos continua a revestir, a exposição histórica poderá contribuir para entender determinadas posições vigentes nos tempos hodiernos. Sem esquecer que o direito está sujeito à erosão da história[36] e do tempo[37], deve ressaltar-se a importância da memória para perspetivar o futuro e compreender

---

34 GNEIST, *Englische Verfassungsgeschichte*, Springer, Berlin/Heidelberg, 1882 – um estudo que haveria de ter repercussões no modo como o Autor concebia o Estado de direito e acabaria por influenciar a própria reforma da Administração Pública prussiana.

35 Neste sentido, *v.* já José Miguel SARDICA, «Crise e Queda da Monarquia Liberal Portuguesa», in: Rui RAMOS/José Murilo de CARVALHO/Isabel Corrêa da SILVA (org.), *Dois Países, Um Sistema: A Monarquia Constitucional dos Braganças em Portugal e no Brasil (1822-1910)*, D. Quixote, Alfragide, 2018, pp. 379 e 405.

36 Sobre a historicidade predicativa do direito, cf., por todos, Fernando José BRONZE, *Lições de Introdução ao Direito*, 3.ª ed., Gestlegal, Coimbra, 2019, pp. 263 e s..

37 Distinguindo os conceitos de temporalidade e historicidade (o primeiro mais amplo que o segundo), *v.* as interessantes reflexões de Miguel Galvão TELES, «Temporalidade Jurídica e Constituição», in: *20 Anos da Constituição de 1976*, Studia Iuridica 46, Boletim da Faculdade de Direito/Coimbra Editora, Coimbra, 2000, pp. 25 e ss. (p. 27).

os institutos contemporâneos, ou, em rigor, se quisermos dizê-lo com Wieacker[38], os pressupostos culturais e científicos do direito atual – aspeto que assume um relevo não despiciendo em ramos jurídico-dogmáticos (como o Direito Constitucional) intrinsecamente conexionados com as mutações políticas e tão próximos dos centros regulativos[39]. Na verdade, a reflexão histórica propicia sempre, parafraseando Sebastião Cruz[40], a consciência de uma *prudentia* a acrescer à mera técnica que, *ut singuli*, nunca poderá traduzir o Saber do Direito e implicaria uma "destruição íntima e profunda do conceito de jurista".

A reflexão sobre o Estado constitucional monárquico de governo moderado, partirá – como, aliás, decorre da própria estrutura do trabalho –, de uma particular compreensão jurídico-constitucional. Na verdade, concebemos o Direito Constitucional oitocentista à luz de uma perspetiva tripartida, a qual consubstancia o reflexo das coordenadas do próprio pensamento filosófico-político que o predicam. A circunstância de se verificar um embate (inclusive, normativo) entre as ideias liberais mais radicais e as correntes contrarrevolucionárias mais reacionárias fará despontar um movimento constitucional que, mesmo nos momentos (relativamente raros...) de maior estabilização, implicará uma confluência entre ambas as dimensões. Se lhes associarmos agora a renovada função conferida ao direito, na sua vertente especificamente conformadora de uma ordem social, mas também político-jurídica, encontramos as linhas que desenham o modelo de Estado constitucional de governo moderado, vigente no nosso País e, com as suas especificidades, também nos restantes países europeus.

Por um lado, o liberalismo individualista revolucionário sublinha o relevo da emergência da soberania popular e da democracia, visando uma nova polarização do poder. Por outro lado, o pensamento legitimista enfatiza

38 Wieacker, *História do Direito Privado Moderno*, Fundação Calouste Gulbenkian, Lisboa, 1981, p. 1.

39 Cf. Gomes Canotilho, «O Direito Constitucional Passa; O Direito Administrativo Passa Também», in: *Estudos em Homenagem ao Prof. Doutor Rogério Soares*, Studia Iuridica 61, Boletim da Faculdade de Direito/Coimbra Editora, Coimbra, 2001, p. 707.

40 Sebastião Cruz, *Direito Romano (Ius Romanum). Introdução. Fontes*, 4.ª ed., Gráfica de Coimbra, Coimbra, 1984, pp. 2 e s., ainda que este Autor se refira apenas ao estudo do Direito Romano.

a importância da legitimidade monárquica, "regerando" a tradição e atribuindo ao rei uma centralidade (doravante) jurídico-constitucionalmente enquadrada. Por fim, a precipitação, em textos constitucionais de uma normatividade que emoldura – (de)limitando – o Estado constitucional, pressupondo uma singular compreensão do papel do direito (da Lei Fundamental, mas, de modo igualmente intenso, da lei ordinária), vem determinar os dois eixos fundamentais da nova (ou renovada) ordem: garantia das liberdades e divisão de poderes; em tensão dialética com as dimensões anteriores, esta coordenada demonstra como povo e rei atuam conjugadamente, num sistema que se projeta numa certa parlamentarização da forma de governo e na autonomização do poder real ou do poder moderador.

Estas considerações deixam já entrever as *rationes* subjacentes à estrutura do presente trabalho e às linhas que presidiram à inerente investigação, privilegiando um permanente diálogo entre o direito português e outros sistemas jurídicos paralelos. A Parte I surge dedicada ao enquadramento jurídico-político-filosófico das monarquias constitucionais oitocentistas, exprimindo a simbiose entre revolução e contrarrevolução e esboçando os traços fundamentais que permitiram a emergência do conjunto de exigências de sentido que originaram os movimentos constitucionais, o(s) constitucionalismo(s) e o direito constitucional. Na Parte II, propõem-se os três fundamentos (não necessariamente convergentes) sobre os quais se ergueram os sistemas jurídico-constitucionais que as revoluções liberais (mais direta ou indiretamente) fizeram despontar: soberania do Povo, legitimidade monárquica e Estado de direito. A densidade de tais fundamentos haverá, contudo, de projetar-se em diversas precipitações, permitindo, no seu interior, a identificação de algumas dimensões concretizadoras.

Que o estudo do direito constitucional oitocentista assume uma vocação performativa determinante para uma compreensão informada dos atuais desafios jurídico-públicos e que a disrupção (também no plano da arquitetura político-constitucional) enfrentada pelos tempos hodiernos não prescinde de uma análise cuidada dos contributos que nos precederam (eventualmente, para colher roteiros ou, pelo menos, caminhos de solução) – eis o que esperamos que se torne nítido a partir da leitura das páginas seguintes.

PARTE I

Liberalismo individualista e constitucionalismo monárquico: A importância do legado histórico e a simbiose entre a revolução e a contrarrevolução

C'est la nécessité qui engendre les Constitutions mais c'est le hasard qui les fait vivre. (...) C'est le hasard qui engendre les Constitutions mais c'est la nécessité qui les fait vivre[41].

O trono firmado sobre a lei; e a prosperidade das instituições sociaes sustentada no poder sublime na religião divina, que professamos: a propriedade, e a segurança individual combinadas com o interesse, a segurança publica: a correspondencia e

41 VEDEL, «Le Hasard et la Nécessité», in: *Pouvoirs*, n.º 50, 1989, p. 15.

> harmonia dos direitos, com os deveres do cidadão: a liberdade civil do indivíduo, e o bem estar da sociedade, garantidas pela responsabilidade dos funccionarios públicos, e pela justa liberdade da imprensa. Ah, Senhores! que somma de resultados felices não promettem as condicões do nosso pacto social![42]

O Estado constitucional monárquico de governo moderado não representa a emergência de uma construção isolada e independente do sentido evolutivo dos regimes históricos político-constitucionais do século XIX. Diversamente, consubstancia o resultado de um processo dinâmico de que as revoluções liberais constituem a manifestação mais aparatosa (em especial, pela dimensão mais ou menos militar ou militarizada que, em certos países, também as caracterizou), mas que, ultrapassados os períodos de maior comoção, surge como consequência e como exteriorização da específica *intensio* da monarquia constitucional oitocentista, que, na Europa continental, começa a despontar após o Congresso de Viena, na sequência da reconstrução – agora à luz dos princípios de direito público[43] – das nações dilaceradas pelas invasões napoleónicas. A estabilização dos sistemas político-jurídicos permitiria o desenvolvimento do Estado, agora concebido como categoria central polarizadora da vida coletiva agregada numa associação política[44], e, dentro das formas que aquele assumia, de uma monarquia constitucional caracterizada quer pela rejeição do absolutismo (e, sobretudo, da arbitrariedade que a este tendencialmente se associa), quer pela recusa da inconstância política e constitucional que marcou a Revolução Francesa[45], quer, não obstante as diferenças de regime, pelo acolhimento de certas tradições vigentes em Inglaterra e dos contributos oriundos dos Estados Unidos.

---

42 Discurso do Rei D. João VI na última sessão das Cortes Gerais e Extraordinárias, in: *Diário das Cortes Gerais e Extraordinarias da Nação Portugueza*, n.º 79, 04.11.1822, p. 978.

43 Como foi amiúde salientado durante o Congresso – cf., *v. g.*, a interessante síntese do ministro plenipotenciário português, Pedro de Sousa e Holstein, mais tarde, Duque de Palmela: Maria de Fátima Bonifácio (ed.), *Memórias do Duque de Palmela*, D. Quixote, Alfragide, 2011, pp. 142 e s..

44 Assim, Brunner, *Land...*, cit., p. 95.

45 Cf. Fioravanti, *Stato...*, cit., *passim*.

Neste contexto, impõe-se uma reflexão crítica sobre os fundamentos em que assentaram os Estados constitucionais oitocentistas e, em especial, a monarquia constitucional europeia (e, em especial, portuguesa) do século XIX, marcada pela conjugação das experiências constitucionais inglesa, francesa (e, entre nós, espanhola-gaditana e brasileira). Não perdendo de vista o contexto político, intelectual e social, constitui, pois, finalidade desta Parte I delinear os pressupostos ou alicerces jurídico-constitucionais, jurídico-políticos e jurídico-filosóficos[46] que hão de constituir a base para a compreensão do Estado constitucional monárquico de governo moderado. Trata-se de uma indagação que não poderá olvidar as particularidades nacionais emergentes da circunstância de, na alvorada do movimento constitucional português, estar pressuposta uma intenção *regeneradora* de instituições políticas e, sobretudo, de o constitucionalismo nacional traduzir uma simbiose (ou, no mínimo, uma tensão dialética) entre revolução e contrarrevolução. Na verdade, o liberalismo individualista convive com o pensamento contrarrevolucionário, no horizonte de uma relação que marcará o desenvolvimento do constitucionalismo em geral, e do constitucionalismo em Portugal, em particular. Se, na aurora do vintismo, nos deparamos com ecos do radicalismo revolucionário francês, filho do racionalismo moderno-iluminista (embora, entre nós, temperado já pelo constitucionalismo gaditano), são absolutamente decisivos para a evolução nacional (e para a respetiva inteleção integral) os contributos do constitucionalismo historicista inglês, da contrarrevolução cartista francesa (a cujos influxos não se revelou alheia a perspetiva posterior sobre os específicos poderes do rei no concerto das restantes funções estaduais) e do pensamento conservador alemão (que se projetará na defesa do princípio monárquico).

Não ignoramos, por fim, que o século XIX político tem, na Europa, uma duração relativamente longa, podendo considerar-se iniciado com a Revolução Francesa e terminado no final da Primeira Grande Guerra, ainda que, entre nós, se afigure mais rigoroso situá-lo entre 1807 e 1910

46 Um ponto de especial importância quando versamos de história constitucional: assim, Varela Suanzes-Carpegna, «La Historia...», cit., p. 27.

(anos, respetivamente, da partida da Corte para o Brasil, e da implantação da República). Esta amplitude temporal vai determinar que estejamos diante de um período histórico que se não apresenta dotado de um panorama monolítico; pelo contrário, deparamo-nos com um século que envolve períodos cronológicos com marcos muito específicos - alguns deles, transversais a todos os Estados europeus (como sucede com a ascensão napoleónica até ao Congresso de Viena, os avanços e recuos da Santa Aliança, as revoltas dos anos '30 e a monarquia de julho, a Revolução de 1848 e o Segundo Império, a emergência dos movimentos socialistas e a industrialização), ou especificamente portugueses (a deslocação da Corte para o Brasil, a revolução vintista, as tensões entre miguelistas e liberais, as guerras civis, o cabralismo, o fontismo, a crise do Ultimato inglês). Todas estas convulsões vão, a final, projetar-se nas tensões entre os vários termos das coordenadas que contextualizam o Estado constitucional monárquico de governo moderado.

1. Coordenadas jurídico-político-filosóficas da emergência das monarquias constitucionais oitocentistas

Recuperando as palavras precisas de Gomes Canotilho[47], o poder constituinte não surge num "vácuo histórico-cultural"; e se, na lição do nosso Professor, esta ideia se encontra tendencialmente associada à defesa de uma vinculação jurídica do poder constituinte, a verdade é que a mesma traduz igualmente as ineliimináveis influências das circunstâncias históricas e das conceções jurídico-político-filosóficas vigentes em determinada época - um aspeto de importância não despicienda, sobretudo quando se considera a dimensão *genética* do poder constituinte[48],

47 Gomes Canotilho, *Direito...*, cit., pp. 66 e 82.

48 Sobre a pluridimensionalidade das abordagens ao poder constituinte, cf., *v. g.*, Böckenförde, *Constitutional and Legal Writings...*, cit., p. 170, aludindo, a par da dimensão genética apontada no texto, às perspetivas decorrentes da teoria do direito (direcionada para a perceção da base normativa da validade constitucional), da filosofia do direito (indagando sobre a base

articulada com as origens histórico-políticas da constituição e as forças (políticas, económicas ou sociais) que determinaram o seu surgimento.

Não se ignora que a Revolução Francesa, precedida pela *Glorious Revolution*[49] e pela Revolução da Independência norte-americana, e filha direta do Iluminismo[50], constituiu o ponto de viragem na afirmação dos novos ideais que pautaram (também entre nós) as compreensões políticas e jurídicas do século XIX. Mas também não se olvida que estes movimentos surgiram (só surgiram?) num contexto muito definido, que, a partir dos séculos XVI e XVII, levou à assunção, pelo Estado moderno, de um conjunto diverso de tarefas (de natureza económica, financeira, militar e de política externa)[51], demandando a conformação de uma máquina administrativa indispensável à prossecução daquelas inúmeras finalidades. Ao Estado havia passado a incumbir um esforço da promoção de atividades da mais diversa índole técnica e cultural e de organização dos grandes serviços públicos nacionais, implicando a concomitante intromissão dos poderes públicos na vida dos particulares[52].

Se, neste horizonte, os revolucionários ingleses visaram recuperar os antigos direitos (entretanto subvertidos) das *magnas cartas*, os norte-americanos e os franceses (e ainda, em certos termos, também os alemães), reagindo, respetivamente, contra os abusos do parlamento

---

substantiva da validade constitucional), da teoria da constituição (dirigida à identificação do poder que confere à constituição as suas legitimidade e legitimação democráticas), e do direito constitucional (distinguindo entre a criação da constituição e a sua alteração, com especial incidência nos limites a esta última).

49 Ainda que este fosse concebida, sobretudo, como Restauração e, nessa perspetiva, se assuma mais como um movimento conservador (em particular, quando confrontada com a Revolução Francesa). Cf. Loughlin, *Foundations of Public Law*, Oxford University Press, Oxford, 2010, p. 259. *V.* também as considerações que teceremos, *infra* (1.3., I), em diálogo com Burke.

50 Sobre a Revolução Francesa como o resultado do Iluminismo radical, *v.* Israel, *Revolutionary Ideas: An Intellectual History of the French Revolution from* The Rights of Man *to Robespierre*, Princeton University Press, Oxford/Princeton, 2014, *passim*, esp.te pp. 695 e ss. (salientando que, na realidade, estávamos perante três revoluções, todas elas conflituantes entre si: uma revolução democrática republicana, um monarquismo constitucional moderado, que assentava a sua legitimação em Montesquieu e no modelo inglês, e um populismo autoritário).

51 Nestes termos, *v.* Cárdenas y Rodríguez Moya, «La Extinción...», cit., p. 759.

52 Sobre as garantias dos particulares face ao crescente intervencionismo estadual e a consequente ofensa das posições dos particulares, cf. Maria da Glória Garcia, *Da Justiça Administrativa em Portugal. Sua Origem e Evolução*, Universidade Católica Editora, Lisboa, 1994, pp. 249 e ss..

tirano[53] e do monarca absoluto (*a legibus solutus*) do *Ancien Régime*, da ditadura jacobina ou do déspota em que Napoleão se havia tornado[54], promovem a limitação do exercício dos poderes públicos e consagram os direitos do povo (*people*) e dos cidadãos (*citoyens*), enquanto "base e fundamento do Governo" (para invocarmos a locução constante da *Declaração dos Direitos de Virgínia*)[55]. O exercício dos poderes públicos, independentemente da respetiva titularidade, encontra-se agora, de forma expressa, cerceado por princípios e normas *jurídicos* (públicos), excluindo a arbitrariedade e promovendo a segurança.

Estes ideais tiveram a sua receção em Portugal. Se os ventos de mudança chegaram em força com as campanhas napoleónicas, certo é que cedo o movimento intelectual português havia recolhido as novidades do resto da Europa. Considerando este pano de fundo, poder-se-á afirmar que a conjuntura em que foram emanadas as três Constituições monárquicas portuguesas comunga, ainda que com precipitações diferenciadas, de um património ideológico, político, filosófico e jurídico que se poderá sintetizar nos três termos que constituem a epígrafe deste ponto: liberalismo (político) e individualismo, os quais se projetam, por sua vez, no constitucionalismo.

1.1. Liberalismo

O liberalismo político, enquanto parcela mais ampla dos liberalismos (que assumiram também natureza económica e social), é filho da evolução do pensamento jurídico-filosófico dos séculos anteriores, em

53 Revela-se assaz interessante assinalar o modo distinto como responderam os movimentos constitucionais norte-americano e alemão à supremacia assumida pelo parlamento no quadro do constitucionalismo inglês: se o exemplo americano apontou para a instituição de um sistema de *checks and balances* entre os poderes, a evolução da experiência germânica viria a desembocar no reforço do poder do monarca.

54 Cf., por exemplo, as relevantes análises de CONSTANT, *De l'Esprit de Conquête et de l'Usurpation dans leurs Rapports avec la Civilisation Européenne*, 3.ª ed., Le Normand/H. Nicolle, Paris, 1814, *passim*, esp.te pp. 68 e ss., ou de TOCQUEVILLE, *Discours de M. Tocqueville Prononcé dans la Séance Publique du 21 Avril 1842*, Typographie de Firmin Didot Frères, Paris, 1842, *passim*, esp.te pp. 17 e ss..

55 Cf. DIPPEL, *História do Constitucionalismo Moderno: Novas Perspectivas*, Fundação Calouste Gulbenkian, Lisboa, 2007, pp. 1 e ss..

particular do Iluminismo. Na sequência das aquisições intelectuais das Luzes e do ideário moderno-iluminista, a apologia da liberdade torna-se um «lugar-comum», um *topos*, como reação ao absolutismo próprio do *Ancien Régime*. Neste sentido, e sem prejuízo da sua natureza radicular e significativamente capilarizada, o liberalismo caracteriza-se como a ideologia que, rejeitando o teocentrismo das perspetivas anteriores e valorizando uma "concepção antropológica e cultural de política"[56], tem no epicentro a liberdade individual, a partir da qual, com base na qual e para garantia da qual se constrói toda a organização das estruturas sociais (*lato sensu*) – o que se projeta, no plano político-social, na diminuição dos fins do Estado (agora descrito pela sua neutralidade) e na correspetiva redução da atividade dos poderes públicos, tendencialmente circunscrita à cobrança de impostos e à garantia da segurança interna e externa, e, no plano jurídico-constitucional, na consagração/proteção das liberdades fundamentais, no princípio da separação de poderes e na democracia parlamentar[57].

Sem obliterar que o movimento liberal não assume uma feição monolítica[58], uma tal caracterização do liberalismo deixa entrever alguns

---

56 Zília Osório de Castro, *Ideias Políticas (Séculos XVII-XIX)*, Livros Horizonte, Lisboa, 2002, p. 31.

57 Cf., *v. g.*, Rogério Soares, *Direito Público e Sociedade Técnica*, Tenacitas, Coimbra, 2008, pp. 49 e ss.; Gomes Canotilho, *Direito...*, cit., pp. 109 e s.; Jaime Raposo Costa, «O Liberalismo Vintista e o Brasil (1820-1822)», in: *Boletim da Biblioteca da Universidade de Coimbra*, vol. 43, 1997, p. 47; Isabel Nobre Vargues/Maria Manuela Tavares Ribeiro, «Os Liberalismos», in: José Mattoso (dir.), *História de Portugal*, vol. V – O Liberalismo, Editorial Estampa, s. l., 1998, p. 181; Jennings, «Early Nineteenth-Century Liberalism», in: Klosko, *The Oxford Handbook of the History of Political Philosophy*, Oxford University Press, Oxford, 2011, p. 331. Salientando a plurissignificatividade predicativa do liberalismo na Europa, *v.* Thomson, *The Concession of Évora Monte*, Lexington Books, Lanham/Boulder/New York/London, 2014, pp. 14 e ss..

58 Qualquer tentativa de caracterização do liberalismo europeu debate-se sempre com as diferenças, na origem, entre a experiência inglesa e a experiência francesa, bem como a experiência alemã. A situação geográfica, os equilíbrios sociais, a posição das classes ou estamentos relativamente ao Estado e à Coroa, o estádio de desenvolvimento económico e os setores da economia prevalecentes conduziram a que a afirmação do liberalismo (considerando, sobretudo, a sua projeção política) tivesse repercussões consabidamente distintas em Inglaterra e em França. Todavia, o século XIX veio demonstrar uma interpenetração entre os dois modelos: se o liberalismo inglês bebeu em França o racionalismo e uma específica compreensão do sentido da democracia representativa, o liberalismo francês recebeu de Inglaterra o tradicionalismo e a moderação. Comparando já as duas formas de liberalismo nas suas origens e concluindo pela sua influência recíproca, *v.* De Ruggiero, *Storia del Liberalismo Europeo*, 2.ª ed., Laterza, Roma-Bari, 2003, pp. 4 e ss. (p. 14), 97 e ss.; recorde-se, aliás, que

traços (mais ou menos comuns, viabilizando a emergência gradual de uma "consciência liberal europeia"[59]) que se hão de repercutir na conformação da vida social e, em seguida, projetar-se no plano político. Assim, e desde logo, a tendencial separação entre Estado e sociedade, que a evolução histórico-política dos séculos precedentes vinha antecipando (desde logo, em virtude da paulatina institucionalização do primeiro[60] e da "incapacidade" de conceber o Estado de forma diversa do Estado absoluto[61]), encontra agora respaldo na autodeterminação, na autonomização da vida privada e da intimidade em face e independente do círculo da publicidade, e como reação à interferência desta última (resultasse ela do poder absoluto do monarca, como sucedia no *Ancien Régime*, ou da afirmação da soberania popular)[62]. Esta "redefinição do público e do privado"[63] operada a partir do início do século XIX exprime-se no *modus vivendi* da classe agora dominante – a burguesia –, espelha-se em cada uma das dimensões da vida social, da arquitetura à economia, da política ao direito, e, como salienta Matteucci[64], vai permitir identificar duas esferas de ação, dois espaços privilegiados de liberdade: o mercado e a opinião pública. A defesa de uma esfera de privacidade envolve agora uma libertação perante toda a autoridade social ou religiosa, unicamente limitada pela impossibilidade de afetar

---

toda a Parte I desta obra do Autor se dirige à identificação de quatro «formas históricas» de liberalismo: inglês, francês, alemão e italiano.

59 De Ruggiero, *Storia...*, cit., p. 367.

60 Cf., de forma muito esclarecedora, Böckenförde, *Die Verfassungstheoretische Unterscheidung von Staat und Gesellschaft als Bedingung der Individuellen Freiheit*, Westdeutscher Verlag, Opladen, 1973, pp. 10 e ss..

61 Cf. Rogério Soares, *Direito Público...*, cit., p. 34.

62 Assim, Rogério Soares, *Direito Público...*, cit., pp. 59 e s.; De Ruggiero, *Storia...*, cit., p. 170.

63 Irene Vaquinhas, «A Época Contemporânea – Introdução», in: José Mattoso (dir.), *História da Vida Privada em Portugal* | Irene Vaquinhas (coord.), *A Época Contemporânea*, Círculo de Leitores, Lisboa, 2011, pp. 6 e ss.; no plano social, a Autora apresenta interessantes exemplos reveladores desta autonomização do privado em face do público e da valorização da intimidade pessoal, como sucede com a importância reconhecida à higiene ou os cuidados com a aparência, o alargamento da instrução pública, a emergência de hábitos culturais como a leitura regular do jornal, a proliferação dos retratos (também fotográficos) ou a própria preocupação com a antroponímia, ou com a identidade individual manifestada, *v. g.*, nos bordados de monogramas na roupa branca (*Op.* cit., pp. 14 e ss.).

64 Matteucci, *Organizzazione...*, cit., pp. 276 e s..

a liberdade (individual) do outro. O universalismo que esta perspetiva comporta[65] aproxima, de modo muito significativo, liberdade e igualdade: cada homem (e não apenas um círculo de privilegiados) possui uma ineliminável liberdade individual, tendo o poder de agir sem interferência externa, desde logo, do aparelho estadual, cuja ação se encontra limitada por aqueles dois valores. E uma tal perspetiva universalista logo desemboca no cosmopolitismo (e na construção de um "Estado liberal cosmopolita", que se perspetiva, já neste momento, global[66]), destinado a erradicar as diferenças (sublimando a igualdade) e a engrandecer a liberdade (eliminando tendencialmente as restrições à liberdade)[67].

É, pois, a tutela daquela vida privada, desta privacidade, acompanhada pelo correspetivo e pressuposto domínio jurídico do poder político, que se há de impor ao Estado, enquanto garante dos dois valores fundamentais que a incorporam – a liberdade e a propriedade. Mas, neste preciso momento, tão-só. Estamos, pois, diante do que, mais tarde, Lassalle[68]

---

65 E que a subida ao trono de Luís Filipe de Orleães, na sequência da Revolução de 1830, irá traduzir muito expressivamente, com o abandono o título tradicional de «Rei de França e de Navarra» para «Rei dos Franceses» – acentuando também esta nota, e louvando-se em Guizot, *v.* De Ruggiero, *Storia...*, cit., p. 187.

66 Um aspeto que não desdenha a influência de Kant: cf., em especial, as posições desenvolvidas em *Zum Ewigen Frieden: Ein Philosophischer Entwurf*, cuja primeira edição remonta a 1795: *v.* Kant, *A Paz Perpétua e Outros Opúsculos*, Edições 70, Coimbra, 2009. O cosmopolitismo desemboca, em neste Autor, na criação de uma constituição civil global [ou, se quisermos, a constituição segundo o direito cosmopolita (*Weltbürgerrecht, ius cosmopoliticum*)], a qual se apresenta como um dos elementos de aproximação à paz perpétua (e, como tal, um projeto de natureza jus-filosófica), sendo orientada pelo valor da hospitalidade e encarando os homens como cidadãos de um Estado universal da humanidade (Kant, *A Paz...*, cit., pp. 137, n. 33, e 148 e ss.). A constituição civil traduz, neste sentido, a mais elevada tarefa a que pode aspirar a natureza humana, na medida em que confrange os abusos da liberdade a que, por princípio, o homem se encontra sujeito, e permite a instituição de uma verdadeira comunidade (antónima da insociabilidade – propícia da guerra – a que o homem naturalmente tende) e de uma convergência entre os vários Estados: cf. Kant, *A Paz...*, cit., pp. 26 e ss. (agora num outro opúsculo: *Ideia de uma História Universal com um Propósito Cosmopolita*, de 1784).

67 Mitchell, *The Limits of Liberalism: Tradition, Individualism, and the Crisis of Freedom*, University of Notre Dame Press, Notre Dame, 2019, p. 10.

68 Lassalle, «Das Arbeitsprogramm: Über den Besonderen Zusammenhang der Gegenwärtigen Geschichtsperiode mit der Idee des Arbeitstandes», in: *Gesammelte Reden und Schriften*, vol. II, Paul Cassirer, Berlin, 1919, pp. 195 e s.; o raciocínio do Autor prossegue, nas páginas seguintes, com a sua proposta relativa aos fins do Estado, agora de natureza positiva (e impregnada de uma moral material, baseada na solidariedade dos interesses), ultrapassando um modelo estritamente individualista, que se limita a garantir os direitos que o homem já tem como indivíduo, com o propósito de conduzir ao desenvolvimento de modos de existência que ape-

haveria, criticamente, de batizar como o «Estado guarda-noturno» (*Nachtwächterstaat*)[69], dotado apenas daquela dupla finalidade, sem propósitos positivos (e tão-só meramente defensivos), e que se tornaria supérfluo quando desaparecessem os furtos e os assaltos. Na verdade, e acompanhando agora a perspetiva desenvolvida, designadamente, por Stuart Mill[70] ou Wilhelm von Humboldt[71], a intervenção do Estado na vida dos cidadãos apenas se justificaria e admitiria na medida em que necessária para evitar a ofensa dos direitos ou liberdades dos outros, vigorando, pois, um «princípio de não interferência» (Stuart Mill).

Se a liberdade correspondia a uma característica natural do homem, a sua compressão apenas se compreenderia se e quando, entrando aquele em sociedade, o respetivo exercício fizesse perigar o equilíbrio social que seria ditado pelo legislador[72], sob pena de a liberdade se transformar em

---

nas coletivamente se conseguem alcançar; recorde-se que a LASSALLE (*Op.* cit., pp. 170 e ss.) se deve ainda a expressão «Quarto Estado» (*vierter Stand*), que designa a classe operária, enquanto resposta ao Terceiro Estado de Sieyès, identificado com a burguesia dominante, a nova aristocracia do século XIX, que se limitou a substituir a anterior classe de privilegiados.

69 Em Portugal, também já no final do século XIX se aludia à metáfora do *gendarme* para caracterizar criticamente esta restrição das funções do Estado: cf., *v. g.*, Cupertino de ANDRADE, «Estudos sobre a Mutualidade de Serviços», in: *O Instituto*, n.º 8, vol. XXXI, fevereiro 1884, p. 376.

70 Stuart MILL, *Principles of Political Economy with Some of Their Applications to Social Philosophy*, 7.ª ed., Longmans, Green and Co., London, 1909, pp. 795 e ss. (Livro V), e, muito desenvolvidamente, «On Liberty», in: *Essays on Politics and Society*, University of Toronto Press/Routledge & Kegan Paul, Toronto/London, 1977, pp. 213 e ss., *passim*. Se, na primeira obra, o Autor lança as bases do princípio da não interferência, esclarecendo que existe uma parcela ineliminável da vida humana imune à intrusão estadual (precisamente aquela que concerne, em exclusivo, à vida do indivíduo que não afete os interesses de terceiros – cf., lapidarmente, *Principles...*, cit., p. 943), logo no capítulo inaugural da segunda, Stuart Mill não deixa equívocos quanto à sua perspetiva: "a única finalidade para a qual o poder pode ser exercido justamente (*rightfully*) sobre qualquer membro da comunidade civilizada contra a sua vontade consiste em evitar a ofensa [ou o prejuízo] dos outros" («On Liberty». cit., p. 223); por esse motivo, também o indivíduo só responderia perante a sociedade na medida em que as suas ações vulnerassem os interesses dos outros – altura em que admitiria que a sociedade mobilizasse o poder punitivo, se o considerasse necessário para a sua própria proteção («On Liberty», cit., p. 292). Por esse motivo, uma interferência estadual (desde logo, de natureza preventiva-proibitiva) na vida dos indivíduos apenas se revelaria aceitável se houvesse a certeza de que tal não implicaria um atentado à sua liberdade, por se conformar inequivocamente com a sua vontade («On Liberty», cit., p. 294).

71 HUMBOLDT, *The Limits of State Action*, Cambridge University Press, Cambridge, 1969.

72 Cf., *v. g.*, BLACKSTONE, *Commentaries on the Laws of England in Four Books*, J. B. Lippincott Co., Philadelphia, 1893, pp. 125 e s., referindo-se à limitação da liberdade natural (própria do homem) em virtude do bem geral do público (*general advantage of the public*), e salientando que, quanto mais limitada pelo direito for a liberdade natural, mais aumentará a liberdade

arbitrariedade[73]. Tratava-se, afinal, de retirar todas as consequências do sentido negativo da liberdade que então preponderava[74]. Sem prejuízo de uma certa *nuance* na construção, ainda se orienta neste sentido a posição de Montesquieu[75], quando defende que embora, em democracia, o povo pareça fazer o que quer, a liberdade (perspetivada à luz do direito) não tem este significado: numa sociedade regida por leis, a liberdade não constitui senão o "poder fazer o que se *deve* querer" e o "[poder de] não ser, de algum modo, constrangido a fazer o que não se *deve* querer" ("*pouvoir faire ce que l'on doit vouloir*", "*n'*être *point constraint de faire ce que l'on ne doit pas vouloir*"). Na verdade, em consonância com as premissas democráticas de que parte, a medida deste dever correspondia à lei[76] – pelo que, como realça Constant[77], numa leitura corrigida (pela conceção do Autor quanto aos limites da soberania e, por conseguinte, da autoridade e a sua relação com a garantia das liberdades individuais) daquela passagem do Barão de La Brède, que "a liberdade não é outra coisa senão aquilo que os indivíduos têm o direito de fazer, e que a sociedade [através das leis] não tem o direito de impedir" ("*la liberté n'est autre chose que ce que les individus ont le droit de faire, et ce que la société n'a pas le droit d'empêcher*").

O liberalismo, enquanto projeto de transformação da sociedade[78], pretendia, assim, delinear a fronteira (inultrapassável) da ação pública

---

civil, desviando-se de Locke, desde logo na medida em que este não erigia o legislador em árbitro das limitações à liberdade (assim também CORWIN, «The "Higher Law" Background of American Constitutional Law», in: *Harvard Law Review*, vol. XLII, 1928, p. 406). Trata-se, aliás, de uma posição totalmente congruente com a omnipotência do Parlamento também defendida pelo Autor, com o alcance de que "aquilo que o parlamento faz, nenhuma autoridade na terra pode desfazer" (BLACKSTONE, *Commentaries...*, cit., p. 161) – uma perspetiva na qual, como decorre da leitura do próprio texto, se não encontrava isolado.

73 Cf. também Rodrigues de BRITO, *Philosophia do Direito*, 2.ª ed., Imprensa da Universidade, Coimbra, 1871, p. 130.

74 Atente-se, *v. g.*, na fórmula do Marquês de Argenson, citada por ROUSSEAU, *Du Contrat...*, cit., p. 279 (em nota), Livro IV, Capítulo VIII: *"chacun est parfaitement libre en ce qui ne nuit pas aux autres"*.

75 MONTESQUIEU, *L'Esprit...*, cit., p. 141, Livro XI, Capítulo III.

76 Para MONTESQUIEU (*De l'Esprit...*, cit., p. 141, Livro XI, Capítulo III), a liberdade traduz o direito de fazer tudo o que as leis permitem.

77 CONSTANT, *Cours de Politique Constitutionnelle*, vol. I, Slatkine, Genève/Paris, 1982, p. 276, n. 2.

78 Caracterizando o liberalismo como "projeto de transformação da sociedade inspirado por uma escolha consciente de certos valores", *v.* FIORAVANTI, *Stato...*, cit., p. 161.

e, enquanto tal, obviar à emergência de um paternalismo estadual e associar a afirmação das liberdades individuais à limitação dos poderes públicos de *imperium*, promovendo um balanceamento entre ambas as dimensões. A liberdade do indivíduo afirmava-se, assim, também contra ou perante Estado, e apenas a sua autonomização/separação perante a sociedade permitiria assegurar aquele valor[79]. Em suma, o poder público (institucionalmente vertido no Estado e materialmente associado à coação) apenas se compreendia enquanto assumisse (e cumprisse) a sua função de *garantia* das liberdades e por estas impreterivelmente limitado (ou "moderado") – afinal, a verdadeira razão da existência do próprio Estado (ou governo) –, recuperando, numa primeira perspetiva filosófica (mais tarde, enviesada pelo positivismo e reduzida pela teoria da regulamentação das liberdades) as dimensões materiais da liberdade reconhecidas em tempos anteriores: é paradigmática, a este propósito, a lapidar afirmação de Beccaria, segundo a qual "não existe liberdade todas as vezes que as leis permitem que em alguns casos o homem deixe de ser *pessoa* e se torne *coisa*"[80].

Numa perspetiva jurídico-política, a redução do âmbito da ação pública surge alicerçada numa específica compreensão (muito rígida) do princípio da separação de poderes e do (nascente) princípio da legalidade: o primeiro fundamentava uma (tendencial?) subordinação à função legislativa das demais funções estaduais; o segundo via na lei emanada pela assembleia representativa e expressão escrita da racionalidade (afinal, a lei é… a "intelligencia sem paixão"[81]), *a* fonte do direito, a qual visava, em primeira linha, garantir os direitos dos indivíduos em face de um Estado(-Administração) cuja atuação se pressupõe agressiva. Esta conceção logo haveria de desembocar no relevo primordial conferido ao legislador, enquanto corolário da ideia de que a base de toda a construção

79 Böckenförde, *Die Verfassungstheoretische Unterscheidung…*, cit., p. 17; De Ruggiero, *Storia…*, cit., p. 55.

80 Beccaria, *Dos Delitos e das Penas*, Fundação Calouste Gulbenkian, Lisboa, 1998, p. 105 (itálico no original).

81 Tobias Barreto, «Prelecções de Direito Constitucional» (1882), in: Tobias Barreto, *Estudos de Direito*, vol. II. (*Obras Completas VII*), Edição do Estado do Sergipe, 1926, p. 81.

política reside na lei, emanada pelo parlamento, "expressão da vontade geral" (tal como a definia o artigo VI da *Déclaration des Droits de l'Homme et du Citoyen*[82]) e elemento de garantia dos (súbditos agora elevados à categoria de) cidadãos face aos abusos dos poderes públicos. Estes poderiam confiar que encontrariam na lei o fundamento da ação estadual, a delineação dos seus quadros de atuação e o critério da legitimidade do exercício da ação em causa[83]. O direito natural de matriz jusracionalista, que, pela via do contrato social, se impunha à autoridade política, surge agora substituído por um direito que esta última *impõe* à realidade política e social que, de outro modo, permaneceria dispersa e fragmentada[84]. Se, nas constituições monárquicas, o rei mantinha (pelo menos) o poder executivo, a assunção pela lei do papel principal determinou também a limitação da ação real, igualmente subordinada à observância das normas emanadas pelo parlamento.

Em consonância com os pressupostos liberais, a lei destinava-se, como principiámos por acentuar, tão-só a regular a liberdade e propriedade dos cidadãos e a delinear as restrições aos direitos fundamentais (quando admissíveis): estão abertas as portas para a construção (sobretudo, francesa) de um conceito material de lei[85] e para a emergência, a partir do quadrante germânico, do princípio da reserva de lei – que o exacerbar do pensamento positivista acabaria por identificar com todo o direito[86]. Unindo liberalismo e positivismo, tais formulações correspondem ainda a um corolário da ideia de não ingerência pública na esfera privada, pelo

---

82 No que foi acompanhada, entre nós, pelo artigo 104 da Constituição de 1822, de acordo com o qual "Lei é vontade dos cidadãos declarada pela unanimidade ou pluralidade dos votos de seus representantes juntos com Cortes, precedendo discussão pública".

83 Cf. Fernando José Bronze, *Lições...*, cit., p. 360.

84 Assim, Fioravanti, *Stato...*, cit., p. 156.

85 Cf., *v. g.*, Mayer, *Le Droit Administratif Allemand*, tomo I, Giard & Brière, Paris, 1903, pp. 92 e ss.; Georg Jellinek, *Gesetz und Verordnung*, Mohr, Tübingen, 1919, pp. 231 e ss..

86 Sobre a identificação lei/direito como coordenada especificamente jurídica do positivismo, *v.* Fernando José Bronze, *Lições...*, cit., pp. 363 e ss.. Cf. ainda Castanheira Neves, «O Pensamento Moderno-Iluminista como Factor Determinante do Positivismo Jurídico», in: *Textos de Introdução ao Estudo do Direito*, polic., s.d., pp. 19 e ss., «Escola da Exegese», in: *Digesta. Escritos Acerca do Pensamento Jurídico, da sua Metodologia e Outros*, vol. 2.º, Coimbra Editora, Coimbra, 1995, pp. 183 e ss., e *Metodologia Jurídica*, Studia Iuridica 1, Boletim da Faculdade de Direito/Coimbra Editora, Coimbra, 1993, pp. 85 e ss. (esp.te p. 88).

que os poderes públicos apenas agiriam nos casos em que o exercício das liberdades pelo respetivo titular afetasse negativamente outro cidadão. Esta compreensão implicou três consequências. Por um lado, será ao poder legislativo e à lei, enquanto manifestação racional, que se encontra (exclusivamente) cometida a tarefa de delinear os limites dos direitos e, através dela, a preservação e compossibilitação do exercício de todas as liberdades - numa reminiscência (a que Montesquieu não foi alheio[87]) do "princípio da legalidade do universo"[88]. Por outro lado, a divinização do poder legislativo conduz à desvalorização das demais funções do Estado, convertidas em simples executoras da lei. Por último, e levando até ao fim o raciocínio subjacente às considerações anteriores: cabendo apenas à *lex* (identificada com o *ius*) estabelecer os limites dos direitos (esclarecendo, afinal, em que medida o exercício das liberdades por um cidadão poderá causar prejuízos a outro), então, a própria definição do conteúdo jusfundamental estará nas mãos do legislador - o que conduzirá, *a posteriori*, à afirmação da teoria da regulamentação das liberdades. Uma evolução que apenas espantaria se não se tivesse em conta que a certeza do direito, erigida em postulado essencial do pensamento positivista típico do Estado demoliberal, exige precisamente a existência de normas previsíveis (e tendencialmente imutáveis) que regulem (*rectius*, permitam a compossibilitação) das liberdades fundamentais.

Eis-nos diante de uma conceção que o cientismo dominante haveria de pretender também teorizar através da convocação dos métodos das disciplinas empírico-analíticas, os únicos suscetíveis de garantir a objetividade pretendida e de viabilizar, *a posteriori*, a generalização e, com ela, a criação de um sistema conceitual. A compreensão da política (e a participação na vida pública que esta pressupõe) e a sua precipitação no mundo do direito não prescindem agora de um *catecismo científico*,

---

87 Logo no início vem aflorada a dimensão científica da lei: "as leis" - esclarece-nos MONTESQUIEU [*De l'Esprit...*, cit., p. 3, Livro I, Capítulo I] - "no seu significado mais extenso, são as relações necessárias que derivam da natureza das coisas; e, neste sentido, todos os seres têm as suas leis"; e, mais adiante, "existe, então, uma razão primitiva; e as leis são as relações que se encontram entre ela e os diferentes seres, e as relações destes diferentes seres entre si" (*Op.* cit., p. 4).

88 GARCÍA DE ENTERRÍA, *Revolución Francesa y Administración Contemporánea*, 4.ª ed. (reimp.), Aranzadi/Thomson Reuters, Cizur Menor, 2011, p. 22.

exterior a ambos e analiticamente elaborado à luz do método apodítico ou demonstrativo[89]. Através de perguntas e respostas racionais (e também de adequada perceção intelectual, porque dirigidas a todos os cidadãos, concebidos, naturalmente, como iguais), os ideais liberais, os pressupostos individualistas, as premissas do constitucionalismo e os fundamentos das monarquias constitucionais são difundidos aos cidadãos, chamados a intervir na *res publica*, no mínimo através dos mecanismos da representatividade parlamentar. Esta apreensão científica haver-se-ia de aplicar também ao braço jurídico do Estado demoliberal – o direito público – que caberá (agora ao pensamento jurídico) apreender como um dado, um objeto[90] (etimologicamente falando, algo que lhe é lançado para a frente), o qual se reconduzirá, a final, a um conjunto de textos (elaborados pelo poder constituinte ou pelo poder legislativo) pré-escritos.

Eis-nos diante de uma compreensão [tendencialmente transversal aos Estados europeus (re)nascidos após o Congresso de Viena, mas] que carece de duas precisões, igualmente relevantes para a compreensão do liberalismo monárquico português oitocentista.

Primo, a conceção do liberalismo exposta acaba por não receber um acolhimento integral em toda a Europa, sobretudo, na maioria dos Estados alemães (com maior reação no norte – onde, tendencialmente, se adota o modelo reacionário de Metternich –, que nos Estados mais moderados do sul). Neste contexto, e por contraposição a um liberalismo que vê no confronto entre governo e sociedade a garantia da liberdade dos indivíduos

---

89 Assim enfatizava, entre nós, Rodrigo Ferreira da Costa, *Cathecismo Politico do Cidadão Portuguez: ou Exposição dos Direitos e Obrigações do Homem Natural e Social, e dos Principios da Ordem Politica segundo o Systema da Constituição da Monarquia Portugueza*, Imprensa Nacional, Lisboa, 1823, pp. V e s.. Tratou-se, aliás, de uma tendência seguida noutros quadrantes europeus, como sucedeu, *v. g.*, na Alemanha, em que os catecismos surgem com uma função informativa, mas também propagandística, com o objetivo de consolidar a nova ordem institucionalizada (cf., sobre esta matéria, Prutsch, *Making Sense of Constitutional Monarchism in Post-Napoleonic France and Germany*, Palgrave Macmillan, Houndmills/New York, 2013, pp. 130 e s.).

90 Sobre o direito-objeto no contexto das coordenadas funcional e epistemológico-metodológica do positivismo jurídico, e a função meramente cognoscitiva a que ficava votado o jurista, *v.* Fernando José Bronze, *Lições...*, cit., p. 371. Cf. ainda, lapidarmente, Castanheira Neves, *Curso de Introdução ao Estudo do Direito (Extractos)*, polic., Coimbra, 1971-1972, pp. 4 e ss., «Método Jurídico», in: *Digesta: Escritos Acerca do Direito, do Pensamento Jurídico, da sua Metodologia e Outros*, vol. 2.º, Coimbra Editora, Coimbra, 1995, pp. 297 e s., 305 e s..

(e que, no âmbito da organização político-administrativa, valorizará, especificamente no caso inglês, a autonomia local), a orientação conservadora dos parceiros da Santa Aliança (garante do equilíbrio da Confederação Germânica) vai-se mostrando refratária à adoção de todas as consequências do pensamento liberal e, sobretudo, democrático. Com efeito, tal perspetiva acabará por legitimar uma intervenção pública (administrativa) mais ampla (determinada, precisamente, pela referida construção de um conceito material de lei, que conferia à Administração o poder de atuar originariamente em todas as esferas que não contendessem com a liberdade e a propriedade) e, nessa medida, por consentir a criação de um aparelho estadual (centralizado) muito mais pesado, que desembocará no modelo imperialista bismarckiano, também ele dotado de uma pretensão expansiva (criadora de um super-Estado ou uma super-Administração, em redor da qual gira toda a vida política), destinada a solidificar uma espécie de nacionalismo agressivo[91].

Secundo, não se ignora que a segunda metade do século XIX (e, sobretudo, o último quartel desta centúria) introduz mutações significativas no cenário liberal inicial, que, de qualquer modo, também nunca assumiu uma feição uniforme, marcado como esteve, *ab initio*, pela contraposição entre um liberalismo de feição utilitarista (que, considerando em exclusivo o critério dos resultados, privilegia a satisfação do prazer e dos interesses egoísticos, fazendo coincidir a utilidade pública com a utilidade privada) e um liberalismo de vocação ética (o qual, conferindo relevo aos motivos da ação, se preocupa em harmonizar os diversos interesses de todos os indivíduos, à luz de uma ideia de igualdade, e valorizando a autodeterminação) – o primeiro axiologicamente mais neutro que o segundo[92]. A absolutização da neutralidade e a recusa do intervencionismo – que, levadas ao seu extremo, determinariam uma

91 Referindo-se ao Super-Estado e nacionalismo agressivo e conquistador típico subjacentes ao imperalismo implantado por Bismarck, cf. De Ruggiero, *Storia...*, cit., p. 261 – um aspeto que representa, afinal, um dos traços do liberalismo alemão, que acabou por ser "distraído" pelo problema da unidade nacional (assim, muito expressivamente, Matteucci, *Organizzazione...*, cit., p. 279).

92 Cf. também Matteucci, *Organizzazione...*, cit., pp. 283 e s..

inimizade entre o pensamento liberal e a própria autonomia do Estado – cedo se revelou impossível de seguir até ao seu limite. Os avanços da revolução industrial começaram a fazer sentir um sem número de novas necessidades e a exigir do Estado a adoção de uma postura ativa (senão na conformação da vida social, pelo menos) na satisfação de necessidades renovadas. E eis que as pré-compreensões subjacentes ao pensamento liberal começam a ceder, pois que a (pressuposta) neutralidade do Estado e o respetivo afastamento da vida económica e social começa a tornar-se insustentável. A «era dos melhoramentos materiais», introduzida pelos progressos do industrialismo, determinava agora a realização de grandes obras públicas, relacionadas com a prestação dos primeiros serviços públicos (recordem-se os *tramways*, *omnibus*, caminhos de ferro, abastecimento de água ou a iluminação pública a gás).

A revolução industrial e a mutações sociais ocorridas durante o século XIX vieram, pois, introduzir alterações na perspetiva estritamente liberal-individualista que marcou o dealbar e os desenvolvimentos da monarquia constitucional – numa evolução que, de algum modo, já se vislumbrava nas entrelinhas das declarações de direitos, que afirmavam a liberdade e a igualdade, em simultâneo com a propriedade, negligenciando a circunstância (que, mais cedo[93] ou mais tarde, assomaria) de que, embora, em abstrato, acessível a todos, poucos eram (ou tinham condições para ser) proprietários[94]. Além disso, a industrialização pôs (novamente) a descoberto os conflitos sociais – agora entre burguesia e classe operária –, cuja resolução se imporá ao Estado, tendo, sobretudo, em atenção as dificuldades sentidas por uma parte significativa da população. São estas condições que abrirão caminho ao pensamento

93 Considere-se, *v. g.*, que o artigo 21 da *Constitution* jacobina de 1793 já estabelecia que "a sociedade é obrigada a prover à subsistência dos cidadãos infelizes, seja proporcionando-lhes trabalho, seja assegurando os meios de existência àqueles que não estão em condições de trabalhar". Um prenúncio de socialidade surgia também no artigo 22, relativo à instrução, onde se lia que "a sociedade deve favorecer, com todo o seu poder, os progressos da razão pública, e colocar a instrução ao alcance de todos os cidadãos".

94 Muito expressivamente, De Ruggiero (*Storia...*, cit., p. 76) sublinha que "a *Declaração dos direitos* [de 1789] contém, em potência, três revoluções: uma revolução liberal *stricto sensu*, uma revolução democrática e uma revolução social".

socialista, à doutrina social da Igreja ou a movimentos políticos (nem sempre totalmente transparentes...) como o *giolittismo* em Itália[95].

Sucede, porém, que o espírito individualista da época, a ausência de recursos financeiros públicos e a incerteza ou a contingência associada à obtenção futura de réditos provocaram a devolução da construção das obras públicas e da respetiva exploração a particulares, aos quais eram conferidas compensações pelo risco que corriam ao aventurar-se em tais atividades[96]. Depressa se concluiu que o Estado não detinha os meios ou os conhecimentos que permitissem fazer face a tais tarefas, necessitando da colaboração dos particulares, e vencendo a distância entre público e privado, entre poderes públicos e cidadãos que o primeiro liberalismo havia alcandorado. A separação entre Estado e sociedade transige para dar lugar à colaboração entre ambos os braços[97] e a impor uma interpenetração

---

95 Sobre a controversa ação de Giolitti e respetivas reações, cf., *v. g.*, Gentile, *Il Mito dello Stato Nuovo: Dal Radicalismo Nazionale al Fascismo*, Laterza, Roma/Bari, 1999, pp. 31 e ss., e, mais desenvolvidamente, *Le Origini dell'Italia Contemporanea: L'Età Giolittiana*, Laterza, Roma/Bari, 2011.

96 *V.* Magalhães Collaço, *Concessões de Serviços Públicos (Sua Natureza Jurídica)*, Coimbra Editora, Coimbra, 1928, pp. 14 e ss..

97 Em termos jurídicos, esta conceção traduziu-se na admissibilidade de celebração de contratos de direito público (contratos administrativos). Em termos históricos, a primeira referência legislativa que encontramos, entre nós, aos contratos celebrados pela Administração está presente no Decreto n.º 23 de Mouzinho da Silveira (Decreto n.º 23, de 16 de maio de 1832, in: *Collecção de Decretos e Regulamentos Publicados durante o Governos da Regência do Reino Estabelecida na Ilha Terceira*, Segunda Série, Imprensa Nacional, Lisboa, 1836, pp. 87 e ss., inspirado pelo artigo 4, alínea 3, da lei francesa de 28 *pluviôse* do ano VIII), cujo artigo 85.º, n.º 2.º atribui aos Conselhos de Prefeitura o julgamento das "difficuldades e questões que se suscitarem entre os Emprendedores e Arrematantes de quaesquer Rendas, Trabalhos ou Fornecimentos públicos e a Administração, relativas ao sentido ou execução das cláusulas de seus contractos". Todavia, eram deferidos aos Conselhos de Prefeitura não apenas o julgamento das questões que versassem os contratos aí especificamente previstos mas ainda, por força do n.º 7 do artigo 85.º, todo o "contencioso sobre a Administração dos Bens Nacionaes". Será, aliás, a partir do problema atinente à definição do âmbito do contencioso administrativo que surgirá a questão dogmática da identificação de um conceito de contrato administrativo (*v.* Melo Machado, *Teoria Jurídica do Contrato Administrativo*, Coimbra Editora, Coimbra, 1937, pp. 16 e s., 82 e ss.).
O aparecimento dos contratos de concessão constitui um passo relevante para o desenvolvimento do Direito Administrativo, na medida em que vai trazer para esta esfera o estudo de uma relação jurídica administrativa (emergente do contrato) que, como se vai percebendo, apresenta tonalidades diferentes das relações (consensuais) de direito privado. De acordo com o Relatório de Mouzinho da Silveira para os Decretos n.ºs 22, 23 e 24, de 16 de Maio 1832, já havia uma noção de "relações administrativas públicas" (as que "se referem a interesse entre uma pessoa, e o bem comum") – por contraposição a "relações administrativas civis" – que terá orientado o legislador também na escolha das matérias deferidas ao contencioso

que desequilibra uma conceção puramente abstencionista do primeiro – o que determinará, por sua vez e numa evolução que só a Primeira Grande Guerra (e, em especial, a Constituição de Weimar) irá verdadeiramente introduzir, uma mutação no plano das relações entre os próprios poderes públicos (fazendo, senão soçobrar, pelo menos, abalar a subordinação das demais funções do Estado ao legislador) e no horizonte da posição do cidadão em face desses poderes (a implicar que o mesmo se não assuma apenas como credor de deveres de *non facere*, mas também já de *facere*). Os problemas assomam quando, a partir de certo momento, se começa a questionar se o avanço na satisfação de um conjunto de tarefas pelo Estado não estará a implicar, em simultâneo, um crescimento (talvez excessivo) do poder soberano, que agora tende à centralização (administrativa) – com a consequente diminuição dos poderes secundários e enfraquecimento do indivíduo (e da sua independência), doravante dominado pela sociedade politicamente organizada[98].

As tendências passam, contudo, a orientar-se no sentido da inexistência de qualquer antítese entre Estado e liberdade, defendendo-se, inclusivamente,

---

administrativo; aliás, a própria noção de "trabalhos públicos", uma das matérias sobre que podiam incidir os contratos celebrados pela Administração, é definida tendo em vista a "utilidade geral" (cf. *Collecção de Decretos e Regulamentos Publicados durante o Governos da Regência do Reino Estabelecida na Ilha Terceira*, Segunda Série, Imprensa Nacional, Lisboa, 1836, pp. 64 e 71, respetivamente).
Outros pormenores relacionados com uma perspetiva histórica (do contencioso) dos contratos podem ser encontrados em Marcello CAETANO, «Competência Contenciosa em Matéria de Contratos Administrativos», in: *O Direito*, ano 63, n.º 7, 1931, pp. 194 e ss.; Melo MACHADO, *Teoria Jurídica do Contrato Administrativo*, Coimbra Editora, Coimbra, 1937, pp. 78 e ss.; Sérvulo CORREIA, *Legalidade e Autonomia Contratual nos Contratos Administrativos*, Almedina, Coimbra, 1987, pp. 355 e ss., n. 28, e «Contrato Administrativo», in: *Dicionário Jurídico da Administração Pública*, vol. III, Lisboa, 1990, pp. 64 e ss..

98 Uma preocupação crítica bem presente, por exemplo, em TOCQUEVILLE, *De la Démocratie en Amérique*, 12.ª ed., tomo IV, Pagnerre Editeur, Paris, 1848, pp. 287 e ss.. A sua conclusão é sintomática: "em toda a parte, o Estado chega, cada vez mais, a dirigir, por si só, o menor dos cidadãos e a conduzir sozinho cada um deles na menor das suas tarefas" – exemplificando quer com as tarefas relativas à caridade e à educação, que iniciam um percurso que as desvia da esfera privada para as colocar sob a alçada do Estado, quer com a dominialização das minas (a partir do momento em que os recursos geológicos passam a deter um interesse mais geral, carecendo a respetiva exploração de uma regulação pública mais intensa que a da propriedade privada dos particulares), quer ainda com a interferência estadual na "gestão" das fortunas, com o propósito de alcançar a igualdade. O avanço paulatino, mas consistente, neste sentido, adverte o Autor, determinará o agigantamento incomportável da Administração Pública... como cerca de cento e cinquenta anos mais tarde se veio a concluir...

um crescimento do Estado, concebido como agente do progresso político, económico e moral[99]. Nesta medida, a absolutização da autonomia continua a abrandar, em favor da emergência de uma das precipitações (de início, negligenciada) da trilogia revolucionária – a solidariedade –, e com a liberdade passa a concorrer, de algum modo, a responsabilidade, abrindo caminho para a consideração da justiça material e da assunção de tarefas (de natureza social) pelo Estado[100]. A emergência da questão social torna-se premente a partir do agravamento das condições de vida da classe operária e do impacto no pensamento jurídico-filosófico da época, com novos caminhos a serem rasgados, por pensadores como Saint-Simon, Fourier e Proudhon, ou por movimentos como o socialismo e o comunismo, ou ainda pela doutrina social da Igreja a propósito da "questão social". Mas esta mudança irá, pouco a pouco, transformar o liberalismo oitocentista, originando novas conceções sobre a articulação entre poderes públicos e sociedade, assim como novos modelos de Estado. E se, durante o século XIX, estas preocupações ainda receberam eco, designadamente nas alterações introduzidas no papel dos poderes públicos em face da sociedade, e, por consequência, também na defesa de uma ação estadual positiva ou na emergência de novos direitos (que também não ignoramos), a verdade é que só o final da Primeira Grande Guerra absorverá tais mutações.

1.2. Individualismo

A redefinição do público e do privado decorrente do liberalismo permitiu a afirmação do *individualismo*, alicerçado no valor primordial da autonomia humana e, muito especialmente, na sua hiperbolização.

---

99 Cf., *v. g.*, DUPONT-WHITE, *L'Individu et l'Etat*, 3.ª ed., Librairie de Guillaumin & Cie., Paris, 1865, pp. LXX, e 7 e ss., respetivamente.

100 Atente-se em que não se tratou de uma realidade a que o pensamento liberal se houvesse, na totalidade, manifestado absolutamente alheio, sobretudo nos defensores do designado "liberalismo democrático". Assim, Stuart MILL (*Principles...*, cit., p. 978) já reconhecia que se não poderia eliminar toda intervenção pública, havendo tarefas que o Estado haveria de tomar sobre os seus ombros – não porque as mesmas não se revelassem suscetíveis de prossecução pelos indivíduos, mas antes em virtude de estes não quererem levá-las a cabo. Entre tais tarefas contava-se a instalação de escolas ou hospitais, ou a construção de estradas ou portos.

Na síntese lapidar de Fernando José Bronze[101], encontramos agora "um homem de autonomia individualista, que mobilizou um racionalismo axiomático-dedutivo para afirmar os seus interesses de ordem económica", numa ultrapassagem da diluição greco-romana do sujeito na *polis* ou na *civitas*, bem com da imersão medieva do homem na *communitas* ou na *respublica religiosa*, que mediava todas as relações intersubjetivas. No centro do pensamento liberal encontra-se, pois, o indivíduo, o *promeneur solitaire* (para tomarmos de empréstimo a imagem tão conseguida de Rousseau[102]), que, no contexto político, haveria de assumir a qualidade de indivíduo-cidadão. Se o Renascimento e o pensamento moderno haviam recuperado Protágoras e a conceção do homem como medida de todas as coisas, e valorizado a autonomia e a emancipação (*homo homini rex*), o liberalismo acentua estas tendências e toma a personalidade individual como *a* «unidade de valor», à luz da qual se avaliam também as consequências da atuação (ainda que minimalista) do Estado[103], dotado, sobretudo, de direitos (liberdades) e solto dos deveres impostos pela(s) comunidade(s)[104].

À emancipação do indivíduo associa-se a proteção (praticamente exclusiva) dos seus interesses, da tricotomia (na formulação britânica) da *life, liberty and property*[105] ou da dicotomia (de inspiração rousseauniana)

101 Fernando José Bronze, *Lições...*, cit., pp. 331 e 491, respetivamente; cf. também Fernando José Bronze, «Nótula sobre uma Efeméride que a Pandemia Quase Ofuscou» in: *De Legibus*, n.º 2, 2021, p. 290.

102 Rousseau, *Les Rêveries d'un Promeneur Solitaire*, s.n., Genève, 1782. Não resistimos a referir a virtuosa e inspiradora (mas já intrinsecamente marcada pelo Romantismo) composição para piano de Stephen Heller, sugerida pelas reflexões de Rousseau, intitulada precisamente *Rêveries du promeneur solitaire (J. J. Rousseau), Op.* 101.

103 Bunzel, «Liberal Ideology and the Problem of Power», in: *The Western Political Quarterly*, vol. 13, 1960, p. 378; *v.* também p. 387, aludindo ao «valor moral do indivíduo» acentuado pelo liberalismo.

104 Salientando esta «revolução coperniciana», *v.* M. Reis Marques, «O Itinerário Jusnaturalista dos Direitos Humanos da "Primeira Geração"», in: Barbas Homem/Cláudio Brandão (orgs.), *Direito Natural aos Direitos do Homem*, Almedina, Coimbra, 2015, pp. 190 e s..

105 Como se sabe, a conceção surge em Locke, *Two Treatises of Government*, 5.ª ed., A. Bettesworth, London, 1728, pp. 226 e s. (Segundo Tratado, §§ 123 e s.). Mas teve repercussões positivadas na Quinta Emenda da Constituição norte-americana, cuja epígrafe reza precisamente "proteção dos direitos à vida, à liberdade e à propriedade". Tratava-se, nesta visão lockiana, de adotar uma "teoria patrimonial da liberdade": assim, Barbas Homem, *A Lei da Liberdade*, Principia, 2001, p. 182.

da *liberté e* égalité[106], cuja satisfação constituía uma *conditio* para a satisfação do(s) interesse(s) geral(is) (mas nunca corporativos) – o que veio a constituir a base para a emergência do capitalismo. Em primeiro plano, encontra-se a necessidade de acentuar a autonomia ou independência do indivíduo, precisamente por se entender que "a independência individual é a primeira das necessidades modernas"[107]. Assumindo, desde logo, um pendor económico, a exclusividade dos interesses individuais (e cada indivíduo seria o "único guardião seguro dos seus direitos e interesses"[108]) serve, a final, a efetiva realização da liberdade pessoal – uma liberdade entendida (como vimos – cf., *supra*, 1.) em sentido negativo, apenas limitada pelo outro. O secularismo característico do pensamento moderno-iluminista veio substituir os anteriores referentes ético-religiosos pelos interesses económicos: o indivíduo corresponde ao *homo* œconomicus[109], integrado na «sociedade civil», na *societas* (mas já não na *polis* ou na *civitas*,

106 Concebidas como "o maior bem de todos" (*le plus grand bien de tous*): ROUSSEAU, *Du Contrat Social ou Principes du Droit Politique*, J.-P. Bresson, Autun, 1795, p. 98 (Livro II, Capítulo XI).

107 CONSTANT, *Cours...*, tomo II, cit., p. 552.

108 Stuart MILL, «Considerations on Representative Government», in: *Essays on Politics and Society*, University of Toronto Press/Routledge & Kegan Paul, Toronto/London, 1977, p. 404, afirmando, inclusivamente, que esta asserção corresponderia a uma das elementares máximas de prudência. Aliás, continua o Autor, mesmo quando os indivíduos prosseguem interesses de terceiros, tal satisfação é efetuada à luz do seu ponto de vista individual: exemplificando com a proteção dos interesses da classe trabalhadora (que, em regra, não se encontra no poder), Stuart Mill salienta que as classes encarregadas do *government* não a consideram sob a ótica dos trabalhadores, mas enquanto empregadores (*Op.* cit., p. 405).
Sem menoscabo das diversas conceções (designadamente, na área da Economia Política) que estiveram na base desta ideia (do relevo da prossecução dos interesses individuais), a ela não terá sido igualmente estranho o específico modo-de-ser dos britânicos, orientado para a valorização da independência, da liberdade de ação, da autonomia e da responsabilidade – cf., sobre esta ideia da "formação social" inglesa, José Alberto dos REIS, «A Formação Social do Inglês e do Alemão e a Educação Portuguesa», in: Maria João Padez de CASTRO/Rui de Figueiredo MARCOS (coord.), *Orações de Sapiência da Faculdade de Direito (1856-2005)*, Imprensa da Universidade de Coimbra, Coimbra, 2007, pp. 151 e ss..

109 Pois que era, na opinião de MONTESQUIEU (*De l'Esprit...*, cit., pp. 297 e s., Livro XX, Capítulos I e II), o comércio que tornava os costumes mais doces, e os homens mais sociáveis, mais trabalhadores, mais ativos, mais generosos, desenvolvendo-lhe um sentimento de justiça (sem prejuízo de reconhecer os efeitos nefastos do comércio quando estes se intrometem nos *affaires publics* – cf. *Op.* cit., p. 299, Livro XX, Capítulo IV). Por sua vez, CONSTANT (*De l'Esprit...*, cit., *passim*), associava o dealbar do século XIX político (pós Congresso de Viena) a uma era do comércio, que substituía a (imediatamente anterior) era da guerra que grassara na Europa; todavia, enquanto a guerra corresponderia a um "impulso selvagem", o comércio assumia-se como o "cálculo civilizado", que "se sustenta na justiça" e "se funda na igualdade" (*Op.* cit., pp. 7 e s., 29).

pois que estas pressupunham a mediação comunitária agora ausente), ao qual se reconhecem direitos na medida da tutela daqueles interesses[110].

Destarte, os direitos assumem-se como liberdades individuais, com a dupla característica de que, como acabámos de salientar, não só constituem uma defesa contra o arbítrio do Estado (cuja ação se revelaria atentatória das posições jurídicas subjetivas dos cidadãos), mas também representam agora uma afirmação da individualidade perante os estamentos, evitando a dissolução dos cidadãos na sociedade ou, numa paráfrase a Constant[111] (referindo-se à *liberté des anciens*), obviando a que os indivíduos se perdessem na nação e os cidadãos na cidade. Por este motivo, os direitos afirmados representam um outro estádio de evolução, que os distingue dos consagrados nas *magnas cartas*, e, em especial, na *common law* inglesa, onde os mesmos surgiam quer como direitos que se destinavam (pelo menos, muitos deles) a proteger os particulares face aos seus semelhantes[112], quer como direitos próprios de um determinado estamento.

A emergência do individualismo destina-se a reagir ainda contra a afirmação dos interesses de corpo, típicos da sociedade do *Ancien Régime*, concebida como estratificada em ordens ou estamentos. Entende-se agora que muito mais perigosa que a satisfação dos interesses pessoais ou individuais é a prossecução dos interesses do corpo, na medida em que os primeiros, pela sua singularidade, não assumem uma proporção tal que prejudiquem a comunidade[113]. O que apenas se estranhará se não se tiver em conta que a sociedade liberal é filha do racionalismo setecentista,

---

110 Castanheira NEVES, «O Pensamento...», cit., pp. 13 e ss., que seguimos de perto (e ainda «A Imagem do Homem no Universo Prático», in: *Digesta: Escritos Acerca do Direito, do Pensamento Jurídico, da sua Metodologia e Outros*, vol. 1.º, Coimbra Editora, Coimbra, 1995, pp. 325 e ss.). Cf. também Fernando José BRONZE, *Lições...*, cit., p. 328.

111 CONSTANT, *Cours...*, tomo II, cit., p. 543.

112 *V.* também CORWIN, «The "Higher Law"...», cit., p. 170; sem prejuízo, como o próprio Autor também sublinha (*Op.* cit., p. 176), do relevo da *Magna Charta* de 1215 sob a perspetiva da limitação do poder do monarca, que já não poderia viver (reinar) "à vontade" (*live off his own*), e também da sua capacidade para se estender a outras dimensões (inicialmente não pensadas), mesmo no plano dos direitos fundamentais.

113 Cf., *v. g.*, SIEYES, *Qu'est-ce que le Tiers-Etat?*, 3.ª ed., s. n., s. l., 1789, pp. 159 e s.; trata-se de um aspeto que, na perspetiva do Autor, deveria possuir reflexos políticos, designadamente quanto à duração da legislatura, sempre suficientemente curta para evitar a formação de qualquer "espírito de corpo" (*Op.* cit., p. 161).

acreditando na capacidade da razão individual para ordenar todas as relações sociais, políticas ou económicas; por esse motivo, recusa toda e qualquer concentração do poder (seja aquela que o mantinha nas mãos de um déspota, seja aquela que o conferia a corpos ou corporações) agora tida como irracional[114]. É neste sentido que se poderá afirmar, *cum grano salis*, que o individualismo se conjuga de perto com o universalismo: a rejeição do modelo das classes ou das corporações irá determinar que o reconhecimento jurídico-constitucional de direitos e liberdades se dirija a todos (os cidadãos)[115].

A abolição dos corpos intermédios viabiliza agora uma relação direta entre o indivíduo e o Estado, incutindo naquele a consciência de que, por si só, possui uma capacidade de transformação do(s) regime(s) político(s)[116]. O Estado constitui como que o (prolongamento do) desenvolvimento dos indivíduos[117]. Em consonância com a (e como projeção da) ideia de que o homem (só agora verdadeiramente emancipado) fabrica a sua própria sorte (*faber est suæ quisque fortunæ*), se assume como ente criador e, nessa medida, é responsável pela instituição de uma nova ordem (e necessariamente anterior a ela), o Estado demoliberal corresponde a uma construção do indivíduo que, cortando os laços com a comunidade, se integra politicamente nesta nova organização – construção essa que, evidentemente, assume natureza racional[118]. Eis o motivo pelo qual se poderá afirmar que o período que decorre aproximadamente entre 1789 e 1850 corresponde às grandes decisões políticas, forjadas pelo indivíduo, no exercício da sua autonomia responsável e criadora.

---

114 Bunzel, «Liberal Ideology...», cit., p. 377.

115 Como salientava Rousseau [*Du Contrat...*, cit., p. 58 (Livro II, Capítulo IV)], apenas a generalidade caracterizadora da vontade... geral permite obrigar ou favorecer todos os cidadãos e, desta forma, assegurar a igualdade e evitar que a soberania distinga elementos específicos do corpo da Nação.

116 De Ruggiero, *Storia...*, cit., p. 27.

117 Cf., em sentido próximo, mas já na segunda metade do século XIX, Seydel, *Grundzüge einer Allgemeinen Staatslehre*, A. Stuber's Buchhandlung, Würzburg, 1873, p. 2.

118 Por oposição ao despotismo, caracterizado pela irracionalidade, pelos apetites, e, por inerência, pelo medo. Atente-se no célebre parágrafo que compõe todo o Capítulo XIII do Livro V *Espírito das Leis* (sob a epígrafe "Ideia do despotismo"): "Quando os selvagens do Luisiana querem um fruto, cortam a árvore pela base e colhem o fruto. Eis o governo despótico" (Montesquieu, *De l'Esprit...*, cit., p. 56).

Trata-se de uma conceção que encontra as suas raízes em períodos anteriores. Descontando o pendor absolutista inerente à obra, o pensamento subjacente ao Leviathan de Hobbes surge como uma manifestação exemplar da criação racional e da construção artificial do Estado(-artefacto) pelo indivíduo (*rectius*, pelo pacto entre vários indivíduos), destinado, em última análise, a proteger e a defender este último, assegurando os seus interesses e liberdades[119]. Mas, visando embora a institucionalização de modelos de Estado completamente distintos (com preferência não agora para o Estado com sacrifício da liberdade para salvaguarda da segurança, mas para a liberdade assegurada por instrumentos democráticos ou por mecanismos de limitação do poder[120]), não partem de premissas muito distintas as propostas contratualistas (e, na sua maioria, de pendor racionalista formal) de Rousseau, Kant, Locke ou Montesquieu. Em total congruência com a hipertrofia da autonomia, o modelo mobilizado para esta construção artificial reconduzia-se ao contrato, instrumento privilegiado do exercício da liberdade, polarizador das vontades racionais, individuais e iguais que se encontram para, de comum acordo, solucionarem o problema da sua coexistência e compossibilidade na ordem social e, dessa forma, instituírem a *societas*[121]: tal como no direito privado, o ponto de partida para a formação (dos instrumentos fundamentais) do direito público residia na vontade do indivíduo livre, racionalmente responsável[122] e igual.

119 Logo na Introdução, o Estado (ou *Commonwealth*) é apresentado como artificial (na realidade, um *artificial man*), criado pelo engenho (*by art*) racional do homem, cuja alma se reconduz à soberania e cuja atividade se dirige à *salus populi*. Neste sentido, a instituição do Estado representa, pois, a natural ambição ou desejo dos homens, imprescindível à sua vida e à sua segurança. Mais adiante, a propósito das condições necessárias para evitar o enfraquecimento ou a dissolução do Estado, o Autor volta a enfatizar a qualidade dos homens como criadores e ordenadores do Estado (*makers and orderers*) Cf. HOBBES, *Leviathan or The Matter, Form, and Power of a Commonwealth Ecclesiastical and Civil*, in: MOLESWORTH, William, *The English Works of Thomas Hobbes*, vol. III, John Bohn, London, 1839, pp. IX e s., 154 e ss., e 308, respetivamente.

120 Cf. também Castanheira NEVES, *O Instituto dos «Assentos» e a Função Jurídica dos Supremos Tribunais*, Coimbra Editora, Coimbra, 2014, p. 535.

121 Para uma síntese da época bastante conseguida relativa à posição contratualista e à sua relevância para a origem da constituição, *v.* SIEYES, *Préliminaire de la Constitution Françoise. Reconnoissance et Exposition Raisonnée des Droits de l'Homme & du Citoyen*, s. n., s. l., 1789, pp. 21 e ss..

122 ESMEIN, *Eléments de Droit Constitutionnel Français et Comparé*, 6.ª ed., Recueil Sirey, Paris, 1914, p. 279.

Uma tal conceção não deixará de se refletir no movimento constitucional. A conceção artificialista do Estado como criação racional, emergente de um contrato em que os indivíduos se associam para assegurarem a tutela das suas liberdades, acarreta, por inerência, a necessidade de elaboração de um conjunto de regras, correspondentes à *constitutio* daquele Estado, destinadas a disciplinar as liberdades e os interesses daqueles indivíduos, elevados à categoria de cidadãos – justamente a qualidade que exprimiria a relação entre os associados e a sua criatura[123]. Estamos diante de uma conceção que não esconde a vocação (pelo menos, pretensamente) libertadora das revoluções (não só armadas, mas sobretudo, intelectuais, filosóficas e também religiosas), que visavam alicerçar o sistema político na autonomia, na autodeterminação e na independência do homem racional. Se nos interrogarmos sobre o sentido da afirmação das liberdades fundamentais como elemento estruturante da monarquia constitucional, podemos afirmar que a encontramos na compreensão dos direitos como garantias contra o arbítrio e, enquanto tal, como limites ao poder régio[124]. Na verdade, mesmo as limitações aos direitos consentidas pelo pacto fundacional possuíam uma teleologia imanente, exprimindo, de algum modo, a alienação da liberdade em preito à construção do corpo político ou do Estado. Por esse motivo, ou se defende que o poder soberano (independentemente do seu titular) apenas poderia estabelecer restrições às liberdades na exata medida em que essas mesmas restrições se revelem necessárias à prossecução do bem comum[125], ou se vai mais longe, entendendo que são as liberdades individuais que fixam os próprios limites do poder soberano que, em caso algum, podem atentar contra a justiça ou os direitos dos indivíduos[126].

Por sua vez, a absolutização solipsista do homem evitava a comparação. O que significava, afinal, que a igualdade proclamada pelos

123 Assim, Castanheira Neves, «O Pensamento...», cit., p. 20.

124 Cf. também Barbas Homem, «Do Direito...», cit., p. 77.

125 Cf. Rousseau, *Du Contrat...*, cit., pp. 54 e s. (recorde-se que, na conceção do Autor, o Soberano – ou o poder soberano, ou a soberania – corresponde ao poder conferido ao Corpo político pelo contrato social e dirigido pela vontade geral).

126 Cf. Constant, *Cours...*, cit., vol. I, pp. 15 e s., 283 e ss..

revolucionários assumia uma natureza meramente formal, demandando o tratamento igualitário de todos os cidadãos (mas apenas destes), independentemente da sua situação concreta; como vimos salientando, o esforço argumentativo dos liberais dirigia-se, em primeira linha, contra os privilégios conferidos a alguns, obviava à diferenciação na aplicação do direito em função do estamento social e impunha, por consequência, a adoção de um *ius commune*, suscetível de satisfazer o interesse geral. Se quisermos tomar de empréstimo a imagem de Sieyès[127] (salientando precisamente que as diferenças entre os indivíduos estão para lá da qualidade de cidadão), diríamos que, encontrando-se a lei no centro de um grande globo, todos os cidadãos estão, sem exceção, à mesma distância da circunferência.

Repare-se, porém (e seguindo Magalhães Collaço[128]), que esta afirmação do indivíduo (e de um Estado que é por ele construído e criado) não se destinava necessariamente (ou em todos os casos) a *depor* o rei, mas apenas a *opor*-lhe o respeito pelos direitos e liberdades individuais que o despotismo havia retirado aos vassalos e que o liberalismo devolvia agora (no momento *restaurador* ou *regenerador*) aos cidadãos. Por este motivo, e como veremos, o pensamento individualista-liberal não se revela incontornavelmente republicano (*hoc sensu*, antimonárquico), permitindo a convivência entre a soberania nacional ou popular e a legitimidade monárquica. Eis-nos diante de um aspeto que permite dar um passo para a dimensão seguinte.

1.3. Tradição e conservadorismo; contrarrevolução e reação

As considerações anteriores deixam entrever que uma das dimensões mais relevantes do pensamento moderno liberal individualista consistia

---

127 Sieyes, *Qu'est-ce le Tiers Etat?*, cit., p. 163. Trata-se de uma conceção que não aparece desligada da titularidade dos direitos; refletindo, em especial, sobre os direitos políticos, o Autor entende que apenas os cidadãos (mas *todos os cidadãos*) poderiam ter capacidade eleitoral ativa e passiva (*Op.* cit., p. 178).

128 Cf. Magalhães Collaço, *Ensaio sobre a Inconstitucionalidade das Leis no Direito Português*, França e Arménio Editores/Imprensa da Universidade, Coimbra, 1915, p. 42.

na eliminação da (ou, no mínimo, numa atitude dirigida a denegrir a) tradição[129] e, em certos momentos (e lugares, *i. e.*, especificamente em França e nos Estados Unidos), na acentuação da superioridade normativa da forma de governo republicana sobre a monarquia. Não pretendemos estabelecer uma contraposição absoluta e redutora entre as tendências: talqualmente adverte Pocock[130], se constitui um erro pressupor que as teorias que defendem os direitos individuais pendem para o radicalismo, não é menos erróneo entender que aqueloutras defensoras da tradição tendem inevitavelmente para o conservadorismo. Mas importa não olvidar que os traços já esboçados daquela primeira tendência conviveram com perspetivas diferentes - aglutináveis, sem prejuízo das respetivas especificidades, sob o conceito de «contrarrevolução»[131] –, que acentuavam justamente a necessidade de não abandonar os valores que haviam marcado os períodos históricos antecedentes, ou, como preferimos, da defesa do legado histórico contra a afirmação (as mais das vezes, *à outrance*) de uma eliminação do passado com vista à construção de um projeto social, político e jurídico integralmente novo. Neste contexto, assiste-se à recusa do solipsismo individualista (acompanhado, de perto, pela valorização do elemento religioso e da Igreja), à importância da restauração da monarquia [condenando, praticamente *una voce*, a barbárie que consistiu na execução (ou no assassinato...) de Luís XVI[132]] e ao relevo conferido ao direito costumeiro (contra o legiscentrismo). A perspetiva contrarrevolucionária surge ainda aliada ao pensamento conservador que, desenvolvido também por estadistas com raízes no despotismo iluminado (como sucedia, por excelência, com Metternich) e

129 *V.*, sobre esta específica dimensão do liberalismo, Mitchell, *The Limits...*, cit., pp. 2, 25 e ss..

130 Pocock, *Virtue, Commerce and History*, Cambridge University Press, Cambridge/New York/Melbourne, 1985, p. 226.

131 Sobre uma tal diversidade, *v.* o estudo já clássico de Godechot, *La Contre-Révolution 1789-1804*, 2.ª ed., PUF, Paris, 1984 (a 1.ª ed. data de 1961); cf. também, no quadro do bicentenário da Revolução Francesa, Gengembre, *La Contre-Révolution ou l'Histoire Désespérante*, Imago, Paris, 1989.

132 Assim, Burke, *Reflections on the Revolution of France*, 11.ª ed., J. Dodsley, London, 1791, pp. 105 e ss. (refletindo sobre o tratamento cruel conferido à família real francesa); Maistre, *Considérations sur la France*, 2.ª ed., s. n., Londres, 1797, pp. 17 e ss..

preocupados com a estabilidade das monarquias, advogavam um Estado (sobretudo, uma Administração Pública) organizado(a) em torno do rei, segundo uma ordem hierárquica regida por regras estritas e claras[133] – um aspeto que a doutrina alemã haveria, mais tarde, de sublimar na sua elaboração dogmática (ou mesmo, em certos momentos, hipertrofização) do princípio monárquico.

Entre os reacionários exacerbados defensores de uma posição mais absoluta e os conservadores mais moderados que, assumindo um ponto de vista historicista, defendem o valor das tradições constitucionais, os impactos que estas diferentes visões obtiveram entre nós (sobretudo, mas não exclusivamente, no horizonte do constitucionalismo cartista) exigem, pois, que lhes dediquemos considerações detidas.

I. Não espantará que a valorização da tradição constitua uma nota distintiva de certos setores ingleses (intimamente associada, como veremos, ao constitucionalismo histórico que o predica). Tome-se como epítome o pensamento de Burke, derramado em reflexões sobre a Revolução Francesa, mas (sem contradição) defensor assumido (com lastro na sua vida política) dos poderes do parlamento contra os abusos da Coroa, da independência norte-americana e dos direitos dos indianos (de que o processo de *impeachment* ao Governador-Geral Warren Hastings, em virtude dos atropelos praticados pela Companhia das Índias Orientais, constituiu a manifestação mais visível)[134]. Note-se, porém, que esta visão não implicava um corte radical com todos os pressupostos liberais, em particular, com a perspetiva minimalista do Estado ou com o relevo conferido às liberdades individuais[135]. Todavia,

---

133 Cf. Broers, *Europe after Napoleon: Revolution, Reaction and Romanticism, 1814-1848*, Manchester University Press, Manchester/New York, 1996, pp. 22 e ss..

134 Cf. Raynaud, «Préface: Les Réflections sur la Révolution en France», in: Burke, *Réflections sur la Révolution en France*, Les Belles Lettres, Paris, 2016 (*e-book Kindle*).

135 Na verdade, para Burke, a instituição da sociedade civil tinha como finalidade satisfazer as necessidades do homem e para vantagem deste, vantagem que se polarizaria na garantia dos direitos, mas apenas nos limites consentidos pelas regras fundamentais da sociedade emergentes do específico contrato social pressuposto pelo Autor – aquele que existe entre as gerações passadas, as gerações presentes e as gerações futuras. Cf. Burke, *Reflections...*, cit., pp. 87 e ss., e 143 e s., respetivamente.

e rechaçando vivamente a ideia de que foram as ideias liberais inglesas a inspirar a Revolução Francesa[136], valorizam-se agora as dimensões históricas, das quais as (pretensamente novas) ordens jurídico-constitucionais não poderiam abstrair, devendo, pelo contrário, restaurar as liberdades paulatinamente adquiridas, tal como o fizera a *Glorious Revolution* com o *Bill of Rights*[137]. O contributo último da posição de Burke consiste em permitir, sem menoscabo do relevo assumido pela mudança numa sociedade, uma clara superação da alternativa (alegadamente) inelutável pressuposta pelo pensamento revolucionário entre a manutenção do *Ancien Régime* e a construção subjetiva e voluntarista, *ex nihilo*, de uma nova ordem social.

Poder-se-á caracterizar a perspetiva de Burke à luz de três eixos fundamentais: historicidade e recusa da ideia de construção de uma nova ordem, relevância dos corpos sociais (*corporate bodies*) e equilíbrio de poderes no seio da constituição. A primeira ideia encontra-se conexionada com a renúncia do racionalismo francês (cartesiano e geométrico) e com a inerente defesa da sociedade liberal inglesa mais ou menos tradicional[138], assente num sistema de base compromissória: na verdade, a radicalidade da atitude antifrancesa[139] dirigia-se, em particular, à crítica a Revolução de 1789, que, quando confrontada com a *Glorious Revolution*, surgia desprovida de uma intenção concreta compositiva e constitucional, no sentido de que a conceção absolutizadora da vontade geral tudo submete a esta última, incluindo a própria constituição. Eis o motivo por que a revolução liberal inglesa se haveria de compreender no sentido astronómico do conceito[140]: sem

136 Burke, *Reflections...*, cit., p. 131.

137 Enfatizando também já este aspeto Paulo Otero, *Instituições Políticas e Constitucionais*, vol. I, Almedina, Coimbra, 2007, p. 269.

138 Cf. a caracterização desta sociedade em Burke, *Reflections...*, cit., pp. 135 e s., em que convivem Igreja (anglicana), monarquia, aristocracia e democracia.

139 Para uma síntese desta perspetiva do pensamento, *v.* a síntese de Kilgore, *Mania for Freedom: American Literatures of Enthusiasm from the Revolution to the Civil War*, University of North Carolina Press, Chapel Hill, 2016, pp. 3 e ss..

140 Assim, Reynaud, «Préface», cit. (no ponto intitulado "1789 et la révolution glorieuse"). Aliás, Burke (*Reflections...*, cit., p. 245) considera que "fazer uma revolução é subverter o

pretender instaurar ("fabricar"[141]) um novo regime (ao contrário do que pretendiam os revolucionários franceses) e porque uma revolução só deverá introduzir modificações naquelas parcelas da vida político-social que se encontram feridas de ilegitimidade[142], a *Glorious Revolution* destinou-se a permitir o regresso (através de um ato de *descoberta* dos seus princípios fundantes[143]) à tradição constitucional inglesa (*ancient constitution*[144]) que os Stuarts haviam ameaçado[145] e, nesse sentido, assume-se como uma restauração das liberdades (já) adquiridas[146] e da constituição *herdada*[147] pelos ingleses (e não pré-escritas e ditadas por uma assembleia incumbida de criar, *ex novo*, uma ordem que aboliria a anterior, através de um mecanismo artificial - a lei - que exprimiria uma suposta e abstrata vontade geral). Por seu lado, a manutenção do modelo estamental inglês[148] **não se compadeceria, pois, com a abolição dos corpos intermédios**[149], com a eliminação da aristocracia (a qual, aliás, se encontra institucional e constitucionalmente acolhida na Câmara dos Lordes), com o domínio (quase) exclusivo de uma classe

---

antigo estado do nosso país; e não há razões que, de ordinário, se possam chamar para justificar um tal procedimento".

141 Burke, *Reflections...*, cit., p. 44.

142 Ou, nas palavras de Burke (*Reflections...*, cit., p. 29), "a mudança deve estar confinada apenas à parte pecadora (*peccant part*); à parte que produziu o desvio necessário; e, mesmo então, tal deve ser efetuado sem a decomposição de toda a massa civil e política, com o propósito de originar uma nova ordem civil sem os primeiros elementos da sociedade". Eis o motivo por que o Autor considera que a *Glorious Revolution* correspondera um exercício de guerra justa (*Op.* cit., p. 43).

143 Burke, *Reflections...*, cit., p. 21.

144 Burke, *Reflections...*, cit., p. 44.

145 Burke, *Reflections...*, cit., pp. 23, 38.

146 Basta, aliás, compulsar o texto da *Petition of Right* de 1628 para compreender o sentido do pensamento do Autor. Efetivamente, este documento constitucional apenas solicitava ao Rei o reconhecimento de um conjunto de direitos que se encontravam já plasmados em documentos anteriores (*"according to the laws and statutes of this realm"* - cf. § XI), os quais vinham, aliás, explicitamente invocados (cf. §§ I, III, IV, VII). No mesmo sentido se orienta a própria epígrafe do *Bill of Rights* de 1689, que, *ex professo*, se designa como um "ato que *declara* os direitos e as liberdades do súbdito e regula a sucessão da Coroa" (itálico nosso) (*"An Act Declaring the Rights and Liberties of the Subject and Settling the Succession of the Crown"*).

147 Burke, *Reflections...*, cit., pp. 44 e ss. (*v.*, de forma bastante poética, pp. 49 e s.).

148 Sempre mantido e nunca substituído por "moléculas orgânicas de pessoas desgarradas" (Burke, *Reflections...*, cit., p. 30).

149 Cf. Burke, *Reflections...*, cit., pp. 240 e s..

movida pela circulação da moeda ou pela conversão da terra em moeda (*the new monied interest*)[150] ou com medidas que atingissem fatalmente a Igreja Anglicana[151].

Estas dimensões projetam-se em outras tantas consequências com relevo jurídico: por um lado, aponta-se para a rejeição do legiscentrismo e para a inerente valorização do costume como fonte de direito; por outro lado, verifica-se a apologia de uma sociedade estamental organizada e corporativa (*hoc sensu*)[152] e crítica de autossuficiência individualista, a implicar a sobrevivência da aristocracia fundiária e da Igreja anglicana[153] e a defesa mais ampla do direito de propriedade (diminuindo o relevo do capitalismo nascente, e salientando o relevo da propriedade fundiária[154]); por fim, concebe-se a constituição inglesa como uma herança[155] e como um compromisso equilibrado[156] entre o (ou os poderes do) parlamento e o (ou os poderes do) rei – que se condensaria na figura do *King in Parliament* (*i. e.*, no rei enquanto parte integrante do parlamento) – equilíbrio esse que, evidentemente, ficaria posto em causa com a abolição do princípio monárquico[157],

150 Burke, *Reflections...*, cit., pp. 163 e s (a referência pertence à p. 164)., 241 e s., 282 e ss..

151 Como as que confiscavam as suas propriedades: Burke, *Reflections...*, cit., pp. 179 e s.. Cf. também a apreciação de Freitas do Amaral, *História do Pensamento Político Ocidental*, Almedina, Coimbra, 2011, pp. 297 e s..

152 Considere-se o confronto (crítico) entre a composição da assembleia convocada em França e a Câmara dos Comuns inglesa: Burke, *Reflections...*, cit., pp. 64 e s.. *V.* ainda *Op.* cit., p. 151 (a propósito da Igreja, mas sublinhando a importância da *multitude*).

153 Articulando explicitamente governo e religião (institucionalizada), *v.* Burke, *A Vindication of Natural Society* (by a late Noble Writer), 2.ª ed., R. and J. Dodsley, London, 1757, pp. 9 e s.; concebendo a religião como "a base da sociedade civil", *v. Op.* cit., p. 134; cf. ainda pp. 136 e ss., sobre as vantagens de uma religião oficial.

154 Burke, *Reflections...*, cit., pp. 75 e s.. (a p. 77, o Autor avança inclusivamente que, na França revolucionária, a propriedade está destruída), 156 e ss. (insurgindo-se contra o confisco; embora admitindo tacitamente essa possibilidade quanto a certos bens do clero – tal como, aliás, sucedeu em Inglaterra, durante a Reforma quanto aos bens da Igreja Católica –, Burke revela-se contrário à solução quando aplicada à nobreza fundiária: *Op.* cit., pp. 224 e ss.).

155 *V.* também Paulo Otero, *Instituições...*, cit., p. 270.

156 De molde a evitar os abusos por parte de qualquer dos órgãos que o Autor já criticara desde os seus primeiros trabalhos: cf. Burke, *A Vindication...*, cit., pp. 77 e s.. Cf. também Burke, *Reflections...*, cit., p. 51. Aliás, o Autor rejeita qualquer conceção que identifique a constituição francesa como uma inspiração britânica: *v.* Burke, *Reflections...*, cit., p. 277.

157 Na perspetiva do Autor, o princípio não assentava na escolha ou eleição popular (a condição a que Price subordinava a caracterização do rei como *lawful King*), mas da legitimi-

concebido não como uma limitação à liberdade, mas antes como uma garantia de segurança[158].

II. Mas também na Europa continental se ouviram vozes contrárias ao modelo constitucional liberal emergente da Revolução Francesa. A reação contra o racionalismo francês e, por conseguinte, a adoção de uma perspetiva próxima da inglesa (e da nítida influência de Burke[159]) refletem-se no pensamento alemão, no contexto mais vasto da apreciação, em geral, da *Aufklärung* (e, em particular, na designada querela do panteísmo), e das reformas (que pretenderam traduzir os respetivos valores) operadas no reinado de Frederico da Prússia[160]. Na senda de Herder e da valorização do pluralismo histórico rumo a um progresso sucessivo, das culturas ancestrais, da tradição, e da conjugação entre o universalismo e a singularidade dos princípios nacionais[161], também a perspetiva teutónica denuncia a abstração e o corte radical com o passado pretendidos pela Revolução Francesa. Assim sucede, em especial[162], com pensadores ligados ao Principado de Hannover[163], como Ernst Brandes e August Wilhelm Rehberg. O primeiro Autor evolui de uma posição não

---

dade sucessória/hereditária e dinástica, segundo as regras estabelecidas por cada País - cf. BURKE, *Reflections...*, cit., pp. 16 e ss. (sem prejuízo de reconhecer que, num período mais remoto, as monarquias europeias tiveram caráter eletivo - *Op.* cit., p. 19). Cf. também BURKE, *Reflections...*, cit., pp. 25 e s., à luz do texto do *Bill of Rights* de 1689, pp. 33 e ss., refletindo sobre situações concretas.

158 *V.* também RAYNAUD, «Préface», cit. (no ponto intitulado "1789 et la révolution glorieuse").

159 Cf., sobre esta matéria, RAYNAUD, «Burke et les Allemands», in: FURET/OZOUF (eds.), *The French Revolution and the Creation of Modern Political Culture - Volume 3: The Transformation of Political Culture 1789-1848*, Pergamon Press, Oxford, 1989, pp. 59 e ss., esp.te pp. 68 e ss..

160 Neste sentido, já RAYNAUD, «Préface», cit. (no ponto intitulado "Burke et la critique allemande des Lumières").

161 Cf., em especial, HERDER, *Auch eine Philosophie der Geschichte zur Bildung der Menschheit*, s. n., s. l., 1774.

162 Embora não exclusivamente: atente-se também no contributo de Friedrich Gentz que, numa outra linha, conciliatória do kantismo com as teses de Burke, visa articular o racionalismo com a tradição. Cf., *v. g.*, RAYNAUD, «Burke...», cit., pp. 73 e s., e, desenvolvidamente, «Friedrich Gentz: Une Critique Non Romantique de la Révolution», in: *Cahiers de Philosophie Politique et Juridique*, n.º 16, 1989, pp. 123 e ss..

163 Recorde-se que quer Brandes, quer Rehberg eram alto funcionários da Chancelaria do Principado de Hannover (talqualmente surge identificado no frontispício das suas obras), a Casa a que pertenceram os monarcas britânicos desde Jorge I até à Rainha Vitória.

totalmente adversa aos ímpetos revolucionários (na sua sublimação do valor da liberdade[164]) e à necessidade de uma alteração da constituição[165] – embora não de uma Revolução nos termos em que ocorreu e com os respetivos efeitos (que determinaram a construção abstrata e racional de um sistema de raiz metafísica e não prática, demasiado próxima do modelo norte-americano)[166] –, para uma aproximação muito significativa ao sistema inglês[167] e à posição de Burke, na sua defesa da manutenção da tradição e de uma sociedade valorizadora de uma aristocracia fundiária, esclarecida e não abusadora[168]. Uma vez mais, encontramos a recusa da criação de uma constituição como algo "absolutamente de novo", desde logo nos seus fundamentos, a qual surge concebida como "a fonte de tanto mal" (mesmo admitindo que a situação anterior, em França, se revelava incompatível com a tutela das liberdades – pelo que, neste horizonte, não haveria muito a aproveitar...)[169]; todavia, só se revelaria vantajosa uma revolução se esta houvesse permitido o desenvolvimento de uma situação melhor que a anterior (e não se houvesse

---

164 Brandes, *Considérations Politiques sur la Révolution de France*, Laurent, Paris, 1791, pp. 9 e ss.; *v.* também *Op.* cit., pp. 82 e ss., apreciando (criticamente) o conteúdo da Constituição francesa.

165 Brandes, *Considérations...*, cit., pp. 23 e ss.,

166 Brandes, *Considérations...*, cit., pp. 57 e ss.. Nesta obra, o Autor disserta sobre três questões: seria necessário que houvesse uma grande modificação na Constituição francesa?; essa modificação poderia ter sido feita sem uma revolução, *i. e.*, sem a intervenção armada do povo?; a Constituição francesa estava elaborada a luz dos costumes e das relações ações conhecidas em França? (*Op.* cit., p. 10). Se às duas primeiras interrogações Brandes respondia de forma negativa e (mais – na primeira –, ou menos – na segunda) peremptória, já a terceira recebia uma resposta menos assertiva, como decorre das considerações tecidas no texto.

167 Já presente, de qualquer modo, na sua obra inicial – como, aliás, o próprio Autor reconhecia: cf. Brandes, *Considérations...*, cit., p. 181, referindo-se ao seu "amor extremo pela constituição inglesa".

168 Cf. Brandes, *Ueber einige bisherige Folgen der Französischen Revolution in Rücksicht auf Deutschland*, Christian Ritscher, Hannover/Osnabrück, 1792. Nesta obra, o Autor pretende responder a duas interrogações, a saber: que efeitos a Revolução Francesa produziu no governo (ou na forma de governo) das diversos Estados alemães?; qual a influência que aquela Revolução exerceu nas mentalidades e nas opiniões políticas dominantes? (*Op.* cit., p. 3) (considerando que as principais ideias da época consistiam no conceito exagerado que tinham do género humano e das constituições, a par de uma errada aplicação de tais conceitos, a concordância com o republicanismo, e na tendência marcada para o utilitarismo – *Op.* cit., pp. 17 e s.).

169 Brandes, *Considérations...*, cit., pp. 77 e s. (as citações reportam-se à p. 77).

reconduzido, a final, ao derramamento de sangue...)[170] – aspeto que, no caso alemão, se não verificava com a mesma (ou similar acuidade). Aliás, algumas das (pretensas) inovações introduzidas pela Revolução Francesa já se encontravam inerentes a certos princípios conhecidos, em geral, nos Estados alemães, tratando-se, pois, de recuperar alguns deles[171]: eis o que sucedia, em certos termos, com a força vinculativa material da Constituição [fundada na sabedoria (*Weise*) que decorreria, em particular, do respetivo conteúdo][172] ou com o debate sobre as ideias republicanas (inspiradas, desde logo, pelo conceito – bem mais amplo – da *Res publica* romana)[173]. Por último, alguns dos ideais revolucionários assumiam-se como verdadeiras "quimeras", como sucederia, por excelência, com a afirmação (racionalmente abstrata e especulativa) da igualdade, impossível de atingir na prática e não estritamente necessária para a concretização de um sistema político democrático (como o demonstra o sistema inglês, com o reconhecimento da diferença entre as câmaras alta e baixa do parlamento)[174].

Embora com um pendor filosófico (e sistemático) mais marcante[175], uma linha argumentativa similar encontra-se em Rehberg, que parte de duas ideias principais: por um lado, a condenação do racionalismo (desde logo, dos princípios subjacentes à teoria rousseauniana do contrato social), na medida em que, sendo puramente idealista, pretende

170 Cf. Brandes, *Ueber einige bisherige Folgen...*, cit., p. 101; *v.* também pp. 106 e s..

171 Brandes, *Ueber einige bisherige Folgen...*, cit., pp. 3 e ss..

172 Brandes, *Ueber einige bisherige Folgen...*, cit., p. 41; sem prejuízo de as mais sábias das leis também resultarem dos mais sábios autores (ou povos).

173 Brandes, *Ueber einige bisherige Folgen...*, cit., pp. 42 e ss.. E, por conseguinte, não reduzido à mera contraposição monarquia/república, no contexto da discussão sobre formas de governo: o Autor acentua justamente que o mais acérrimo defensor da forma monárquica de governo nunca deixaria de admirar uma constituição republicano onde se encontrasse consagrada a liberdade religiosa (cf. *Op.* cit., p. 49).

174 Cf. Brandes, *Ueber einige bisherige Folgen...*, cit., pp. 119 e ss..

175 Que lhe valeu, aliás, uma resposta direta de Fichte, *Considérations Destinées à Rectifier les Jugements du Public sur la Révolution Française*, F. Chamerot, Paris, 1859. Também o opúsculo de Kant, «Über den Gemeinspruch: Das Mag in der Theorie Richtig Sein, Taugt Aber Nicht für die Praxis», in: *Kant's Gesammelte Schriften*, vol. VIII – 1.ª parte, De Gruyter, Berlin, 2020, pp. 273 e ss. (embora sem uma referência imediata a Rehberg) representará uma oposição ao seu escrito: neste sentido, cf. Renaut, «Préface», in: Rehberg, *Recherches sur la Révolution Française*, Vrin, Paris, 1998, pp. 12 e ss..

construir um sistema político deduzido unicamente das leis puras da razão; e, por outro lado, a defesa do empirismo e da consequente necessidade de adaptação das instituições jurídico-políticas às relações sociais, históricas e morais de um povo determinado, valorizando as respetivas tradições[176]. Contra a criação de uma constituição "geométrica" e uma compreensão que apontaria, a breve trecho, para a plenitude lógica do sistema (também jurídico-constitucional), o Autor ressalta a importância em elaborar leis (entre as quais, constituições) que tenham em conta os problemas concretos de uma sociedade e povo reais e a abertura para novos[177]. Daqui resulta a dificuldade em aceitar dois dos pressupostos fundamentais do constitucionalismo revolucionário: a universalização dos direitos (destrinçando entre direitos da humanidade – *hoc sensu* – da comunidade cristã e dos cidadãos[178]) e a separação de poderes[179]. Em ambos os casos, estamos diante de abstrações, que se não compadecem com a realidade histórica. Eis-nos diante de uma consideração com uma consequência determinante, sob a nossa perspetiva interessada: a constituição, ao invés de pretender traduzir a fixação de um determinado sistema político, servindo os propósitos de uma só geração, deve possuir um caráter dinâmico, já que englobará uma sequência imprevisível de gerações[180]. Destarte, aproximando-se da influência inglesa, o Autor acentua que "cada geração estabelecer os fundamentos da próxima, e a seguinte só se pode erguer através do que os seus antepassados realizaram"[181], revelando-se, por isso, contrário às pretensões destrutivas do pensamento revolucionário francês[182].

176 Rehberg, *Recherches sur la Révolution Française*, Vrin, Paris, 1998, pp. 87 e ss..

177 Rehberg, *Recherches...*, cit., pp. 128 e ss..

178 Rehberg, *Recherches...*, cit., pp. 102 e s.. Para uma perspetiva do Autor sobre a *Déclaration* de 1789, *v. Op.* cit., pp. 135 e s.; *v.*, em especial, a crítica ao "sistema dos direitos do homem e da igualdade, *Op.* cit., pp. 111 e s..

179 Rehberg, *Recherches...*, cit., pp. 127 e s..

180 Rehberg, *Recherches...*, cit., p. 103.

181 Rehberg, *Recherches...*, cit., p. 104.

182 Rehberg, *Recherches...*, cit., pp. 165 e ss..

III. O pensamento conservador encontrou ecos também na doutrina de matriz francesa, como denotam os exemplos paradigmáticos de Joseph de Maistre e Louis de Bonald. Maistre aproxima-se de Burke enquanto defensor da tradição (perfilhando uma perspetiva que releva da historicidade), mas dele se distancia por advogar um historicismo que pretende um regresso ao passado (um verdadeiro restabelecimento do *status quo ante*) e se não revê no progresso assente na (e desenvolvido a partir da) herança das gerações precedentes[183]. Por sua vez, Bonald apresenta uma perspetiva mais conservadora, que parte de uma específica conceção sobre a conjugação entre sociedade civil, sociedade religiosa e sociedade política, para acentuar (no que se assemelha a Burke) a representação estratificadora (ou divida em classes) do corpo social, à luz dos critérios da propriedade e da profissão, mantendo a importância da nobreza[184].

Podem ambas as posições (embora diferenciadas) epitomar-se em dois vetores: a religião como elemento fundante (da organização social, do Estado e dos próprios direitos) e a monarquia como forma de governo. Pondo a tónica no elemento teológico-religioso[185] (do homem como "livremente escravo", cuja condição se encontra ineliminavelmente ligada/vinculada ao Ser Supremo, no contexto de uma ordem

---

183 Enfatizando já esta diferença, cf. Paulo OTERO, *Instituições...*, cit., p. 273. Para a compreensão do sentido da oposição entre historicidade e historicismo, cf. Castanheira NEVES, *Questão-de-Facto – Questão-de-Direito ou O Problema Metodológico da Juridicidade*, Almedina, Coimbra, 1967, pp. 754 e ss.; Fernando José BRONZE, *Lições...*, cit., p. 264.

184 Cf. BONALD, *Théorie du Pouvoir Politique et Religieux dans la Société Civile Démontrée par le Raisonnement et par l'Histoire*, tomo I, Librairie d'Adrien Le Clere et C.ie, Paris, 1843, pp. 1 e ss., 235 e ss.. Salientando, porém, as especificidades da sociedade inglesa e, por conseguinte, da respetiva constituição, *v. Op.* cit., pp. 487 e ss..

185 Esta dimensão religiosa impede igualmente uma aproximação do pensamento contrar-revolucionário francês de Maistre à conceção (também) conservadora de Burke, na medida em que ambos ficariam sempre apartados pela perspetiva antibritânica (antianglicana) do primeiro. Cf., *v. g.*, MAISTRE, *Considérations...*, cit., pp. 31 e s. [aliás, pela obra perpassa uma certa desconfiança perante o então reconhecido caráter exemplar (ou mesmo inovador) do sistema inglês ou do sistema norte-americano – *v.*, respetivamente, *v. g.*, *Op.* cit., 59, pp. 62 e s., e p. 65; a propósito dos Estados Unidos, o Autor chega mesmo a manifestar a sua impaciência perante "os louvores concedidos a esta criança de calções" (!)]. Ainda assim, o Autor não deixa de salientar, como nota positiva, que, ao contrário da Revolução Francesa, a *Glorious Revolution* não determinou a aniquilação da monarquia ou mesmo da legitimidade dinástica ou sucessória: *Op.* cit., pp. 184 e s..

divina e sobre-humana, mesmo quando ultrapassada a dimensão física e estando em causa o mundo político e moral)[186], Maistre condena a "revolução por decreto", "radicalmente má"[187] e de "caráter satânico" (atenta a sua natureza antirreligiosa)[188], quase personificada, que destrói tudo o que se lhe possa opor[189]. Em sentido próximo, Bonald acentua a íntima relação entre a sociedade religiosa e a sociedade política, cuja conjugação origina a sociedade civil, comungando também da recusa da ideia (revolucionária) da criação de uma nova constituição, na medida em que a sociedade tem a sua própria constituição natural, não modificável pela ação humana[190], e intrinsecamente determinada pela religião cristã[191].

Opondo-se firmemente à Revolução Francesa, Maistre[192] e Bonald[193] condenam, sob o prisma jurídico-institucional, quer a república, quer a democracia representativa, recusando, inclusive por razões de possibilidade lógica, a ideia de soberania popular. Estas duas dimensões também se projetam em outras tantas consequências do ponto de vista constitucional, as quais patenteiam as bases da contrarrevolução, concebida como "o contrário da revolução" [194].

---

186 MAISTRE, *Considérations...*, cit., pp. 1 e s..

187 MAISTRE, *Considérations...*, cit., p. 70.

188 MAISTRE, *Considérations...*, cit., p. 76; nas páginas subsequentes, o Autor derrama as suas críticas sobre a antirreligiosidade (anticristã) perniciosa da Revolução Francesa. *V.* também BONALD, *Théorie...*, cit., p. 336.

189 MAISTRE, *Considérations...*, cit., pp. 5 e s..

190 BONALD, *Théorie...*, cit., pp. 1 e s., 77.

191 À semelhança de Maistre, também BONALD (*Théorie...*, cit., p. 334) reage criticamente contra o projeto (revolucionário) de republicanização da Europa, o qual não consubstanciaria senão um projeto de aí introduzir o ateísmo.

192 MAISTRE, *Considérations...*, cit., pp. 58 e ss., 67 e ss..

193 BONALD, *Théorie...*, cit., pp. 89 e ss., 144 e ss. (em crítica a Montesquieu).

194 E não tanto como uma "revolução contrária": cf. MAISTRE, *Considérations...*, cit., p. 216. O Autor (*Considérations...*, cit., pp. 154 e ss., 165 e ss.) alude expressamente à necessidade de desencadear uma contrarrevolução, mas sem que tal signifique a realização de uma nova revolução, acompanhada do derramamento de sangue e do terror que pautou a primeira; neste sentido, a contrarrevolução consiste apenas no movimento que pretende anular a revolução, embora, como o Autor salienta metaforicamente, o processo que conduz da doença à saúde não tem de ser tão penoso como aquele que leva da saúde à doença... (*Op.* cit., p. 166). Por este motivo, a contrarrevolução – desenvolvida pelos partidários da monarquia e da religião – restabelecerá a ordem, aliando a justiça à misericórdia (*Op.* cit., pp. 167 e s.).

Por um lado, contra o racionalismo laico típico da república francesa revolucionária, Maistre defende a associação entre Estado e religião, a qual haveria de permitir a subsequente consagração nas constituições do Cristianismo católico como religião oficial, e Bonald considera que a sociedade civil (e, por conseguinte, a ultrapassagem do estado selvagem) só existe (ou só se verifica) com a instituição do culto público da religião cristã – o que, aliás, se encontrava inscrito na tradicional constituição política francesa que a Revolução abolira[195]. Tendo presente a dimensão divina criadora, também as leis fundamentais (incluindo os direitos que nelas se encontram plasmados) apresentam-se não como o resultado de uma deliberação humana, mas como títulos meramente declaratórios de direitos anteriores (porquanto a influência do homem sobre os direitos se restringe tão-só ao seu desenvolvimento, mas não à sua criação – sendo, afinal, atributo da Providência a formação de uma constituição política[196], que se assume, assim, como "existência e natureza"[197]); em particular, se, no que tange aos direitos do povo, estes se fundam numa concessão ou num dom (numa outorga/*octroi*) dos soberanos, Maistre entende que os direitos essenciais dos reis e da aristocracia "não têm nem data, nem autor"[198]. Eis-nos diante de uma conceção que, quando perspetivada sob o prisma das fontes do direito, leva à preferência pelo costume, em detrimento da lei, também ela desprovida de qualquer poder criador, limitada que está a reconhecer

---

195 BONALD, *Théorie*..., cit. pp. 87 e ss.; cf. também pp. 118 e s., 227.

196 MAISTRE, *Considérations*..., cit., p. 97. E, na perspetiva do Autor, essa constituição não representará o resultado de uma abstração a apreender pela razão, mas refletirá as especificidades dos povos que pretende reger (*Op.* cit., pp. 102 e s.) – em plena consonância com o assinalado caráter declaratório de todas as leis (inclusive, constitucionais).

197 BONALD, *Théorie*..., cit., p. 152: eis o motivo por que, segundo o Autor, ninguém pode "escrever" (*hoc sensu*, *ex novo*) uma constituição.

198 MAISTRE, *Considérations*..., cit., pp. 93 e ss. (a citação pertence à p. 94), 110 e s., 140 e s. (sobre a importância de manter a antiga constituição e, por conseguinte, de não propor uma nova constituição). Como decorre da citação, o Autor continua a reservar um lugar de relevo para a aristocracia/nobreza, defendendo que, no seio da monarquia, existe um certo número de famílias que constituem como que um "prolongamento da soberania" (régia), "depositárias do fogo sagrado", sem prejuízo de o respetivo número ser aumentável ao longo do tempo, quando sancionado pelo monarca – cf. *Op.* cit., p. 204.

aquele costume[199] ou, pelo menos, a agir com respeito pelas leis fundadas na natureza do homem ou da sociedade (não autoritariamente pré-escritas)[200]. E, avançando mais um passo na mesma direção, uma tal perspetiva não se revela alheia à recusa da própria dimensão fundante da constituição enquanto *creation ex nihilo*; na verdade, "um dos grandes erros do nosso século", observava, "é o de crer que a constituição de um povo é uma obra puramente humana; que se pode fazer uma constituição como um relojoeiro faz um relógio"[201]. Diversamente, a constituição não representava o produto final e acabado de uma deliberação tomada em assembleia, mas decorria do concurso de uma pluralidade de circunstâncias decantadas ao longo dos tempos[202].

Por outro lado, mas em total consonância com a observação precedente, a valorização da tradição determina a recuperação da antiga constituição francesa, de matriz simultaneamente teocrática[203] e monárquica[204], assente na legitimidade dinástica. Na verdade, só a monarquia garante as leis fundamentais da sociedade política, a saber, quer a *unidade* do poder moral (na medida em o poder geral da sociedade se encontra personificado no monarca e apenas nele), quer a *perpetuidade* desse poder geral, dessa vontade geral da sociedade (assegurada pela hereditariedade[205], que permite a passagem do poder sem solução de continuidade); neste sentido, basta a mera existência do rei (independente da sua ação) para sustentar e conservar (constituir, *hoc sensu*) a sociedade[206]. Um tal regime encon-

199 Maistre, *Considérations...*, cit., p. 97. E uma tal conceção teria evitado quer a sucessão de constituições que se viveu em França durante a Revolução, quer a proliferação legislativa desenfreada do mesmo período (cf. *Op.* cit., pp. 105 e ss.).

200 Bonald, *Théorie...*, cit., pp. 150 e 151.

201 Maistre, «Etude sur la Souveraineté», in: *Œuvres Inédites du Comte Joseph de Maistre (Mélanges)*, Vaton Frères, Livraires-Editeurs, Paris, 1870, p. 212.

202 Cf. Maistre, «Etude...», cit., pp. 213 e ss..

203 Cf. Maistre, *Considérations...*, cit., p. 122.

204 Maistre (*Considérations...*, cit., p. 135) afirma mesmo que "os Franceses são feitos para a Monarquia".

205 Que segue determinadas regras, consideradas como leis inscritas na natureza (entre as quais se contaria, *v. g.*, a exclusão das mulheres): *v.* Bonald, *Théorie...*, cit., pp. 228 e s..

206 Bonald, *Théorie...*, cit., pp. 96 e ss.. Com efeito, talqualmente salienta o Autor, uma sociedade que rejeita o modelo individualista – e, por conseguinte, se assenta no paradigma familiar – a vontade geral há de confiar o poder geral não a um indivíduo, mas a uma família

tra-se, ademais, vinculado por um conjunto de princípios fundamentais (as leis fundamentais, identificadas precisamente com a constituição, e concebidas também como leis necessárias e, como tais, indestrutíveis e invioláveis[207]) e, como tal, respeitadora da igualdade e, sobretudo, da liberdade[208]. Neste sentido, estará em causa uma liberdade *através do Rei (liberté par le Monarque)*[209], desempenhando este uma autêntica função conciliatória e rejeitando quaisquer abusos de poder (sempre limitado, no mínimo, por uma dimensão moral)[210]. Por tal motivo, e numa perspetiva mais radical, surge como dotada de uma artificialidade desnecessária a instituição de um sistema complexo, como o governo representativo, organizado segundo o princípio da separação de poderes[211].

IV. A contrarrevolução manifestar-se-ia, na Península Ibérica, no pensamento historicista e realista conservador, demonstrando uma ausência de homogeneidade na reação contra as perspetivas racionalistas mais radicais subjacentes à Revolução Francesa[212]. Sem prejuízo das especificidades nacionais (que constituirão objeto de análise, *infra*, 2.2.),

(*Op.* cit., p. 97). Os conceitos de vontade geral (ou social) e poder (ou força) geral (ou social) encontram-se caracterizados, de forma assumidamente conservadora – mais adiante: *Op.* cit., pp. 100 e s..

207 Bonald, *Théorie...*, cit., p. 106 – leis essas que vinculam a vontade particular do homem que, em determinado momento, exerce as funções do «homem-rei». Neste sentido, a vontade particular do homem não deve ser distinguida da vontade geral do rei, a não ser pelos ministros, cuja função se reconduz precisamente a executar a vontade geral (e não a vontade particular): quando assim não procedem, sobre os ministros impenderá a respetiva responsabilidade, aquilatada pelos tribunais (*Op.* cit., p. 115; *v.* também, em síntese, p. 119). Aliás, para este Autor, só existe constituição numa sociedade monárquica, na medida em que apenas esta dispõe de leis fundamentais como base da sua existência, e de leis políticas, concebidas como consequências necessárias das leis fundamentais – cf., de forma sinóptica, Bonald, *Théorie...*, cit., p. 416, e, de modo enfático, p. 418 ("a monarquia é a constituição").

208 Cf. Maistre, *Considérations...*, cit., pp. 125 e ss., 137 e ss., 141; Bonald, *Théorie...*, cit., pp. 119 e ss..

209 Maistre, *Considérations...*, cit., p. 169.

210 Cf. Maistre, *Considérations...*, cit., pp. 187 e 198, respetivamente. Bonald (*Théorie...*, cit., p. 290) defende que a constituição francesa seria mesmo das mais antigas, uma vez que o poder exercido no Estado monárquico já se encontrava mais bem defendido e mais limitado que em qualquer outro país.

211 Bonald, *Théorie...*, cit., pp. 89, 434 e ss..

212 Assim, Mücke, *Gegen Aufklärung und Revolution: Die Entstehung Konservativen Denkens in der Iberischen Welt (1770-1840)*, Böhlau, Köln/Weimar/Wien, 2008, p. 183.

em Espanha, esta perspetiva traduziu-se em duas coordenadas (que, a par de outras influências, deixariam a sua marca no constitucionalismo espanhol (inclusive, no constitucionalismo gaditano[213]): por um lado, a historicidade (e a consequente defesa da tradição); por outro lado, na tentativa de recuperação do legado absolutista, a manifestar, de algum modo, a rejeição por um pensamento (o revolucionário) que haveria sido imposto pelo invasor.

A defesa da historicidade no plano jurídico-constitucional caberá, em particular, a Campomanes e Jovellanos[214], bem como a Martínez Marina, todos eles comungando da ideia de recuperação das antigas leis fundamentais (ou, em alguns casos, dos costumes) – numa palavra, da "constituição histórica"[215] – para a reforma do sistema contemporâneo e para a elaboração da constituição política. Campomanes, a quem se deve a elaboração dogmática do *ius publicum* em Espanha a partir da segunda metade do século XVIII[216], apresenta-se como um defensor assumido do sistema histórico constitucional inglês, já que "na formação das leis guardaram os ingleses a precaução de conservar as antigas (...). Por esta

213 Nas próprias Cortes Constituintes, tornava-se possível identificar três "tendências constitucionais", entre as quais se incluíam, além dos "deputados americanos" (oriundos dos territórios espanhóis localizados na América e cujas posições se orientavam para a defesa do autogoverno das províncias ultramarinas), os "deputados liberais" (filhos do jusnaturalismo racionalista e defensores das teorias da soberania nacional e da divisão de poderes centrada num parlamento unicameral, embora pretendendo alicerçar as suas teses num suposto "liberalismo medieval espanhol") e os "deputados realistas" (que, rejeitando quer o absolutismo, quer os radicalismos da Revolução Francesa, perfilhavam uma posição próxima do historicismo nacionalista, assente na doutrina da *translatio imperii* de Francisco Suárez e da divisão da soberania entre o Rei e as Cortes, devendo estas últimas, no exercício do poder constituinte, respeitar as leis fundamentais da monarquia espanhola). Assim, Varela Suanzes-Carpegna, *Liberalismos, Constituciones y Otros Escritos*, In Itinere, Oviedo, 2017, pp. 306 e s..

214 Cujas perspetivas acabaram recolhidas no *Estatuto Real*, de 1834: cf. *Estatuto Real para la Convocación de las Cortes Generales del Reino*, Imprenta Real, Madrid, 1834, esp.[te] pp. 40 e ss. (artigos 24 e seguintes). Nos termos do próprio decreto, o *Estatuto Real* visava a reposição das "leis fundamentais da Monarquia", decorrendo do respetivo articulado uma repartição da soberania entre o povo e o rei e conferindo relevantes prerrogativas a este último.

215 Ou "conceito histórico-normativo da Constituição", por oposição à constituição racionalista – assim, Coronas González, «El Pensamiento Constitucional de Jovellanos», in: *Historia Constitucional (Revista Electronica)*, n.º 1, 2000, pp. 67, 70 e ss., e «De las *Leyes Fundamentales* a la *Constitución Política* de la Monarquía Española (1713-1812)», in: *Anuario de Historia del Derecho Español*, tomo LXXXI, 2011, pp. 43 e ss..

216 Cf., sobre esta matéria, Coronas González, «De las *Leyes*...», cit., pp. 33 e ss..

ordem prudente e sucessiva se foi melhorando a sua Constituição"[217]. Uma vez mais, e apontando os diversos erros jurídico-políticos subjacentes à Revolução de 1789 (em particular, a diminuição do poder real e a degradação da nobreza), este modelo surge como preferido face aos modelos revolucionários francês e norte-americano – não deixando nunca, contudo, de destacar as virtualidades da constituição histórica espanhola[218].

Discípulo de Campomanes[219], Jovellanos identifica, na mesma linha, um conjunto de matérias que integram a constituição (titularidade da soberania e dos poderes públicos, competências das Cortes e dos tribunais, direitos e obrigações "dos que mandam e dos que obedecem") e as fontes ondem devem ser encontradas – a saber "nos nossos velhos códigos, nas nossas antigas crónicas, nos nossos depreciados manuscritos e nos nossos arquivos empoeirados"[220]. Por esse motivo, e em consonância com a conceção que surgirá também entre nós, o imperativo consiste (não em criar uma constituição nova, mas antes) em *restabelecer* a Constituição espanhola (adjetivada como "excelente"), bem como os "direitos originais, sagrados, imprescritíveis, superiores e independentes de toda a família ou dinastia"[221]. Os fundamentos do direito público espanhol hão de, pois, encontrar-se na memória da tradição hispânica, que, nos termos da "antiga e venerada constituição de Espanha", limita o poder régio (o qual não goza, por conseguinte, de um caráter absoluto e limitado pelas leis), reconhece, a partir do *Fuero-Juzgo*, a importância

---

217 Cf. Campomanes, *Inéditos Políticos*, Junta General del Principado de Asturias, Oviedo, 1996, pp. 165 e s.. O modelo inglês não era o único que concitava a simpatia do Autor, porquanto também o sistema instituído pela Constituição da Polónia (de 1791) surge apreciado de forma muito positiva (*Op.* cit., pp. 267 e ss.).

218 *V.* Campomanes, *Inéditos...*, cit., p. 236.

219 Sobre a relação entre Campomanes e Jovellanos, cf. Coronas González, *Jovellanos y la Universidad*, Universidad de Oviedo/Fundación Foro Jovellanos del Principado de Asturias, Gijón, 2008, pp. 61 e ss., esp.[te] pp. 63 e ss..

220 Jovellanos, *Obras Completas*, tomo III – Correspondencia 2, Ayuntamiento de Gijón/Instituto Feijoo de Estudios del Siglo XVIII/KRK Ediciones, Oviedo, 1986, pp. 175 e ss. («De Jovellanos a Antonio Fernández de Prado», 17.12.1795).

221 Jovellanos, *Obras Completas*, cit., tomo IV – Correspondencia 3, pp. 560 e ss. («De Jovellanos a Francisco Cabarrús», agosto de 1808), no contexto de reflexões sobre o sentido da luta contra Napoleão.

da reunião das Cortes que partilham a soberania com o rei, e contém garantias para refrear os abusos dos poderosos (como sucede desde a organização do governo municipal) – razão pela qual se não deve, "sob pretexto de reformas, alterar a essência da constituição espanhola", ou pretender imitar "o triste exemplo de França"[222]. A predileção repousa, de novo, no modelo inglês, e na vantagem que a opção por uma constituição moderada importaria para o sistema espanhol[223].

Por seu lado, Martínez Marina, explorando uma conjugação entre o modelo inglês e a tradição da Segunda Escolástica[224], e rejeitando a construção de um sistema jurídico-constitucional a partir de um modelo abstrato deduzido a partir da razão, apresenta uma diferença face aos outros dois Autores, pois que enceta a tarefa de associar o liberalismo à recuperação das tradições – o que faz dele um historicista progressista[225]. Não se estranhará, pois, que, na sua coletânea magistral de direito hispânico, exalte a conjugação entre a memória dos tempos antigos e os conhecimentos presentes, bem como a *auctoritas* intrínseca dos documentos legislativos, em detrimento das dimensões prescritivas decorrentes da *potestas*[226]. Aliás, o próprio Autor reconhecia que a publicação da sua obra obedecia ao propósito de preparar a nação para a mudança de constituição e governo que o início do século XIX já augurava, de forma a demonstrar que nesses documentos históricos (que reuniam legislação, mas também jurisprudência) se encontravam "as sementes

222 Jovellanos, *Memoria en que se Rebaten las Calumnias Divulgadas Contra os Inimigos da Junta Central*, Oficina de D. Francisco Cándido Perez Prieto, Coruña, 1811, pp. 99 e ss.; as citações pertencem às pp. 102, 107 e 109, respetivamente. O Autor haveria de ter oportunidade de pôr em prática as suas perspetivas, enquanto governador do Concelho de Castela e presidente das Cortes convocadas por Carlos IV, através do Decreto de 22 de maio de 1789: cf. Coronas, «De las *Leyes*...», cit., pp. 41 e s..

223 Jovellanos, *Obras Completas*, cit., tomo V – Correspondencia 4, pp. 421 e s. («De Jovellanos a Lord Holland», 05.12.1810, onde expressamente se lê "o meu desejo era preparar por meio do nosso plano uma constituição modelada pela inglesa e melhorada no que se pudesse, e a isto dirigia-se a forma com que idealizávamos para a organização da assembleia").

224 Neste sentido, Westler, «Between Tradition...», cit., p. 396.

225 Assim, Varela Suanzes-Carpegna, *Historia...*, cit., p. 155.

226 Cf. Martínez Marina, *Ensayo Histórico-Crítico sobre la Antigua Legislacion y Principales Cuerpos Legales de los Reynos de Leon y Castilla, especialmente sobre el Codigo de D. Alonso El Sabio, Conocido con el Nombre de las Siete Partidas*, Imprenta de la Hija de D. Joaquin Ibarra, Madrid, 1808 (entre muitos outros exemplos, *v.* pp. 4 e 35 e ss., e 27, respetivamente).

da liberdade espanhola e os fundamentos dos direitos do cidadão e do homem"; conhecendo as "leis fundamentais da monarquia espanhola e da antiga constituição de Castela", deveria o povo "[suspirar] pelo seu restabelecimento e [dar] um passo para melhorar a situação"[227].

A apologia do absolutismo encontra uma expressão privilegiada no designado *Manifiesto de los Persas*[228]. Trata-se de um documento subscrito por Deputados às Cortes Ordinárias que, partindo da apologia da perspetiva historicista acabada de descrever, consideram ilegítima a forma como se obliterou a antiga Constituição espanhola (que pretendem, algo paradoxalmente, renovar e, em simultâneo, fazer recuar ao *status quo ante*, numa soberania partilhada entre o rei e as cortes[229]), e, por conseguinte, defendem a nulidade do texto constitucional de Cádis[230]. O cerne da exposição aponta para uma análise crítica do procedimento constituinte e da própria Constituição de 1812[231], rejeitando os ideais subjacentes à Revolução Francesa, e para uma conceção regalista (contrária à monarquia limitada e) muito próxima da monarquia absoluta – aliás, expressamente propugnada enquanto "obra da razão e da inteligência", "subordinada à lei divina, à justiça e às regras fundamentais do Estado"[232]. Não se trata de exemplo único na história constitucio-

---

227 Martínez Marina, *Teoría de las Cortes ó Grandes Juntas Nacionales de los Reinos de León y Castilla*, tomo I, Imprenta de Collado, Madrid, 1820, pp. LXIV e s..

228 *Representación y manifiesto que algunos diputados á las Cortes Ordinarias firmaron en los mayores apuros de su opresion en Madrid, para que la Magestad del Señor D. Fernando el VII a la entrada en España de vuelta de su cautividad, se penetrase del estado de la nación, del deseo de sus provincias, y del remedio que creían oportuno; todo fue presentado á S.M. en Valencia por uno de dichos diputados, y se imprime en cumplimiento de real órden*, Imprenta de Collado, Madrid, 1814. Como decorre logo do início do texto, a respetiva designação tem a sua origem no antigo costume persa de passar cinco dias em anarquia após o falecimento do rei, com o objetivo de, depois desta experiência tenebrosa, garantir a fidelidade ao novo monarca; este período de anarquia surge agora comparado ao do liberalismo gaditano, *i. e.*, aos seis anos durante os quais Fernando VII esteve ausente do trono espanhol (*Op.* cit., p. 5).

229 Efetuando uma interpretação similar, cf. já Novella Suárez, «La Constitución de 1812 en su Contexto», in: Novella Suárez (ed.), *La Constitución de Cádiz en su Bicentenario (1812-2012)*, Ediciones de la Universidad de Murcia, Murcia, 2013, pp. 94 e s..

230 *Representación...*, cit., pp. 5, 43 e s., 52 e ss. (nestas últimas, dando exemplos concretos das garantias dos súbditos e dos limites dos poderes régios).

231 *Representación...*, cit., pp. 18 e ss., 24 e ss., respetivamente.

232 *Representación...*, cit., p. 66; a defesa da monarquia absoluta continua nos parágrafos subsequentes. Cf. também *Op.* cit., pp. 11 e s..

nal espanhola[233], pois que seguem a mesma linha de raciocínio outros documentos, que censuram o princípio da soberania popular tal como concebido pelos revolucionários e a consequente partilha da soberania entre o rei (por vezes, ainda concebido como "ministro de Deus") e as cortes (na linha da teoria escolástica segundo a qual a Nação transferiu a soberania para o monarca através do direito de sucessão, sem prejuízo da sua origem divina), a proliferação dos ideais democráticos-republicanos, contraditórios com a monarquia, a existência de limites à liberdade de imprensa, o necessário reconhecimento da nobreza e dos respetivos privilégios (extensivos ao rei), a consagração do Catolicismo como religião oficial (e a proteção do clero, bem como do respetivo património) e, em geral, a recusa da criação de uma nova constituição, sobretudo quando dirigida a reproduzir as posições adotadas pelo constitucionalismo revolucionário francês[234] [235].

---

233 E não só, porquanto o constitucionalismo gaditano foi objeto de crítica fora de Espanha por parte de outros setores conservadores absolutistas europeus – sobre esta matéria, *v.* Fernández Sarasola, «Impresiones Europeas sobre la Constitución de Cádiz», in: Caballero López, José António/Delgado Idarreta, José Miguel/Viguera Ruiz, Rebeca (eds.), *El Debate Constitucional en el Siglo XIX: Ideología, Oratoria y Opinión Pública*, Fundación Práxedes Mateo-Sagasta/Marcial Pons, Madrid, 2015, pp. 18 e ss..

234 Cf., *v. g.*, Lardizabal y Uribe, *Manifiesto que presenta á la Nacion el Consejero de Estado D. Miguel de Lardizabal y Uribe, uno de los cinco que compusieron el Supremo Consejo de Regencia de España é Indias*, Nicolas Carratalá Menor y Hermanos, Alicante, 1811, esp.te pp. 5 e s., 11, 23, 28 (considerando mesmo que o princípio da soberania popular emergente do constitucionalismo revolucionário francês, como "uma quimera", "uma coisa que não existe", e que "Monarquia e Democracia se destroem reciprocamente e são inconciliáveis"), 34; e Colón, *España Vindicada en sus Clases y Autoridades de las Falsas Opiniones que se le Atribuyen*, 2.ª ed., Imprenta de Repullés, Madrid, 1814, para quem se impõe o resgate às conceções nefastas provenientes da Revolução Francesa, apelidadas de "reconquista", esp.te pp. 5 e s. ("não pode haver monarquia sem nobreza", "não a pode haver sem classes altas, médias e inferiores"), 36 (onde se afirma, *ex professo*, que "as novas constituições são para as sociedades que começam; porquê tanto afinco em abolir aquela que nos governa desde há 16 séculos?"; "o Rei deve ser o que sempre foi"), 42 e ss., 67, 84. Para a conceção do príncipe como ministro de Deus, *v.* Vélez, *Apologia del altar y del trono, ó, Historia de las reformas hechas en España en tiempo de las llamadas Cortes, e impugnación de algunas doctrinas publicadas en la Constitucion, Diarios, y outros escritos contra la Religión y el Estado*, Imprenta de Cano, Madrid, 1818, *passim* (expressamente, logo na p. 2 do tomo I); cf. também, para as demais posições referidas em texto, tomo I, pp. 104 e ss., 335 e ss.; tomo II, pp. 3, 37 e ss., 72 e ss., 173 e ss..

235 O pensamento contrarrevolucionário espanhol adensou-se durante o Carlismo, enquanto mescla dos vários movimentos conservadores e reacionários (Broers, *Europe...*, cit., p. 64). Sem prejuízo das razões teóricas já avançadas em texto, o primeiro Carlismo teve ainda as suas raízes políticas na segunda restauração absolutista encetada, entre 1823 e 1833, por Fernando VII. Nesta medida, e visando um aprofundamento do regime absolutista, aquele movimento não consubs-

1.4. Constitucionalismo

Liberalismo e individualismo projetam-se no constitucionalismo, simultaneamente concebido como *forma mentis*[236] (ou uma ideologia[237]) e como técnica jurídico-positiva[238] de uma construção de Estado almejada, na maioria dos casos, pela burguesia enquanto classe social ascendente[239]. E é justamente a conjugação destas duas dimensões que permite a compreensão do sentido genérico do constitucionalismo oitocentista, em que se articulam substância e forma, ou em que se combinam uma cultura política e um instrumento jurídico – este dando um corpo àquela,

---

tanciou apenas uma crise dinástica (que opunha os apoiantes de Isabel II, como herdeira da Coroa na qualidade de filha de Fernando VII, ao seu tio, o Infante Carlos María Isidro de Borbón), mas um choque entre visões – mesmo no interior das posições absolutistas, contrapondo os reformistas moderados aos ultra-absolutistas (cf. a interessante descrição e a fundamentação teórica apresentadas por Donoso Cortés, *Historia Política de la Regencia de la Reina Doña María Cristina de Borbón*, Centro de Estudios Políticos y Constitucionales, Madrid, 2016). Enquanto reação contra o liberalismo, o Carlismo propunha a defesa de um ideário que assentava na defesa do poder do rei e na centralidade da religião, mas a que se associou também a causa dos direitos especiais das regiões contidos nos *fueros* (cf. Canal, «La Contrarrevolución en Movimiento: Carlismo y Violencia Politica en España, 1876-1939, in: *Prohistoria*, n.º 8, ano VIII, primavera 2004, pp. 90 e s.). Ademais, e embora ainda na penumbra, um dos problemas fundamentais residia no reconhecimento (ou não) do direito das mulheres de acesso ao trono, cuja resolução não deixou de convocar, por parte dos partidários carlistas, a argumentação tradicional das diferenças físicas entre homens e mulheres (cf., refletindo sobre esta matéria, Mücke, *Gegen Aufklärung...*, cit., pp. 345 e s.).

236 Embora não haja uma inteira coincidência, não estamos muito longe da abordagem-transposição de Koskenniemi («Constitutionalism as a Mindset: Reflections on Kantian Themes About International Law and Globalization», in: *Theoretical Inquiries in Law*, n.º 1, vol. 8, 2007, pp. 9 e ss., esp.te pp. 12, 18, 31 e ss.) ao pensamento jurídico de Kant, quando aquele Autor caracteriza o constitucionalismo como uma *mindset*, *i. e.*, não apenas (e não sobretudo) como um projeto arquitetural de organização de poderes, mas como um programa para a regeneração moral e política (como uma "virtude"), no interior do (da) qual os diversos atores jurídico-políticos (em suma, os poderes públicos) devem adotar as suas decisões. Na verdade, talqualmente decorre do texto e de todas as considerações que tecemos, a invocação do constitucionalismo pressupõe a mobilização de um determinado conteúdo substantivo. A influência kantiana no período que especificamente analisamos acabará por fazer reconduzir o núcleo da *constitutionalist mindset* à autonomia e à liberdade (cf. também *Op.* cit., p. 24), conjugando de perto, como, aliás, sugere a estrutura deste ponto, as dimensões do liberalismo e do individualismo.

237 Tomando agora de empréstimo a conceção de Loughlin, *Against Constitutionalism*, Harvard University Press, Cambridge/London, 2022, pp. 38 e ss..

238 Como assinala Matteucci (*Organizzazione...*, cit., p. 19), em sentido amplo, o conceito de constitucionalismo não se encontra vinculado a uma determinada época histórica, mas constitui uma categoria analítica ou explicativa de determinados aspetos da experiência política – o que viabiliza a (re)conhecida distinção entre constitucionalismo antigo e constitucionalismo moderno, sendo este último o fulcro da nossa atenção.

239 Van Caenegem, *An Historical Introduction...*, cit., p. 194.

a primeira conferindo ao segundo um substrato anímico fértil para que a sua operatividade[240]. A hipertrofia da liberdade e a emancipação dos interesses individuais careciam de uma "nova forma política que, nos seus fins e nos meios que mobilizasse, abolisse a ordem anterior e garantisse a realização dos novos objectivos prático-sociais"[241] e de um novo "direito político" ainda nascente[242]. Se coube ao Estado demoliberal corporizar politicamente esta ambição, ficou a cargo do constitucionalismo (liberal) apresentar o meio jurídico de o instituir, dando origem ao *Estado constitucional*, dotado de uma lei formal fundamental[243] que exprime a organização político-social na qual os indivíduos gozam de liberdade, segurança e propriedade, e cujas funções se encontram distribuídas por diferentes órgãos[244]. Neste contexto, a constituição assumia-se como o solo fundante sobre o qual se ergueria esta nova ordem político-social[245],

---

240 Cf. também VILE, «Política y Constitución en la Historia Británica y Estadounidense», in: VARELA SUANZES-CARPEGNA (ed.), *Historia e Historiografía Constitucionales*, Editorial Trotta, Madrid, 2015, p. 60, que, louvando-se em Madison, chama precisamente a atenção para o facto de o constitucionalismo se não restringir ao simples facto da existência de uma Constituição, que se pode reconduzir, a final, a simples folhas de pergaminho. MADISON [«The Federalist No. 48», in: BALL (ed.),, *The Federalist with Letters of "Brutus"*, Cambridge University Press, Cambridge, 2003, p. 241] referia-se à constituição como *parchment barrier*, a propósito do princípio da separação de poderes, convocando a metáfora para esclarecer que a mera delimitação, no texto constitucional, do âmbito de competência dos poderes, desacompanhado da instituição de mecanismos de controlo recíprocos, significaria confinar a barreiras de pergaminho a invasão das funções de um poder pelos outros.

241 Castanheira NEVES, «A Imagem...», cit., p. 328.

242 Para recuperarmos as palavras de ROUSSEAU, *Emile, ou De l'Education*, Librairie de Firmin Didot Frères, Paris, 1854, p. 570 – *"le droit politique est encore à naître"* –, pelo menos, na sua elaboração teorética ou principiológica (do *dever-ser*), já que, na ótica do tratamento do direito positivo dos governos estabelecidos (do *ser*), Rousseau reconhecia créditos a Montesquieu.

243 Rogério SOARES, «O Conceito Ocidental de Constituição», in: *Revista de Legislação e de Jurisprudência*, ano 119.º, 1986, p. 39.

244 Cf., em sentido próximo, caracterizando o Estado constitucional liberal, Jorge MIRANDA, *Teoria da Constituição*, Almedina, Coimbra, 2020, p. 13.

245 Distante da fonte linguística latina, associada à *constitutio* imperial, uma das fontes do *ius civile*, com uma evolução dinâmica (entre o principado e o dominado) e que, simplificando a complexidade, se reconduzia a uma *lex* (em sentido amplo) destinada a manifestar a vontade do imperador. Cf., por todos, Sebastião CRUZ, *Direito...*, cit., pp. 268 e ss.; Santos JUSTO, *Direito Privado Romano – I*, 6.ª ed., Studia Iuridica 50, Boletim da Faculdade de Direito/ Coimbra Editora, Coimbra, 2017, pp. 84 e ss.). Salientando a distância (mas não obliterando a génese) que separa este conceito relativamente à noção emergente nos finais do século XVIII, pondo a tónica na inversão decorrente de a constituição se transmudar de instrumento do exercício do poder pelo príncipe em mecanismo de limitação de poderes, *v.* LOUGHLIN, *Against Constitutionalism*, cit., p. 27.

consubstanciadora, em simultâneo, das máximas pelas quais se regeriam o Estado e a própria sociedade[246].

O avanço no sentido da (de uma) caracterização do constitucionalismo não pretende escamotear as dificuldades inerentes ao ensaio de uma compreensão unitária (mas não redutora) das visões que coexistiram sincronicamente no período liberal. Quer dizer, os quadros do liberalismo e do constitucionalismo assumem uma nítida feição policromática que haveria de se espelhar nos diversos modelos constitucionais, dotados de especificidades várias, nos Estados que os vieram a acolher.

Neste horizonte, torna-se, aliás, possível destrinçar, sem que se ignore a presença de um certo "constitucionalismo circulatório"[247], quatro linhas de orientação ou modelos distintos, que nos limitaremos a enunciar.

Assim e desde logo, encontramos o modelo inglês, assente numa perspetiva historicista, alicerçado sobre um particular relacionamento entre o Parlamento, o Rei e os ingleses, e polarizado nas *laws* e nas *conventions* (*i. e.*, no direito escrito - *statute law* - e no direito não escrito - *common law*) numa relação simbiótica e coconstitutiva com a realidade constitucional[248], todas conduzindo a uma progressiva limitação das prerrogativas reais e à ampliação dos poderes parlamentares. Eis-nos diante de um modelo que acabaria por se revelar a fonte direta de algumas constituições escritas emergentes durante o século XIX, como sucedeu paradigmaticamente com a Constituição belga (datada de 1831)[249].

---

246 Adotando esta perspetiva, já Grimm, *Verfassung und Privatrecht im 19. Jahrhundert*, Mohr Siebeck, Tübingen, 2017, p. 39.

247 A expressão pertence a João Loureiro [«A Constituição da Noruega: Uma Fonte do Constitucionalismo Luso-Brasileiro: Nótula (Tardia) por Ocasião do Bicentenário da Constituição do Reino da Noruega (1814-2014) e dos 150 Anos do Caso Wedel-Jarlsberg (1866-2016)», in: *Boletim da Faculdade de Direito*, vol. XCIII, tomo II, 2017, p. 979], que se refere igualmente à "circulação dos textos constitucionais", para traduzir as influências recíprocas dos diversos movimentos constitucionais (*Op.* cit., p. 975).

248 Cf. também Dicey, *An Introduction...*, cit., p. 27.

249 Assim, *v. g.*, Dicey (*An Introduction...*, cit., p. 86), no contexto da apreciação da necessidade da existência (ou não) de uma constituição escrita em Inglaterra, salienta que, material ou substancialmente, não existe qualquer impedimento para reduzir a escrito as normas fundamentais ou constitucionais, dando como exemplo a Constituição belga que, na sua opinião, se aproxima muito de "uma reprodução escrita da constituição inglesa"; note-se que, em geral, o Autor entende que a Constituição belga contém um "admirável resumo das máximas dominantes do constitucionalismo inglês", fonte inspiradora de muitas das

Do outro lado do Atlântico, deparamo-nos com o modelo norte-americano, emergente da Revolução da Independência[250] (mas com antecedentes anteriores[251]), fortemente caracterizado por uma específica articulação entre os poderes e pela difícil conjugação entre a força centrípeta da federação e as forças centrífugas dos diversos Estados. Este movimento surge como uma consequência da evolução político-filosófica encetada desde o século anterior, também sob a influência do constitucionalismo inglês, com o propósito (que o distancia do sistema britânico) de, conformando o futuro (por conseguinte, não se limitando a cimentar a herança passada e visando expressamente superá-la), erigir um conjunto de normas superiores que (em termos que o apartam do modelo francês) vinculassem o próprio poder legislativo, bem como o poder judicial[252]. O constitucionalismo aproximava-se agora da ideia de *government of law*, no sentido proposto por Paine, segundo o qual "um governo sem uma constituição é um poder sem direito"[253].

Primeiro sob o "mito da validade universal" do exemplo norte-americano[254], temos o modelo francês, que conhece uma evolução desde o primígeno constitucionalismo revolucionário, que abrange as Constituições de 1791, 1793 (ano I), 1795 (ano III) (fontes da

soluções adotadas, inclusive no plano das liberdades fundamentais, como a liberdade de imprensa ou a liberdade de reunião (*"an admirable summary of the leading maxims of English constitutionalism"* - *Op.* cit., pp. 122, n. 1, 200, 235 e 267).

250 Sobre o caráter verdadeiramente constitucional da revolução norte-americana e do respetivo constitucionalismo (que veio, a final, a desembocar na compreensão da constituição como *higher law* and *paramount law*, em sentido contrário à absolutização do poder legislativo como expressão da vontade geral), *v.*, por todos, Matteucci, *La Revoluzione Americana: Una Revoluzione Costituzionale*, Il Mulino, Bologna, 1987.

251 Considerem-se, paradigmaticamente, as constituições das colónias (transmudadas em Estados), algumas delas recuperando as *charters* conferidas pela Coroa britânica (como sucedeu com o Connecticut ou Rhode Island, que mobilizaram tais instrumentos, datados de 1662 e 1663, respetivamente) - um complexo normativo que serviria de inspiração para os *Founding Fathers*. Cf. Robertson, «The Constitution from 1620 to the Early Republic», in: Tushnet/Graber/Levinson (eds.), *The Oxford Handbook of the U.S. Constitution*, Oxford University Press, Oxford, 2015, p. 22.

252 Neste sentido, já Georg Jellinek, *La Déclaration...*, cit., pp. 47 e ss., 85 e ss..

253 Paine, *Rights of Man. Part the Second. Combining Principle and Practice*, J. S. Jordan, London, 1792, p. 40 (*"government without a constitution, is power without a right"*).

254 Paulo Ferreira da Cunha, «Mito e Constitucionalismo», in: *Boletim da Faculdade de Direito - Suplemento*, vol. XXXIII, 1990, p. 480.

Constituição de Cádis de 1812[255] e, por esta via, também da Constituição portuguesa de 1822), passando pelo constitucionalismo napoleónico, onde se incluem já as Constituições de 1799 (ano VIII), 1802 (ano X) e 1804 (ano XII) (constitucionalismo este concretizado, *a posteriori*, nas diferentes constituições elaboradas para os Estados sob a influência do Império francês), até ao constitucionalismo da Restauração cartista e *royaliste*, corporizado na *Charte Constitutionnelle* de 1814 (e a sua notável influência na Constituição brasileira de 1824 e, através dela, na Carta Constitucional de 1826): o primeiro, marcado pela radical afirmação da supremacia da vontade popular e pela instituição de um sistema de direitos (qual "*prolem sine matre creatam*", para usarmos de empréstimo a epígrafe inscrita no pórtico do *Esprit des Lois*[256], artificialmente imposto a uma sociedade que se não encontrava preparada para o instituir[257]); o segundo, alcandorando ambiciosos pressupostos democráticos, mas originando uma experiência conservadora; o terceiro, visando conciliar a soberania popular ou nacional com a legitimidade monárquica[258]. A evolução constitucional subsequente haveria de representar a oscilação entre os avanços e recuos de um

---

255 Sobre este paralelismo, *v.* ainda as observações de FERNÁNDEZ GARCÍA, *Las Cortes y la Constitución de Cádiz*, Arco Libros, Madrid, 2010, pp. 50 e s.. *V.* ainda FERNÁNDEZ SARASOLA, *La Constitución de Cádiz: Origen, Contenido y Proyección Internacional*, Centro de Estudios Politicos y Constitucionales, Madrid, 2011, pp. 94 e ss.. Para outras dimensões inspiradoras da Constituição de Cádis, *v.* NOVELLA SUÁREZ, «La Constitución...», cit., pp. 72 e ss.. A (designada) *Pepa* teve alguma repercussão também no resto da Europa (e não apenas em Portugal): cf., *v. g.*, a propósito da tradução alemã deste texto constitucional, DIPPEL, «Can Constitutions Be Translated? The Case of the Cadiz Constitution in Germany», in: HOOK/IGLESIAS-ROGERS (eds.), *Translations in Times of Disruption: An Interdisciplinary Study in Transnational Contexts*, Palgrave/MacMillan, London, 2019, pp. 20 e ss., esp.te pp. 24 e ss., 31.

256 Efetuando paralelismo idêntico, no contexto da apreciação da Constituição de 1791 e da perspetiva, alimentada pelos revolucionários, de elaborar um texto constitucional que rompesse totalmente com o regime anterior, *v.* FURET/HALÉVI, *La Monarchie Républicaine: La Constitution de 1791*, Fayard, s. l., 1996, pp. 16 e ss..

257 Sublinhando esta especificidade, como causa (*inter alia*) da instabilidade sangrenta vivida nos tempos da Revolução, do sistema francês (enquanto sistema de ruptura) e da diferença que o aparta do sistema norte-americano, enquanto inspirador do primeiro, *v.* Georg JELLINEK, *La Déclaration des Droits de l'Homme et du Citoyen: Contribution à l'Etude du Droit Constitutionnel Moderne*, A. Fontemoing, Paris, 1905, pp. 47 e 91.

258 Individualizando já estes três parâmetros constitucionais, *v.* António HESPANHA, «Sob o Signo de Napoleão. A Súplica Constitucional de 1808», in: *Revista Brasileira de Direito Comparado*, n.º 34, 2008, pp. 57 e s..

constitucionalismo revolucionário mais radical (inclusive, de índole republicana) e um constitucionalismo conservador.

A estes adiciona-se o modelo alemão, também ele bipartido entre o constitucionalismo pós-Congresso de Viena (que inspiraria as diversas Constituições dos Estados alemães) e o constitucionalismo do *II Reich*: se, em ambos os casos, avulta o especial relevo conferido ao princípio monárquico, o momento imperialista encetará a construção de um Estado federal monárquico, encabeçado por um imperador, que se concebe como a entidade à qual se encontra confiado o *Praesidium* da confederação e que exerce uma função distinta – a função imperial[259] – e que, mercê das específicas circunstâncias históricas, irá desembocar no predomínio pessoal do imperador, com impacto no concreto funcionamento da arquitetura institucional – a conduzir, a final, a uma tendencial separação entre Estado de direito e democracia, e à secundarização (senão mesmo eliminação) desta última dimensão.

Assim, não obstante as especificidades que pautaram a evolução histórico-constitucional nos diversos países europeus e nos Estados Unidos a partir dos finais do século XVII, torna-se possível identificar um conjunto de elementos que, oriundos embora de sistemas jurídicos diversos, representam aspetos fundamentais para a construção de uma moldura normativa destinada a enquadrar os problemas que mais de perto nos tocam. São esses aspetos fundamentais que importa, *hic et nunc*, sublinhar.

Enquanto conceção jurídico-política e jurídico-filosófica, o constitucionalismo tem raízes mais antigas, havendo conduzido à distinção entre constitucionalismo antigo e constitucionalismo moderno[260], também na linha da destrinça, avançada por Constant[261], entre liberdade dos antigos e liberdade dos modernos, e em plena consonância com a ideia de que a constituição corresponde a uma «realização evolutiva»

259 Cf., *v. g.*, Laband, *Le Droit Public de l'Empire Allemand*, tomo I, Giard & Brière, Paris, 1900, pp. 324 e ss..

260 Cf. também Matteucci, *Organizzazione...*, cit., pp. 19 e ss..

261 Constant, *Cours...*, cit., tomo II, pp. 539 e ss.. O Autor já apresentava esboços desta distinção em obras anteriores: cf., *v. g.*, Constant, *De l'Esprit...*, cit., pp. 101 e ss..

(*evolutionäre Errungenschaft*)[262]. Efetivamente, nos séculos anteriores à *Glorious Revolution*, à revolução da independência dos Estados Unidos, e, sobretudo, à Revolução Francesa, não estava autonomizado um conceito de constituição que ultrapassasse uma conceção descritiva ou heurística de uma certa estrutura da *polis* (*politeia*) ou da *civitas* (*respublica/constitutio*) (como sucedia desde a filosofia grega[263] ou romana[264])[265], ou, mais tarde, a ideia de instrumento de delineação de uma organização político-social (quer na aceção inglesa da *form of government*, quer no sentido, mais próximo da noção de constituição delineado por Vattel, de documento definidor do exercício da autoridade pública[266]) ou mesmo de um contrato ou pacto de domínio e uma carta de liberdades (o primeiro conceito a apontar para um processo, o segundo a sugerir o produto ou resultado do instrumento pactuado), denotando uma realidade

262 LUHMANN, «Verfassung als Evolutionäre Errungenschaft», in: *Rechtshistorisches Journal*, vol. 9, 1990, pp. 176 e ss..

263 Trata-se, e sem prejuízo de refrações anteriores, do sentido subjacente a ARISTÓTELES, *Constituição dos Atenienses*, 4.ª ed., Fundação Calouste Gulbenkian, Lisboa, 2015; *v.*, paradigmaticamente, a "constituição" (*politeia*) referida (transcrita) a pp. 70 e ss.. O sentido desta última surgirá aprofundado em *A Política*, onde o Estagirita disserta sobre a *intensio* e a *extensio* do referido conceito, (se quisermos simplificar, em muito, a complexidade e a densidade dogmática) pondo a tónica nas dimensões organizatória e teleológica, e salientando as especificidades de cada democracia e oligarquia. Cf. ARISTÓTELES, *Aristotle's Politics*, 2.ª ed., The University of Chicago Press, Chicago/London, 2013, esp.te pp. 98 e s. (1289a, 15-18).

264 Considere-se, paradigmaticamente, a estimulante proposta de Cícero formulada em *De Republica*, conceptualizando a designada "constituição mista", considerada como a melhor forma de organização da *civitas* (cf. CICERO, *On the Republic and on the Laws*, Cornell University Press, Ithaca/London, 2014, p. 45, Livro I, 34), decantada ao longo dos tempos (*Op.* cit., p. 63, Livro II, 2), um modelo (verdadeiramente, *exemplum*) a adotar (*Op.* cit., p. 61, Livro I, 70), que tem na sua base um consenso teleologicamente orientado para a prossecução de um fim comum (*Op.* cit., p. 47, Livro I, 39). Debruçando-se sobre a confluência/simbiose, em Cícero, entre os conceitos de *respublica* e *constitutio*, cf. Paulo Ferreira da CUNHA, «Mito...», cit., pp. 407 e ss.

265 Cf. ainda Rogério SOARES, «O Conceito...», cit., p. 36.

266 Cf. VATTEL, *Le Droit des Gens ou Principes de la Loi Naturelle*, tomo I, s.n., Londres, 1758, p. 31 (Livro I, Capítulo III, § 27), para quem "o conjunto de normas fundamentais (*règlement fondamental*) que determina a maneira pela qual a autoridade pública deve ser exercida é o que forma a constituição do Estado", pelo que "a constituição não é, no fundo, outra coisa que o estabelecimento da ordem na qual uma Nação se propõe trabalhar em comum para obter as vantagens em vista das quais a Sociedade Política foi estabelecida" – o que, em termos de conteúdo, significava que a constituição compreenderia a identificação do "como e por quem o Povo deve ser governado" e dos "direitos e deveres de quem governa".

mais empírica que normativa[267]. Dir-se-á que, a partir dos movimentos constitucionais (francês e norte-americano, em particular), o conceito de constituição passa a prescindir de um objeto (*hoc sensu*, como constituição de alguma coisa), para ganhar autonomia e valer como um conceito com um significado próprio[268], em estreita consonância com a atitude criadora e, sobretudo, transformadora típica do liberalismo e do individualismo.

Destarte, e sem prejuízo do lastro histórico do constitucionalismo, impõe-se salientar que será nos finais do século XVIII e no século XIX que se desenvolvem as características típicas do constitucionalismo moderno, as quais informaram o nascente direito público oitocentista. Entre tais carateres distintivos inclui-se, desde logo, a conceção das constituições como momentos complexivamente fundantes e institutivos de um Estado (como sucedeu no contexto da Constituição norte-americana)[269], ou, pelo menos, do(s) poder(es) público(s) (distintos dos poderes sociais privados[270]), em oposição às "leis fundamentais", de natureza consuetudinária, típicas da tradição medieval[271]. Assim se compreendia a afirmação de Paine[272] (extensiva, segundo o Autor,

---

267 *V.* também Böckenförde, *Constitutional and Polical Theory...*, cit., pp. 152 e s. (explicitando, porém, que tais compreensões ainda vigoraram em certos territórios alemães durante o século XIX); Grimm, «The Achievement...», cit., pp. 5 e s., *Constitutionalism...*, cit., p. 3, e «Konstitution, Grundgesetz(e) von der Aufklärung bis zur Gegenwart», in: Mohnhaupt, Heinz/ Grimm, Dieter, *Verfassung: Zur Geschichte des Begriffs von der Antike bis zur Gegenwart*, Duncker & Humblot, Berlin, 1995, p. 101 (clarificando a inaplicabilidade, à época, de um conceito normativo de *Verfassung* – mas a vigência tão-só de um conceito empírico, no sentido vertido no texto, na sua tripla vertente de *pactum unionis*, *pactum subjectionis* e *pactum ordinationis* –, utilizando-se as noções de *Grundgesetze* ou *leges fundamentales* para designar as normas relativas ao exercício da soberania); Mohnhaupt, «Konstitution, Status, Leges Fundamentales von der Antike bis zur Aufklärung», in: Mohnhaupt/Grimm, *Verfassung...*, cit., pp. 5 e ss..

268 Em sentido próximo, já Grimm, «Konstitution...», cit., p. 100.

269 Cf. Grimm, «Konstitution...», cit., p. 104; Bailyn, *The Ideological Origins of the American Revolution*, ed. alargada, Belknap Press, Cambridge, 1992, pp. 67 e ss., 175 e s..

270 Em pleno século XIX, Constant (*Cours...*, tomo II, cit., p. 557) tinha consciência de que certos poderes privados seriam mais fortes que os poderes públicos, na medida em que os primeiros detinham uma força económica e financeira superior aos segundos.

271 Cf. Rogério Soares, «O Conceito...», cit., p. 38; Matteucci, *Organizzazione...*, cit., p. 21; Vital Moreira/José Domingues, «Genealogia da Noção de Constituição em Portugal: As "Leis Fundamentais" e a "Constituição Civil"», in: *Anuário Português de Direito Constitucional*, vol. X, 2018-2020, pp. 224 e ss..

272 Paine, *Rights...*, cit., pp. 50 e 56.

também à realidade francesa) de acordo com a qual "a constituição é algo que antecede o governo e sempre distinta dele", pelo que "o governo é apenas uma criatura da constituição". Neste sentido, a constituição, concebida como uma construção racional, dirige-se quer à legitimação da existência e titularidade dos poderes públicos/governamentais, quer à disciplina do seu exercício, necessariamente limitado pela tutela dos direitos/liberdades individuais, e organizados segundo o princípio da separação de poderes em vista da instituição de um governo limitado. A esta ideia adiciona-se a nota da universalidade e, por conseguinte, a pretensão de vigência, que se não circunscreve aos intervenientes na sua elaboração, mas se estende a todos os cidadãos-indivíduos[273]. Se, aprofundando alguns destes vetores, o quisermos epitomar com Gomes Canotilho[274], temos que o constitucionalismo moderno (numa aceção normativa) se identifica com "a teoria (ou ideologia) que ergue o princípio do governo limitado indispensável à garantia os direitos em dimensão estruturante da organização político-social da comunidade". Ou, agora, louvando-nos na célebre contraposição, avançada por Constant[275], entre a liberdade dos antigos e a liberdade dos modernos, evidenciam-se três características distintivas do período que nos ocupamos: a limitação do poder pelo direito (e, por conseguinte, a subtração ao arbítrio e ao poder absolutos do Estado, e, em especial, do monarca), a participação dos indivíduos no exercício da soberania (de forma direta ou indireta, através das eleições) e a tutela das liberdades individuais. O que conjuga muito de perto liberdade, igualdade, autonomia, independência (privada) e indivíduo, e distingue (apartando) soberania estadual, constrição social e autonomia individual - rumo a uma clara diferenciação entre o público e o privado.

---

273 Assim, Fioravanti, *Stato...*, cit., pp. 112 e 119; note-se, porém, que o Autor, apreciando a contraposição entre "antigo" e "moderno", não deixa de salientar a total equivocidade em que incorre quem pretender a sua absolutização, sobretudo quando a liberdade dos antigos se tende a associar ao despotismo, do qual se apartaria a liberdade dos modernos (aspeto que, mediante o recurso aos exemplos da organização da república romana e da "democracia totalitária" jacobina, o Autor contesta) - cf. *Op.* cit., pp. 109 e ss..

274 Gomes Canotilho, *Direito...*, cit., p. 51.

275 Constant, *Cours...*, vol. II, cit., pp. 541 e ss..

Assim, e por um lado, o constitucionalismo moderno surge aliado à *publicidade*[276], num duplo sentido. Numa perspetiva mais político-filosófica, estamos diante de um momento charneira, de viragem de mentalidades (em que é notável a oposição ao secretismo da vida política do *Ancien Régime*[277]), assimilável a um momento histórico na noção de Pocock[278], *i. e.*, enquanto "tempo experienciado pelo indivíduo como ser público, consciente de uma moldura (*framework*) de instituições públicas nas quais e através das quais os acontecimentos, os processos e as mudanças ocorrem numa sociedade de que ele se apercebe ser parte". Mas, agora sob a ótica dessa consciência assumida pelos indivíduos, assiste-se à emergência de uma esfera (a sociedade), com pretensões de universalidade (e, por conseguinte, verdadeiramente pluralística[279]) e funções legitimantes – na medida em que manifesta uma abertura à participação e à interação de/entre todos[280], que se opõe a algo que é privado ou exclusivo de alguns –, bem como à perceção da existência de uma relação normativa que entretece os indivíduos (que compõem a *societas*) e a *res publica*. Tal importará, como consequência, que caberá agora àquela sociedade de indivíduos a definição, segundo os seus próprios valores e como resposta aos respetivos anseios, da organização do Estado[281], assim como a construção de

276 Sobre o relevo do conceito-problema de publicidade (Öffentlichkeit) no âmbito jurídico--constitucional, *v.*, em termos monográficos, Rinken, *Das* Öffentliche *als Verfassungstheoretisches Problem*, Duncker & Humblot, Berlin, 1971.

277 Barbas Homem, *A Lei...*, cit., p. 159.

278 Pocock, *Virtue...*, cit., p. 91.

279 Opondo a publicidade "estatizada" (e manipulada pelos poderes públicos), típica dos totalitarismos (também setecentistas), à publicidade "pluralística", cf. Häberle, *Gibt es eine Europäische* Öffentlichkeit*?*, De Gruyter, Berlin/New York, 2000, p. 9.

280 Cf. também Castanheira Neves, «Direito de Resposta», in: *Digesta: Escritos Acerca do Direito, do Pensamento Jurídico, da sua Metodologia e Outros*, vol. 2.º, Coimbra Editora, Coimbra, 1995, p. 437.

281 *V.* Smend, «Zum Problem des Öffentlichen und der Öffentlichkeit», in: *Staatsrechtliche Abhandlungen und Andere Aufsätze*, 3.ª ed., Duncker & Humblot, Berlin, 1994, pp. 465 e ss., que, enfatizando a especificidade da experiência alemã face à europeia (em especial, à francesa), autonomiza uma publicidade fática (enquanto publicidade associada à abertura para a vida pública, por oposição à privada, que permite a construção de um sujeito – o Público – titular da publicidade e dos direitos que lhe estão associados, como a liberdade de imprensa ou a liberdade de reunião), uma publicidade personificada (relacionada com o titular daquela vida pública e na forma como este interfere na vida política, concatenando-se com a representatividade parlamentar e os direitos de participação política), e uma publicidade normativa (a qual constitui como que o modo de ser do Estado moderno, assente na soberania popular). Cf., entre nós, Rogério Soares, *Direito Público...*, cit., pp. 55 e s., salientando, na esteira de Smend, a diferença entre um sentido fático de publicidade e um sentido normativo. Em ter-

uma ordem superior a todos os interesses, suscetível, enquanto tal, de servir o interesse de todos (objetiva e não subjetivamente considerados)[282]. A responsabilidade final pela reconstrução (ou, se pretendermos introduzir aqui já a terminologia histórica nacional, a *regeneração*) operada na sequência das revoluções liberais cabe agora ao cidadão-burguês, representado nos parlamentos ou nas assembleias constituintes, e encarregado de elaborar uma constituição. Encontra-se consonante com esta ideia uma outra: a de que, na sequência das inquietações provocadas pelo Iluminismo, a época das revoluções liberais surge fortemente marcada pelo entusiasmo[283], pela ausência de passividade, pelo inconformismo e pelo despertar dos povos para a necessidade de efetuar transformações políticas e jurídicas no espaço público.

Estamos, pois, no âmbito da publicidade que Habermas[284] designou como *bürgerliche* Öffentlichkeit, uma realidade que, conhecendo as suas primícias nas cinzas do feudalismo, no dealbar das economias-mundo e na Reforma protestante (com as primeiras afirmações da liberdade religiosa e, sobretudo, da liberdade de consciência ou de pensamento[285]), se desenvolve durante os séculos XVII e, sobretudo, XVIII, exprimindo a agregação como *publicum* do conjunto de *indivíduos* (cidadãos e burgueses), não associados em estamentos ou classes[286], particulares (*hoc sensu*, distintos dos titulares

---

mos próximos, Häberle (*Gibt es eine Europäische* Öffentlichkeit?, cit., pp. 10 e s.) destrinça, no âmbito da noção de publicidade, entre um conceito de domínios ou esferas (*Bereichs-Begriff*) e um conceito de valor (*Wert-Begriff*).

282 Assim, Stahl, *Die Philosophie des Rechts*, vol. 2 (Rechts- und Staatslehre auf der Grundlage christlischer Weltanschauung) - 1.ª parte, 2.ª ed., Mohr, Heidelberg, 1845, p. 240.

283 Sobre a narrativa do entusiasmo e os movimentos constitucionais (norte americano), cf. Kilgore, *Mania...*, cit., *passim*, esp.te pp. 31 e ss., 65 e ss..

284 Habermas, *The Structural Transformation of the Public Sphere: An Inquiry into the Category of Bourgeois Society*, trad. por Burger, Thomas, The MIT Press, Cambridge, 1991, pp. 14 e ss.. Como decorre do texto, o adjetivo *bürgerliches* significa, em simultâneo, o burguês e o cidadão, que, neste período, tendem a sobrepor-se.

285 Cf. também De Ruggiero, *Storia...*, cit., pp. 18 e ss., 24.
Note-se que esta liberdade de consciência, inspirada por questões religiosas, se reacenderia durante o próprio século XIX, tendo uma expressão privilegiada no caso dos *Dissenters*: recorde-se a afirmação panfletária de Gladstone («The County Franchise and Mr. Lowe Thereon», in: *The Nineteenth Century*, n.º IX, novembro 1877, p. 552), segundo a qual a *Nonconformity* (e os *Nonconformists*) constituía(m) a "espinha dorsal do liberalismo britânico". Sobre esta matéria, *v.* a monumental obra de Watts, *The Dissenters*, Oxford University Press, Oxford, 1978.

286 Esta negação da organização da sociedade em estamentos, enquanto correlativa de uma independência individual, era levada ao paroxismo, defendendo-se como vantajosa a

de poderes públicos), impregnados de responsabilidade, dotados de opinião (de *voluntas*, mesmo) e dispostos a exteriorizá-la publicamente (no "espaço público") – primeiro, fora da esfera da família (mediante a crítica literária, a reflexão filosófica ou a publicação jornalística[287]), e, em seguida, através dos mecanismos institucionais representativos, promovendo, em alguns momentos, o que poderíamos designar como uma "cidadania ativa" (como o demonstrou, por exemplo, a preocupação norueguesa em publicar e vender o texto constitucional em todos os postos de correio[288]). E, no plano do (estudo do) direito, esta dimensão haveria de se exteriorizar no desenvolvimento do periodismo jurídico[289] e, por conseguinte, na emergência de uma "opinião pública" também nestas matérias[290] e de uma intensa reflexão intelectual sobre as significativas mutações enfrentadas pelo direito[291].

---

anonimização dos indivíduos (condição, afinal, da sua privacidade), não se devendo sacrificar tal independência nas aras do exercício dos direitos políticos. Neste sentido, *v.* CONSTANT, *Cours...*, tomo II, cit., pp. 547 e s. (um dos aspetos que destrinçava, aliás, a liberdade dos antigos face à liberdade dos modernos).

287 Cf. José TENGARRINHA, «Um Importante Instrumento de Trabalho», in: Gina Guedes RAFAEL/ Manuela SANTOS (coord.), *Jornais e Revistas Portugueses do Século XIX*, reimp., Biblioteca Nacional, Lisboa, 2001, pp. 10 e s.. *V.* também José TENGARRINHA, *História da Imprensa Periódica Portuguesa*, Portugália Editora, Lisboa, 1965, pp. 50 e ss., 67 e ss.; cf. ainda Jorge Pedro SOUSA, «A Imprensa Portuguesa sob o Signo da Mudança: A *Gazeta de Lisboa* Antes e Depois da Revolução Liberal de 24 de Agosto de 1820», in: Jorge Pedro SOUSA (coord.), *Imprensa e Mudança: Portugal e Brasil no Primeiro Quartel de Oitocentos*, ICNOVA – Instituto de Comunicação da Nova, Lisboa, 2020, pp. 139 e ss.. *V.*, sobre o contributo do jornalismo (*in casu*, e especificamente, de *O Campeão Portuguez*) para a Revolução de 1820, João LOUREIRO, «Nas Vésperas da Revolução Liberal: Relendo a Questão Político-Constitucional a partir de *O Campeão Portuguez*», in: *Boletim da Faculdade de Direito*, vol. XCV, tomo II, 2019, pp. 1011 e ss.. Já sobre o modo como a imprensa, em particular, o *Correio Braziliense*, influenciou o nascente movimento constitucional brasileiro, *v.* SCHULTZ, «News of Constitutions: Luso-Atlantic Politics in the 1810's and 1820's», in: *Revista de História das Ideias*, vol. 40 (2.ª série), 2022, pp. 13 e ss., esp.te pp. 20 e ss..
Sublinhando, em geral, o relevo do "jornalismo ideológico" (sob a ótica jurídico-constitucional), cf. Rui de Figueiredo MARCOS, «A Fundação do Boletim da Faculdade de Direito e o Periodismo Jurídico em Coimbra», in: *Boletim da Faculdade de Direito – Volume Comemorativo do 75.º Tomo*, 2003, pp. 17 e s..

288 Cf. GAMMELGAARD/HOLMØYVIK, «The Norwegian Constitution as a Text», in: GAMMELGAARD/ HOLMØYVIK (ed.), *Writing Democracy: The Norwegian Constitution 1814-2014*, Beghahn, New York/Oxford, 2014, p. 3.

289 Cf. Rui de Figueiredo MARCOS, «A Fundação...», cit., pp. 11 e ss., esp.te pp. 19 e ss.; Bigotte CHORÃO, *O Periodismo Jurídico Português do Século XIX*, Imprensa Nacional – Casa da Moeda, Lisboa, 2002.

290 Cf. também António Barbas HOMEM, «O Código de Seabra na História do Direito Civil», in: *Revista da Ordem dos Advogados*, ano 77, janeiro/junho 2017, p. 50.

291 Cf. Braga da CRUZ, *A Revista de Legislação e de Jurisprudência: Esboço da sua História*, vol. I, Separata da *Revista de Legislação e de Jurisprudência*, Coimbra, 1975, pp. 4 e ss.. Com efeito,

Por outro lado, ainda que o constitucionalismo liberal não se funde (integral e somente) nas conceções contratualistas emergentes no seio do pensamento moderno-iluminista[292], afigura-se inegável a associação entre ambas as perspetivas[293]. O ponto de confluência reside nas ideias de *consentimento* e de *escolha* dos indivíduos que, rejeitando quaisquer referentes que se lhes imponham fora ou para além de si próprios[294], aceitam submeter-se, como *cives*[295], a uma autoridade pública ou ao governo (renunciando, através de uma espécie de delegação, a poderes que detinham no estado de natureza), com a finalidade de preservação das suas liberdades. Neste sentido, o Estado (ou a *Political Society*, ou a *Commonwealth* de Locke) constitui uma organização político-social, cujo substrato se identifica com aqueles indivíduos, surgindo, todavia, com uma existência autónoma face quer a eles próprios, quer aos seus representantes, quer ao soberano (os dois últimos concebidos como fiéis depositários do poder). É o alcance do consentimento e da escolha – destinados, ao cabo e ao resto, a assegurar a liberdade que, no primeiro momento, permitira a celebração do pacto – que há de fornecer os limites à atuação do poder público, cujo exercício se encontra sempre funcionalmente vinculado à satisfação do bem comum ou do interesse público, cuja legitimidade depende de um agir em conformidade com a confiança depositada pelo povo[296] ou, no caso do monarca, cuja ação

---

à proliferação dos periódicos jurídicos não terá sido igualmente alheia o ímpeto decorrente das várias reformas legislativas e da progressiva centralidade da lei no quadro das fontes de direito; cf. Rui de Figueiredo MARCOS, «A Fundação...», cit., p. 15.

292 Posição avançada já por FIORAVANTI, *Stato...*, cit., pp. 154 e ss..

293 Aliás, no contexto da elaboração das Constituições portuguesas, encontramos referências à identificação entre constituição e pacto social: assim, ao "pacto social" que a Constituição de 1822 consubstanciava referia-se expressamente o discurso de D. João VI proferido na última sessão das Cortes Constituintes e Extraordinárias, assim como a intervenção do (então) Presidente da assembleia, Francisco Manoel Trigoso (cf. *Diario das Cortes Geraes e Extraordinarias da Nação Portugueza*, n.º 79, 04.11.1822, pp. 978 e s.).

294 *V.* Fernando José BRONZE, *Lições...*, cit., p. 332.

295 É a essência essencialmente civilista deste pacto que permite enfatizar a ideia de que a fonte de todo o direito estadual reside, em última análise, nos indivíduos: assim, DE RUGGIERO, *Storia...*, cit., p. 65.

296 Eis a perspetiva subjacente, em parte, a LOCKE, *Two Treatises...*, cit., pp. 226 e ss., 289 e ss. (Segundo Tratado, §§ 123 e ss. e 221 e ss., respetivamente), ou a DIDEROT [«Autorité Publique», in: DIDEROT/D'ALEMBERT (ed.), *L'Encyclopédie ou Dictionnaire Raisónné de Sciences, des Arts*

se pauta por limites ético-jurídicos (recorde-se a célebre formulação de Rousseau[297]: *Le Souverain, par cela seul qu'il est, est toujours tout ce qu'il doit* être) ou teleológico-jurídicos, senão mesmo jurídico-constitucionais (rememore-se agora a perspetiva de Jefferson[298]: *Kings are the servants, not the proprietors of the people*). Caberá, neste sentido, à constituição (enquanto pacto fundacional, e não meramente homologador de uma vivência histórica e comunitária anterior) instituir (e estabilizar[299]) esta nova *societas*, vertida numa nova organização de poder político.

Recuperando as considerações que tecemos, logo no início deste ponto, importa sublinhar que, ultrapassados os assomos mais radicais da Revolução Francesa, tal organização – o Estado – surgirá concebida em torno dos eixos da (de)limitação dos poderes (identificados e não absolutos) do monarca, da representação, e da tutela das liberdades, obviando a assunção de um governo direto pelo povo (do tipo jacobinista revolucionário) e promovendo antes a construção de um governo moderado[300]. O equilíbrio entre os valores dominantes (e erigidos como panfletários da revolução) da *liberté* e da égalité depende, pois, da conjugação (também jurídico-constitucional) entre a proteção dos direitos (liberdades fundamentais), juridicamente limitadores do exercício de um poder, cujo

---

et des Métiers, (1751), ed. Kindle (tomo I), 2012]. Ainda se poderá reconduzir a esta ideia a formulação da Declaração da Independência dos Estados Unidos, de 4 de julho de 1776, nos termos da qual "quando uma longa sequência de abusos e usurpações, prosseguindo invariavelmente o mesmo objetivo, manifesta desejar submetê-los [aos homens, iguais e titulares de direitos inalienáveis] a um Despotismo absoluto, é seu direito, é seu dever de derrubar tal Governo e de proporcionar novos Guardiões para a sua segurança futura".

297 Rousseau, *Du Contrat...*, cit., p. 32 (Livro I, Capítulo VII).

298 Jefferson, *A Summary Review of the Rights of British America*, Clementina Rind, Williamsbrug, s.d., p. 22.

299 Encontra-se aqui presente a ideia de que a constituição permite a estabilização de um estado das coisas (*Zustand*): assim, Mohnhaupt, «Konstitution...», cit., pp. 1, 26 e ss., tomando de empréstimo a noção médica de constituição do corpo, enquanto síntese da combinação entre as forças físicas e psíquicas do organismo, adotando uma metáfora presente já desde a filosofia política aristotélica.

300 E, nesta medida, se quisermos louvar-nos em Fioravanti (*Stato...*, cit., p. 164), substituindo o "círculo vicioso do despotismo e da rebelião popular" (subjacente às construções contratualistas, particularmente à de Hobbes) pelo "círculo virtuoso da moderação e da legalidade" (mais próximo da conceção de Montesquieu).

desempenho cabe, em igual medida, a todos, como corresponsáveis na formação da vontade geral (ou da mais alcançável vontade da maioria).

Ademais, a Revolução Francesa veio acentuar a visão (estranha aos constituintes estadunidenses e também ao constitucionalismo inglês ou mesmo ao constitucionalismo alemão) do cidadão transformador da ordem político-social, que não pretende elaborar uma Lei Fundamental orientada pela satisfação de um interesse de classe; pelo contrário, e em conjugação com a recusa da visão estamental anterior, a arquitetura da nova estrutura política obedecerá à ideia de que os poderes públicos não terão apenas como propósito a satisfação do interesse daquela coletividade politicamente organizada (do *publicum*, no sentido da *personifizierte* Öffentlichkeit de Smend), mas, em especial, a prossecução do interesse público subjacente à ordem superior agora criada[301], caracterizando-se, em virtude abertura ao (e do) futuro que encerra, a elaboração e aprovação da constituição como uma manifestação do «princípio de desenvolvimento»[302]. Numa perspetiva quase psicossocial, a constituição assim assumida representava um instrumento destinado a libertar o povo de todos os males[303], em direção a um projeto construtivista novo. Tratava-se, pois, de uma herança do pensamento moderno-iluminista e, em especial, do «racionalismo construtivista» (se quisermos utilizar o conceito de Hayek[304]), com o seu propósito de reconstrução da sociedade

---

301 Cf., *v. g.*, Stahl, *Die Philosophie des Rechts*, vol. 1 (Geschichte der Rechtsphilosophie), 3.ª ed., Mohr, Heidelberg, 1856, p. 566; note-se que o Autor (*Op.* cit., *loc.* cit.), refletindo sobre o sentido do "público" inerente ao direito público, não se identifica necessariamente com todas as consequências extraídas em texto, preferindo, em total consonância com as características das monarquias alemãs (cf., *infra*), deslocar a tónica do povo para o soberano (ainda que abstratamente considerado): nesta ordem de ideias, o direito público concebia-se como o "direito do soberano" e "para o soberano" (e não como direito do povo e para o povo).

302 Grimm, «Konstitution...», cit., p. 116.

303 Para a associação genética entre constituição e superação do mal (em contextos diversos, e, portanto, não necessariamente identificados com o período em análise), *v.*, por exemplo, Balkin, *Constitutional Redemption: Political Faith in an Unjust World*, Harvard University Press, Cambridge/London, 2011, pp. 33 e ss. (a paráfrase do texto pertence à p. 107, tendo como pano de fundo a ideia – avançada pelo Autor desde o início da Obra – segundo a qual o desenvolvimento constitucional opera a partir de um sistema no qual vigoram injustiças, representando uma resposta para estas, rumo a uma redenção constitucional: cf., *v. g.*, *Op.* cit., pp. 7 e s.).

304 Hayek, *Law, Legislation and Liberty*, Routledge, London/New York, 2013, pp. 5, 10 e ss., 21 e ss. (delineando o sentido do «racionalismo construtivista» e a sua crítica).

pelo (e à imagem do) indivíduo e com a sua convicção de que todas as instituições sociais são o produto de uma vontade (racional, *hoc sensu*, expressão da razão) e deliberada ou consciente.

Eis-nos perante uma conceção que, um pouco paradoxalmente, pretendendo afastar a satisfação de interesses concretos (que lembrariam o sistema de classes ou corporações do *Ancien Régime*), mergulha numa perspetiva que confere qualidades (quase) divinas a uma vontade geral abstrata e artificial, e, como tal, independente dos indivíduos (o substrato social que sustentava o poder exercido pelos seus representantes), esquecendo, por sua vez, que havia sido precisamente a desconsideração dos interesses daqueles (*rectius*, do Terceiro Estado) a causa próxima da revolução.

Inspirados, em parte, pelas experiências inglesa e norte-americana no que respeita à limitação dos poderes[305], os revolucionários franceses vêem na elaboração da constituição *a solução* encontrada para, através da instituição de uma nova ordem[306], solucionar as injustiças geradas duran-

305 Assim sucedeu com MONTESQUIEU, *De l'Esprit...*, cit., pp. 142 e ss. (Livro XI, Capítulo VI). *V.*, agora numa postura mais crítica relativamente à constituição de Inglaterra, mas, ainda assim, enfatizando as virtudes do sistema inglês, *v.* SIEYES, *Qu'est ce que le Tiers Etat?*, cit., pp. 88 e ss., onde o Autor analisa a conveniência das propostas em imitar a constituição inglesa – concebida como étonnante para o momento em que foi elaborada (*Op.* cit., p. 98), embora com insuficiências no que tange à instituição do bicameralismo, e ao modo de funcionamento do sistema de governo, cujos atores se identificam, praticamente, com o Governo e a oposição, apagando as ações do Rei e da Nação (*v.* também *Op.* cit., pp. 142 e s., n. 1).
Recorde-se que é contemporânea da Revolução a tradução francesa (com anotações de Dupont de Nemours, Condorcet e Gauvain-Galois) da obra de William Livingston (identificado na capa apenas como "um agricultor de New Kersey"...) dirigida à apreciação crítica e ao confronto das experiências constitucionais inglesa e norte-americana: cf. LIVINGSTON, *Examen du Gouvernement d'Angleterre Comparé aux Constitutions des Etats-Unis*, Froullé Librairie, Londres, 1789 (sobre a atribuição da autoria da obra, cf. p. V).

306 Poderíamos afirmar que estamos diante de uma manifestação do "constitucionalismo transformativo" *avant la lettre*. Trata-se de uma expressão hoje utilizada a propósito de "constituições transformativas" (como a Constituição da África do Sul, de 1996), que representam documentos comprometidos com a paulatina transformação social, não apenas na esfera privada, mas também na esfera pública, precisamente com o propósito último de instituição de um Estado democrático, subordinado aos direitos fundamentais, incluindo os direitos sociais. Cf., sobre o "constitucionalismo transformativo" e a "constituição transformativa", KLARE, «Legal Culture and Transformative Constitutionalism», in: *South African Journal of Human Rights*, vol. 14, 1998, pp. 146 e ss. (a proposta conceptual e a respetiva noção – que aqui seguimos de perto – surgem a p. 150); o conceito adquiriu, entretanto, uma complexidade e um espetro de referência mais amplos, como o demonstra, entre muitos outros estudos, a análise de HAILBRONNER, «Transformative Constitutionalism: Not Only in the Global South», in: *The American Journal of Comparative Law*, vol. 65, 2017, pp. 527 e ss..

te o despotismo[307]: será esta a Lei Fundamental que regulará os direitos do rei e da nação[308]. Assim se compreende que a constituição se assuma como o elemento fundante e a condição de legitimação da organização dos poderes. A evolução do movimento constitucional ditará, porém, que a acentuação do caráter fundamentador e regulador do estatuto do monarca e de (de)limitação acabe por divergir em função do modelo jurídico-constitucional, da tipologia de constituição e do procedimento constituinte adotados: a balança penderá mais para esta dimensão – enfatizando a posição do soberano no concerto dos demais poderes – nas constituições outorgadas[309] ("cartas constitucionais") e nas constituições pactuadas que nos restantes textos constitucionais, no movimento constitucional alemão que nos demais constitucionalismos. De qualquer modo, não pode deixar de se acentuar que estes documentos vão dirigir a sua intencionalidade no sentido da conciliação da legitimidade monárquica (da qual as cartas constitucionais emanam) com a liberdade individual,

307 A elaboração da Constituição e, em geral, a assistência às reuniões da assembleia constituinte era encarada, aliás, como uma tarefa verdadeiramente educativa. Não resistimos a fazer referência ao tratamento conferido à "representação" apresentada pelo taquígrafo das Cortes, Joaquim Machado, distinto estudante de Cânones na Universidade de Coimbra que pretendia a dispensa de frequência do 5.° ano, enquanto a necessidade das Cortes o exigisse, mas sem prejuízo para a tomada do grau Bacharel. Colocada a questão a debate, os deputados entendiam, em geral (note-se, porém, a posição de Agostinho José Freire) que se revelava mais proveitosa a assistência às sessões (e a respetiva transcrição) que a frequência do 5.° ano canónico na Universidade de Coimbra. Assim, afirmava enfaticamente José Joaquim Rodrigues Bastos: "os estudos do 5.° anno Canónico a pouco mais se extendem que á repetição dos annos precedentes, em que o supplicante foi premiado: e que comparação haverá entre a utilidade que dessa repetição se lhe póde seguir, e a que effectivamente lhe resulta ouvindo attentamente, escrevendo, e fazendo transcrever as variadas, e importantiisimas discussões deste Congresso?". Acrescentava, por seu lado, Borges Carneiro que "em verdade a perda do 5.° anno de canones a tenho por de bem pouca monta. Que se faz nelle? Analysar uma decretal de um Papa, um canon de Graciano, isto são *pataratas*". Submetida a votos, foi aprovada a dispensa de ir tomar o grau de Bacharel, efetuar a matrícula do 5.° ano, bem como de o frequentar, dispensando-se também do próprio ato da formatura (!); ou, na linguagem expressiva de Manoel Fernandes Thomaz, "saiba-se hoje que o Congresso tem poder de fazer leis e de dispensar. Dispense-se-lhe o anno, dispense-se-lhe o acto, e dispense-se-lhe tudo". Cf. *Diário das Cortes Geraes e Extraordinarias da Nação Portugueza*, n.° 201, 16.10.1821, pp. 2679 e ss..

308 Borges CARNEIRO, *Portugal Regenerado em 1820*, 3.ª ed., Typografia Lacerdina, Lisboa, 1820, p. 65.

309 Por oposição às constituições "arrancadas" (!) – cf. BARTHELEMY, «Les Théories...», cit., p. 749.

expressa, designadamente, através das eleições (e igualmente reconhecida e consagrada pelas constituições outorgadas ou pactuadas)[310].

As influências revolucionárias francesas vão ainda determinar que se encontre cometido a um poder tendencialmente ilimitado – o poder constituinte – a tarefa da elaboração das constituições. O que recorda os atributos que Sieyès conferia ao poder constituinte (originário), insuscetível de submeter a qualquer forma ou a qualquer regra[311]. A constituição surge não como um dado (*hoc sensu*), mas antes como um projeto político-social (a abordar como uma ciência[312]), destinado a "fundar o edifício Politico"[313] (especificando quem governa e quem é governado, e determinando os limites desse governo[314]), e desenhado por um corpo de representantes de todos os indivíduos, sem distinção de estamento ou ordem social[315]. Este ato de criação constitui, em tal sentido, uma

310 A esta precisa (e necessária) conjugação se refere, *ex professo*, Royer-Collard, em discurso proferido na Câmara dos Deputados, em 17 de maio de 1820: cf. *Archives Parlementaires de 1787 à 1860: Recueil Complet des Débats Législatifs et Politiques des Chambres Françaises de 1800 à 1860*, 2.ª Série, vol. XXVII, Imprimerie Administrative de Paul Dupont, Paris, 1874, p. 655.

311 Exatamente nestes termos Sieyes, *Quelques Idées de Constitution, Applicables à la Ville de Paris*, Baudouin, Versailles, 1789, p. 30. *V.* também Sieyes, *Préliminaire...*, cit., p. 35, confrontando o caráter ilimitado e omnipotente do poder constituinte com os constrangimentos a que os poderes constituídos se encontram necessariamente submetidos (desde logo, *ex vi constitutionis*).

312 Cf., *v. g.*, Sieyes, *Qu'est-ce que le Tiers Etat?*, cit., p. 110, n. 1.

313 A expressão pertence a Borges Carneiro, durante uma intervenção na sessão das Cortes: cf. *Diario das Cortes Geraes e Extraordinarias da Nação Portugueza*, n.º 19, 20.02.1821, p. 126. Em sentido próximo, *v.* também Brun de la Combe, *Réponse Laconique aux «Observations Sommaires» de M. l'Abbé Syéiès* [sic], *sur les Biens Ecclésiastiques, & Doutes sur ses Principes Concernant la Constitution*, s. n., s. l., s. d., p. 14 (2.ª parte). No caso do constitucionalismo norte-americano, e apesar de não estar em causa uma rejeição do *Ancien Régime*, tratava-se inclusivamente de edificar um novo Estado, de natureza federal (razão pela qual a Constituição de 1787 se enquadra, para alguns, na categoria de "tratado federal" – assim, Böckenförde, *Constitutional and Political Theory...*, cit., p. 160), a cimentar uma independência face à instituição de uma república fundada na soberania do povo, que seria exercida através de um governo representativo, no quadro de um equilíbrio de poderes caracterizado por freios e contrapesos: cf. Fioravanti, *Stato...*, cit., pp. 129 e s..

314 A estes dois objetivos que presidem à elaboração da Constituição se referia Humboldt, *The Limits...*, cit., p. 9.

315 Sieyes, *Qu'est ce que le Tiers Etat?*, cit., pp. 47 e ss., 126 e ss.. Impõe-se, todavia, registar que a perspetiva do Autor não se revela, neste ponto, totalmente linear, porquanto acaba por defender a necessidade de constituir tantas assembleias quantas as ordens sociais; certamente, Sieyès relega para segundo plano os eventuais subsídios (se alguns existissem!) que as assembleias do Clero e da Nobreza pudessem trazer para a atividade governativa (desde logo, porque destinadas tão-só à defesa dos interesses de cada uma daquelas classes), e

verdadeira *creatio ex nihilo*, que, à maneira racionalista, não arranca de quaisquer pressupostos, erigindo-se sobre uma folha em branco, desprovida de qualquer ideia[316]. A constituição assume agora uma anterioridade face à instituição dos demais poderes (mas não necessariamente face ao Estado[317]), que por ela são estabelecidos, segundo uma lógica que se pretenderá de equilíbrio: neste sentido, e parafraseando Paine[318], a constituição de um País não representa um *"act of government"*, mas consubstancia um *"[act] of the people constituting a government"*.

A Restauração francesa e a experiência alemã (em suma, a contrarrevolução) determinam que esta tendência sofra alguns ajustamentos: sem prejuízo da anterioridade lógica do poder constituinte face à organização dos poderes (ou, segundo a leitura germânica, das funções) estaduais nas constituições, a verdade é que a preferência por constituições outorgadas (ou cartas constitucionais) implicará o reconhecimento de que a legitimidade (ou, pelo menos, a legitimidade próxima) daquele poder se não reconduza ao povo, mas ao monarca – o qual, quer ao abrigo da ideia de unidade do poder soberano (reunido no rei)[319], quer à luz do entendimento de que o príncipe representa a entidade (ou, em certo sentido,

entende que a "verdadeira" assembleia representativa da Nação corresponderá à Assembleia Nacional, onde se encontra representado o Terceiro Estado, polarizador do interesse comum e da vontade geral, ou, numa palavra, a Nação (cf. *Op.* cit., pp. 142 e ss.).

316 Estamos a parafrasear, como se torna evidente, a célebre metáfora de Locke, da alma (*mind*) como um *white paper*, à espera da experiência, e das duas fontes de todas as ideias: a sensação e a reflexão. Cf. LOCKE, *An Essay Concerning Human Understanding*, vol. I, Dover Publications, New York, 1959, pp. 121 e ss..

317 Na verdade, e talqualmente acentua BÖCKENFÖRDE (*Constitutional and Political Theory...*, cit., p. 148), a existência de uma interdependência entre Estado e constituição não oblitera que, embora esta última viabilize a unidade do povo-Estado, cabe ao povo (organizado em Estado) sancionar a constituição. Adaptando um exemplo avançado pelo Autor (relativo à Constituição da República Portuguesa de 1974), o procedimento de elaboração da Constituição de 1822 revela que, em momento anterior ao da sua emanação (e, por conseguinte, desde a Revolução de agosto de 1820), se avançou para uma estabilização do regime, tendente à consolidação da ordem estadual-política, e apenas este contexto permitiu a aprovação da Lei Fundamental.
Por sua vez, GRIMM («The Achievement...», cit., p. 11) entende que a pré-existência do Estado constitui um pressuposto para a emergência de uma constituição, representando o objeto capaz de, por esta, ser regulado.

318 PAINE, *Rights...*, cit., p. 53, e *Rights... Part the Second*, cit., p. 40.

319 Como sucederá com a compreensão alemã.

o órgão) em quem o povo delegou a soberania[320], vai exercer o ato de *imperium* (vinculado embora, no mínimo, por um conjunto de princípios, de natureza axiológico-jurídica) de estabelecer uma determinada organização político-social do Estado (cf. também, *infra*, Parte II, 3.).

Sem menoscabo dos arroubos mais radicais (num e noutro sentido), parece-nos que, tenha a constituição o seu fundamento (direto) no povo ou no rei, aquela há de corresponder sempre a uma exteriorização da soberania e, a partir do momento em que é emanada, tornar-se-á deles independente[321] e consubstancia a base sobre a qual se ergue o Estado constitucional. Neste sentido, o propósito último das constituições liberais reside precisamente na construção de (um certo sentido de) Estado constitucional: independentemente do fundamento real ou popular, a matriz constitucional assume-se como limitativa e garantista[322]. E a esta luz se hão de interpretar as normas da constituição que conferem e (de) limitam, subordinando juridicamente, os poderes dos órgãos constitucionais, assim como o necessário equilíbrio entre a soberania popular e a legitimidade monárquica, concretizadas no princípio democrático e no princípio monárquico. Assim, e por um lado, não só a tutela das liberdades individuais constitui o seu objeto (concebendo-se a autolimitação da soberania como meio para alcançar este fim), como também, por outro lado, e com independência da conceção que se propugne quanto ao sentido (e à vigência) do princípio da separação ou divisão de poderes, a (existência de uma) constituição visa assegurar uma repartição entre funções. A evolução positivista haveria ainda de consolidar a posição do texto constitucional, arrogando-lhe, de algum modo, atributos de soberania, em termos de esta última já não se reconduzir nem ao povo, nem ao soberano, adquirindo uma dimensão autopoiética[323].

---

320 No contexto da conciliação entre a compreensão do rei como vigário de Deus e a tese tomista da mediação popular (refundada, em geral, pela segunda escolástica e, em especial, por Francisco Suárez) – tão cara a certos setores do pensamento nacional.

321 E assim se explicam as normas, constantes das constituições, atinentes à revisão constitucional – uma revisão que, mesmo em constituições outorgadas, não deixa de convocar o parlamento.

322 Jorge Miranda, *Teoria...*, cit., p. 16.

323 Assim, Lacché, «Las Cartas Otorgadas: La Teoría de *L'Octroi* y las Experiencias Constitucionales en la Europa Post-Revolucionaria», in: *Fundamentos: Cuadernos Monográficos de Teoría del Estado,*

Destarte, seja o poder constituinte exercido através da representação política dos cidadãos nas assembleias constituintes (já compreendidas como uma expressão da vontade geral), seja resultante de um ato do monarca, o *punctum crucis* a assinalar neste momento reside, ressalvada a exceção inglesa (de matriz historicista e, por isso mesmo, desprovida dos ímpetos transformadores), na imprescindibilidade da elaboração de constituições *escritas*. Estas encontravam-se destinadas a assegurar os valores liberais (ou liberais-burgueses)[324] agora inexorável e inelutavelmente dominantes (*i. e.*, independentemente da posição que se tome quanto à titularidade do poder constituinte), valores esses vertidos na garantia da propriedade e da liberdade, através de uma forma específica de organização estadual. Por isso, para o dizermos agora com Sieyès[325]: "se nos falta uma constituição, é necessário fazer uma".

Esta compreensão transporta-nos já para a outra dimensão apontada ao constitucionalismo, reconduzida à redação dos textos constitucionais – permitindo-lhes assumir a tripla faceta de constituição como ato, como lei e como norma[326]. Desde logo, a complexidade da organização política (ou mesmo jurídico-política), combinada com a necessidade de garantia da observância da axiologia dominante assim o imporiam. Mas, sobretudo, se conciliarmos o constitucionalismo com um dos eixos caracterizantes do jusracionalismo setecentista a desembocar no positivismo oitocentista, não

Derecho Público e Historia Constitucional, n.º 6, 2010, p. 284.

324 Note-se que não é típico das constituições deste período a pretensão de estabelecer as raízes axiológicas da sociedade e, como tal, as orientações valorativas que hão de presidir à organização social e à consolidação (senão mesmo, criação) da sua unidade, como sucederá no período posterior à Primeira Grande Guerra e se plasmará, por excelência, na Constituição de Weimar e, mais tarde, na compreensão da *Grundgesetz* como *Wertordnung* (cf., sobre o significado da constituição como estrutura normativa da vida e fundamento de valores da *polis*, Böckenförde, *Constitutional and Political Writings...*, cit., pp. 165 e ss.). Diversamente, no horizonte temporal em que trabalhamos, a axiologia liberal assumia-se como um pressuposto que ao poder constituinte caberia positivar, numa afirmação de rutura (mais ou menos tendencial, consoante os casos) com o regime anterior.
Por isso mesmo, as constituições oitocentistas, embora elaboradas com o propósito de garantir determinados valores, não se identificam com hipóteses de constitucionalização destinada à corroboração de valores sociais – para utilizarmos um dos termos da taxonomia de Marcelo Neves, *A Constitucionalização Simbólica*, WMF – Martins Fontes, São Paulo, 2011, pp. 83 e ss..

325 Sieyes, *Qu'est ce que le Tiers Etat?*, cit., p. 104.

326 Jorge Miranda, *O Constitucionalismo Liberal Luso-Brasileiro*, Comissão Nacional para as Comemorações dos Descobrimentos Portugueses, Lisboa, 2001, pp. 8 e s..

estranhamos que o século XIX europeu continental se associe necessariamente à elaboração das constituições escritas, como se conjugara já com a feitura dos grandes códigos, destinados, à boa maneira das conceções moderno-iluministas, a "transformar o direito natural em direito positivo"[327], assegurando, em simultâneo, a segurança e a certeza objetivas, e a aplicação em condições de igualdade[328]. Não é, aliás, por acaso, que Bentham se referia à constituição escrita como "código constitucional" (*constitutional code*)[329]. Tratava-se, pois, de "proclamar solenemente e revestir, com a chancela da lei, a sentença de morte que a razão, esse supremo júri dos povos, tinha pronunciado contra o antigo regime"[330], volvendo-se a constituição numa "palavra mágica que, ao encarnar, abrirá o reino da felicidade"[331]. Salienta, a este propósito, Cabral de Moncada[332] que estávamos diante da época da «técnica jurídica» e, por conseguinte, também da elaboração de corpos normativos (dos grandes códigos, mas também e, *in casu*, das constituições) acabados, perfeitos e necessariamente positivados: partilhando uma espécie de relação de simbiose, se os códigos se dirigiram à consolidação da autonomia privada, as constituições visavam edificar o novo (e duradouro) edifício público, caracterizado, como vimos repetidamente acentuando, pela limitação do poder e pela garantia daquela autonomia, neste campo transmudada em liberdades[333]. Eis o motivo pelo qual os primeiros constituintes ainda alimentavam a ilusão de que as constituições haviam sido elaboradas, na expressão de Borges Carneiro[334], para "[durar] até à consummação dos

327 Fernando José Bronze, *Lições...*, cit., p. 341.

328 Cf. Matteucci, *Organizzazione...*, cit., p. 21; Barbas Homem, «Do Direito Natural aos Direitos do Homem», in: Barbas Homem/Cláudio Brandão (orgs.), *Direito...*, cit., pp. 82 e 86.

329 Assim, *v. g.*, a propósito da Constituição norte-americana, Bentham, *The Works of Jeremy Bentham*, vol. IX - *Constitutional Code*, Borwring, John (ed.), William Tate, Edinburgh, 1843, p. 9.

330 Laurent, *Réfutation de l'Histoire de France de l'Abbé de Montgaillard*, Delaforest Libraire/ Ponthieu et C.ie, Paris, 1828, p. 227.

331 Rogério Soares, «O Conceito...», cit., p. 69.

332 Cabral de Moncada, *Filosofia...*, cit., p. 316.

333 *V.*, em sentido próximo, Fioravanti, *Stato...*, cit., p. 136.

334 Cf. *Diario das Cortes Geraes e Constituintes da Nação Portugueza*, n.º 19, 20.02.1821, p. 126; repare-se, porém, que a expressão *completa* do ilustre Deputado é mais realista, aludindo à tarefa de "fazer huma Constituição que dure até à consumação dos Seculos *se possivel fosse*" (itálico nosso), prosseguindo o seu discurso com uma comparação com a Constituição de Cádis. Trata-se de uma ideia comum, à época. Assim, *v. g.*, no estilo escorreito que caracteriza a tipo-

Seculos": assim acontecia porque a sua natureza (caracterizada pela fundamentalidade) tal o pressuporia, pelo que, mesmo quando não gozassem da nota da eternidade, os textos constitucionais deveriam resguardar-se com mecanismos exigentes e rígidos de alteração[335].

---

logia da obra, Rodrigo Ferreira da Costa (*Cathecismo...*, cit., p. 84) entendia que a Constituição (ou a Lei Fundamental) pertencia à categoria daquelas "normas *susceptiveis* de longa duração, demonstradas por experiencia constante, e capazes de resistirem á volubilidade do coração humano" (embora o Autor reconhecesse a necessidade de, em situações urgentes, a alterar, salientando que a perpetuidade inalterável não é própria das obras humanas... - *Op.* cit., p. 86). Anos mais tarde, e de forma menos inflamada e mais realista, afirmava-se já que a reforma da Lei Fundamental representava "a [empresa] mais elevada que incumbe aos representantes da nação, porque se traduz nas modificações feitas no contracto bilateral que regula os direitos e os deveres dos cidadãos e as suas relações com os poderes constituídos", tornando-se imprescindível para acompanhar o "caminhar sucessivo e indefinido da civilisação", sem prejuízo de se entender que as constituições não devem estar sujeitas a "frequentes transformações, que as privariam da estabilidade relativa, reduzindo-as às condições das leis ordinarias de administração, e abalando a cada momento o organismo nacional, de que fazem parte" (cf., respetivamente, a Proposta do Governo para a reforma constitucional, apresentada em 1883, e o Parecer da Comissão Especial da Câmara dos Deputados, in: Lopes Praça, *Collecção de Leis e Subsidios para o Estudo do Direito Constitucional Portuguez*, vol. II, Coimbra Editora, Coimbra, 2000, pp. 303 e 311). Neste sentido, Lopes Praça (*Estudos sobre a Carta Constitucional de 1826 e Acto Addicional de 1832* [sic], 1.ª Parte, Imprensa Litteraria, Coimbra, 1878, p. XXII) entendia que seriam os próprios atributos das constituições ("elaboradas por fórma a que possam ser perduráveis") que determinariam a sua vigência sem alterações significativas - sem prejuízo de nunca a conveniência resultante da sua duração poder sobrelevar a utilidade ou mesmo a necessidade da respetiva alteração.

335 Naturalmente, esta visão afigura-se típica de (um certo) constitucionalismo revolucionário francês, mas não tanto do constitucionalismo anglo-saxónico. Assim, *v. g.*, mesmo a Constituição francesa de 1791, que continha um título dedicado à "revisão dos decretos constitucionais" (título VII), condicionava a sua alteração (concebida como um direito imprescritível da Nação - cf. artigo 1.º do título VII) ao voto favorável de três legislaturas consecutivas (cf. artigo 2.º do título VII), cabendo a uma Assembleia de revisão formada a partir da quarta legislatura (já aumentada, exclusivamente para este propósito, em 249 membros) aprovar a revisão constitucional (cf. artigos 5.º a 8.º do título VII). Embora a Constituição impedisse a modificação pela legislatura que se constituísse após a sua entrada em vigor e pela subsequente, logo esta disposição foi ultrapassada pelas circunstâncias históricas (Laurent, *Réfutation...*, cit., p. 230 alude, neste contexto, à "perfeição passageira" do texto constitucional), porquanto, pouco menos de um ano após a sua aprovação, a Assembleia legislativa convocou uma Convenção nacional destinada a efetuar a sua revisão total. Ademais, a posição teórica inerente ao constitucionalismo da Restauração já assumia um outro sentido: reconhecer que o rei poderia outorgar uma constituição implicava, do mesmo passo e segundo algumas compreensões, admitir que o monarca também teria o direito de a revogar (ou modificar) - cf. De Ruggiero, *Storia...*, cit., p. 169. Não se pode, em simultâneo, omitir que, mesmo no quadrante gaulês, se sentiu, logo em 1793, a consciência do principal problema que a criação de obstáculos à alteração constitucional sempre provocará: a legitimidade da geração presente em vincular as gerações futuras; por esse motivo, o artigo 28 da *Déclaration des Droits de l'Homme et du Citoyen* da Constituição de 24 de junho de 1793 prescrevia expressamente que "um povo tem sempre o direito de rever, reformar e alterar a sua Constituição. Uma geração não pode subordinar às suas leis as gerações futuras". O constitucionalismo norte-americano apontava para uma visão bastante mais aberta em matéria de alterações constitucionais. Recordem-se as (por outro motivo) famosas palavras

Em suma, os diversos constitucionalismos e a sua projeção positiva(da) constituirão o eixo mais determinante para a compreensão das coordenadas fundamentais da monarquia constitucional oitocentista de governo moderado. Os equilíbrios ditados pela afirmação da soberania popular ou nacional, pela subordinação jurídica do poder e pelo *status* do príncipe no(s) sistema(s) político-jurídico(s) europeu(s) erigido(s) a partir do Congresso de Viena irão encontrar e, simultaneamente (sem contradição), projetar os seus reflexos nos textos constitucionais e na própria realidade constitucional. O cruzamento da distinção poder constituinte/poderes constituídos e a existência de um texto constitucional apontará para a supremacia da constituição, concebida como *lex superior*, impondo-se ao exercício das competências por parte de todos os órgãos públicos – com consequências que se hão de projetar quer no estatuto (agora *jurídico-constitucional*) dos titulares do *imperium* (ainda que um desses titulares seja o rei), quer na teoria dos atos públicos.

1.4.1. Excurso: o binómio constituição material e constituição formal

A referência, neste momento, ao constitucionalismo e à constituição exige que caracterizemos a constituição em sentido *material*[336] e

de Benjamin FRANKLIN (*The Writings of Benjamin Franklin*, vol. X: 1789-1790, Haskell House Publishers, New York, 1970, p. 69) em carta a Jean Baptiste Le Roy, datada de 13 de novembro de 1789 (Filadélfia), em que afirmava: "a nossa nova Constituição encontra-se agora firmada (*established*), e possui uma aparência que promete permanência; mas neste mundo nada pode ser tido como certo, exceto a morte e os impostos". A específica visão da *Common Law* sobre a *lex scripta* encarava ainda uma outra fórmula de alterar (*rectius*, adaptar) o texto constitucional: assim, não será de estranhar que, embora o juiz Marshall afirmasse que a Constituição havia sido redigida para vigorar durante um lapso temporal indeterminado (e, por conseguinte,... durante séculos), tal apenas significava que a mesma se deveria adaptar às diversas vicissitudes (crises!) que marcam os acontecimentos humanos (a afirmação merece uma transcrição: "*this provision is made in a Constitution intended to endure for ages to come, and consequently to be adapted to the various crises of human affairs*") Cf. «McCulloch *v.* Maryland», in: *United States Reports*, vol. 17, 1819, p. 415.

336 Pedindo ainda de empréstimo a seminal compreensão de MORTATI, *La Costituzione in Senso Materiale*, Giuffrè Editore, Milano, 1998, na medida em que traduz a ultrapassagem de uma conceção estritamente positivista do sentido da constituição, e, de algum modo, antecipa o relevo de uma axiologia metaconstitucional fundamentante (cf., *v. g., Op. cit.*, p. 206), capaz de impor limites ao próprio poder constituinte, enquanto fundamento de validade da constituição formal (*Op.* cit., pp. 124 e ss.).

compreender em que medida este sentido se exterioriza numa dimensão *formal*[337] - sem perder de vista que a emergência de uma constituição

337 Esta conceptologia cruza-se com a (mas não se sobrepõe à) distinção entre constituição formal e constituição real (também designada material ou substancial), que nasce em 1832, devendo-se essencialmente à pena de Park (*The Dogmas of the Constitution: Four Lectures, being the first, tenth, eleventh, and thirteenth of a Course on the Theory and Practice of the Constitution, delivered at King's College, London, in the commencement term of that institution*, London, 1832 - uma obra que, à época, recebeu os devidos aplausos, sendo considerada como um "trabalho de sabedoria constitucional": *v.* a recensão publicada em *The Gentleman's Magazine and Historical Chronicle*, abril 1832, pp. 329 e ss.). Tal destrinça visa salientar, no horizonte da teoria constitucional inglesa, o afastamento entre a constituição teórica e a constituição vigente, opondo-se à visão puramente formal-abstrata ou teorética de Blackstone. Cf. também as sínteses de Varela Suanzes-Carpegna, «Estudio Preliminar», in: Park, *Los Dogmas de la Constitución*, Ediciones Istmo, Madrid, 1999, pp. 27 e ss., e de Bruschi/Rossi, «What is the English Constitution? The Answer of John James Park in the Crucial Year 1832», in: *Sources of Law and Legal Protection - Triestine Lectures*, Edizioni Università di Trieste, Trieste, 2012, pp. 48 e ss..

A referência à constituição real também se encontra na abordagem político-sociológica de Lassalle (*Ueber Verfassungswesen: Ein Vortrag gehalten in einem Berliner Bürger-Bezirks-Verein*, 3.ª ed., Verlag des Lassalle'schen Allgemeinen Deutschen Arbeitsverein, Leipzig, 1870), no contexto do seu esforço argumentativo para determinar a «essência da Constituição» - a qual, para o Autor, reside nos «fatores reais do poder» (*tatsächliche Machtverhältnisse*) (*Op.* cit., p. 10). Nessa medida, a constituição real ou efetiva (*reale/wirkliche Verfassung/Konstitution*) não representa uma especificidade dos tempos modernos, pois que, em todas as épocas, existem fatores reais do poder constitucionalmente conformadores (*Op.* cit. pp. 18 e s.); a diferença relativamente aos tempos modernos consiste no facto de a esta constituição real se haver adicionado uma constituição formal (escrita), vertida numa "folha de papel" (*das Blatt Papier*), destinada a recolher e a consagrar as instituições e os princípios do governo vigente (*Op.* cit., pp. 19 e s.). A articulação entre constituição escrita e constituição real decorre de o sucesso da primeira depender da sua correspondência com a segunda; se a constituição escrita não tiver em conta a constituição real acabará, pois, por ser suplantada por ela (*Op.* cit., pp. 24 e 28). Embora noutro contexto (espacial e temporal), não andará muito distante a expressiva diferenciação, ensaiada por Strauss («The Irrelevance of Constitutional Amendments», in: *Harvard Law Review*, vol. 114, 2001, pp. 1459 e s.) entre constituição (com "c" minúsculo) e a Constituição, em que esta representa o documento formal e aquela traduz a "constituição na prática", *i. e.*, as instituições políticas fundamentais da sociedade (e o respetivo funcionamento) que corporizam a (concreta) ordem ou regime constitucional.

Por sua vez, a destrinça entre constituição formal/constituição real também não se identifica com a dicotomia constituição nominal/constituição real; embora ambas se aproximem por salientarem a discrepância entre o texto constitucional e a realidade constitucional ou a constituição vivente (*v.* também Luhmann, «Politische Verfassungen im Kontext des Gesellschaftssystems», in: *Der Staat*, n.º 1, vol. 12, 1973, p. 2), a alusão à constituição nominal por oposição à constituição real traz, por vezes, ínsita uma conotação negativa, por sugerir a existência de uma constituição (inclusive, informada pelos princípios do constitucionalismo moderno) não acompanhada da sua observância pelos órgãos do poder público, que apartam o seu *agere* do mandato político que constitucionalmente lhes estava conferido. *V.*, numa perspetiva seminal, Loewenstein, *Verfassungslehre*, cit., pp. 151 e ss. (*v.* também, do mesmo Autor, «Verfassungsrecht und Verfassungsrealität», in: *Archiv des Öffentlichen Rechts*, vol. 77, 1952, pp. 387 e ss.), no horizonte daquela que designava como a classificação "ontológica" das constituições, autonomizando a constituição nominal (para enfatizar a diferença entre o texto constitucional e a sua metamorfose, decorrente da prática político-constitucional e dos costumes, ou das próprias circunstâncias sócio-económicas, embora com a pretensão de, no futuro, haver uma coincidência entre ela e a constituição normativa) da *constituição semântica* [mera aparência de constituição - uma «mas-

material, intrinsecamente relacionada com o evoluir do pensamento político-filosófico, precede, em termos temporais, a emergência das constituições formais.

Não se ignora que, em consonância com o reconhecimento de um constitucionalismo antigo (cf., *supra*, 1.4.), a referência (descritiva) à constituição como ordenação política fundamental da coletividade – na aceção que Fioravanti[338] designa como *ordinamentale* – mergulha as suas raízes na filosofia grega e na experiência romana, manifestando-se igualmente na Idade Média e durante a modernidade. Todavia, não está neste sentido em causa a compreensão liberal garantística que caracterizará a constituição a partir dos finais do século XVII e, sobretudo, na sequência das revoluções norte-americana e francesa. Destarte, e abstraindo das conceções filosóficas do constitucionalismo antigo, reconduz-se tradicionalmente[339] o primeiro recorte positivado do conceito material de constituição (liberal) ao artigo XVI da *Déclaration des Droits de l'Homme et du Citoyen*, nos termos do qual "toda a sociedade na qual a garantia dos direitos não é assegurada, nem a separação de

carada», na expressão do próprio Autor (*Op.* cit., p. 154) –, que representa um modo de legitimar formalmente um determinado sistema político, falecendo-lhe qualquer dimensão destinada a erigir um governo limitado pelos direitos]. A esta categorização SARTORI («Constitutionalism: A Preliminary Discussion», in: *The American Political Science Review*, n.º 4, vol. 56, dezembro 1962, p. 861) adiciona uma outra: a "constituição de fachada" (ou "constituição falsa" – *fake constitution*), que parece uma verdadeira constituição garantista, mas que, na prática, é mera letra morta. Cf. ainda MECHAM, «Latin American Constitutions: Nominal and Real», in: *The Journal of Politics*, n.º 2, vol. 21, março 1959, pp. 258 e 266 e ss., aludindo ao fenómeno das «constituições de papel» (*paper constitutions*) e invocando exemplos que, não obstante a distância temporal, se mantêm, pelo menos em alguns casos, atuais.
Também SARTORI («Constitutionalism...», cit., pp. 857 e ss.) se refere às variações terminológicas que afetam a constituição (cruzando uma dimensão estrita, substancial, de pendor garantista, com um sentido formal ou cósmico), embora não deixe de salientar que, para os *framers* das constituições dos séculos XVIII e XIX, só fazia sentido uma constituição formal associada a uma constituição material ou normativa, *i. e.*, a emanação de um texto constitucional tinha como finalidade (*telos*) a instituição do governo limitado e a tutela dos direitos fundamentais – o que nos deixa precisamente na perspetiva que vínhamos seguindo, em texto.

338 FIORAVANTI, *Stato...*, cit., p. 107.

339 Embora a Constituição da Pensilvânia, de 28 de junho de 1776, já determinasse que "nós, os representantes dos homens livres (*freemen*) da Pensilvânia, reunidos em Convenção (...) e em virtude da autoridade investida pelos nossos constituintes, ordenamos, declaramos e estabelecemos a seguinte Declaração de Direitos e Organização do Governo [*Frame of Government*] para ser a Constituição desta comunidade [*Commonwealth*]".

poderes determinada não tem qualquer constituição"[340]. O cerne da constituição material reside, pois, no *telos* específico que lhe preside[341],

340 Apesar de se poder reconhecer, na senda do estudo comparativo de Georg JELLINEK (*La Déclaration...*, cit., pp. 41 e s.) que este preceito tem na sua génese e como fonte inspiradora os artigos XXX (Parte I) da Constituição de Massachussetts de 1780 (e também o respetivo preâmbulo), e III da Constituição de New Hampshire de 1783. Como se sabe, trata-se de uma matéria – a da filiação norte-americana da *Déclaration* de 1789 – que suscitou uma notável polémica com Boutmy. Sobre esta polémica e com os respetivos textos, *v.* SCHNUR (org.), *Zur Geschichte der Erklärung der Menschenrechte*, Wissenschaftliche Buchgesellschaft, Darmstadt, 1964.

341 Acentuando esta dimensão (no horizonte temporal do século XIX até à Primeira Grande Guerra), com o propósito de sublinhar a ineliminável aproximação da constituição inglesa às constituições francesa e norte-americana (todas elas representando meios diferenciados de prosseguir os mesmos fins), e, com isso, criticar o que considerava uma *coquetterie* dos juristas britânicos no que respeita à afirmação da singularidade da sua constituição, *v.* SARTORI, «Constitutionalism...», cit., pp. 855 e 860.
Revela-se interessante verificar que, à parte a contraposição (clássica) entre os constitucionalismos inglês e francês nesta matéria, um dos vetores que, no século XVIII, opunha, de certa forma, franceses a norte-americanos e alemães consistia na menor ou maior importância conferida à dimensão normativa (e não formal) da constituição. Se a aspiração dos primeiros consistia em verter num documento escrito o conceito material decantado no artigo XVI da *Déclaration*, os segundos acentuavam que a diferença entre os Estados (constitucionais) não se haveria de aferir pela existência ou pela ausência de uma constituição escrita: assim, na senda ainda da perspetiva contratualista mais antiga, EBERHARD (*Uber Staatsverfassungen und Ihre Verbesserung*, vol. II, s. n., Frankfurt/Leipzig, 1794, pp. 14 e s, no capítulo relativo ao "contrato de domínio" – *Unterwerfungvertrag*) afirmava, tomando o exemplo inglês, que, para uma Nação ter uma constituição (*Staatsverfassung*) não necessita de reduzir a escrito (ou, mais expressivamente, em consagrar em "monumentos escritos" – *schriftliche Denkmale*) as suas leis fundamentais (*Grundgesetze*), considerando que quanto mais antiga fosse uma monarquia, menor se assumiria a relevância da positivação escrita do "contrato de domínio". Trata-se de uma posição que aquele Autor (*Op.* cit., p. 16) não deixa de alicerçar em ADAMS (*An Answer to Pain's Rights of Man*, Wogan, Byrne, Moore, Jones and Milliken, Dublin, 1793, pp. 16 e ss.), o qual, levando ao limite o raciocínio de Paine (defensor da constituição escrita), salientava precisamente que o conceito de constituição não se poderia reconduzir a um mero papel ou um pergaminho (tal como uma nota de dívida), mas corresponde antes ao "sistema das leis fundamentais, mediante as quais o povo aceitou ser regido (...) e relativamente às quais as [suas] cópias escritas ou impressas não são mais do que uma prova" (*Op.* cit., pp. 17 e s.).
A filosofia hegeliana e o idealismo alemão haveriam, mais tarde, de recuperar a ultrapassagem de uma compreensão da constituição que a reconduzisse a um documento escrito, para a conceber antes como um produto da evolução histórica do povo (cf. também GRIMM, «Konstitution...», cit., p. 121): reduzindo (em muito) a complexidade do pensamento, a identificação do Estado com a ideia ou o espírito ético, revelado, realizado e atualizado (cf. HEGEL, *Grundlinien der Philosophie des Rechts oder Naturrecht und Staatswissenschaft im Grundrisse*, Suhrkamp Verlag, Frankfurt am Main, 1970, p. 398, §257), correspondendo ao espírito do povo determina que a respetiva constituição há de depender da tipologia e da natureza da sua autoconsciência, traduzindo mais uma expressão cultural daquele *Volksgeist*; por esse motivo, não se poderá impor, *a priori*, uma constituição ao povo, como algo manufaturado (sob pena de tal conduzir ao insucesso, como sucedeu com a constituição que Napoleão pretendeu impor em Espanha), representando antes o resultado do evoluir de séculos e a incorporação do sentimento do justo e das suas condições – *v.* HEGEL, *Grundlinien...*, p. 440, §274, permitindo, assim, a destrinça entre uma constituição meramente externa e uma constituição interna.

o qual consiste, na sequência do que vimos afirmando, na conformação fundamental de um sistema político, cuja arquitetura institucional ultrapasse a conceção monolítica da estrutura absolutista e impeça o arbítrio do poder público, assegurando um governo limitado (*hoc sensu*) e, nessa medida, adote uma postura garantista dos direitos. O que, no final, nos leva às considerações a tecer a propósito do Estado de direito, enquanto fundamento, e à ineliminável associação, que este pressupõe, entre direito e direitos. A especificidade do conceito de constituição neste momento reside mais na necessidade de identificação de um conjunto de liberdades fundamentais, que na descrição meramente estática de uma certa organização política (como se encontrava, *v. g.*, subjacente ao conceito de constituição delineado por Vattel – cf., *supra*, 1.4.); efetivamente, até as dimensões organizatórias se encontravam teleologicamente conformadas de modo a evitar os abusos dos poderes públicos[342]. Embora se entendesse que aqueles direitos (primitivos ou individuais) devessem ser estudados "na sua pureza" e identificados pela Filosofia do Direito e se revelassem "independentes de toda a autoridade social" (justamente porque integravam aquela parcela da existência humana que assume caráter individual e cuja invasão transforma a sociedade em déspota)[343] e, portanto, também anteriores ao Estado[344], as perspetivas continental europeia e, mais tarde, norte-americana acabaram por

De um modo (acentuando precipuamente a dimensão instrumental) ou de outro (relevando, em especial, a dimensão normativa-material), importa atentar que franceses e alemães (e, por conseguinte, não anglo-saxónicos) acabam por confluir numa perspetiva da constituição como objeto (formal), seja porque esta se assume como um documento destinado a criar, *ex nihilo*, uma nova ordem normativa, seja porque se concebe como um produto ou resultado da história cultural ou da consciência de determinado povo.

342 *V.* a interessante comparação efetuada por Stourzh («The Declarations of Rights, Popular Sovereignty and the Supremacy of Constitutions: Divergencies between the American and the French Revolutions», in: *La Révolution Américaine et l'Europe*, Editions du Centre National de la Recherche Scientifique, Paris, 1979, pp. 348 e s.) entre a noção de constituição de Vattel e as avançadas, sucessivamente, pela assembleia popular de Concord (Massachusetts) reunida em 21 de outubro de 1776, e pelo já citado artigo XVI da *Déclaration*.

343 Assim, Constant, *Cours...*, vol. I, pp. 9, 17, 112; o Autor incluía dentro desta categoria a liberdade pessoal, a liberdade religiosa, a liberdade de opinião, a garantia contra o arbítrio e o direito de propriedade.

344 Cf. ainda Barbas Homem, «Do Direito...», cit., p. 79, sublinhando, neste sentido, a apropriação dos direitos naturais pelo constitucionalismo, imprescindível para a posterior criação do conceito de Estado de direito.

confluir no sentido de que a sua consagração constitucional assumiria uma importância decisiva, pois que apenas a positivação permitiria quer respetiva garantia jurídica e a criação de posições subjetivas a favor dos cidadãos, quer a função de limitação dos poderes públicos. Não teriam, pois, os constitucionalistas de oitocentos ignorado as lições daqueles que, alicerçando-se em pressupostos jusnaturalistas ou jusracionalistas, admitiam (embora através da mobilização de construções teoréticas muito distintas) a existência de um conjunto de direitos naturalmente reconhecidos ao homem, que se impunham à *societas*, embora a respetiva sobrevivência também pudesse determinar a sua limitação, mas apenas nos termos estritamente indispensáveis à manutenção da sociedade. Neste sentido, as liberdades fundamentais não representavam apenas um elemento para a construção do conceito de constituição material (como o previa, talqualmente acentuámos por diversas vezes, o artigo XVI da *Déclaration* de 1789), demandando-se a sua consagração expressa em cartas de direitos ou nos textos constitucionais[345,344].

---

345 Evidentemente, a consagração constitucional sempre traria ínsito o perigo da incompletude. Talvez ainda possa ser este um dos sentidos a conferir à introdução da IX Emenda (de 1791) à Constituição norte-americana (considerando já que a IX Emenda consubstancia o reconhecimento de direitos naturais inerentes ao indivíduo enquanto tal, *v.* FARBER, *Retained by the People: The "Silent" Ninth Amendment and the Constitutional Rights Americans Don't Know They Have*, Basic Books, New York, 2007, pp. 2 e ss.; PATTERSON, *The Forgotten Ninth Amendment: A Call for legislative and Judicial Recognition of Rights Under Social Conditions of Today*, The Lawbook Exchange, Clark, 2008, pp. 4, 7 e s., 19 e ss.). Na verdade, a IX Emenda consagrou o que hoje designaríamos como cláusula aberta ou princípio da não tipicidade dos direitos fundamentais – um aspeto relativamente negligenciado (pelo menos, quanto ao possível alcance em matéria de reconhecimento de direitos) pela construção jurisprudencial posterior desenvolvida pela *Supreme Court* (que a circunscreveu a um problema de limitação dos poderes da Federação, que nem sequer atingiria os poderes dos Estados) – cf., sobre esta questão, PATTERSON, *The Forgotten Ninth Amendment...*, cit., pp. 23 e ss., 27 e ss.. Destarte, a Emenda conferiu ao *bill of rights* desenhado nas emendas anteriores uma natureza exemplificativa ou "ilustrativa" (FARBER, *Retained by the People...*, cit., p. 4). Nos termos daquele dispositivo, claramente inspirado pela construção lockiana das liberdades (para um cruzamento entre os discursos de Locke e da IX Emenda, *v.* MCCONNELL, «The Ninth Amendment in Light of Text and History», in: *Cato Supreme Court Review*, vol. 13, 2009-2010, pp. 15 e ss.), "a enumeração, na Constituição, de certos direitos não deve ser interpretada no sentido de negar ou desvalorizar outros [direitos] detidos/retidos pelo povo" (*"the enumeration in the Constitution, of certain rights, shall not be construed to deny or disparage others retained by the people"*).
Esta compreensão não pode desdenhar o específico horizonte em que surge a IX Emenda, a saber, da contenda – não inteiramente nova, neste momento histórico, mas contemporânea da elaboração da Constituição (cf., *v. g.*, FARBER, *Retained by the People...*, cit., pp. 30 e ss.) –

A estas razões adicionava-se, no caso específico das constituições outorgadas, o facto de os direitos não se conceberem como inatos e

sobre a necessidade ou mesmo a conveniência da consagração constitucional de um *bill of rights*. Aliás, no contexto da discussão das emendas corporizadoras do *bill of rights* (incluindo, no "pacote", a IX Emenda), Madison não perde de vista o principal obstáculo, levantado aquando do procedimento constituinte, para a não inclusão de uma declaração de direitos: a ideia segundo a qual o governo não poderia infringir as liberdades porque tal poder não lhe era constitucionalmente conferido. A este argumento Madison opõe que tal não obvia à circunstância de que todo o poder (não só o executivo, mas, sobretudo, no caso norte-americano, o legislativo, em virtude da *"necessary and proper clause*) se encontra sujeito a abusos, impondo-se, por isso, a consagração de instrumentos (também materiais) que os previnam. Cf. *Annals of Congress: History of the Proceedings and Debates of the House of Representatives of the United States*, 1.ª sessão, Gales & Seaton's History, Washington, 1834, cols. 449 e s., 453 e ss.. Ainda assim, deverá considerar-se que à IX Emenda presidiu o propósito de positivar a ideia da existência de um conjunto de direitos naturais do indivíduo, anteriores ao seu reconhecimento estadual e independentes dele. Em causa estava, nas palavras de Madison, garantir, em última análise, que a enumeração constitucional de um conjunto de direitos não obliterasse a existência de outros (pré-constitucionais) que, de outro modo, poderiam interpretar-se como ficando excluídos de tutela (cf. *Annals...*, cit., col. 456).
Tratava-se de um propósito consonante com o próprio texto da *Declaration of Independence*, de 1776, cujo segundo parágrafo afirmava, *ex professo*, a existência de verdades evidentes por si próprias: aí se contava a proposição segundo a qual "todos os homens são criados iguais, e são dotados pelo seu Criador com certos direitos inalienáveis, entre os quais [e, por conseguinte, designadamente] se contam a Vida, a Liberdade e a prossecução da Felicidade" ("*we hold these truths to be self-evident, that all men are created equal, that they are endowed by their Creator with certain unalienable Rights, that among these are Life, Liberty and the pursuit of Happiness*"). Ora, prosseguia a *Declaration*, era justamente para garantia destes direitos (pré-estaduais e mesmo pré-constitucionais) que se instituíam os governos ou os poderes públicos, cuja autoridade dimanava do consentimento dos governados.
Embora de forma menos expressiva, uma tal compreensão encontra-se, de igual modo, subjacente à Secção I da XIV Emenda, que consagra a denominada *"Privileges or Immunities clause"* (ou, tão-só, *"P or I" Clause*). O inciso em causa determina que "nenhum Estado poderá elaborar ou executar uma lei que restrinja os privilégios ou imunidades dos cidadãos dos Estados Unidos" (*"no State shall make or enforce any law which shall abridge the privileges or immunities of citizens of the United States"*). Cf. também Farber, *Retained by the People...*, cit., pp. xiv e 2.

346 O que não impedirá, como temos vindo a sugerir, que a evolução acabe por ditar uma prevalência do legislador também nesta matéria. Será no final de oitocentos e início de novecentos que se condensa a conceção segundo a qual os direitos fundamentais constituem o resultado de uma correta aplicação das leis do Estado, e não a cristalização na constituição, pelo poder constituinte, dos valores e princípios que informavam as liberdades individuais (assim, Fioravanti, *Stato...*, cit., pp. 225 e s.).
Tal significa que, embora partindo de pressupostos distintos, quer a evolução do constitucionalismo inglês (associada à supremacia do Parlamento), quer o constitucionalismo francês (com o relevo conferido à vontade geral epitomada pelo legislador) conduziram a uma concatenação entre o conteúdo das liberdades fundamentais e a sua necessária delineação pela lei. Talvez seja, pois, neste momento que a perspetiva positivista francesa se veio a encontrar quer com a tradição inglesa do *rule of law* ou mesmo com a sua versão norte-americana, quer com a juspublicística alemã epitomada no *magnum opus* de Georg Jellinek (*System der Subjektiven* Öffentliche *Rechte*, Mohr Siebeck, Tübingen, 2011, pp. 81 e ss.).

inalienáveis, consubstanciando-se antes como concedidos pelo soberano (*in casu*, o rei) – não sendo, neste momento, considerados como direitos humanos, mas como direitos dos cidadãos (ou, mesmo ainda, dos súbditos)[347], por vezes, mera expressão da tolerância do monarca[348].

Por um lado, o reconhecimento inglês das liberdades encontra-se estreitamente ligado ao relevo que a lei do Parlamento assume para a proteção dessas mesmas liberdades. Contudo, diversamente do sistema francês, o modelo da *Common law*, com o relevo que atribui aos tribunais, confere a estes uma posição primordial na interpretação (verdadeiramente conformadora) dos *acts of Parliament*. Ademais, apesar da abertura da IX Emenda ao reconhecimento de direitos naturais pré-constitucionais (a que já nos reportámos), a verdade é que a doutrina e a evolução jurisprudencial mostraram dificuldades em ultrapassar a ausência de positivação (cf. com reflexões que se iniciam ainda durante o século XIX, por todos, Barnett, «Reconceiving the Ninth Amendment», in: *Cornell Law Review*, vol. 74, 1988, pp. 16 e ss..) Por outro lado, o ponto de partida de Georg Jellinek (oposto ao da conceção francesa) consiste em considerar que a relação primeira estabelecida entre o cidadão e o Estado se reconduz a um estado passivo – o *status subjectionis* –, no qual aquele se encontra subordinado à respetiva autoridade e inserido numa esfera de deveres (Georg Jellinek, *System...*, cit., p. 86). Somente quando àquele estatuto se adiciona o *status negativus*, se reconhece uma esfera de ação própria ao indivíduo (integrada pelas liberdades individuais) e autónoma relativamente à ingerência dos poderes públicos; e, sucessivamente, Georg Jellinek vai adicionando estatutos que envolvem pretensões do indivíduos relativamente ao Estado (o *status positivus* ou *status civitatis*, que consubstancia a base sobre a qual se erguem os direitos a prestações estaduais, e o *status activus*, relativo aos direitos de participação política) (Georg Jellinek, *System...*, cit., pp. 87 e s.). Repare-se, porém, que nem mesmo o conjunto de liberdades integradas *status negativus* (ou *status libertatis*) se assume como inerente à humanidade (e, por conseguinte, à personalidade), já que, representando a personalidade (jurídica) uma construção do Estado (ela própria, um *status* jurídico-público, uma específica relação entre o indivíduo e o Estado, e nunca um direito subjetivo), apenas enquanto parte integrante deste (*Staatsglied*) a pessoa se assume como titular de direitos (subjetivos públicos) [Georg Jellinek, *System...*, cit. pp. 82 e s. – uma compreensão que permitirá ao Autor concluir pela natureza basilar (e primeira) do direito público relativamente ao direito privado]. Tal implica, pois, que os próprios direitos não são inatos, mas resultante do desenvolvimento cultural (Georg Jellinek, *System...*, cit., p. 85) e pressupõem um reconhecimento por parte do Estado, que assim se torna, em parte, o responsável pela delineação do respetivo conteúdo – conferindo ao indivíduo a medida da liberdade que se revela compatível com o interesse geral (Georg Jellinek, *La Déclaration...*, cit., p. 98). Ou, se o quisermos dizer com a clareza do Autor, "todo o direito subjetivo pressupõe a existência de uma ordem jurídica, através da qual ele é criado, reconhecido e, em maior ou menor medida, protegido"; "uma ordem objetiva de direito público é, pois, o fundamento dos direitos subjetivos públicos" (Georg Jellinek, *System...*, cit., pp. 8 e 9, respetivamente). Como logo se compreende, se muitas diferenças existem entre esta conceção e o positivismo francês, os seus resultados aproximam-se no momento em que ambos conferem ao Estado(-legislador) a posição central na delineação do conteúdo dos direitos – assim retirado da esfera constitucional.

347 Cf. Dippel, «Die Kurhessische Verfassung von 1831 im Internationalen Vergleich», in: *Historische Zeitschrift*, vol. 282, 2006, pp. 632 e s..

348 Assim, a propósito da Carta Constitucional francesa de 1814, cf. Kriele, *Einführung in die Staatslehre: Die Geschichtlichen Legitimitätsgrundlagen des Demokratischen Verfassungsstaates*, 6.ª ed., Kohlhammer (ed. Kindle), Stuttgart/Berlin/Köln, 2003, § 40.

Eis-nos diante de um aspeto que também tinha implicações formais, no âmbito da localização sistemática dos direitos no texto constitucional[349].

Não é por acaso que esta conceção encontrará uma tradução no artigo 144.º da Carta Constitucional, quando prescreve revestirem natureza constitucional as normas relativas às competências e limites incluídos nas funções do Estado e as atinentes aos direitos dos cidadãos: na verdade, dispõe a primeira parte daquele preceito que "[é] só constitucional o que diz respeito aos limites e Atribuições respectivas dos Poderes Políticos e Individuais dos Cidadãos". Para esta orientação confluía também a interpretação da doutrina[350], sem prejuízo da controvérsia que a inclusão de tal preceito desencadeou, desde logo sob a ótica do sentido a atribuir-lhe interpretativamente[351].

A cristalização de um conceito de constituição visava um duplo objetivo: por um lado, fixar o conteúdo material e delinear o âmbito dos textos constitucionais (como decorre textualmente do teor do citado artigo 144.º da Carta Constitucional ou, em certa medida, também do artigo XVI da *Déclaration des Droits de l'Homme et du Citoyen*); por outro lado, e considerando o recorte conceptual realizado, afirmar claramente uma

---

349 Na verdade, não existia uma uniformidade na localização sistemática dos direitos, oscilando-se, em função da tipologia constitucional, entre o seu alcandoramento em pórtico da constituição, ou uma posição mais discreta. A este propósito, não se revelará igualmente despicienda a compreensão que se tenha das funções da constituição: se quisermos mobilizar os exemplos nacionais, uma posição mais próxima do liberalismo revolucionário coloca tais normas no frontão da Lei Fundamental [assim acontece com a Constituição de 1822 (cf. artigos 1.º e seguintes), e com a Constituição de 1838 (cf. artigos 9.º e seguintes, inseridos num título próprio, o Título III, com a epígrafe "Dos direitos e garantias dos Portugueses"]; uma visão mais tradicional, que associa o texto constitucional sobretudo à organização do poder político e da Administração Pública, remeterá para o final as normas de tutela jusfundamental [eis o que sucede na Carta Constitucional de 1826, que dedica a esta matéria parte do seu último título (o Título VII), *sub* "Das disposições gerais, e garantias dos direitos civis e políticos dos cidadãos portugueses" (cf. artigos 145.º e seguintes)].

350 Cf., *v. g.*, Rodrigo Ferreira da Costa, *Cathecismo...*, cit., p. 84; Manuel Emídio Garcia, *Sciencia Politica e Direito Politico. 2.º Anno Juridico* – 4.ª Cadeira. 1889-1890, Lithografia Marco da Feira, Coimbra, 1889, p. 186.

351 Cf. Lopes Praça, *Estudos...*, 1.ª Parte, cit., pp. XXII e s.; Marnoco e Souza, *Direito Político: Poderes do Estado*, França Amado, Coimbra, 1910, p. 607. Em especial, sobre o problema da constitucionalidade material dos artigos 140 a 143 da Carta (aqueles que se reportam à revisão constitucional), no contexto do procedimento que originará o Ato Adicional de 1885, *v.* Conde do Casal Ribeiro, *Carta e Pariato*, Antiga Casa Bertrand – José Bastos, Lisboa, 1895, pp. 82 e ss..

rutura com qualquer regime despótico[352]. Na verdade, os *founding fathers* dos textos constitucionais revolucionários tinham plena consciência de que a tarefa (audaciosa) da fundação da constituição (ou, se quisermos, de verdadeiro *design* ou arquitetura constitucional[353]) envolve uma atenção a experiências passadas próprias e conceções alheias, com o propósito de estabelecer dinamicamente o quadro de valores fundamentais e a organização do poder numa sociedade determinada histórico-espacialmente situada[354]. Por este motivo, uma das funções da constituição reconduz-se a certificar ou testemunhar as conceções de determinado povo sobre as condições por si consideradas, naquele momento, como fundamentais para a sua existência coletiva[355]. Os textos constitucionais destinavam-se, então, a verdadeiramente *constituir* o corpo normativo destinado a organizar, *segundo determinados princípios*, o Estado e a sua relação com os cidadãos, enfatizando a tutela dos direitos destes últimos.

Como aflorámos anteriormente (cf., *supra*, 1.4.), a emergência das constituições escritas – destinadas a incorporar o *acquis* do constitucionalismo moderno – encontra-se também associada à autonomização do poder constituinte. O que nos transporta para uma das primeiras características do sentido formal de constituição: a (quase) indissociável ligação genética ao poder constituinte, enquanto fonte primeira (*fons existendi*) deste "acto fundacional"[356], composto por normas jurídicas vinculativas e superiores, que, dotadas de uma função de garantia, se revelam capazes

352 Assim, já Fioravanti, *Stato...*, cit., pp. 108 e s.. Como, noutro passo, sublinha o Autor, a própria caracterização material da constituição encetada pelo artigo XVI da *Déclaration* acabava por remeter para o domínio da "inconstitucionalidade" (*hoc sensu*) toda a experiência jurídico-política anterior (*Op.* cit., p. 113).

353 Hirschl, «From Comparative Constitutional Law to Comparative Constitutional Studies», in: *International Journal of Constitutional Law*, n.º 1, vol. 11, 2013, p. 4.

354 Ginsburg, «Introduction», in: Ginsburg (ed.), *Comparative Constitutional Design*, Cambridge University Press, Cambridge, 2012, p. 1.

355 Cf. Denninger, «Sicherheit/Vielfalt/Solidarität: Ethisierung der Verfassung?», in: Preuss (org.), *Zum Begriff der Verfassung: Die Ordnung des Politischen*, Fischen Taschenbuch Verlag, Frankfurt am Main, 1994, p. 98: a par desta (a quinta função da constituição), o Autor aponta também as funções de geração do poder (*Macherzeugung*), limitação do poder (*Machtbegrenzung*), legitimação do poder (*Machtlegitimation*), e integração dos grupos (*Gruppenintegration*) ou construção da unidade (*Einheitsbildung*).

356 Rogério Soares, «O Conceito...», cit., p. 38.

de obrigar os poderes constituídos, em especial, o legislativo (numa perspetiva mais ligada ao movimento constitucional norte-americano), e enquanto decisão racional, originária, (logicamente) anterior a qualquer ordem normativa e capaz de uma rutura com o sistema precedente, que conjuga a constituição com o desempenho de uma função de *indirizzo* fundamental (associada ao movimento constitucional francês)[357]. E esta perceção permite fechar o círculo e salientar que, apesar da omnipotência do poder constituinte, a constituição formal não se destinava, na verdade, a albergar um qualquer conteúdo indiferenciado, mas tão-só aquele que identificámos no conceito material da constituição[358], assumindo, quanto a este, uma importante função protetiva, já que, enquanto documento escrito, encerrava a virtude da segurança[359].

Desde logo, a existência de uma constituição formal encontra-se associada ao plano hierárquico superior em que as respetivas normas se situam, o que lhes confere uma força normativa reforçada, na medida em que constituem padrão de validade das demais normas do sistema jurídico. E foi esta dimensão formal, associada à positivação, que contribuiu também para a autonomização dos problemas relacionados com a teoria do Estado face à filosofia (política) e ao surgimento do direito constitucional como ramo jurídico-dogmático[360]. E desta perceção extrai-se uma dupla consequência: por um lado, a dimensão paramétrica da constituição exigia que se problematizasse quais os efeitos associados à respetiva violação pelas normas hierarquicamente inferiores (em particular, pelas normas legislativas); por outro lado, a superioridade normativa da constituição, aliada à estabilidade como garantia da segurança, demandava que se equacionassem os requisitos (formais e/ou materiais) cuja verificação se revelaria imprescindível para

357 Fioravanti, *Stato...*, cit., pp. 217 e s., aludindo, respetivamente, ao aspeto jurídico e político do poder constituinte.

358 Salientando também esta simbiose, *v.* Grimm, «The Achievement...», cit., p. 10.

359 *V.* também as referências de Grimm, «Konstitution...», cit., pp. 110 e s.. Na mesma linha se situava, aliás, a *Supreme Court*, quando salientava que, sendo um dos objetivos da constituição a limitação dos poderes, a respetiva redução a escrito destinava-se a evitar que tais limites fossem esquecidos ou objeto de equívoco (cf., por todos, «Marbury v. Madison», in: *United States Reports*, vol. 5, 1803, p. 176).

360 Sobre estas questões (emancipação da teoria jurídica do Estado relativamente à filosofia e separação entre direito público e direito privado), *v.* Uhlenbrock, *Der Staat...*, cit., pp. 25 e ss..

a alteração das normas constitucionais. Eis o sentido em que nos parece especialmente adequada a formulação de Marnoco e Souza[361] e José Alberto dos Reis[362], que aludiam à Constituição ("matéria constitucional") como verdadeira "garantia contra os abusos do poder legislativo".

O reconhecimento da fundamentalidade material das normas constitucionais, aliado, com frequência (embora nem sempre necessariamente), ao conceito de constituição formal, determinará a emergência de dois problemas fundamentais (de que não cuidaremos neste momento), a saber, a existência de mecanismos de controlo da constitucionalidade e a previsão de procedimentos de revisão constitucional. O impacto conjugado destas duas dimensões implicará, por sua vez, o surgimento da distinção entre *constituições rígidas* e *constituições flexíveis*: na proposta de Bryce[363], as características distintivas dominantes residiam (não só da fonte que as emanava, *ab initio*, mas também) no reconhecimento (ou não) de uma força normativa superior que as sobrepunha às demais normas do ordenamento jurídico e na consagração de procedimentos agravados para a respetiva alteração.

2. Coordenadas do constitucionalismo oitocentista nacional

Se as quatro coordenadas caracterizadas no ponto anterior constituem aspetos de que comungam (pelo menos) alguns sistemas jurídico-constitucionais oitocentistas, as mesmas conhecem também expressões específicas em Portugal. Nas vésperas da revolução liberal portuguesa, a receção daquelas tendências e modelos verifica-se, sobretudo, na intelectualidade que, nesta altura, se reconduz praticamente aos estudantes (antigos e atuais) e

361 Marnoco e Souza, *Direito...*, cit., p. 604.

362 José Alberto dos Reis, *Sciencia Politica e Direito Constitucional*, Imprensa Académica, Coimbra, 1907, p. 310.

363 Bryce, «Flexible and Rigid Constitutions», in: *Studies on History and Jurisprudence*, vol. I, Oxford University Press, New York, 1901, pp. 124 e ss., esp.te pp. 128 e ss.. A terminologia surge adotada igualmente por Dicey, *An Introduction...*, cit., p. 87.

lentes da Universidade de Coimbra[364]. A emergência do liberalismo corresponderá também à ascensão de uma outra classe dominante (burguesia, pequena nobreza – os "barões" a que expressiva e sarcasticamente aludia Garrett[365]) que a evolução política nacional vinha propiciando desde os tempos de Pombal que, reagindo contra as classes então prevalecentes (alta nobreza e alto clero) favoreceu o futuro predomínio daquelas que se lhe seguiam[366]. Se a reação às invasões francesas e a vontade de libertação em face da "ocupação" inglesa, permitirão uma inicial unidade nacional, a "Martinhada" vem demonstrar a clara separação entre os defensores do liberalismo e aqueloutros do regresso ao absolutismo, num contraponto entre revolução e contrarrevolução que marcará o desenvolvimento do constitucionalismo monárquico português durante todo o século XIX.

É a adaptação dos ideais da Europa (mas também dos oriundos dos Estado Unidos) às especificidades portuguesas que constitui tarefa dos constituintes vintistas e, posteriormente, dos setembristas, bem como, agora numa outra linha, dos responsáveis pela redação da Carta Constitucional. Na verdade, a convocação das experiências constitucionais estrangeiras (francesa e inglesa, ou mesmo norte-americana) não escamoteava as diferenças substanciais que marcam as respetivas *intensiones*. Sem obliterar o relevo da *Glorious Revolution* para o regime liberal, Lopes Praça[367] sublinhava que "a revolução inglesa não teve a feição cosmopolita que caracterisou a revolução de 1789", indelevelmente assinalada pela nota da expansibilidade. Ademais, os pressupostos do nascente liberalismo individualista e do constitucionalismo portugueses

---

364 Salientando, em geral, a ausência de uma «opinião iluminada» com a mesma proporção da existente em França (ainda que admitindo círculos restritos em Lisboa, Coimbra, Braga e Porto), *v.* Maria de Fátima Bonifácio, *A Monarquia Constitucional: 1807-1910*, 3.ª ed., Texto Editores, Alfragide, 2010, p. 13.

365 Cf., *v. g.*, Almeida Garrett, *Viagens na Minha Terra*, Porto Editora, Porto, s.d., pp. 90 e s. (Capítulo XIII).

366 Zília Osório de Castro, «Manuel Borges Carneiro e a Teoria do Estado Liberal», in: *Revista de História das Ideias*, vol. 1, 1977, pp. 128 e 140.

367 Lopes Praça, *Collecção...*, vol. II, cit., p. VI (sem prejuízo da ação influenciadora exercida pela Carta Constitucional francesa de 1814 e pela Constituição norte-americana de 1787); para uma comparação (artigo a artigo) entre a Constituição do Império do Brasil e a Carta Constitucional, *v.* Silvestre Pinheiro-Ferreira, *Observações sobre a Constituição do Imperio do Brazil e sobre a Carta Constitucional do Reino de Portugal*, 2.ª ed., Rey e Gravier/J. P. Aillaud, Paris, 1835.

apresentam facetas desconhecidas em outros quadrantes e que resultou do particular circunstancialismo político que rodeou a revolução liberal nacional: a ausência do Rei no Brasil e as reações extremamente negativas no nosso País sentidas, pelo menos, a partir da derrota napoleónica.

2.1. O pensamento liberal português: entre o liberalismo individualista e a mutualidade de serviços

Sem a pretensão (descabida, em absoluto, neste contexto) de esgotar o sentido do pensamento liberal-individualista português de oitocentos, elegeremos apenas as respetivas linhas fundamentais, que, seguindo as tendências da época, projetaram as suas específicas visões sobre a evolução político-social e jurídica deste período histórico.

As influências reinantes na Europa (cujos traços essenciais esboçámos anteriormente) encontrarão em Portugal terreno fértil para a sua expansão logo no primeiro quartel do século XIX. Considerem-se, *v. g.*, os contributos de José Liberato Freire de Carvalho, Manuel Borges Carneiro, Simão José da Luz Soriano, Latino Coelho, entre outros – contributos esses que, quer pela atuação política, quer pela ação intelectual destes vultos do primeiro liberalismo se hão de repercutir logo no primígeno constitucionalismo nacional.

Em geral, poder-se-á afirmar que, distanciando-se, em parte, do pensamento liberal francês[368], o liberalismo político português ensaiava alguma aproximação ao historicismo britânico, sem com ele se identificar. No horizonte político, a introdução do liberalismo em Portugal encontrava-se, as mais das vezes, associada à ideia de que tal corresponderia à regeneração das antigas tradições do Reino (cf. também, *infra*, 2.2.), que o absolutismo haveria pervertido – uma compreensão de que partilhavam quer o jacobinismo português mais arreigado,

---

368 O que leva à afirmação (algo precipitada) do fracasso do liberalismo português, considerando mesmo que a Revolução de 1820 não se teria reconduzido a uma verdadeira revolução liberal: cf., *v. g.*, Thomson, *The Concession...*, cit., pp. XII, 151 e ss., esp.te 155 e ss..

quer os moderados. A esta defesa de uma atitude regenerativa (e não tanto restaurativa[369]) não se revelava alheia a necessidade de uma certa rutura com o passado próximo, e da construção de uma ordem distinta que, se não era totalmente concebida *ex novo* (porque o historicismo e o tradicionalismo dominantes lhe conferiam as raízes), encontrava na liberdade o elemento de decisivo de compreensão. A conjugação entre liberdade e tradição projeta-se, aliás, na consideração de que a defesa da liberdade dos cidadãos representaria uma das preocupações do monarca – o qual deveria preferir ser "Rei poderoso de um Povo livre" a "Senhor de vassallos escravos", como avisava Borges Carneiro[370]. Eis o motivo pelo qual a ausência de liberdade se identificava com a ausência de pátria – como decorria dos versos de Garrett[371]. Em termos políticos, a maior ou menor radicalidade do pensamento liberal residia, pois, na defesa absoluta do princípio da soberania popular (residindo no povo ou na nação quer a origem, quer o exercício de todos os poderes soberanos, que, embora típica do primeiro vintismo, apontará, em última análise, para a preferência por uma forma de governo republicana, como sucederá, sobretudo, na segunda metade do século XIX) ou, em coordenação com o pensamento legitimista (cf., *infra*, 2.2.), na sua conjugação com o princípio monárquico (que, entre nós, implicava reconhecer ao rei também uma parcela do exercício da soberania, embora não a respetiva origem, e que a monarquia apenas se identificava com a tirania quando se afastava da ideia de governo moderado preconizado, desde logo, por Montesquieu).

---

369 Salientando já a diferença entre regeneração e restauração, cf. Catroga, «Os Pais da Pátria Liberal», in: *Revista de História da Sociedade e da Cultura*, n.º 8, 2008, p. 247.

370 Borges Carneiro, *Portugal...*, cit., p. 62. A mesma valorização da liberdade (em especial, da liberdade de pensamento e da liberdade de expressão) surge no *Dialogo sobre o Futuro Destino de Portugal ou Parabola VIII Accrescentada ao Portugal Regenerado*, Imprensa Nacional, Lisboa, 1821, pp. 4 e ss..

371 Referimo-nos, em particular, aos versos dedicados «Ao Corpo Académico», recitada na Sala dos Capelos (cf. *Versos do V. de Almeida Garrett: I – Lyrica*, 4.ª ed., Imprensa Nacional, Lisboa, 1869, pp. 159 e ss.; considerem-se, pela sua expressividade, "Ergo tardia voz, mas ergo-a livre/ Ante vós, ante os céus, ante o universo,/Se os céus, se o mundo minha voz ouvirem". "Sejamos como sempre Portugueses,/Vivamos livres... ou morramos homens"; *v.* ain). Analisando esta perspetiva do liberalismo sob a ótica de Garrett, *v.* Catroga, «Os Pais...», cit., pp. 237 e ss..

Naturalmente, também entre nós, o liberalismo andava de mãos dadas com a sublimação do valor da liberdade, num tempo em que se exaltavam as virtudes cívicas – em termos literários, poderá aproximar-se o nascimento do pensamento liberal português da tragédia *Catão*, de Almeida Garrett, que surge, precisamente, em 1822. "Ou liberdade, ou morte - Este é o meu voto"[372] – eis o lema entusiasmado da geração da liberdade.

Todavia, e como já alertava Oliveira Martins[373], a polissemia do vocábulo «liberdade» consentiu expressões diversas desta filosofia, todas elas suscetíveis de se encontrarem na conjuntura política portuguesa da primeira metade de oitocentos e de se projetarem nas décadas seguintes: o liberalismo racionalista e democrático (de matriz francesa revolucionária, e mais próximo de Saldanha e do jacobinismo rejuvenescido, com um toque lamartiniano, de Passos Manuel), o liberalismo romântico (influenciado pelo idealismo alemão, pelo cartismo francês e pelo tradicionalismo britânico, personificado pelo conservadorismo liberal de Palmela), o liberalismo utilitarista e individualista (inspirado pelo sensualismo e pelo utilitarismo britânicos, epitomado por Mouzinho da Silveira) e o liberalismo burguês (de feição claramente económica, ligado aos "barões", à nova classe emergente na sequência da paz de Evoramonte, e representado por Costa Cabral). Tal não impediu que, também entre nós e sob a égide do liberalismo, se tenha assistido à defesa de um papel negativo do Estado e à sua separação relativamente à sociedade (acompanhada da redução drástica da sua ação no plano económico) e à valorização do indivíduo (com a concomitante rejeição dos corpos intermédios)[374], ao reconhecimento de que este detém direitos originários, inerentes à natureza humana (reconduzíveis à liberdade e à

---

372 Almeida GARRETT, *Theatro de Almeida Garrett - Catão*, Imprensa Nacional, Lisboa, 1845, II Ato, Cena II, p. 97.
As referências revolucionárias a Catão não constituem, porém, uma originalidade portuguesa, sendo frequentes nos demais países europeus, porquanto nenhum tema se revelaria mais apropriado para a exaltação das virtudes cívicas que o da história de Catão, que se suicida para não se concertar com aqueles que defendiam a tirania e o despotismo. Sobre esta matéria, *v.* CATROGA, «Os Pais...», cit., pp. 265 e ss., e, em especial sobre a obra de Garrett, pp. 272 e ss..

373 Oliveira MARTINS, *Portugal...*, tomo II, pp. 120 e ss. (*v.* também tomo I, pp. 403 e ss., 429 e ss., tomo II, pp. 140 e s., 159 e s.).

374 Assim, Oliveira MARTINS, *Portugal...*, cit., tomo I, pp. 186 e ss., 434 e ss..

propriedade)[375], os quais, por gozarem de anterioridade relativamente ao Estado e à sociedade, apenas consentiriam a ação dos poderes públicos (e sociais) na medida estritamente necessária para os garantir[376].

Para além do movimento constitucional (a que nos reportaremos adiante, cf., *infra*, 2.3.), a legislação reformista elaborada, em 1832, sob a égide de Mouzinho da Silveira permite recortar os traços das manifestações mais consistentes e dos passos mais decisivos do liberalismo individualista da primeira metade de oitocentos. O caráter principiológico das constituições e a específica evolução histórica nacional (marcada por conflitos internos que não permitiram, num primeiro momento, a maturação do pensamento doutrinal) acabaram por determinar que a construção da nova ordem político-social acabasse por se encontrar cometida...

375 Na verdade, a promoção da ausência de passividade dos cidadãos (a que nos referimos *supra*, 1.4.) trazida pelos ventos liberais encontra uma tradução no plano do exercício dos direitos fundamentais; assim sucedeu no contexto das próprias Cortes Constituintes – inundadas, a partir do reconhecimento do direito de petição, com as inúmeras petições e requerimentos dos cidadãos, cujo fluxo abundante chegou a colocar dificuldades aos Deputados (cf. Vital Moreira/José Domingues, *No Bicentenário... I*, cit., pp. 158 e s.) – e também em diversos momentos históricos mais conturbados. Recorde-se, quanto a estes últimos, *v. g.*, o protesto estudantil de 1862, que motivou o abandono, perante o Visconde de São Jerónimo, o Reitor da Universidade de Coimbra Doutor Basílio Alberto de Sousa Pinto, da Sala dos Capelos pelos estudantes, na cerimónia de entrega dos prémios de 8 de dezembro. Ouçamos o relato, em primeira mão, de Antero de Quental (*Manifesto dos Estudantes da Universidade de Coimbra a Opinião Illustrada do Paiz (1862-1863)*, Typographia da Aurora do Cavado, Barcellos, 1896, pp. 14 e s.): "os Estudantes, reunidos no terreiro da Universidade, deram vivas á independencia, vivas á liberdade, mas não tumultuaram, não se revolucionaram, não deram morras, não pediram a cabeça de ninguem; por que os Estudantes sabem que a cabeça de qualquer homem é sagrada; por que nossas mãis não nos insinaram a soletrar em seus olhos a religião do amor, para nós virmos aqui transformarmo-nos em bandidos e homicidas, e a essa religião transformal-a em lei de morte". Por outro lado, acrescenta o Autor (*Op.* cit., p. 16), "sabemos manifestar-nos contra uma authoridade, nos limites da ordem e da lei. Ordem e lei, em terra de livres, não são circulo tão estreito que se não possa dar um passo sem lhes sahir logo da peripheria". Independentemente da existência de relatos alternativos dos mesmos factos (na medida em que se registam versões distintas sobre a forma como este protesto decorreu, que descrevem a ocorrência de factos violentos e provocadores de desordem: cf., *v. g.*, António Cabral, *Eça de Queiroz: A sua Vida e a Sua Obra. Cartas e Documentos Inéditos*, Livrarias Aillaud e Bertrand/Livraria Francisco Alves, Paris/Lisboa e Rio de Janeiro, 1916, pp. 52 e ss.; *v.* ainda Joaquim Martins de Carvalho, «Vicente Ferrer Neto Paiva», in: *Arunce – Revista de Divulgação Cultural*, n.os 13/15, 1998-2000, pp. 39 e s.), interessa-nos, neste contexto, salientar que a jovem intelectualidade ilustrada da época demonstrava já uma consciência da titularidade dos direitos que o vintismo lhe havia proporcionado, a qual permitia a adoção de uma perspetiva crítica relativamente à legislação em vigor e à sua realização administrativa através dos órgãos universitários, mas também a perceção de limites ao exercício das liberdades fundamentais.

376 Cabral de Moncada, «O Liberalismo de Vicente Ferrer Neto Paiva», in: *Estudos de História do Direito*, vol. II, Imprensa da Universidade, Coimbra, 1949, pp. 293 e s..

à lei (e, em concreto, a um acervo legislativo que não era sequer obra de um parlamento e, por conseguinte, a emanação da vontade geral)[377]. Recorde-se que à Carta Constitucional se chegou a apontar a falha de, no seu esforço codificador, não se ter conseguido afirmar como um documento dotado de uma regulamentação minuciosa, apresentando-se como pouco mais que uma declaração de princípios: era "menos um código de governo, do que uma certa exposição de certas instituições pelas quaes a nação havia de vir a ser regida", "o esqueleto de um corpo a que faltava a musculatura", como a caracterizou Oliveira Martins[378]. Não sendo (nem devendo ser) propósito de um texto constitucional uma regulamentação exaustiva das (ou de todas as) matérias (contrariamente ao que aquela crítica parece pressupor), não se pode ignorar que a consolidação da Carta na sua (segunda) vigência se deveu ao impacto de um conjunto de diplomas legislativos ordinários, emanados sob a pena de Mouzinho da Silveira, e que, apenas possíveis num cenário de guerra civil (onde, por via de regra, as atenções se concentram mais na força das armas, que no vigor das leis), permitiram ao pensamento liberal individualista lançar raízes e encontrar terreno por onde crescer (mais cedo ou mais tarde)[379].

---

377 Destacam-se, *inter alia*, pela sua relevância para a construção do modelo liberal que vigorou entre nós: o Decreto n.º 4, de 7 de março de 1832 (que, pondo fim aos "sequestros" de bens impostos pelos "usurpadores" - *hoc sensu*, pelo regime instaurado por D. Miguel -, protege o direito de propriedade), o Decreto n.º 6, de 29 de março de 1832 (relativo à liberdade de ensino), o Decreto n.º 7, de 4 de abril de 1832 (atinente à abolição dos morgados, já encetada pelos Decretos de 13 e 22 de setembro de 1831, e, como tal, à libertação da propriedade), o Decreto n.º 9, de 13 de abril de 1832 (tutelando a liberdade e segurança individual, através da definição dos casos em que os juízes cometem delitos de abusos de poder por ofensa a estes direitos), o Decreto n.º 12, de 18 de abril de 1832 (que estabelece os delitos contra a propriedade), o Decreto n.º 13, de 19 de abril de 1832 (sobre a abolição das sizas), o Decreto n.º 24, de 16 de maio de 1832 (consagrador de reformas da justiça ordinária; o "tribunal e juízo administrativo" surge versado nos artigos 80.º e seguintes do Decreto n.º 23, da mesma data), o Decreto n.º 40, de 30 de julho de 1832 (referente à extinção geral dos dízimos, já que a extinção nos Açores ocorrera através do Decreto n.º 5, de 16 de março de 1832), e o Decreto n.º 44, de 13 de agosto de 1832 (que extingue os "direitos reais", *hoc sensu*, os direitos do Rei, anteriormente consagrados no título XXVI do Livro II das Ordenações, criando a categoria dos "Bens da Nação") - in: *Collecção de Decretos e Regulamentos Mandados Publicar por Sua Magestade Imperial o Regente do Reino desde que Assumiu a Regência até à sua Entrada em Lisboa*, Segunda Série, Imprensa Nacional, Lisboa, 1834, pp. 4, 8, 11 e ss., 18, 22, 27 e ss., 90 e ss., 185 e ss., 192 e ss., respetivamente.

378 Oliveira MARTINS, *Portugal...*, cit., tomo I, p. 74.

379 Em sentido próximo, cf. Lopes PRAÇA, *Collecção...*, cit., vol. II, p. 234. Acentuava sugestivamente Oliveira MARTINS (*Portugal...*, cit., tomo I, pp. 399 e ss., esp.[te] pp. 407 e ss.) que o notável

Em congruência com os ideais da época, a legislação da "Ditadura da Terceira" e, em geral, a atividade legislativa mais próxima do liberalismo radical acentuam os valores da liberdade e da propriedade privada (considerem-se, por excelência, as disposições atinentes à liberdade de consciência ou à eliminação dos vínculos sobre a propriedade), propugnam a eliminação dos corpos intermédios, contribuindo para a afirmação do indivíduo (pense-se, *v. g.*, na extinção das ordens religiosas[380] ou, mais tarde, na famosa questão das Irmãs da Caridade, do significado da permanência deste instituto, agora sob influência dos lazaristas franceses, no território nacional e, sobretudo, do papel das congregações religiosas na educação[381]), favorecem a livre concorrência e a liberdade de iniciativa económica, na linha das orientações segundo as quais a riqueza é criada pelos indivíduos. Sobressaem aqui dois valores – a liberdade individual e a utilidade – que dão corpo quer ao liberalismo individualista, quer ao liberalismo económico[382].

---

estadista tinha consciência de que tais iniciativas jamais vingariam uma vez restabelecida a paz, "quando todos submissos haviam de vir beijar, curvados, a mão do vencedor, para conservarem o usufructo das velhas, rendosas prebendas. E a victoria ficaria em fumo. Assim, não. Seria impossivel desmanchar o que estivesse feito: renegar o programma, a bandeira, o pensamento de uma guerra, da qual a extravagancia de Mousinho fazia a revolução profunda de um paiz inteiro. Têem isto de poderoso as idéas quando habitam um cerebro servido por um temperamento excentrico: dão uma teima que parece loucura, e vencem. Só os doidos fizeram na terra coisas verdadeiramente grandes" (*Op.* cit., pp. 407 e s.).

380 Resultante, como se sabe, do Decreto de 28 de maio de 1834 (in: *Collecção de Decretos e Regulamentos Mandados Publicar por Sua Magestade Imperial o Regente do Reino desde a sua Entrada em Lisboa até á Instalação das Câmaras Legislativas*, Terceira Série – Apêndice, Imprensa Nacional, Lisboa, 1835, pp. 70 e s.). Antes deste registe-se ainda, durante a "Ditadura da Terceira", a supressão das ordens religiosas nos Açores (e a conversão do respetivo património em bens nacionais), operada pelo Decreto n.º 25, de 17 de maio de 1832, (in: *Collecção de Decretos e Regulamentos Mandados Publicar por Sua Magestade Imperial o Regente do Reino desde que Assumiu a Regência até à sua Entrada em Lisboa*, cit., pp. 138 e ss.), bem como as diversas providências legislativas adotadas em 3, 5 e 9 de agosto de 1833 (cf. *Collecção de Decretos e Regulamentos Mandados Publicar por Sua Magestade Imperial o Regente do Reino desde a sua Entrada em Lisboa…*, cit., pp. 6 e ss., 12 e s.). Cf. ainda o interessante estudo de Caeiro da Matta, *Condição Legal das Ordens e Congregações Religiosas em Portugal desde 1834*, Imprensa da Universidade, Coimbra, 1905, esp.te pp. 69 e ss..

381 *V.*, a este propósito, Vicente Ferrer Neto Paiva, *Relatório e Projecto de Lei sobre as Congregações Religiosas*, Sociedade Typographica Franco-Portugueza, Lisboa, 1862, esp.te pp. 10 e ss.; Alexandre Herculano, *Ao Partido Liberal Portuguez: A Associação Popular Promotora da Educação do Sexo Feminino*, Imprensa União-Typrographica, Lisboa, 1858, em crítica acérrima. Cf. ainda Caeiro da Matta, *Condição…*, cit., pp. 75 e ss..

382 Oliveira Martins, *Portugal…*, cit., tomo I, p. 411.

O pensamento jurídico-filosófico liberal português só ganhou, todavia, a tranquilidade imprescindível para amadurecer depois de 1842. Até então, o liberalismo surge associado às convulsões (e comoções...) políticas do momento, sem conseguir lograr uma estabilidade que lhe permitisse respirar dogmaticamente. A partir de tal momento, assiste-se à emergência de uma elaboração doutrinal para a qual contribuiu decisivamente o labor científico dos juristas da Faculdade de Direito da Universidade de Coimbra. E, neste contexto, poder-se-á afirmar que o desenvolvimento do individualismo liberal surge indelevelmente marcado pelo sentido do jusnaturalismo moderno-iluminista de Vicente Ferrer Neto Paiva[383] (sem menoscabo da polémica que a sua obra suscitou[384] e continua a suscitar[385]). Não se ignora que o Professor de Coimbra era contemporâneo de Herculano, um dos vultos maiores do liberalismo português, seu amigo dileto, e com ele irmanado na defesa estoica e meditada da liberdade – o segundo afirmava constituírem ambos *les*

383 Paulo MERÊA [«Esboço de uma História da Faculdade de Direito», in: *Estudos de História do Ensino Jurídico em Portugal (1772-1902)*, Imprensa Nacional – Casa da Moeda, Lisboa, 2005, p. 137] salienta a considerável influência de Vicente Ferrer no pensamento português da segunda metade do século XIX, enfatizando a sua relevância mesmo fora do ambiente universitário; no mesmo sentido, Rui de Figueiredo MARCOS, *Eça de Queirós, a Europa e a Faculdade de Direito de Coimbra no Século XIX*, Almedina, Coimbra, 2005, p. 41. Salientando o papel de Vicente Ferrer no desfecho de 1834 e no desenvolvimento do pensamento liberal (sucessivamente confirmado na cátedra e na tribuna, parlamentar e ministerial), cf. também Fonseca PINTO, «Vicente Ferrer», in: *O Instituto*, vol. XXXIII, janeiro 1886, pp. 369 e s..

384 Considere-se a (também qualificável como) "formidável sabatina" com Rodrigues de Brito, a propósito do confronto entre os compêndios de Filosofia do Direito elaborados por ambos os Professores, as doutrinas aí versadas e, em especial, entre o princípio *neminem laede* e a mutualidade de serviços. Cf. Rodrigues de BRITO, *Resposta ás Breves Reflexões do Excelentíssimo Senhor Dr. Vicente Ferrer sobre a Philosophia do Direito*, Imprensa da Universidade, Coimbra, 1869 (onde se transcrevem também as três reflexões de Vicente Ferrer e as respetivas respostas). Cf., *infra*, em texto.

385 Sobretudo na medida em que procurava conciliar o kantismo com o krausismo de Ahrens (ou de Tieberghien) – tarefa que se revelaria inviável, porquanto os respetivos pressupostos teóricos seriam inconciliáveis. *V.*, sobre esta questão, Cabral de MONCADA, «Subsídios para uma História da Filosofia do Direito em Portugal», in: *Boletim da Faculdade de Direito*, ano XIV, 1937-1938, pp. 281 e ss., e «O Liberalismo...», cit., pp. 321 e ss.; muito desenvolvidamente, Castanheira NEVES, «O Liberalismo Jurídico de Vicente Ferrer Neto Paiva: Terá Errado Simultaneamente Kant e Krause?», in: *Vicente Ferrer Neto Paiva: No Segundo Centenário do Seu Nascimento, a Convocação do Krausismo*, Studia Iuridica 45, Boletim da Faculdade de Direito/ Coimbra Editora, Coimbra, 1999, pp. 195 e ss.. *V.* também Reis MARQUES, «A Determinação do "Princípio do Direito" em Vicente Ferrer Neto Paiva», in: *Vicente Ferrer Neto Paiva: No Segundo Centenário do Seu Nascimento, a Convocação do Krausismo*, Studia Iuridica 45, Boletim da Faculdade de Direito/Coimbra Editora, Coimbra, 1999, pp. 187 e ss.

derniers romains[386]. A consideração de que a liberdade individual, elevada a uma dignidade máxima[387], representa uma exigência da natureza humana, a visão negativa de que a liberdade apenas encontra como limites legítimos a preservação da liberdade do outro, e que apenas cede perante o Estado, para que este possa exercer a sua função de tutela dessa mesma liberdade, com o propósito último de alcançar o bem comum – todas estas crenças que surpreendemos no liberalismo individualista voltamos a encontra-las, vertidas numa dimensão político-filosófica (mas também poética) em Alexandre Herculano[388], um liberal conservador, com clara influência do historicismo romântico (no que se irmanava com Garrett[389]), que, louvando-se nas nossas tradições ancestrais (dos tempos dos nossos primeiros Reis e da Reconquista, mas também da Restauração[390]), reage contra as tendências que, iniciando-se no Renascimento, desembocaram no despotismo absolutista[391]. Até certo ponto, poderíamos considerá-lo a personificação do *ideal* dualista subjacente à Carta Constitucional[392], reagindo contra todos os totalitarismos (*hoc sensu*, todos os movimentos dirigidos a coartar a liberdade individual), incluindo as ditaduras das maiorias ou do povo transformado em massa turbulenta[393].

---

386 Em carta data de 10 de julho de 1869, de Herculano para Vicente Ferrer, transcrita em Cabral de MONCADA, «O Liberalismo...», cit., p. 304.

387 HERCULANO («A Voz do Profeta», in: *Opúsculos*, tomo I, Viúva Bertrand, Lisboa, 1873, p. 53) dirá que "o unico Deus de corações generosos é a liberdade".

388 Assim, Paulo MERÊA, *O Liberalismo de Herculano*, Separata de *Biblos*, vol. XVII, tomo II, Coimbra Editora, Coimbra, 1941, pp. 5 e s..

389 Que se não coibia de fazer remontar às tradições medievais "a base e o fundamento da sociedade moderna": cf. Almeida GARRETT, *Romanceiro*, Círculo de Leitores, Lisboa, 1997, p. 13.

390 Considerem-se, *v. g.*, as sublimes páginas sobre "os tempos em que pelejavamos pela liberdade do povo": cf. Alexandre HERCULANO, «A Voz...», cit., pp. 36 e ss..

391 E, neste ponto, a insistência do Autor toca o problema da descentralização: *v.* Paulo MERÊA, *O Liberalismo...*, cit., pp. 14 e s.. Cf., porém, a perspetiva crítica de Oliveira MARTINS, *Portugal...*, cit., pp. 132 e ss., salientando que, até certo ponto, o romantismo (e aqui, sobretudo, Herculano e Garrett) acabou por "criar" uma história nacional ("à Walter Scott") a partir de tradições que serviam o modelo alemão e inglês, mas não tanto a realidade histórica portuguesa...

392 *V.*, por exemplo, Alexandre HERCULANO, «A Voz...», cit., p. 16 (nas páginas, mais desiludidas, escritas já em 1867).

393 Cf., *v. g.*, Alexandre HERCULANO, «A Voz...», cit., pp. 48 e ss., 92. Mais tarde, o Autor encarará inclusivamente a questão sob a ótica do confronto entre a soberania popular e a legitimidade monárquica, concluindo, desencantado, que, afinal, o valor supremo da liberdade acaba por

Mas, recuperando o raciocínio que encetáramos, no específico horizonte *jurídico*, serão as posições teóricas de Vicente Ferrer que se poderão qualificar, na senda de Cabral de Moncada[394], como a "Filosofia jurídica do Liberalismo burguês" ou, mais amplamente, como a "filosofia jurídica e política do Liberalismo". Afigura-se, pois, inegável o contributo do Autor para a evolução do liberalismo constitucional, a qual se haveria de solidificar paulatinamente quer na Carta, quer, no seu pendor mais individual, no Código Civil de 1867[395], contribuindo ainda para a introdução da designada "questão social". Eis-nos diante de uma perspetiva que este Professor haveria de defender intelectualmente na Faculdade de Direito e nas lições aí elaboradas, mas também de propugnar politicamente como deputado e par do Reino que também foi[396].

Subjacente à filosofia de Vicente Ferrer ainda se encontra o indivíduo, cujos direitos correspondem, numa visão negativa, a compossibilitações

ficar substituído pela igualdade democrática, que se reconduzirá à anulação do indivíduo perante o Estado e ao "despotismo dos cesares do plebiscito" – *Op.* cit., pp. 19 e ss. (esp.^{te} pp. 23 e ss., citação da p. 25).

394 Cabral de Moncada, «Subsídios...», cit., p. 284, e «O Liberalismo...», cit., pp. 326 e 385, respetivamente. Recorde-se que, sob o ponto de vista jurídico-filosófico, a apreciação de Moncada sobre Ferrer é absolutamente notável: explorando as raízes e influências do seu pensamento (sobretudo, Kant e Krause), o estudo citado ensaia uma digressão filosófico--crítica sobre a obra de Ferrer, não esquecendo de o projetar no contexto histórico-jurídico e literário que o rodeava (Ferrer era amigo de Herculano, como recordámos em texto); à luz dos «Subsídios...», o prestígio de Ferrer podemos medi-lo quer na sua obra fundamental (adotada como compêndio pelos Conselhos da Faculdade de Direito), quer na sua influência na elaboração do Código Civil de 1867 (Ferrer e Seabra pertenciam à mesma geração, e as posições mais jus-filosóficas do segundo ficaram vertidas em *A Propriedade*, um livro que, significativamente, se encontra dedicado ao primeiro), quer na penetração das ideias krausistas no Direito Penal (agora pela mão de Levy Maria Jordão), nas relações entre o capital e o trabalho (como sucedeu com Martens Ferrão), no direito político (com Madeira Abranches), ou, em geral, na Filosofia do Direito (considerando-se Costa Lobo o mais fiel discípulo de Krause entre nós).

395 *V.* também Fernando Catroga, «Individualismo e Solidarismo: De Ferrer ao Sociologismo Jurídico», in: *Vicente Ferrer Neto Paiva: No Segundo Centenário do Seu Nascimento, a Convocação do Krausismo*, Studia Iuridica 45, Boletim da Faculdade de Direito/Coimbra Editora, Coimbra, 1999, p. 131; Reis Marques, «O Krausismo de Vicente Ferrer Neto Paiva», in: *Boletim da Faculdade de Direito*, vol. LXVI, 1990, pp. 34 e ss.; Maria Clara Calheiros, *A Filosofia Jurídico-Política do Krausismo Português*, Imprensa Nacional – Casa da Moeda, Lisboa, 2006, pp. 212 e ss..
A associação entre a nova ordem liberal e a codificação estava presente já na mente dos liberais vintistas: cf., *v. g.*, Borges Carneiro, *Portugal...*, cit., pp. 65 e s. (referindo-se à matéria civil e penal).

396 Sobre a carreira política de Vicente Ferrer, *v.* Martins de Carvalho, «Vicente Ferrer Neto Paiva», cit., pp. 17 e ss..

das liberdades individuais – pelo que ao direito, identificado com a "faculdade de praticar acções externas dentro da esphera juridica do agente" se contrapõe o dever, correspondente à necessidade de os outros indivíduos não embaraçarem o exercício daquele direito[397]. Um individualismo que se haveria de projetar no caráter tendencialmente absoluto dos direitos fundados na (e resultado necessário da) "natureza do homem" (e cuja esfera há-se ser, por esse motivo, igual para todos os indivíduos)[398], tal como nos surgem no artigo 359.º do Código de Seabra, precisamente sob a influência de Vicente Ferrer[399].

E estamos diante de um individualismo que se conjuga de perto com o liberalismo e com uma elevação da liberdade ao seu expoente máximo. A recondução do objeto do direito à condicionalidade[400] vem estreitamente acompanhada pela valorização da liberdade: na medida em que consiste nas condições dependentes da liberdade, o direito destinar-se-ia à garantia desta liberdade, em consonância com a ideia de que "o homem, como pessoa, é senhor do seu destino, e livre na escolha dos fins, e no emprego das condições, que julga oportunnas para os conseguir"[401].

---

397 Vicente Ferrer Neto Paiva, *Elementos de Direito Natural, ou de Philosophia de Direito*, 2.ª ed., Imprensa da Universidade, Coimbra, 1850, pp. 18 e s. (respetivamente, sobre as noções de direito – intersubjetivamente considerado, nas palavras do Autor – e de dever). Repare-se, aliás, na formulação estritamente liberal-individualista que entende que "o direito d'uma pessoa vai até onde chega o direito das outras" (*Op.* cit., p. 27). *V.* também Vicente Ferrer Neto Paiva, *Principios Geraes de Philosophia de Direito ou Commentario à Secção I. da Parte I. dos Elementos de Direito Natural, ou de Philosophia do Direito*, Imprensa da Universidade, Coimbra, 1850, pp. 143 e s..

398 Cf. Vicente Ferrer Neto Paiva, *Elementos...*, cit., pp. 51 e ss., 61 e ss., e *Principios...*, cit., p. 55, 132 e 253. O fundamento (*rectius*, na perspetiva do Autor, a fonte) na natureza humana destes direitos absolutos possui consequências jurídicas práticas: assim, *v. g.*, não só a sua titularidade pertence a todo o homem pelo facto de o ser (talqualmente decorre do texto), como também não necessitam de prova (Vicente Ferrer Neto Paiva, *Elementos...*, cit., p. 180).

399 Sublinhando já esta influência, *v.* Castanheira Neves, «O Liberalismo...», cit., p. 199.

400 Cf., *v. g.*, Vicente Ferrer Neto Paiva, *Elementos...*, cit., p. 14, *Principios...*, cit., pp. 73 e s., 93 e s., 103 e ss., 191, e, de forma mais sintética, *Reflexões sobre os Sete Primeiros Titulos do Livro Único da Parte I do Projecto do Codigo Civil Portuguez*, Imprensa da Universidade, Coimbra, 1859, pp. 19 e s., 34. Explicitando a doutrina (mas com base direta em Krause e Ahrens), *v.* Dias Ferreira, *Noções Fundamentaes de Philosophia do Direito*, Imprensa da Universidade, Coimbra, 1864, pp. 238 e ss.. Cf. também, a propósito da divisão entre os vários ramos do direito, Dias Ferreira, *Annotações aos Elementos de Direito Natural do Excellentissimo Senhor Vicente Ferrer Neto Paiva pelo seu Discipulo*, Imprensa da Universidade, Coimbra, 1858, pp. 16 e ss..

401 Vicente Ferrer Neto Paiva, *Elementos...*, cit., pp. 15 e 54.

Permitindo alicerçar uma conceção abstencionista do Estado, também agora se defende que a liberdade – vertida em direito (absoluto, daqueles que se deduzem da natureza fundamental do homem) – representa um limite não apenas à atuação dos restantes indivíduos (isoladamente considerados)[402], mas também da própria sociedade (ou dos poderes públicos), sob pena de se negar a dimensão racional do homem: afinal, "a liberdade não póde ser limitada, senão pela liberdade"[403]. Em regra, esta liberdade assume, assim, uma natureza precipuamente negativa (formal-negativa), já que apenas exige dos outros a abstenção de comportamentos que impeçam o gozo pelo respetivo titular (princípio do *neminem laede*)[404]. Será esta liberdade o *genus* a partir do qual emergem, como *species*, as diversas liberdades individuais, verdadeiras decorrências daquele princípio mais geral[405]. Eis-nos diante de uma compreensão individualista que se haveria de traduzir, sobretudo, nos artigos 12.º, 13.º e 15.º do Código Civil de 1867, onde, respetivamente, se refere que a lei *reconhece* os direitos (os quais, por conseguinte, lhe são preexistentes)[406], se admite que o exercício de um direito em conformidade com a lei não responde pelos prejuízos daí advenientes[407] – configurando o que

402 Como explicitará o Autor, tal significa também (olhando sob a perspetiva oposta) que a liberdade individual poderá constituir objeto de limitação pela liberdade dos outros, na medida necessária à subsistência da liberdade de todos e, deste modo, da própria sociedade (cf. Vicente Ferrer Neto Paiva, *Principios...*, cit., pp. 118, 131 e s.).

403 Vicente Ferrer Neto Paiva, *Principios...*, cit., p. 125. Em última análise, e talqualmente salienta Castanheira Neves («Os "Elementos de Direito Natural" de Vicente Ferrer Neto Paiva», in: *Digesta. Escritos acerca do Direito, do Pensamento Jurídico, da sua Metodologia e Outros*, vol. 1.º, Coimbra Editora, Coimbra, 1995, p. 340, e «O Liberalismo...», cit., pp. 205 e s.), pondo a tónica na ferida do pensamento liberal individualista e no seu necessário resvalar para o cientismo e para a absolutização do *homo œconomicus*, o indivíduo encara o outro como obstáculo, e a relação social reconduz-se à exclusão.

404 Expressamente assim Vicente Ferrer Neto Paiva, *Principios...*, cit., pp. 152, 170 e s. (sem prejuízo da verificação de situações *excecionais* em que a liberdade poderia adquirir um sentido positivo).

405 Cf. Vicente Ferrer Neto Paiva, *Elementos...*, cit., pp. 54 e s..

406 Em análise à redação proposta no projeto – onde se lia "toda a lei, que conceder, ou reconhecer um direito" – o Autor contrapõe categoricamente que a lei nunca cria direitos; apenas os reconhece ou expressa direitos existentes (cf. Vicente Ferrer Neto Paiva, *Reflexões...*, cit., pp. 60 e s., anotação ao artigo 14.º; *v.* também pp. 35 e s., anotação ao artigo 5.º).

407 É sintomática a lacónica observação de Vicente Ferrer (*Reflexões...*, cit., p. 61, anotação ao artigo 15.º) a propósito deste preceito: "Approvo a doutrina d'este artigo".

Moncada[408] designa como "a *magna charta* do individualismo burguês" –, e se considera que os diversos direitos (ou liberdades individuais), porque emanações da liberdade, não se contradizem (*hoc sensu*, não conflituam), mas entram apenas em concurso[409].

Apesar de a liberdade não incluir um conteúdo positivo, enquanto decorrência e penetração imediata, no seu seio, do valor da solidariedade, que tornasse a sociedade (a par do indivíduo) como um fim em si mesmo[410], a vocação ética do liberalismo de Vicente Neto (quiçá contraditória com a sublimação do individualismo liberal subjacente à sua teoria, mas de algum modo próxima do krausismo, embora afastada do kantismo) haveria, porém, de abrir espaço para os problemas relacionados com o que designa como o "[fim] social do homem e da humanidade", que coenvolve um verdadeiro *direito* de beneficiar os outros, sobretudo daqueles que, por diversos motivos, se vejam impossibilitados de prosseguir o seu destino racional[411].

Uma tal caracterização não dispensa, porém, o acrescentar de uma nota, para reforçar o caráter vincadamente ético (e, em alguns momentos, até social) do liberalismo(-individualista) português[412] – e que, apesar de tudo, lhe vai permitir um saudável distanciamento do jacobinismo revolucionário francês e de certas perspetivas mais utilitaristas inglesas. Considere-se, *v. g.*, que já Borges Carneiro[413] defendia que a constituição se deveria erigir sobre a dignidade da natureza humana – em estreita cumplicidade com aquela conceção (que acabámos de encontrar, já dogmaticamente alicerçada em fundamentos jurídico-filosóficos, nas conceções

408 Cabral de Moncada, «O Liberalismo...», cit., p. 337.

409 Cf. Vicente Ferrer Neto Paiva, *Reflexões...*, cit., p. 63 (anotação ao artigo 17.º).

410 *V.* também Cabral de Moncada, «O Liberalismo...», cit., p. 323.

411 Vicente Ferrer Neto Paiva, *Elementos...*, cit., pp. 58 e s..
Cf., porém, Dias Ferreira, *Noções...*, cit., pp. 308 e s., 349 e ss., numa perspetiva muito mais individualista, remetendo o problema para o terreno da moral (embora admita que, para fazer face ao pauperismo, se possam estabelecer, "á custa da nação", asilos e hospitais que acolham os mais carenciados).

412 Sublinhando já a vocação ética do liberalismo nacional, *v.* Castanheira Neves, «Os "Elementos"...», cit., p. 340, e «O Liberalismo...», cit., p. 205.

413 Borges Carneiro, *Parabola VI Accrescentada ao Portugal Regenerado: A Necessidade de Constituições Provada pela Injustiça dos Cortesãos*, Impressão Nacional, Lisboa, 1821, p. 98.

defendidas por Vicente Ferrer[414]) segundo a qual os direitos (absolutos) se fundavam na natureza humana, sendo, por isso, originários e iguais em todos os cidadãos, uma ideia partilhada (*malgré tout*) por Rodrigues de Brito, que autonomiza inclusivamente um «direito de dignidade»[415]; assim como, anos mais tarde, Dias Ferreira havia de transpor para a doutrina portuguesa a ideia de «mínimo ético»[416], alicerçando o direito sobre o princípio da justiça ou do justo[417] ou entendendo que o direito apresenta princípios que pré-ordenam a conduta do homem à realização do bem, o qual se revela indispensável à manutenção da vida humana, traduzindo-se no "respeito inviolavel que cada homem deve guardar ao bem dos seus similhantes"[418]. É, aliás, nesta sequência que, a partir de certa altura, se começará a questionar a existência de limites aos direitos (impostos pela ideia do justo), viabilizando os prenúncios da ideia de abuso de direito – numa evolução que, como logo se compreende, já postula a ultrapassagem de uma compreensão estritamente liberal, que, na sua pureza, não consentiria o estabelecimento de limites aos direitos, por tal implicar uma intromissão na vida privada dos cidadãos[419].

E a partir desta vocação ética vai um passo para o reconhecimento da necessidade de proteção das classes trabalhadoras e de reação contra a respetiva miséria, a que os pensadores da linha mais liberal individualista (e,

---

414 Sobre os direitos absolutos (e o seu confronto com os direitos hipotéticos), *v.* Vicente Ferrer Neto Paiva, *Principios...*, cit., pp. 132 e s.; Dias Ferreira, *Annotações...*, cit., pp. 29 e ss., e *Noções...*, cit., pp. 319 e ss..

415 Rodrigues de Brito, *Philosophia...*, cit., pp. 220 e s., 360. Este direito de dignidade "auctoriza o homem, em virtude da sua natureza e do seu fim, a exigir um *logar* e a viver entre os seus similhantes, como *pessoa* e *membro* da humanidade, ao abrigo da *mutualidade* de serviços" (*Op.* cit., p. 223).

416 Assim, Cabral de Moncada, «Subsídios...», cit., p. 303.

417 Dias Ferreira, *Noções...*, cit., p. 129 (princípio da justiça esse que gozará da característica da imutabilidade por fazer parte da essência de Deus – cf. *Op.* cit., p. 239).

418 Cf., *v. g.*, Dias Ferreira, *Noções...*, cit., pp. 317, 371 e s. (a citação pertence à p. 372); esta última dimensão encontra projeções interessantes na teorização do Autor, que, articulando a ideia de realização de bem com uma certa visão religiosa que perpassa a sua obra, acaba por traçar as raízes do... direito ao ambiente: a afirmação da existência de deveres para com a terra fundamenta-se na ideia de que sobre o homem impende a obrigação de "levar a toda a parte a ordem e a harmonia, para que o *reinado de Deus chegue à terra, assim como existe no ceu*" (*Op.* cit., pp. 305 e s., itálico no original).

419 Analisando esta questão, sob a ótica do direito de propriedade, *v.* Madeira Abranches, *Dissertação...*, cit., pp. 153 e ss..

por conseguinte, da área de convergência intelectual com Vicente Ferrer) não serão alheios, também em resultado do krausismo que permeia as suas posições. Recorde-se, *v. g.*, o importante estudo de Herculano sobre as caixas económicas[420], onde, sem abandonar o liberalismo, o Autor chama a atenção para o facto de a liberdade só não resvalar para a pura teoria, quando "a maioria dos cidadãos possuam com que serem independentes", viabilizando que as classes laboriosas abandonem a sua posição de "escravas da necessidade do salário"; ou, como salienta noutro escrito[421], "que importa o respeito da propriedade ao que nada possue?".

Para esta vocação social do liberalismo (e para o consequente reconhecimento de uma função positiva do Estado) terá também contribuído a doutrina da mutualidade de serviços (que, dotada de inspiração proudhoniana[422] mas ainda com uma forte matriz krausista, se pretendia opor ao princípio *neminem laede*, emergente da teoria de Vicente Ferrer), que tem em Rodrigues de Brito o seu defensor primordial[423]. Considerando a

420 Alexandre HERCULANO, «Da Instituição das Caixas Económicas», in: *Opúsculos*, tomo I, Viúva Bertrand, Lisboa, 1873, pp. 155 e ss. (citações da p. 191). Trata-se, aliás, da defesa de uma posição verdadeiramente conciliadora, dirigida a evitar sobressaltos políticos e sociais: Herculano acrescenta que "o melhor instrumento de moralisação e de ventura social consiste em derramar entre o povo o desejo da independencia e o amor da propriedade, associando por esse modo o capital ao trabalho em vez de os conservar em mutua hostilidade" (*Op.* cit., p. 188). *V.* ainda, tendo como subjacente a preocupação em assegurar capitais aos trabalhadores agrícolas (evitando o recurso destes aos usurários), Alexandre HERCULANO, «Projecto de Caixa de Soccorros Agricolas», in: *Opúsculos*, tomo VII, Tavares Cardoso & Irmão – Editores, Lisboa, 1898, pp. 235 e ss..

421 Alexandre HERCULANO, «A Voz...», cit., p. 45.

422 Cf., *v. g.*, PROUDHON, *De la Capacité Politique des Classes Ouvrières*, Editions do Trident, Paris, 1989, pp. 84 e ss. e, sobretudo, pp. 101 e ss. (aliando o mutualismo à fraternidade, e associando a doutrina com a superação do liberalismo e, como tal, conferindo à sociedade o poder de intervir, aí onde a liberdade não consegue atingir).

423 Ainda que, em momentos anteriores à controvérsia entre Vicente Ferrer e Rodrigues de Brito (que ocorre em 1869 – *v.* também, *infra*, em nota), encontremos a defesa da necessidade de ultrapassagem da visão puramente negativa da liberdade (e do princípio *neminem laede*) e a consequente afirmação da importância de uma ação positiva do Estado. Assim sucedia, *v. g.*, com Costa LOBO (*O Estado e a Liberdade de Associação*, Imprensa da Universidade, Coimbra, 1864, pp. 57 e ss.) que, depois de afirmar como tarefa do Estado a garantia da existência e das condições de exercício da liberdade, esclarece que a respetiva missão assume contornos mais amplos, quais sejam os de "acudir com as condições positivas para o prosseguimento de todos os fins racionais da natureza humana" (*Op.* cit., p. 58), e para as diversas instituições sociaes", tendo por objetivo o "aperfeiçoamento social", de modo a abraçar as tarefas relacionadas com a religião, a filosofia, as artes e a indústria (*Op.* cit., pp. 65 e s.) – rejeitando quer o socialismo (que confunde a Sociedade com o Estado), quer o

natureza eminentemente social do homem (que se encontraria negada pela sublimação do individualismo[424]), entende-se que o desenvolvimento da personalidade individual pressupõe o desenvolvimento da personalidade coletiva, a qual, por sua vez, apenas se logra alcançar com o bem-estar geral ou bem geral da humanidade: eis o "princípio collectivo ou synthetico"

---

pensamento de matriz kantiana, que acaba por reconduzir as funções do Estado à garantia da segurança interna e externa; repelindo a conceção do Estado seja como Providência, seja como agente de polícia (*Op.* cit., p. 64). Eis-nos diante de uma posição que o Autor fundamenta no facto de a consecução das condições de desenvolvimento do homem apenas se revelar alcançável através (não só da atividade própria, mas também e inexoravelmente) da "mutuação de serviços" – e daí a importância assumida pelas associações (*Op.* cit., pp. 56 e s.). Como se sabe, o pensamento de Costa Lobo, dedicado a derrubar o individualismo, desembocará na defesa primeira do sistema corporativo, entendendo, para simplificar (em muito) a complexidade, que a verdadeira liberdade apenas se alcançará pela constituição de corpos orgânicos ou corporações (*Op.* cit., pp. 142 e ss., esp.[te] pp. 158 e ss.). Para uma análise do pensamento de Costa Lobo, *v.* Cabral de MONCADA, «Subsídios...», cit., pp. 109 e ss.; Marcello CAETANO, *O Sistema Corporativo*, Oficinas Gráficas de O Jornal de Comércio e das Colónias, Lisboa, 1938, pp. 23 e ss..

Pense-se também em Madeira ABRANCHES, *Dissertação Inaugural para o Acto de Conclusões Magnas na Faculdade de Direito*, Imprensa Litteraria, Coimbra, 1864, cujo *argumentum* consistia na sugestiva pergunta: "Até onde se póde extender a acção do Estado em quanto á propriedade territorial, e com respeito á cultura e saude publica?". Iniciando o seu percurso sob o signo de Ahrens e tendo por base a visão organicista de Krause, o Autor admite a possibilidade de intervenção do Estado nas esferas sociais no momento em que estas se cruzam: o fim externo do Estado (já reconhecido por Ahrens) de assegurar o desenvolvimento de todas as tendências sociais determina que a este se encontre cometido o dever de "prestar os meios precisos a tudo, o que for reclamado pelas necessidadaes e progresso da vida social" (*Op.* cit., p. 17) – o que determina a rejeição da tese segundo a qual a ação pública se deveria circunscrever à manutenção da segurança e da ordem, negando-se o abstencionismo do *laissez faire*, assim como o absolutismo intervencionista, ou ainda, noutro plano, do comunismo (*Op.* cit., pp. 55 e ss., 146). Ainda assim, a possibilidade de interferência do Estado deve assumir uma feição indireta, subsidiária ou supletiva, propugnando-se a adoção de um sistema de governo que Madeira Abranches designa como (inter)médio, que conjugue centralização com liberdade e independência individual (cf. *Op.* cit., pp. 24, 147 e s., concretizando quanto à propriedade). Tal não impediu, naturalmente, que, nos termos pressupostos pelo liberalismo se erigisse a liberdade e a propriedade como "as principaes manifestações da justiça" (*Op.* cit., p. 69). A aplicação da ideia de subsidiariedade ou supletividade da ação pública relativamente ao direito de propriedade implica que, em primeira linha, o Estado se limite a garantir a propriedade (inviolável, nos termos jurídico-constitucionais) (*Op.* cit., pp. 78 e ss.), disciplinando o seu exercício, mas também admite que o indivíduo se possa socorrer do Estado, para que este lhe preste as condições necessárias ao seu desenvolvimento e conservação, em caso de impossibilidade física ou psíquica (*Op.* cit., pp. 47 e ss., inspirando-se em Fichte e, novamente, em Ahrens). Além deste caso, o Autor só admite uma interferência (reguladora, *hoc sensu*) do Estado, que promova a livre concorrência externa (*Op.* cit., pp. 104 e ss.), crie mecanismos jurídicos (jurídico-privados) de natureza contratual que protejam os proprietários e a respetiva liberdade (*Op.* cit., pp. 110 e ss.) ou, quando tal se revelar imperativo, imponha restrições por razões de interesse público, designadamente de saúde pública (*Op.* cit., pp. 162 e ss.).

424 Cf. Rodrigues de BRITO, *Philosophia...*, cit., pp. 191 e s., 194.

que subjaz ao direito[425]. Rejeitando a vigência absoluta do *neminem laede*, mas também a transposição dos contributos oriundos do socialismo e, sobretudo, do comunismo, tal princípio identifica-se agora com a mutualidade de serviços, porquanto os indivíduos constituem, na linha do krausismo, membros necessários de um organismo – a sociedade[426] – e só podem afirmar-se na sua personalidade (na sua individualidade) se se auxiliarem e prestarem mutuamente as condições necessárias ao seu desenvolvimento: o homem só consubstancia um fim para si, assumindo-se como meio para os demais indivíduos[427]. "*Todos por cada um, e cada um por todos* – é a *lei* do *direito*", conclui Rodrigues de Brito[428]. Atente-se em que, não obstante a defesa do princípio da mutualidade de serviços, continua a não se negar que é a prossecução do bem individual que permitirá alcançar o bem de todos os demais: na verdade, o Autor[429] ainda associa o que designa como "engrandecimento da personalidade coletiva" ao máximo desenvolvimento de cada um dos indivíduos, que aproveitará à sociedade inteira, pelo que, quando o indivíduo se propõe a satisfação de um fim e pré-ordena as suas ações à respetiva prossecução, coadjuva, em simultâneo e de forma indireta ou reflexa, os fins dos demais indivíduos, mediante os serviços que, por esta via, lhes presta: eis, afinal, o sentido com que Rodrigues de Brito concebe que todos os atos são solidários.

E se, até aqui, parece não existir uma diferença substancial face à dimensão precipuamente negativa do liberalismo individualista no que tange à ação dos poderes públicos, o que esta teorização traz de novo consiste na possibilidade de transposição dos "serviços positivos" para atuação do próprio Estado (a *associação* que, tendo na sua base um contrato ou pacto, reúne as várias soberanias individuais para originar uma

425 Assim, Rodrigues de Brito, *Philosophia...*, cit., pp. 166 e s., 196.

426 Recorde-se que, para o Autor, a mutualidade de serviços apenas se efetiva por meio da *associação*, cuja existência há de radicar num contrato: cf. Rodrigues de Brito, *Philosophia...*, cit., pp. 271 e ss..

427 Rodrigues de Brito, *Philosophia...*, cit., pp. 197 e 199, que seguimos em paráfrase; cf. também Rodrigues de Brito, *Resposta...*, cit., pp. 17 e 27.

428 Rodrigues de Brito, *Philosophia...*, cit., p. 198 (itálico no original).

429 Rodrigues de Brito, *Philosophia...*, cit., pp. 166, 199 e s., respetivamente.

soberania coletiva, de que cada associado constitui uma parte[430]), que exercitará (já não apenas) uma função negativa de garantia das liberdades, mas sobre o qual impendem também tarefas positivas, que, por se revelarem imperativas, se tornam exigíveis pelos próprios cidadãos. E tal sucede porque esta perspetiva implica, como decorrência imediata da mutualidade de serviços, a centralidade ou a essencialidade[431] (e não apenas a consideração secundária ou meramente *a latere*) do dever, imposto a todos os indivíduos, de se auxiliarem reciprocamente, em suma, o "dever de prestar a seus similhantes os serviços que estiverem em seu poder, e o de exigir aquelles de que precisa, como condições do seu desenvolvimento"[432]. No fundo, ao Estado caberá a realização prática da mutualidade de serviços[433].

Todavia, nunca o pensamento de Rodrigues de Brito, na sua oposição militante ao individualismo liberal reforçada pela introdução de ideias solidaristas (de raiz socialista), chegou, verdadeiramente, a vingar[434]. No seio do pensamento jurídico-filosófico da época, a sua contraposição a Ferrer teve a virtualidade de gerar inúmeros estudos num e noutro sentido[435]; mas também esta intensa agitação intelectual suscitada pela

---

430 Sobre o Estado como associação, *v.* Rodrigues de Brito, *Philosophia...*, cit., pp. 337 e ss..

431 O próprio Vicente Ferrer (cf. a «Terceira Reflexão» em Rodrigues de Brito, *Resposta...*, cit., p. 49) reconhece que a ideia sujacente à teoria da mutualidade de serviços também surge na sua proposta doutrinal (cf., *supra*, em texto), mas assumindo um valor secundário (e não essencial).

432 Rodrigues de Brito, *Philosophia...*, cit., pp. 202 e ss. (a citação pertence à p. 203), e *Resposta...*, cit., pp. 17, 64 e s. (densificando aqui a natureza dupla do dever da mutualidade).

433 Textualmente, Rodrigues de Brito, *Philosophia...*, cit., pp. 340 e s.. Entre as tarefas positivas a cargo do Estado contam-se, em especial, a educação, a realização de obras públicas (em particular, a construção de infraestruturas, a salubridade pública, a saúde (*Op.* cit., pp. 342 e ss.), em suma, a prestação de todas as "condições de ordem, segurança e progresso" (*Op.* cit., p. 353).

434 Uma asserção sustentada já por Cabral de Moncada, «Subsídios...», cit., p. 49, sublinhando, *inter alia*, que, oficialmente, nunca se chegou a afastar o compêndio de Vicente Ferrer, que permaneceu como o livro oficial até 1889. Mas idêntica conclusão se alcançará também através da leitura dos contemporâneos: assim, Cupertino de Andrade («Estudos...», cit., pp. 472 e s.) enfatiza, logo em 1882, que o designado sistema da mutualidade de serviços "é hoje uma letra morta no alphabeto do progresso, um esforço que só tem um valor histórico".

435 A contraposição entre o *neminem laede* e a mutualidade de serviços constituiu a pauta de um longo concerto que, durante os anos seguintes, animaria a academia, com argumentos valiosos provenientes de ambas as partes. Cf., *v. g.* (e por ordem cronológica), Manuel de Assunção, «Philosophia do Direito por J. M. Rodrigues de Brito, Lente Cathedratico da Faculdade de Direito», in: *Revista de Legislação e de Jurisprudência*, n.º 82, novembro 1869, p. 526; Chaves e Castro, «Philosophia do Direito por Joaquim Maria Rodrigues de Brito,

Lente Cathedratico da Faculdade de Direito», in: *Revista de Legislação e de Jurisprudência*, n.º 101, abril 1870, p. 843; Manuel Emídio GARCIA, «O Pauperismo II. Direito? Dever? Virtude? Conveniência? Necessidade? Tudo», in: *O Trabalho. Semanário Democrático*, n.º 3, 02.04.1870, pp. 19 e ss. (defendendo a mutualidade de serviços, o "mutuo e reciproco auxílio" como a essência da sociedade e a fórmula com que se exprimem – ou devem exprimir – a economia e o direito); José Frederico LARANJO, *O Conteúdo e o Critério do Direito*, Imprensa Litteraria, Coimbra, 1871 (ainda estudante, e, embora sem aderir totalmente a Ferrer, denotando um distanciamento face a Rodrigues de Brito); Julio Pereira de Carvalho e COSTA, *O Princípio do Direito. Breve Resposta ao Folheto O Contheúdo e o Criterio do Direito*, Typ. Aveirense – Vera-Cruz, Aveiro, 1871 (também estudante e, nesta altura, condiscípulo de Frederico Laranjo; escrito que, contestando o anterior – mas em diálogo com ele –, adere às teses de Rodrigues de Brito); Avelino CALISTO, *Licções de Philosophia do Direito – 1879-1880*, sebenta litografada, Lithografia da Rua das Cosinhas, Coimbra, 1879-1880 (embora, neste ano, o catedrático fosse Dias Ferreira, Calisto regeu a cadeira todo o ano – como, aliás, assinala Paulo Merêa, em nota manuscrita datada de 12 de janeiro de 1954, no exemplar existente na Biblioteca da Faculdade de Direito de Coimbra; cf., porém, Cabral de MONCADA, «Subsídios...», cit., p. 84, n. 1), Lições 24 (23 de fevereiro), 25 (24 de fevereiro), 26 (2 de março), 27 (8 de março), 28 (10 de março) (depois da análise do princípio do *neminem laede*, contextualizando-o na doutrina de Kant, o Autor conclui pela sua relevância para a compreensão do direito, mas, em simultâneo, pela sua insuficiência, impondo-se a convergência de outros princípios, dirigidos a fundamentar as ações positivas do homem e da sociedade, bem como as obrigações que o indivíduo tem para consigo; todavia, e após examinar criticamente a doutrina da mutualidade de serviços, também entende que a mesma se não revela integralmente prestável para explicar todos os fenómenos da ordem jurídica, chegando a identificá-la do socialismo mais revolucionário; o Autor acabará, afinal, por se aproximar de Krause, embora não exatamente na versão de Vicente Ferrer); Faria e MAIA, *Determinação e Desenvolvimento da Idêa do Direito ou Synthese da Vida Juridica*, Imprensa da Universidade, Coimbra, 1878, pp. 62 e ss. [embora parte do estudo tenha sido escrito entre 1861 e o ano seguinte; cotejando Kant e Krause, confrontando-se com Vicente Ferrer – em cuja doutrina surpreende contradições (precisamente aquelas que decorrem da tentativa de conciliação entre aqueles dois filósofos) – e Rodrigues de Brito (de quem também se afasta), o Autor densifica a "lei jurídica" mediante três fórmulas: *neminem laede*, *pacta sunt servanda*, e respeito pelos atos da soberania coletiva – considerando como justa toda a ação individual que esteja em harmonia com a vontade coletiva, *i. e.*, a vontade individual na relação com a vontade dos demais indivíduos; em suma, por um lado, embora o *neminem laede* se assuma como um dos princípios primordiais para a compreensão do direito, não pode ser o único, e, por outro lado, a mutualidade de serviços não fundamenta o mútuo respeito, mas antes deve estar em harmonia com ele – o que erige a liberdade como a "primeira manifestação de todo o direito" (*Op.* cit., p. 81)]; Cupertino de ANDRADE, «Estudos sobre a Mutualidade de Serviços», in: *O Instituto*, vol. XXIX, 1882, pp. 472 e ss.; vol. XXX, 1883, pp. 489 e ss., 529 e ss.; n.º 4, vol. XXXI, outubro 1883, pp. 178 e ss., n.º 6, vol. XXXI, dezembro 1883, 268 e ss., n.º 8, vol. XXXI, fevereiro 1884, 373 e ss. [visando uma análise da obra e do pensamento de Rodrigues de Brito e das suas objeções críticas, pela mediação do confronto com outras doutrinas filosóficas, designadamente com o socialismo e o utilitarismo; o Autor acaba por concluir pela insuficiência do princípio da mutualidade de serviços para explicar todas as relações jurídicas, e pela crítica à identificação do direito com a moral a que a tese de Rodrigues de Brito conduziria – mas sem abdicar da defesa do "verdadeiro ideal jurídico" que a mutualidade de serviços constitui (*Op.* cit., p. 374), propondo ajustamentos à teoria através da introdução da ideia de solidariedade].

Sobre esta polémica, *v.* Cabral de MONCADA, «Subsídios...», cit., pp 45 e ss.. *V.* também Maria Clara CALHEIROS, *A Filosofia...*, cit., pp. 297 e ss.; A. Paulo Dias OLIVEIRA, «O Princípio do Direito: Uma Polémica Oitocentista», in: *Boletim da Faculdade de Direito*, vol. LXXXV, 2009, pp. 375 e ss.. Sob outra perspetiva (da estruturação do espaço académico-jurídico), *v.* ainda Fátima

controvérsia acabaria, simbolicamente, por sufocar com o encerramento das Conferências do Casino[436]. Não se ignora que haveria de frutificar nas primeiras incursões em matéria de direitos sociais, permitindo, já no último quartel do século XIX, que questionasse sobre a existência de um direito à assistência do Estado. Numa paráfrase às expressivas palavras de Rui de Figueiredo Marcos[437], dir-se-á que "um conveniente remorso do liberalismo" viabilizará a tomada de consciência das debilidades do princípio abstencionista do Estado em matéria social. As emergentes preocupações com o pauperismo apontam no sentido de que a sociedade, por si só, não consegue fazer face às causas (e às consequências) da pobreza. Numa perspetiva mais político-idealista, começa a recompreender-se a trilogia revolucionária francesa[438], onde a liberdade surge agora associada à responsabilidade (e, pela mediação da fraternidade, convive com a tolerância[439]), onde ao lado da igualdade formal parece despontar a consciência da necessidade de uma igualdade material

---

Moura Ferreira, «Entre Saberes: A Centralidade do Saber Jurídico na Consubstanciação da Ordem Liberal», in: *Revista de História das Ideias*, vol. 24, 2003, pp. 198 e ss..

436 Cf. também Cabral de Moncada, «Subsídios...», cit., p. 27. A breve trecho, porém, e como enfatiza igualmente o Autor, a polémica haveria de ficar soterrada, no que ao desenvolvimento da Filosofia do Direito tange, pelos avanços do positivismo cientista, do naturalismo e do sociologismo.

437 Rui de Figueiredo Marcos, «O Retrato de Machado Villela», in: *Boletim da Faculdade de Direito*, vol. LXXXVIII, tomo II, 2012, p. 926 (enfatizando a importante vertente da cultura oitocentista portuguesa em que a "questão social" se haveria de consubstanciar).

438 Trindade Coelho, *Manual...*, cit., pp. 37 e ss..

439 Uma das expressões jurídico-constitucionais da tolerância poder-se-á, em alguma medida, reconduzir ao sentido da liberdade religiosa. Não obstante a opção constitucional pela Religião Católica Apostólica Romana enquanto culto público, as Leis Fundamentais admitiam a possibilidade de culto particular de outras religiões, embora, em regra, a circunscrevessem aos estrangeiros (cf. artigos 25.º da Constituição de 1822 e 6.º da Carta Constitucional; *v.*, porém, conjugadamente artigos 3.º e 11.º da Constituição de 1838, que, depois de haver afirmado que a Religião do Estado se identificava com a Católica Apostólica Romana, proíbe qualquer perseguição por motivos religiosos, desde que respeitada a religião do Estado). No sentido de que estaríamos diante de uma manifestação de tolerância se inclinam os debates aquando dos trabalhos preparatórios da Constituição de 1822, quer associando-a ao espírito do cristianismo (como se extrai da intervenção do Bispo de Beja), quer concebendo-a, ainda que de forma incipiente, como princípio jurídico (como parece decorrer das declarações do Padre Castello Branco); o facto de se restringir o culto particular de outras religiões aos estrangeiros criava, contudo, potenciais dificuldades aos filhos de pai estrangeiro nascidos e residentes em Portugal, a quem a Constituição reconhecia a cidadania portuguesa, mas que poderiam ter sido criados noutra religião (como então salientou, sem êxito, Luiz Monteiro). Cf. *Diario das Cortes Geraes e Extraordinarias da Nação Portugueza*, n.º 143, 1821, pp. 1772 e ss..

(porque falaciosa a proposição segundo a qual todos nascem iguais), e onde germina um vislumbre de solidariedade estadual, associado à ideia de fraternidade, e o reconhecimento da importância dos movimentos cooperativos. A conceção orgânica do Estado (como associação jurídica de indivíduos) determinará, em seguida, que existem direitos e deveres recíprocos de auxílio – em consonância com o sentido último do direito, que visa a ligação justa entre os membros daquela associação à luz da ideia de justo[440]. Emídio Garcia[441] assume uma posição muito clara, a este propósito, quando afirma que a "caridade individual ou colectiva", ao invés de solucionar o problema, intensifica-o, enunciando, então, a questão da emergência de um "direito á *assistência publica*, ao *trabalho*, á *caridade legal*, á *beneficência do estado*".

Ainda assim, os problemas dogmáticos associados à dificuldade em concretizar a exigibilidade e, por conseguinte, em identificar a garantia de tais direitos[442] tornariam também inviável a construção de uma teoria

---

440 Cf., *v. g.*, as observações de Cupertino de ANDRADE, «Estudos…», cit., pp. 182 e s., contextualizando a sua análise também mediante a invocação das raízes etimológicas do direito.

441 Manuel Emídio GARCIA, «O Pauperismo I. Esmola ou Justiça? Imoralidade ou Trabalho?», in: *O Trabalho. Semanario Democratico*, n.º 2, 24.03.1870, pp. 9 e s., e «O Pauperismo II…», cit., p. 20 (itálico no original), respetivamente. Repare-se que a posição do Autor revelada neste estudo (um autêntico manifesto) assume um grau de significativa radicalidade, criticando inclusivamente o sentido das monarquias constitucionais e, em especial (e tendo em consideração o quadro temático em que se move – os problemas da miséria social), a dotação orçamental de que gozava o rei e a família real – *v.* «O Pauperismo IV. O Feudalismo – Realeza Absoluta – Realeza Constitucional Representativa – Republica Democratica», in: *O Trabalho. Semanario Democratico*, n.º 6, 23.04.1870, pp. 42 e s..

442 Ainda que alguns dos atuais direitos sociais emergissem com maior acuidade, como sucedeu, *v. g.*, com a instrução pública. Sobre o problema da organização de um sistema de ensino público e o sentido da consagração de uma garantia constitucional nesta matéria (de duplo sentido, impondo direitos e deveres quer ao indivíduo, quer à sociedade) e da sua compreensão como uma tarefa do Estado, *v.* as pertinentíssimas observações de Alexandre HERCULANO, «Instrucção Publica», in: *Opúsculos*, tomo VIII, Tavares Cardoso & Irmão – Editores, Lisboa, 1901, pp. 107 e ss.. Às preocupações com a instrução pública não se revelaram alheios dois aspetos específicos da ordem liberal. Assim, e por um lado, entendia-se que só a instrução pública permitiria assegurar a verdadeira prosperidade do povo e, por essa via, firmar as instituições liberais: eis o que resultava expressamente, *v. g.*, do Decreto de 2 de novembro de 1833, que criou a Comissão incumbida de formar um *Plano geral de Estudos, Educação e Ensino Público* (in: *Collecção de Decretos e Regulamentos Mandados Publicar por Sua Magestade Imperial o Regente do Reino desde a sua Entrada em Lisboa até á Instalação das Camaras Legislativas – Terceira Série. Appendice á Terceira Série – Anno 1832*, Imprensa Nacional, Lisboa, 1835, pp. 29 e s.). Por outro lado, mas em conexão estreita com a observação anterior, os melhoramentos progressivamente introduzidos na instrução, durante a estabilização do regime liberal, tinham como propósito a construção de uma sociedade de cidadãos esclarecidos, já que só estes poderiam

dos direitos sociais e a sua integração no texto constitucional. Destarte, só o final do século XIX e, sobretudo, o início do século XX viria permitir vislumbrar um esforço jurídico-positivo na ultrapassagem de uma conceção puramente formal dos direitos, assistindo-se à emanação de normas destinadas a garantir uma igualmente material ou uma proteção social a certos setores mais desfavorecidos, com particular destaque para a consciencialização da "questão operária" ou da "questão social", por influência do cristianismo social e dos movimentos socialistas[443].

Destarte, na prática, as três fases da doutrina liberal apontadas por Oliveira Martins[444] a partir da perspetiva de Herculano – e que se consubstanciavam em "o kantismo como philosophia, o individualismo como politica, o livre-cambio como economia" – acabariam, como salienta Castanheira Neves, por se reconduzir apenas aos dois últimos vetores[445], e terminariam, já no crepúsculo do século XIX, por se volver num utilitarismo economicista, que as políticas de fomento económico acabariam por acentuar[446].

2.2. O tradicionalismo: entre a "regeneração", a contrarrevolução e o legitimismo

Embora com feições distintas, a valorização da tradição representou um aspeto transversal a liberais e conservadores[447], na linha das primei-

exercer uma atuação consciente de intervenção na *polis* e, como tal, participar no exercício do poder. Esta perceção surge bem nítida quase a meio do século, no *Relatorio e Projecto de Lei sobre a Reforma da Instrucção Publica Primaria Secundaria*, apresentado por Costa Cabral (cf. *Diario da Câmara dos Senhores Deputados*, sessão de 07.03.1843, p. 115).

443 Sobre esta matéria, e com desenvolvimentos sob outras perspetivas, cf. ainda João Loureiro, *Direito da Segurança Social: Entre a Necessidade e o Risco*, Coimbra Editora, Coimbra, 2014, pp. 133 e ss., e «Da Legislação Operária ao Direito da Segurança Social (1914-2014)», in: *Boletim da Faculdade de Direito*, vol. XCI (volume comemorativo), 2015, pp. 681 e ss..

444 Oliveira Martins, *Portugal...*, cit., tomo II, p. 308.

445 Castanheira Neves, «Os "Elementos"...», cit., p. 341, e «O Liberalismo...», cit., p. 206.

446 Ou, na perspetiva (mais pessimista) de Cabral de Moncada («O Liberalismo...», cit., pp. 280 e s.), o pensamento liberal acabou por servir a "tirania do económico", assim como "os fins e os valores de um *homo* exclusivamente *faber* e œconomicus também".

447 Permitindo a destrinça entre o tradicionalismo liberal e o tradicionalismo contrarrevolucionário: assim, António Silva Pereira, «Estado de Direito e "Tradicionalismo" Liberal»,

ras reações às invasões francesas, que condenavam, em simultâneo, o radicalismo e as propostas do invasor, bem como o Antigo Regime[448]. Na síntese lapidar de António da Silva Pereira[449], inspirado pelos discursos (mais ou menos inflamados) das Cortes Constituintes, "articulam-se na mente dos nossos teóricos com um impulso liberal decididamente empenhado em institucionalizar os direitos naturais e fundamentais do homem e do cidadão português em bases e sobre princípios (finalmente) «estáveis e incontestáveis», estruturado num discurso histórico prefigurador das teses políticas em processo no presente, procurando ler nos eventos pretéritos de um «constitucionalismo» fruste, reportado às «épocas mais assinaladas da nossa história», a revelação primitiva (ainda que imperfeita) da «nossa bem entendida liberdade», e veiculando uma tendência objectivamente evocativa e recuperadora".

Destarte, e não obstante os influxos franceses, importa assinalar que a revolução portuguesa de 1820 não se pautou exatamente pelos mesmos ideais, configurando antes um "encontro" entre uma determinada leitura da história jurídico-política e as aspirações do liberalismo revolucionário europeu[450]. Na verdade, mesmo para os liberais vintistas, a principal tarefa que se impunha consistia na "*regeneração*" de Portugal[451], acompanhada da impreterível (re)deslocação do centro de gravidade do Reino do Rio de Janeiro para Lisboa. Assim sucedia já na Proclamação mandada afixar pelo

---

in: *Revista de História das Ideias*, vol. II, 1978-1979, p. 160.

448 *V.* Miriam Haltern Pereira, *Do Estado Liberal ao Estado Providência: Um Século em Portugal*, Editora da Universidade do Sagrado Coração, São Paulo, 2012, pp. 73 e s..

449 António da Silva Pereira, «Estado...», cit., p. 121.

450 António Silva Pereira, «Estado...», cit., p. 157 (a metáfora "encontro" pertence ao Autor).

451 Cf., *v. g.*, Borges Carneiro, *Portugal...*, cit., pp. 58 e ss..
Atente-se, porém, em que o vocábulo «regeneração» não possui, na conjuntura histórica portuguesa, um conteúdo totalmente unívoco, pois que o mesmo surge, novamente e mais tarde, para descrever o período que se inicia em 1851 e se consolida com a revisão da Carta Constitucional, decorrente do Ato Adicional de 5 de julho de 1852, coincidindo com o fim do cabralismo e o dealbar do fontismo [cf., por todos, Maria Manuela Tavares Ribeiro, «A Regeneração e o seu Significado», in: José Mattoso (dir.), *História de Portugal*, vol. V, Editorial Estampa, s. l., 1998, pp. 101 e ss.]; volta a aludir-se à «Neo-Regeneração», na sequência da ascensão de João Franco ao poder, em 1906 [cf. Rui Ramos, *A Segunda Fundação*, 2.ª ed., vol. VI de José Mattoso (dir.), *História de Portugal*, Editorial Estampa, s. l., 2000, pp. 235 e ss.]. Reportamo-nos, em texto, à *regeneração* visada pela revolução liberal de 1820 (determinante da elaboração da primeira Constituição portuguesa), empregando um sentido que se encontra igualmente acolhido em vários documentos da época.

Governo Interino na tarde de 17 de setembro de 1820[452] ou na Proclamação de 1 de outubro de 1820, em que o Governo Interino (de Lisboa) afirma unir-se fraternalmente e num só corpo à Junta Provisional do Governo do Reino (criada no Porto), levantando o "Glorioso Estandarte da Regeneração"[453] [454].

As mesmas ideias encontramos em documentos com pretensões mais teoréticas. Assim sucedia, *v. g.*, com José Liberato Freire de Carvalho[455] que entendia, independentemente da discussão sobre a realização das Cortes de Lamego, que a monarquia portuguesa havia nascido "rigorosamente liberal", pelo que os nossos primeiros reis "longe de terem assumido um poder absoluto, antes formalmente o abjuraram"[456] – natureza constitucional esta que surgirá verdadeiramente vivificada e "restaurada" no reinado de D. João I[457]. A monarquia estaria, pois, corrompida, impondo-se libertar o próprio rei, que, despojado dos "naturaes e honrados conselheiros" reunidos em Cortes, e embora nominalmente titular de um poder absoluto, se encontrava à mercê (como um "vassalo") dos seus conselheiros e ministros[458]. Num horizonte assim configurado, a própria Carta Constitucional conceber-se-á como um documento mediador entre a tradição nacional e o liberalismo revolucionário, *i. e.*, como "uma plena e justa restituição de nossos antigos fóros e liberdades politicas, restituiçaõ

452 Cf. a respetiva transcrição na *Gazeta de Lisboa*, n.º 223, 18.09.1820.

453 Cf. *Gazeta de Lisboa*, n.º 237, 02.10.1820.

454 Para uma síntese dos factos político-históricos com relevo jurídico-constitucional ocorridos durante este período, *v.* Lopes Praça, *Collecção...*, cit., vol. II, pp. 151 e ss..

455 Um dos liberais radicais, da perspetiva portuguesa: cf. a violenta diatribe contra a atuação de D. Miguel (que, em conjunto com a Rainha D. Carlota Joaquina, corporizava, no plano interno, a "facção" contrária ao liberalismo e ao constitucionalismo, e que conhecia o seu émulo, no plano internacional, na Santa Aliança e também na própria política inglesa, que considerava dúbia) em José Liberato Freire de Carvalho, *Ensaio Político sobre as Causas que Prepararão a Usurpação do Infante D. Miguel no Anno de 1828, e com Ella a Quéda da Carta Constitucional do Anno 1826*, 2.ª ed., Imprensa Nevesiana, Lisboa, 1842.

456 José Liberato Freire de Carvalho, *Ensaio Historico-Politico sobre a Constituiçaõ e o Governo do Reino de Portugal*, Hector Bossange, Paris, 1830, p. 7.

457 José Liberato Freire de Carvalho, *Ensaio Historico-Politico...*, cit., pp. 30 e ss., esp.te pp. 32 e s.. Esta perspetiva surge igualmente defendida no periódico dirigido pelo Autor: cf., paradigmaticamente, entre outros excertos, *O Campeaõ Portuguez ou O Amigo do Rei e do Povo*, vol. 1 (1819), pp. 111 e ss. (16.08.1819), e pp. 162 e ss. (01.09.1819).

458 *O Campeaõ Portuguez ou O Amigo do Rei e do Povo*, vol. 1 (1819), p. 57 (16.07.1819), a propósito do Tratado de Comércio de 1810 celebrado com a Grã-Bretanha.

accommodada ás luzes e ás necessidades do seculo em que vivemos", e, por conseguinte, uma "herdeira e successora natural e legitima da nossa primitiva constituição da monarquia"[459]. Idêntica compreensão perpassava pelo periodismo político liberal (ou protoliberal) da época[460]. Além de *O Campeaõ Portuguez*, também *O Portuguez ou Mercurio Politico*, dirigido por João Bernardo da Rocha Loureiro, exaltava a nossa antiga Constituição, causa de toda a prosperidade e grandeza passadas, que se impunha agora restaurar[461].

E julgamos que esta referência à "regeneração" e à fundamentação dos ideais liberais na tradição jurídica portuguesa de tempos mais antigos não pretendia servir um propósito meramente tranquilizador (ou anestesiante?) no sentido de afastar do espírito nacional os sobressaltos vividos na Revolução Francesa ou um objetivo de aproveitamento político[462]. Pelo contrário, a invocação das tradições correspondia agora a um imperativo emergente da própria consciência cívica[463], de molde a afastar as instituições (absolutistas) que as teriam pervertido. Neste sentido, existia uma verdadeira crença de que a ordem constitucional (re)criada encontrava já as suas raízes na História nacional - ou, pelo menos[464], de que a nova ordem não poderia perder de vista os valores que, só com prejuízo total da unidade social, se tornariam dispensáveis, os quais se reconduziam à religião e à fidelidade à dinastia brigantina, agora mobilizadas e compreendidas à luz do paradigma jusracionalista e liberal, e, a partir de 1830, da conjugação entre a democracia liberal parlamentar de tipo inglês e orleanista e o tradicionalismo monárquico católico nacional[465].

---

459 José Liberato Freire de CARVALHO, *Ensaio Historico-Politico...*, cit., pp. 33, e 49 e s., respetivamente. Para o Autor, o poder absoluto desenvolveu-se com D. João III, em virtude do poderio alcançado pelos Jesuítas e pela Inquisição - *Op.* cit., pp. 57 e ss..

460 *V.*, mais desenvolvidamente, a análise de António Silva PEREIRA, «O "Tradicionalismo" Vintista e o *Astro da Lusitânia*», in: *Revista de História das Ideias*, vol. I, 1977, pp. 186 e ss., e 193 e ss..

461 *O Portuguez*, vol. 1, n.º 6, 20.09.1814, pp. 473, 480 e ss..

462 Professando este entendimento, *v.* Zília Osório de CASTRO, «Manuel Borges Carneiro...», cit., pp. 134 e s..

463 Cf. António Silva PEREIRA, «O "Tradicionalismo"...», cit., p. 203.

464 Como, a final, acaba por também reconhecer Zília Osório de CASTRO, «Manuel Borges Carneiro...», cit., p. 136.

465 *V.* igualmente Cabral de MONCADA, «O Liberalismo...», cit., p. 315.

Todavia, e independentemente do caráter (mais ou menos) tradicionalista do movimento liberal-constitucional português, a verdade é que com ele coexistiu (e a ele se contrapôs assumidamente) um pensamento contrarrevolucionário, que, em termos políticos, se haveria de exacerbar com o legitimismo (ou miguelismo), estando também subjacente a uma das bandeiras da guerra civil e acabando por influenciar os percursos (quantas vezes acidentados) do liberalismo e do constitucionalismo portugueses, durante todo o século XIX.

Tais assomos contrarrevolucionários emergem já no final do século XVIII e destinam-se, no essencial, a exaltar o *Ancien Régime* e a rechaçar as doutrinas francesas, as quais haviam permitido colocado um "Usurpador" no trono de França, que, em breve, tinha ocupado Portugal. Assim sucede, por excelência, com o Marquês de Penalva, Fernando Teles Caminha da Silva Menezes, partidário de um paternalismo absolutista e defensor do valor da religião, enquanto elemento aglutinador dos povos e, em particular, da ordem[466]. Na mesma linha, outro dos primeiros arautos da contrarrevolução (e enfatizando, em particular, o despotismo napoleónico para que tinha, depressa, descambado a – pretensamente libertadora – Revolução Francesa), José Acúrsio das Neves[467], salientava criticamente que, "não contentes estes revolucionarios inquietos de terem destruido a França, e os Paizes visinhos, quizerão dar Leis ao Mundo, e não fizeram senão cobrillo de ruinas"[468]. O propósito último de tal esforço argumentativo dirigia-se a restaurar a antiga monarquia

466 Fernando Teles Caminha da Silva MENEZES, *Dissertação a favor da Monarquia, onde se prova pela razão, auctoridade e experiência ser este o melhor e mais justo de todos os governos*, Regia Officina Typographica, Lisboa, 1799.

467 A quem se deve igualmente uma descrição das invasões francesas: cf. José Acúrsio das Neves, *Historia Geral da Invasão dos Francezes em Portugal, e da Restauração deste Reino*, tomos I a V, Officina de Simão Thaddeo Ferreira, Lisboa, 1810-1811. O início do tomo I oferece, de imediato, a crítica à Revolução Francesa e aos respetivos ideais, que "[ameaçaram] a tranquilidade de todos os póvos, e a existencia de todos os governos, pelas maximas de subversão geral" (pp. 19 e s.). Para uma análise crítica desta obra, cf. Ana Cristina ARAÚJO, «Memória e Mitos da Guerra Peninsular em Portugal: *A História Geral da Invasão dos Franceses* de José Acúrsio das Neves», in: *Revista de História das Ideias*, vol. 29, 2008, pp. 241 e ss..

468 José Acúrsio das NEVES, *Manifesto da Razão contra as Usurpações Francezas. Offerecido á Nação Portugueza, aos Soberanos, e aos Póvos*, Simão Thaddeo Ferreira, Lisboa, 1808, p. 8. *V.* ainda, com uma índole mais panfletária (na medida em que mais especificamente dirigido contra a investida militar das invasões francesas), José Acúrsio das NEVES, *A Salvação da Patria.*

portuguesa[469]. A esta dimensão cedo se aliou a tarefa de recuperar o Cristianismo e a religião católica que a anarquia francesa havia ameaçado, desde logo, através do confisco de bens[470].

Pertencerá a António Caetano do Amaral o contributo decisivo nesta matéria, através dos seus estudos histórico-jurídicos, que, afastando uma visão neutral, pretendem afirmar um conjunto de posições e princípios, próprios de uma história moral, política e juridicamente empenhada[471], contribuindo, neste ponto, para identificar o sentido das Leis Fundamentais tradicionais da monarquia portuguesa – adotando uma posição que se afasta, em muito, daquela que o tradicionalismo liberal viria a advogar. Sobre a sua obra se pronunciou a pena autorizadíssima de Paulo Merêa[472], comparando-o a Martínez Marina (cf., *supra*, 1.3., IV). Na sua notável *Memória V*[473], relativa à primeira dinastia, e, em particular, no capítulo atinente à "Constituição, ou forma de governo", o sistema nacional aparece caracterizado como uma monarquia pura e hereditária[474], assentando nas Leis Fundamentais emergentes das Cortes de Lamego[475]. Tal governo puramente monárquico convivia com a realização de cortes, mas estas assumiam, sobretudo, um pendor suplicante,

Proclamação aos Portuguezes sobre a sua Honra, e o seu Dever nas Actuaes Circumstancias da Monarquia, Simão Thaddeo Ferreira, Lisboa, 1809.

469 José Acúrsio das Neves, *Manifesto...*, cit., p. 41.

470 Cf., *v. g.*, José Acúrsio das Neves, *Manifesto...*, cit., p. 24; e, mais impressivamente, Francisco Soares Franco, *Memoria em que se examina qual seria o estado de Portugal, se por desgraça os Francezes o chegassem a dominar*, Antonio Rodrigues Galhardo, Lisboa, 1809, pp. 7 e ss..

471 Isabel Ferreira da Mota, «Portugal e o Governo das Paixões: História e Política em António Caetano do Amaral», in: *Revista Portuguesa de História*, tomo XLV, 2014, p. 619.

472 Paulo Merêa, «De André de Resende a Herculano (Súmula Histórica da História do Direito Português)», in: *Estudos de História do Direito*, Coimbra Editora, Coimbra, 1923, p. 32. Sobre o relevo histórico da obra de António Caetano do Amaral, *v.* ainda Isabel Ferreira da Mota, «Portugal...», cit., pp. 609 e ss..

473 António Caetano do Amaral, «Memoria V. Para a Historia da Legislação, e Costumes de Portugal: I.ª Epoca da Monarchia Portugueza, desde o Conde D. Henrique até ao Fim do Reinado d'ElRei D. Fernando», in: *Historia e Memorias da Academia Real das Sciencias de Lisboa*, tomo VI, parte II, e tomo VII, Typrografia da Academia, Lisboa, 1820 e 1821, pp. 1 e ss. e 350 e ss..

474 O Capítulo II da referida *Memória*: António Caetano do Amaral, «Memoria...», tomo VII, cit., pp. 362 e ss..

475 De cuja realização, para o Autor, se revela inútil duvidar, pois que as normas imputáveis às Cortes constituíram objeto de observância ou mesmo de confirmação por outros documentos: cf. António Caetano do Amaral, «Memoria...», tomo VII, cit., p. 363, e ns. (b) e (c).

consultivo e pacificador, para que "se segurasse o acerto das Resoluções e estas fossem mais bem recebidas", não se verificando, porém, uma qualquer partilha do poder legislativo entre elas e o rei – uma conclusão verificável não só pela consulta dos documentos aí produzidos, mas também pela circunstância de a própria convocação destes conselhos depender da vontade real ("mercê"), não assumindo natureza obrigatória, e de as resoluções adotadas, ainda que com o concurso dos súbditos, assentarem apenas na autoridade do monarca[476].

Também os pensadores brasileiros influíram sobre o pensamento contrarrevolucionário português. Recorde-se que coube ao Visconde de Cairu, José da Silva Lisboa, a tradução da obra de Burke[477], na qual apresenta a sua específica visão sobre as posições aí adotadas e o eventual sentido da sua transposição para uma realidade distinta da inglesa[478]. E, embora o pensamento conservador nacional (em particular, o que pendia para o regresso a um sistema mais próximo do regime anterior, como sucedia com o miguelismo) se não filie integralmente no modelo britânico, não persistem dúvidas de que a reação contra o espírito revolucionário e o relevo conferido à ponderação e à recuperação das tradições (designadamente, no que tange à construção da forma de governo ou ao sentido do reconhecimento dos direitos e liberdades)[479]

---

476 António Caetano do AMARAL, «Memoria...», tomo VII, cit., pp. 368 e ss. (a citação pertence à p. 368), louvando-se, sintomaticamente, na *Deducção Chronologica e Analitica* [cf. pp. 371 e s., ns. (a), (b) e (c), 380, n. (a)], assim como nos "nossos Publicistas" Pascoal José de Mello Freire e Francisco Coelho de Sousa Sampaio [cf. p. 371, n. (a)].

477 *Extractos das Obras Politicas e Economicas do Grande Edmund Burke por José da Silva Lisboa*, 2.ª ed., Nova Impressão da Viuva Neves e Filhos, Lisboa, 1822. Afigura-se interessante assinalar que, além de passagens do *Opus Magnum* de Burke, as *Reflections*, e de outros escritos, o Visconde de Cairu tenha selecionado para a sua coletânea a *Apologia*, que contém uma síntese do pensamento *reformista* do Autor, acentuando a sua antítese com a revolução, que "pretende inovar linha por linha" (e as "tristes consequências destas fantasias"), e a reforma, caracterizada pelo "odio à innovação" (*Extractos...*, cit., pp. 77 e ss., esp.te pp. 81, 86 e s.).

478 Daí que, *v. g.*, MÜCKE (*Gegen Aufklärung...*, cit., p. 308) o apelide como "um Edmund Burke brasileiro"; *v.*, relativamente à leitura de José da Silva Lisboa sobre as *Reflections* de Burke, *Op.* cit., pp. 314 e ss., salientando, em particular, o sentido das passagens omitidas (algumas delas de caráter antiabsolutista), na medida em que incompatíveis com a visão política do tradutor.

479 José da Silva LISBOA («Prefacio», in: *Extractos das Obras Politicas e Economicas do Grande Edmund Burke por José da Silva Lisboa*, 2.ª ed., Nova Impressão da Viuva Neves e Filhos, Lisboa, 1822, pp. IV e s.) refere-se a Burke como "insigne Mestre de Sciencia prática de Administração,

irão representar um elemento determinante na evolução do constitucionalismo português, sobretudo, no cartismo.

Não persistirão dúvidas de que a dimensão mais reacionária da perspetiva ora em análise pertencia às vozes daquelas que advogavam a aniquilação do regime constitucional liberal (em particular, no que emergia da Constituição de 1822) e a reposição do absolutismo. Neste contexto, assume especial destaque a elaboração teórica empreendida por Faustino José da Madre de Deus[480]. Imputando as inovações liberais à ação da Maçonaria ("inimigos da ordem")[481], o Autor professa as doutrinas realistas, assentando na consideração da monarquia como a forma mais antiga de governo, na rejeição das teses contratualistas, na importância da religião e, por consequência, também na crítica acérrima da Constituição de 1822[482]. Tal como acontece com o pensamento conservador, em geral, também a perspetiva realista e legitimista mais próxima do Miguelismo fundamenta as suas teses no argumento histórico,

---

e Politica Orthodoxa", "o mais valente Antagonista da Seita Revolucionaria", exaltando as suas teorias enquanto "[convencem] a impiedade, e inepcia dos Principios Francezes, que tem causado tão grandes desastres"; neste sentido, o Autor exalta o exemplo inglês, representando este País "os inexpugnaveis Baluartes da Razão, e Lealdade, e a esperança da Orbe depois do Diluvio de doutrinas falsas, que não só destruio milhões de homens, mas também quasi extinguio os principios da Humanidade".

480 Sobre este Autor e o seu papel doutrinário no panorama da contrarrevolução, *v.* a síntese de Armando Malheiro da Silva, «O Discurso Ideo-Político de Faustino José da Madre de Deus: Contribuição para a História das Ideias Anti-Liberais em Portugal», in: *Estudos de História Contemporânea Portuguesa*, Livros Horizonte, Porto, 1991, pp. 163 e ss. (salientando o valor dogmático dos seus escritos, em particular *Os Povos, e os Reis* – cf., *infra*, já a seguir –, em contraposição com a dimensão mais propagandística e panfletária de outros documentos contrarrevolucionários, cf. *Op.* cit., pp. 169 e ss.). *V.* também Mücke, *Gegen Aufklärung...*, cit., pp. 347 e ss.. Em geral, sobre o discurso ideológico do Miguelismo, cf. Armando Malheiro da Silva, *Miguelismo: Ideologia e Mito*, Minerva, Coimbra, 1993, *passim*, esp.te 1.ª parte.
De entre os vários escritos que corporizam a verrinosa catilinária antiliberal salientam-se ainda os periódicos *O Punhal dos Corcundas* (de Frei Fortunato de São Boaventura), a *Gazeta Universal* (de José Agostinho de Macedo), a *Defeza de Portugal* (de Alvito Buela Pereira de Miranda), e a *Trombeta Lusitana*. Cf. também «O Tradicionalismo Absolutista e Contra-Revolucionário e o Movimento Católico», in: José Mattoso, *História de Portugal*, vol. V – O Liberalismo, Editorial Estampa, s. l., 1998, pp. 198 e ss.; Maria Alexandre Lousada/Maria de Fátima Ferreira, *D. Miguel*, Círculo de Leitores, Mem Martins, 2006, pp. 30 e ss..

481 Faustino José da Madre de Deus, *Os Povos, e os Reis*, Impressão Regia, Lisboa, 1825, pp. 7, 8, 11, 22, e *A Constituição de 1822 Comentada e Desenvolvida na Pratica*, 2.ª ed., Typrografia Maigrense, Lisboa, 1823, p. V.

482 Faustino José da Madre de Deus, *A Constituição de 1822 Comentada e Desenvolvida na Pratica*, 2.ª ed., Typrografia Maigrense, Lisboa, 1823, *passim*.

defendendo (não que o novo sistema há de representar uma regeneração das instituições passadas[483], talqualmente sucedia com os partidários do liberalismo, nos termos apontados no início deste número, mas antes) que a monarquia absoluta deriva de um princípio desde sempre presente em Portugal, o qual não pode, por esse motivo, ser alterado pelos povos, que não têm o direito de modificar as formas legítimas de governo[484]. Esta argumentação servirá de base: *i)* à recusa do sistema constitucional representativo e do princípio da separação de poderes (pois que a Nação, sob pena de se ver dilacerada, não poderia ser representada por vários indivíduos, mas apenas pode ser representada por um – o Rei –, a quem compete o exercício da soberania e dos três poderes – legislativo, executivo e judicial –, como ainda estava subjacente à "Constituição" ou Leis Fundamentais das Cortes de Lamego)[485]; *ii)* à defesa de uma conceção patrimonialista do Estado (com o consequente reconhecimento da possibilidade de disposição dos bens nacionais a favor de terceiros por serviços prestados ao País)[486]; *iii)* à crítica do laicismo (ou mesmo do ateísmo)[487]; *iv)* à opção pelo paternalismo régio[488]; e, por fim, *v)* à conservação da monarquia absoluta como forma de governo, um regime instituído mesmo antes de existirem os atuais Portugueses, os quais, recebendo-a como legado dos seus antepassados, não têm o direito (embora detenham a possibilidade fáctica) de a alterar[489]. A própria síntese

483 Rechaçando liminarmente esta visão, Faustino José da Madre de Deos, *Os Povos...*, cit., pp. 29 e s., 83 e s., 123 (considerando-a mesmo como um dos "astuciosos laços, que elles [os liberais] armão para esbulhar os Reis do exercício da soberania, e sujeitar as nações ao ambicioso dominio da sua facção").

484 Faustino José da Madre de Deus, *Os Povos...*, cit., p. 13 (enunciação das teses).

485 Faustino José da Madre de Deus, *Os Povos...*, cit., pp. 45 e ss., 61 e ss..

486 Faustino José da Madre de Deus, *Os Povos...*, cit., pp. 55 e ss..

487 Faustino José da Madre de Deus, *Os Povos...*, cit., pp. 68 e ss..

488 Faustino José da Madre de Deus, *Os Povos...*, cit., pp. 113 e s..

489 Faustino José da Madre de Deus, *Os Povos...*, cit., pp. 86 e s.. A argumentação do Autor acentua, em particular, o valor do lastro histórico da monarquia absoluta, *i. e,*, a circunstância de esta consubstanciar a forma de governo tradicional entre nós; assim se compreende que, na sua perspetiva, "se os Portuguezes estivessem habituados a qualquer outra fórma de governo, que houvessem instituído; e se tratasse de introduzir agora em Portugal a Monarquia absoluta por meio de huma revolução subsersiva, eu combateria essa revolução, bem como tenho combatido a de 1829; porque ella sería igualmente calamitosa" (*Op.* cit., p. 98). Por este motivo, afigura-se-lhe tão nefasta a introdução do sistema constitucional em Portugal, como a instituição da

de Madre de Deus afigura-se elucidativa desta posição: "sendo, sem dúvida alguma, a Monarquia absoluta em Portugal huma instituição dos Portuguezes; e reahindo essa instituição no Solo Portuguez, que de facto e direito he propriedade da Nação Portugueza; segue-se, que os povos de Portugal não tem, nem podem ter sobre essa instituição mais direitos do que aquelles transmitidos pelos instituidores"[490].

Por último, José da Gama e Castro, cuja obra foi já considerada como a mais representativa do movimento tradicionalista[491] ou como o fecho do ciclo que opunha revolução e contrarrevolução[492], trata desenvolvidamente as diversas dimensões do pensamento contrarrevolucionário, embora recuperando muitos dos argumentos já aduzidos pelos demais Autores da época pertencentes ao mesmo movimento. Ainda assim, o seu *Magnum* Opus – o *Novo Príncipe*[493] – assume-se como um trabalho compreensivo, que pretende abarcar todas as dimensões da vida pública (da forma de governo à composição da sociedade e das suas classes, das armas à Administração Pública, incluindo aspetos específicos, como a instrução[494], da economia e do comércio às finanças públicas), com o propósito de introduzir reformas nas plúrimas instituições do País.

---

monarquia absoluta nos Estados Unidos (*Op.* cit., loc. cit.). Daí não resultava, porém, a legitimação dos abusos de poder, que o Autor repudia, mas contrapõe que os mesmos se podem verificar em qualquer forma de governo, "porque os governantes não são Anjos, são homens tão frageis como os governados" (*Op.* cit., p. 101; na pp. seguintes, o Autor desenvolve a argumentação, direcionando-a para o problema das eventuais consequências de atuações do Rei contrárias aos interesses da Nação, mas remetendo-as para uma responsabilidade de índole religiosa).

490 Faustino José da Madre de Deus, *Os Povos...*, cit., p. 83.

491 Nestes termos, Reis Torgal, «O Tradicionalismo Absolutista e Contra-Revolucionário e o Movimento Católico», in: Mattoso, José (dir.), *História de Portugal*, vol. V – O Liberalismo (coord.: Torgal, Luís Reis/Roque, João Lourenço), Editorial Estampa, s. l., 1998, p. 201. Desenvolvidamente, cf. Reis Torgal, *Tradicionalismo e Contra-Revolução: O Pensamento e a Acção de José da Gama e Castro*, Imprensa da Universidade, Coimbra, 1973.

492 Assim, Mücke, *Gegen Aufklärung...*, cit., p. 354. Tal não significa que o pensamento contrarrevolucionário tenha desaparecido depois deste momento, mas simplesmente que esmoreceu; a segunda metade do século XIX conhecerá ainda alguns assomos do movimento (na questão do movimento católico e na oposição ao republicanismo): cf. Reis Torgal, «O Tradicionalismo...», cit., pp. 201 e ss..

493 José da Gama e Castro, *O Novo Principe, ou O Espirito dos Governos Monarchicos*, 2.ª ed., J. Villeneuve e Comp., Rio de Janeiro, 1841.

494 Repare-se que, neste contexto e no âmbito da apreciação dos estudos universitários, não deixa o Autor de tecer considerações críticas sobre as duas faculdades jurídicas: José da Gama e Castro, *O Novo Principe...*, cit., pp. 296 e 306.

Tais desenvolvimentos assentam no pressuposto da apologia do absolutismo régio[495], que se apoia, uma vez mais, quer na religião católica (num Estado dotado de religião oficial[496]), quer nos antigos costumes e tradições[497]. No contexto de uma sociedade dotada de uma estrutura estamental, onde se há reconhecer a importância do clero e da nobreza[498]), a origem do poder real assume, neste horizonte, natureza divina[499] e o monarca exerce-o, na medida em que possui legitimidade[500] para tal – o que, de algum modo, explica a acentuação da dimensão simbólica do sistema (que, porém, Gama e Castro se limitava a associar ao esplendor e à corte[501]), mas também a necessária diferenciação entre o absolutismo e o despotismo maquiavélico (este último liminarmente afastado). O Autor desconfia das vantagens da existência de uma constituição – enquanto corpo de leis que estabelece limites à autoridade (absoluta) do monarca, evitando as arbitrariedades e eliminando os efeitos de uma eventual ineptidão, com o consequente esvaziamento dos seus poderes[502] –, opondo à máxima segundo a qual "o rei reina, mas não governa", o princípio "o rei reina, mas não administra"[503].

Considerando que uma das dimensões da contrarrevolução se corporizou também no legitimismo (miguelismo), existe um conjunto de escritos, potencialmente relevante sob o ponto de vista constitucional, destinado, sobretudo, a fundamentar (por vezes, mediante a mobilização de argumentos jurídicos) as pretensões dinásticas (a legitimidade) de D. Miguel e dos seus descendentes. Sem prejuízo dos inúmeros documentos panfletários que ilustram este vetor contrarrevolucionário, assumem especial relevo as posições assumidas por António Ribeiro

495 Cf., em especial, José da Gama e Castro, *O Novo Principe...*, cit., pp. 77 e ss..

496 José da Gama e Castro, *O Novo Principe...*, cit., pp. 168 e ss.; a pp. 180 e ss., o Autor debate o problema da extinção da Inquisição.

497 José da Gama e Castro, *O Novo Principe...*, cit., pp. 124 e ss..

498 José da Gama e Castro, *O Novo Principe...*, cit., pp. 210 e ss., 237 e ss., respetivamente.

499 José da Gama e Castro, *O Novo Principe...*, cit., pp. 123 e ss., p. 315.

500 José da Gama e Castro, *O Novo Principe...*, cit., pp. 128 e ss..

501 José da Gama e Castro, *O Novo Principe...*, cit., pp. 137 e s., 142.

502 José da Gama e Castro, *O Novo Principe...*, cit., pp. 11 e s..

503 José da Gama e Castro, *O Novo Principe...*, cit., p. 136.

Saraiva. Tal como sucede com as restantes propostas tradicionalistas portuguesas, o Autor propugna pelo regresso às Leis Fundamentais do Reino resultantes das Cortes de Lamego (que corporizam uma parte significativa do direito público português), e pela impossibilidade de as mesmas constituírem objeto de alteração (pelo povo ou pelo próprio rei)[504], recusando, em geral, as diversas posições oriundas do pensamento moderno-iluminista e liberal[505]. A consequência emergente desta argumentação acabava por implicar a *restauração* das instituições tradicionais do Reino, em especial, a convocação dos Estados da Nação ou a manutenção de amplos poderes régios [bem como a impreterível eliminação da Constituição de 1822 ou da igualmente ilegítima (sob esta perspetiva) Carta Constitucional de 1826[506]], sob a égide de D. Miguel, considerado (à maneira sebastianista) como o "salvador" do País[507].

2.3. O movimento constitucional português: a perspetiva simbiótica em ação

Contextualizado no âmbito deste específico pensamento liberal-individualista e contrarrevolucionário, o movimento constitucional português

504 António Ribeiro Saraiva, *Eu não sou hum rebelde; ou a questão de Portugal em toda a sua simplicidade: oferecida aos politicos imparciaes e aos homens de boa fé*, Nova Impressão Silviana, Lisboa, 1828, pp. 7 e ss.; leis essas que afastariam D. Pedro do trono de Portugal, na medida em que já era Imperador do Brasil. Cf. também António Ribeiro Saraiva, *Á Nação Portugueza: por occasião do dia anniversario (25 de abril) do fausto nascimento de S.M.I. e R. a Senhora D. Carlota Joaquina de Bourbon, Imperatriz e Rainha Fidelissima; Depois do Regresso Feliz a Portugal do seu Augusto Filho o Senhor Infante D. Miguel, Successor Legitimo na Coroa do mesmo Reino, Ode (seguida de um breve commentario politico-moral)*, Delaforest Libraire, Paris, 1828, pp. 10 e s., 17; e *Injustice et Mauvaise Foi de la plupart des journaux de Londres et de Paris, au sujet de la question du Portugal, des Droits de la Nation Portugaise, et ceux de Don Miguel*, Delaforest Libraire, Paris, 1828, pp. 39 e ss..

505 Cf., *v. g.*, a crítica a Rousseau (ainda que não doutrinalmente sustentada, mas antes emocionalmente fundada): António Ribeiro Saraiva, *Á Nação...*, cit., pp. 16 e s..

506 António Ribeiro Saraiva, *Eu não sou hum rebelde...*, cit., pp. 21 e s.; noutros textos (*Á Nação...*, cit., p. 30, e *Injustice...*, cit., pp. 28 e 61), o Autor apelida (pejorativamente) o texto de 1826 como "carta mestiça" ou "carta brasileira".

507 Expressamente neste sentido, *v.*, por exemplo, António Ribeiro Saraiva, *Á Nação...*, cit., pp. 37 e 44. Uma expressão privilegiada dos escritos em defesa de D. Miguel encontramo-la em António Ribeiro Saraiva, *Injustice...*, cit., *passim*.

(monárquico) sofreu influências diversas, não se podendo, na sua totalidade, enquadrar num específico modelo constitucional. Aliás, como sucedeu noutros horizontes espaciais, o nosso País conheceu duas perspetivas em matéria de inteleção do sentido da constituição, à luz da sua compreensão como "estatuto político-jurídico da comunidade que através dela se define como comunidade política e se organiza em Estado"[508].

Sob esta lupa, existiu, entre nós, uma tendencial separação entre o constitucionalismo revolucionário e o constitucionalismo conservador ou cartista, acompanhada, nas três décadas iniciais do século XIX, pela coexistência de um pensamento anticonstitucional (*hoc sensu*) personificado pela Rainha D. Carlota Joaquina, irmã de Fernando VII de Espanha, e pelo Infante D. Miguel (e respetivos apoiantes), e respaldado na Santa Aliança. Emergindo aquelas duas tendências, com especial acutilância, logo no dealbar do movimento constitucional português, elas corporizam uma tensão que há de acompanhar toda a vida política e pautar a realidade constitucional portuguesa até à implantação da República[509]. Tal sucedeu quer nas primeiras etapas mais turbulentas, quer na fase da estabilização (política, mas também jurídica) do constitucionalismo liberal, alcançada com a terceira vigência da Carta e com a entrada em vigor do Código Civil de 1867 – a primeira a solidificar um determinado modelo organizatório, o segundo a concretizar uma certa perspetiva dos direitos dos indivíduos.

508 Castanheira Neves, «O Direito como Validade: A Validade como Categoria Jurisprudencialista», in: *Revista de Legislação e de Jurisprudência*, n.º 3984, ano 143.º, janeiro/fevereiro 2014, p. 168. Cf. também Castanheira Neves, «A Redução Política do Pensamento Metodológico-Jurídico», in: *Digesta. Escritos Acerca do Direito, do Pensamento Jurídico, da Sua Metodologia e Outros*, vol. 2.º, Coimbra Editora, Coimbra, 1995, p. 406.

509 Estas duas tendências refletir-se-ão, por sua vez, no modelo de democracia partidária que atravessou o século XIX português, com especial impacto depois da guerra civil de 1832-1834. Na verdade, uma das características da monarquia liberal portuguesa consistiu no bipartidismo (e no consequente rotativismo) – o qual correspondia à exteriorização daquela oscilação de conceções. A forma de relacionamento entre os dois partidos dominantes (primeiro, Partido Conservador e Partido Democrata, depois Setembrista; mais tarde, Partido Regenerador e Partido Progressista – sem prejuízo de outras vicissitudes) ditará as diversas etapas da vida político-constitucional nacional, abrindo, sucessivamente, a fase da luta revolucionária entre ambos (em que o poder era tomado quase a golpe de espada), do rotativismo e da posterior desagregação partidária (que, a final, conduziria à própria rutura do sistema monárquico constitucional). Sobre o bipartidismo, cf. Marcello Caetano, *História Breve das Constituições Portuguesas*, 2.ª ed., Editorial Verbo, Braga, 1968, pp. 61 e ss.)

E será na fase da estabilização, que poderemos encontrar uma refração do pensamento liberal-individualista no constitucionalismo. Para mobilizarmos, de novo (mas agora a título mais exemplificativo e menos exclusivo), Vicente Ferrer, e em consonância com as raízes moderno-iluministas, a sua perspetiva assume, no plano político-constitucional, um pendor contratualista. A sociedade surge como uma pessoa moral, resultante da reunião dos indivíduos, e dotada de um fim comum, definido pelo «pacto de união», o pacto inicial ao qual se segue o «pacto de constituição», que estabelece "condições gerais" para a prossecução daquele fim comum (as leis fundamentais ou constitucionais de uma sociedade). Defendendo a divisão do poder soberano (delegado pelos sócios) em legislativo, administrativo (ou executivo) e judicial, o Autor não deixa de reconhecer um poder moderador, o qual se destina a "vigiar os outros poderes, e fazer com que eles não sáiam da esphera das suas attribuições"[510]. Ademais, Vicente Ferrer tinha plena consciência da supremacia da constituição e da sua força normativa relativamente às leis ordinárias: numa tão calorosa quanto juridicamente precisa intervenção na Câmara dos Deputados, encontramos o Professor de Coimbra a defender que "a Constituição é a Lei Suprema de um Estado, e que todas as outras são secundarias e dependentes desta primeira Lei. Uma Lei ordinária póde revogar qualquer Lei de Estado, mas não a primeira. (...) Accresce outra cousa, e é, que as Leis secundarias são por força respeitadoras da primeira Lei, e qual é a primeira Lei? É a Lei Fundamental do Estado"[511].

---

510 Vicente Ferrer Neto Paiva, *Elementos...*, cit., pp. 159 e ss. (a citação pertence à p. 162). A localização sistemática da matéria (imediatamente a seguir aos contratos) e a forma como é tratada poderiam suscitar dúvidas sobre a sociedade a que o texto se reporta, designadamente se não estará a referir-se antes ao contrato de sociedade. Mas o próprio Autor desfaz qualquer hesitação, quando alude aos tipos de sociedades e aí inclui o Estado como exemplo de sociedade perpétua (*Op.* cit., p. 165). Ademais, quando apresenta a classificação do Direito Positivo, Vicente Ferrer (*Op.* cit., p. 35) singulariza o Direito Público como "o complexo das leis relativas à constituição e administração pública da *sociedade civil*, i. é, á cerca das relações entre os poderes soberanos e os subditos" (itálico nosso).

511 Cf. *Diário da Câmara dos Deputados*, n.º 48, 04.03.1852, p. 54, no contexto da apreciação da proposta de adiamento da discussão do Ato Adicional de 1852, para dar prioridade às refor-

2.3.1. Incursões proto-constitucionais

O constitucionalismo português não nasce *ex abrupto*, podendo considerar-se, de algum modo, filiado na tradição jurídica ancorada em séculos anteriores (como, aliás, pretenderam os próprios revolucionários vintistas). Por um lado, a grandeza do País teria decorrido sempre do adequado equilíbrio com que o soberano havia temperado a sua vontade com a voz dos seus súbditos (desde logo, representados em cortes)[512], existindo documentos que claramente o comprovam: não é por acaso que o Regimento do Reino de Portugal de 1438 se considerou já a "primeira constituição escrita portuguesa"[513], ou, de modo ainda mais amplo, que se pretendem identificar expressões de uma constituição material ou informal em momento anterior ao texto constitucional de 1822[514]. Por outro lado, durante o século XVIII, os *Estatutos Pombalinos* referem, no âmbito do estudo do Direito Pátrio Público Interno – cujo objeto consiste na "forma do Governo público interior do Estado" –, a necessidade de analisar a "Constituição Civil da Monarquia Portugueza"[515].

---

mas económicas e administrativas (proposta apresentada por António Joaquim Barjona – cf. *Diário da Câmara dos Deputados*, n.º 48, 04.03.1852, p. 52). Vicente Ferrer pronunciou-se em sentido contrário, invocando, *inter alia*, os argumentos transcritos em texto, para concluir que a revisão da Carta (justamente em virtude da sua natureza de Lei Fundamental, à qual as restantes se encontram subordinadas) deveria ser efetuada em primeiro lugar.

512 Eis a linha de raciocínio analítico de uma das obras emblemáticas do vintismo: Cypriano José Rodrigues das Chagas, *As Cortes ou os Direitos do Povo Portuguez*, Officina de Antonio Luis Galhario, Lisboa, 1820.

513 Paulo Otero, «O Significado Constitucional das Cortes de Coimbra de 1385 e das Cortes de Torres Novas de 1438», in: *Estudos em Homenagem ao Prof. Doutor José Joaquim Gomes Canotilho*, vol. V, Boletim da Faculdade de Direito/Coimbra Editora, Coimbra, 2012, p. 244. *V.*, porém, Vital Moreira/José Domingues, «Genealogia...», cit., pp. 221 (qualificando o *Regimento* como uma forma de "constitucionalismo incipiente") e 222 e s..

514 Assim, Freitas do Amaral, «As Sete Constituições Informais da Monarquia Portuguesa Antes do Liberalismo», in: *Estudos em Homenagem ao Prof. Doutor Martim de Albuquerque*, vol. I, Faculdade de Direito da Universidade de Lisboa/Coimbra Editora, Coimbra, 2010, pp. 431 e ss., que alude à existência de sete constituições informais: a Constituição de D. Afonso Henriques ou de Guimarães (1143-1254), a Constituição de D. Afonso III ou de Leiria (1254-1385), a Constituição de D. João I ou de Coimbra (1385-1580), a Constituição de Filipe I ou de Tomar (1580-1640), a Constituição D. João IV ou de Vila Viçosa (1640-1700), a Constituição de D. Pedro II ou de Lisboa (1700-1816), e a Constituição de D. João VI ou do Rio de Janeiro (1816-1822).

515 *Estatutos da Universidade de Coimbra (1772) – Livro I*, Imprensa da Universidade de Coimbra, Coimbra, 1972, p. 454. Sobre o sentido a atribuir ao conceito de "Constituição Civil

Neste contexto, Raimundo Nogueira reconhecia a autonomização de um "direito público interno", onde se incluíam as disposições atinentes à obediência ao soberano e aos "cuidados" (diríamos hoje, os limites) que este deve ter na tarefa de promoção e melhoramento do Reino; não estávamos senão perante uma consequência do facto de o "Império" ter direitos e obrigações, procedentes do "vínculo social que une os cidadãos entre si mesmos, e da obediência que [...] devem prestar ao imperante que designaram para os governar, e *supõem sempre sujeição*"[516]. Também na introdução ao Projeto do Código de Direito Público, Mello Freire[517] identificava o direito público como estabelecendo "os direitos e officios do imperante e dos vassallos em relação á sociedade", e, no articulado do texto, admitia a existência de *leis fundamentais do Estado* ("entre todas as mais sagradas") – identificando-as com aquelas que regulam a sucessão da Coroa (mas também que "confirmão o nosso [do rei] poder absoluto[518] e independente") –, colocando sob estas as restantes leis[519]. Indo mais longe,

da Monarquia Portugueza", no cotejo com a noção de "leis fundamentais", cf. Vital Moreira/José Domingues, «Genealogia...», cit., pp. 231 e s., 235 e ss., e *História...*, cit., pp. 27 e ss..

516 Raymundo Nogueira, *Prelecções de Direito Interno Público de Portugal no Anno Lectivo de 1795 a 1796*, Imprensa da Universidade, Coimbra, 1858, pp. 1 e ss.. De acordo com o Autor, o direito público interno de uma Nação compreende dois aspetos: "1.º Em poder de quem está o sumo império; 2.º De que maneira exercita o soberano os direitos majestáticos no governo e direcção do Estado que administra".

517 Mello Freire, *O Novo Código do Direito Público de Portugal, com as Provas*, Imprensa da Universidade, Coimbra, 1844, pp. IV e 3 (Título II, § 1), respetivamente. Trata-se, aliás, de recuperar, e forma mais sucinta, as ideias explanadas nas «Instituições de Direito Civil Português, tanto Público como Particular» (Livro I: 1789), in: *Boletim do Ministério da Justiça*, n.º 161, dezembro 1966, pp. 95 e s., que, mobilizando um critério subjetivo, identifica as leis fundamentais com aquelas ditadas pelo rei e pelo povo (diversamente do que sucede com outros instrumentos, ditados apenas pelo rei).

518 Repare-se, porém, que, não obstante esta afirmação, o título XLV surge dedicado aos direitos dos cidadãos *(sic)* (e não súbditos), esclarecendo-se que os direitos de propriedade e liberdade se assumem como "entre todos os mais sagrados", os quais os cidadãos poderiam exercer livremente (salvo restrições impostas pelas "leis públicas"), comprometendo-se o Estado (*hoc sensu*, a Coroa) a "[guardá-los] e [defendê-los] de toda a força e opressão" (Mello Freire, *O Novo Código...*, cit., pp. 151 e s., Título XLV, §§ 8 e 9, do projeto).

519 Designação que abrangia "todas as constituições e ordenações posteriores, que os Senhores Reis destes reinos fizerão desde o princípio da Monarchia, ou em Côrrtes, ouvidos os póvos antes de erigidos os tribunaes e relações, ou com o seu parecer e dos ministros do seu conselho, e de outras pessoas, que os mesmos Senhores costumárão sempre ouvir sem prejuizo da sua suprema auctoridade e soberania" (Mello Freire, *O Novo Código...*, cit., p. 3, Título II, § 2).

António Ribeiro dos Santos[520], na sua crítica ao projeto do Novo Código, chama a atenção para o facto de, além de ser esta uma matéria que integra o "Direito público constitucional", leis existirem que, justamente pelo seu caráter fundamental, se encontram subtraídas à vontade do Soberano (motivos suficientes para o tema não integrar o Código) – as quais, de qualquer modo, não se reconduziriam tão-só às disposições emergentes das Cortes de Lamego, incluindo igualmente outras "leis constitucionais primitivas" e "leis constitucionais posteriores", podendo assumir forma escrita ou possuir natureza consuetudinária. Nesta perspetiva, as leis constitucionais reconduzir-se-iam já à organização dos poderes públicos e à previsão dos direitos e dos deveres dos povos[521].

Embora constituindo relevantíssimos prenúncios do moderno constitucionalismo, estas manifestações representam uma espécie de proto-história do período constitucional liberal, que, todavia, já apresentavam a virtualidade de salientar a necessidade de criação de uma codificação constitucional, que clarificasse a posição relativa do Estado e dos súbditos[522].

Assim, para além destas raízes, e em termos temporal e dogmaticamente mais próximos, não se revelará surpreendente que o movimento constitucional português tenha recebido a influência do(s) constitucionalismo(s) atrás mencionados (cf., *supra*, 1.4.). No «movimento pré-constitucional»[523] ou numa espécie de pré-história *política* do constitucionalismo

520 António Ribeiro dos SANTOS, *Notas ao Título II das Leis e do Costume do Novo Codigo de Direito Publico de Portugal*, s. n., s. l., s. d., pp. 72 e ss..

521 António Ribeiro dos SANTOS (*Notas ao Plano do Novo Codigo de Direito Publico de Portugal*, Imprensa da Universidade, Coimbra, 1844, pp. 6 e s.) especifica (e, em certos pontos, desenvolve) as matérias que haveriam de incorporar a "constituição e estado publico da nação": forma de governo; sucessão da Coroa (pp. 11 e ss.); exercício dos direitos de soberania; organização da Administração Pública; direitos e deveres dos particulares relativamente aos poderes públicos (em particular, ao príncipe) (pp. 21 e ss.); composição, direitos e deveres das ordens ou estamentos que constituem o Estado (pp. 23 e s.); disciplina das Cortes (ou assembleias) (p. 24); finanças ou fazenda pública; outras matérias (atinentes, *v. g.*, ao povoamento, sustento, religião, educação, riqueza, polícia e segurança, bem como à governança e economia política) "em que se firma *conservação, perfeição* e *felicidade* da républica" (itálico no original). Recuperando a taxonomia (já aludida em texto) entre leis fundamentais primitivas/leis fundamentais posteriores e leis escritas/leis consuetudinárias ou tradicionais, o Autor concretiza quais as leis fundamentais compreendidas em cada uma das categorias (*Op.* cit., pp. 8 e s.).

522 Neste sentido, já António HESPANHA, *Guiando a Mão Invisível. Direito, Estado e Lei no Liberalismo Monárquico Português*, Almedina, Coimbra, 2004, p. 41.

523 Gomes CANOTILHO, *Direito...*, cit., p. 127.

nacional, coube, porém, a preponderância da (de uma certa) visão francesa: neste sentido apontavam quer a carta enviada pela Deputação Portuguesa a Napoleão[524] (que, afirmando a independência nacional e rejeitando, pelo menos implicitamente, a sua união, como província, a Espanha, fez despontar a possibilidade de aquele Imperador atribuir uma Lei Fundamental a Portugal), quer a Súplica de Constituição de 1808 (que solicitava para o País um rei constitucional e uma constituição – outorgada, por conseguinte –, materialmente baseada no Estatuto Constitucional do Grão-Ducado de Varsóvia, mas especificando também um conjunto de princípios essenciais)[525].

524 Datada de Baiona, 27 de abril de 1808, in: *Gazeta de Lisboa*, n.º 19 – 1.º Suplemento, 13.05.1808, pp. 250 e ss..
Recorde-se a importância jurídico-constitucional comparada da presença de Napoleão em Baiona, no contexto das tensões dinásticas entre Fernando VII e Carlos IV, pretendendo o Imperador assumir-se como a personificação dos novos ideais em superação das contendas suscitadas pelos monarcas do *Ancien Régime*, epitomadas nas pretensões de filho e pai ao mesmo trono. Naquele local, em 6 de julho de 1808, foi outorgado(a) o(a) Estatuto (ou Constituição) de Baiona (na sua formulação original, *Acte Constitutionnelle de l'Espagne*), elaborado, sob a inspiração da Constituição francesa do ano VIII (na redação do Senatusconsulto do ano XII (de 18 de maio de 1804), por uma assembleia composta pela elite intelectual, designada por ordem de Napoleão (Junta de Baiona). Embora se discuta a natureza constitucional (ou não) do documento (que, no máximo, se integrará na categoria das constituições outorgadas, apesar da pretensão de a fazer passar como uma constituição pactuada, como decorria logo do início do preâmbulo) e a sua vigência tenha sido muito limitada, não persistem dúvidas sobre a sua influência no constitucionalismo hispânico (incluindo hispano-americano). Cf., *v. g.*, Varela Suanzes-Carpegna, *Historia...*, cit., pp. 39 e ss.; Fernández Sarasola, *La Constitución de Bayona*, Iustel, Madrid, 2007, pp. 27 e ss.; Bermejo Batanero, «Del Estatuto de Bayona a la Constitución de 1812», in: Palacios Bañuelos/Ruiz Rodríguez (dir.), *Cádiz 1812: Origen del Constitucionalismo Español*, Dykinson, Madrid, 2013, pp. 167 e ss..

525 Cf. o texto em Lopes Praça, *Collecção...*, cit., vol. II, pp. IX e s.. Sob um ponto de vista material, solicitava-se que o novo texto constitucional estabelecesse: a organização do território nacional e colonial em províncias ou distritos; a eleição dos representantes da Nação pelas câmaras municipais; parlamento bicameral; a responsabilidade ministerial; a previsão de um Conselho de Estado; a criação de um ministério da instrução pública; a independência do poder judicial, e a publicidade e celeridade na administração da justiça; a existência de uma religião do Estado (religião católica); o sistema administrativo francês; o relevo do mérito e a confirmação do princípio do indigenato no acesso aos cargos públicos administrativos; a repartição justa dos encargos públicos; a extinção dos bens amortizados; a consolidação da dívida pública; a liberdade religiosa; a liberdade de imprensa; a igualdade entre os cidadãos; e a aplicação do *Code Civil* napoleónico.
Relativamente ao circunstancialismo histórico-político em que ocorreram estes prenúncios constitucionais e à análise comparativa do Estatuto de Varsóvia e da Súplica de Constituição, *v.* António Hespanha, «Sob o Signo...», cit., pp. 47 e ss., 61 e ss., respetivamente (a pp. 69 e ss., transcreve-se o *Statut Constitutionnel du Duché de Varsovie*, de 1807); Espinosa Gomes da Silva, «Reflexões sobre a Génese do "Projecto" de Constituição de 1808, a outorgar, por Napoleão, a Portugal», in: *Direito e Justiça*, vol. XVIII, tomo II, 2004, pp. 39 e ss..

2.3.2. Da primeira vigência da Constituição de 1822 à terceira vigência da Carta Constitucional

Não obstante aqueles ímpetos constitucionais iniciais, muito influenciados pelos ventos revolucionários, a elaboração de uma constituição pretendia assumir-se como um instrumento jurídico condensador da nova ordem, ou, pelo menos (nos termos já apontados – cf., *supra*, 2.2.), da "regeneração" da ordem anterior, com o propósito de delinear a garantia das liberdades individuais e o alcance da ação do Estado, sem que interfira na atividade individual[526]. Tenha-se, aliás, em consideração a conjuntura histórica em que surge, marcada pelo avolumar da preponderância da Santa Aliança na Europa, incluindo na Península Ibérica, e pela situação política vivida em Espanha, com tendências para resvalar para a ordem anterior, pelo descontentamento causado pela ausência do Rei e da Corte no Brasil, e pela excessiva influência inglesa em território nacional.

Sobre os textos constitucionais nacionais impenderam, em geral, as finalidades de refundação do Estado português[527] [numa (tentativa de) resolução do conflito entre a legitimidade monárquica e a soberania nacional], "codificação" de uma específica organização político--constitucional, bem como de proteção de um conjunto de liberdades e restauração do equilíbrio entre os diversos poderes, incluindo a necessária conjugação do poder do rei com os demais, acompanhada da impreterível limitação de todos os poderes públicos pela Constituição. A ambição destes objetivos, a forma como as disposições constitucionais se traduziram na vida política e os sucessivos ajustamentos ou reformas que sobre elas incidiram espelham o retrato de uma realidade constitucional envolvente e plena de vitalidade.

A receção do constitucionalismo revolucionário francês (em especial, como vimos acentuando, dos influxos das Constituições de 1791, 1793 e 1795) surge-nos através da intermediação da experiência constitucional

---

526 Cf. também Madeira ABRANCHES, *Dissertação...*, cit., pp. 13 e s..

527 Recuperando, em certo sentido, o *acquis* de períodos anteriores: elencando as continuidades entre a "Constituição tradicional" e a revolução liberal, *v.* Vital MOREIRA/José DOMINGUES, *História...*, cit., pp. 86 e ss..

espanhola[528] (*i. e.*, por via da Constituição de Cádis de 1812[529]), a qual, na medida em que representa um compromisso[530] e assume um caráter reformista (e não tanto revolucionário)[531], surge já sem a radicalidade de alguns documentos constitucionais gauleses de finais de setecentos. É este, por sua vez, o texto (nitidamente mais) inspirador da primeira Constituição portuguesa de 1822, de tendências liberais acentuadas – uma filha direta da Revolução de 1820[532], a qual atingiu não apenas os aspetos substanciais, mas afetou igualmente as condições formais do exercício da emergência da primeira constituição portuguesa, desde a forma de convocação das Cortes ao método eleitoral[533]. Contudo, quer do conteúdo Bases da Constituição (assumida como uma espécie de "Constituição provisória")[534], quer da discussão que lhe antecedeu, resultou, com clareza, que a nova Lei Fundamental não pretendia renegar o passado, mas acolher uma parte da herança jurídica, salientando-se que, ao invés de se inspirar em princípios abstratos de direito público, se procurava restaurar a tradição (constitucional) que o absolutismo não havia corrompido[535], sem menoscabo da historicidade predicativa

528 Como salienta Miriam Haltern Pereira (*Do Estado...*, cit., p. 69), o período em estudo oferece uma ligação especialmente íntima, de uma perspetiva histórica, com a história de Espanha, e com o constitucionalismo espanhol.

529 Que, segundo Lopes Praça (*Collecção*, cit., vol. II, p. XV), formalmente ainda foi mandada observar entre nós, por Decreto de 21 de abril de 1821, revogado no dia seguinte.

530 Assim, Dippel, *História...*, cit., p. 22.

531 Neste sentido, Novella Suárez, «La Constitución...», cit., p. 52.

532 Para uma descrição e interpretação dos acontecimentos que rodearam a Revolução de 1820, cf., por último, Vital Moreira/José Domingues, *No Bicentenário da Revolução Liberal II: Os 40 Dias que Mudaram Portugal*, Porto Editora, Porto, 2020; em particular, sobre o papel da Universidade de Coimbra neste contexto, *v.* Vital Moreira/José Domingues, *"Há Constituição em Coimbra": No Bicentenário da Revolução Liberal*, Câmara Municipal de Coimbra, Coimbra, 2020, pp. 50 e ss., 109 e ss..

533 Cf. também Borges Carneiro, *Portugal...*, cit., p. 75. Sobre as eleições para as Cortes Constituintes, *v.* também, *infra*, Parte II, 3.).

534 Cf. o Decreto aprovado pelas Cortes Constituintes, em 9 de março de 1821, in: *Diário das Cortes Geraes e Extraordinarias da Nação Portugueza*, n.º 30, 09.03.1821, pp. 232 e ss.. A expressão "Constituição provisória" pertence a Barbas Homem, *O Essencial sobre a Constituição de 1822*, Imprensa Nacional – Casa da Moeda, Lisboa, 2023, p. 49.

535 Esta mesma ideia resultava, de forma mais imediata, da fórmula de juramento dos Deputados nas Cortes Gerais e Extraordinárias, onde expressamente se afirmava que, na feitura da *Constituição Política da Monarchia Portugueza*, se mantinha "a Religião Catholica Apostolica Romana", bem como o "Throno do Senhor D. João VI, Rey do Reyno Unido de

do direito. Eis-nos diante de um aspeto que se veio a corporizar no próprio preâmbulo da Constituição de 1822, onde se considerava que as "desgraças públicas" em que o País se vira mergulhado haviam resultado do "desprezo dos direitos do cidadão" e do "esquecimento das leis fundamentais da monarquia", pelo que as Cortes entendiam que "somente pelo restabelecimento d'estas leis, ampliadas e reformadas, pode conseguir-se a prosperidade da mesma"[536]. Tal solução compromissória, embora tenha dado origem à mais republicana das constituições monárquicas (instituindo o que se haveria de designar como uma "monarquia republicana"[537] *hoc sensu*), representou o resultado da confluência dos

---

Portugal, Brazil, e Algarves, conservada a Dynastia da Sereníssima Casa de Bragança" (cf. *Diario das Cortes Geraes e Extraordinarias da Nação Portugueza*, n.º 1, 1821, p. 3).
À "feliz Regeneração" se referia José Gomes Freire de Andrade, o Principal Decano, deão da Sé de Lisboa, na sua intervenção da primeira sessão das Cortes Constituintes, na qualidade de Presidente da Junta Provisional do Governo Supremo do Reino (in: *Diário das Cortes Geraes e Extraordinarias da Nação Portugueza*, n.º 1, 24.01.1821, p. 3). Embora o texto do *Diario* aluda apenas ao "Presidente do Governo", interpretamos a referência no sentido de se tratar do Presidente da *Junta Provisional do Governo Supremo do Reino* - que surgia, na terminologia da época, identificado precisamente como "Presidente do Governo" (cf., *v. g.*, *Gazeta de Lisboa*, n.º 241, 06.10.1820) - e não ao Presidente da *Junta Provisional Preparatória das Cortes*, cargo desempenhado pelo Conde de Sampaio, Manuel António de Sampaio Melo e Castro Moniz e Torres de Lusignano (neste último sentido, cf., porém, Catroga, «Os Pais...», cit., p. 245; o Conde de Sampaio chegou a exercer as funções de Vice-Presidente da *Junta Provisional do Supremo Governo*, em consequência da doença do seu titular original - cf. *Gazeta de Lisboa*, n.º 181, 22.11.1820).
Cf. ainda, paradigmaticamente, a intervenção de Pereira do Carmo (*Diário das Cortes Geraes e Extraordinarias da Nação Portugueza*, n.º 13, 12.02.1821, pp. 79 e s.), que, citando diversas fontes, vai demonstrando como diversas proclamações constantes do projeto das Bases da Constituição já se alicerçavam em tradições jurídicas: eis o que sucedia, *v. g.*, com a afirmação da soberania e independência, a competência das cortes para a aprovação dos tratados de aliança ou da imposição de tributos, a periodicidade da reunião das cortes, ou o reconhecimento de certas liberdades (como a liberdade de imprensa).

536 Adotando uma visão muito mais dinâmica, do que a resultante do modelo inspirador da Constituição de Cádis, em cujo preâmbulo se lia "As Côrtes geraes e extraordinarias da Nação Hespanhola convencidas (...) de que as antigas Leis fundamentaes da Monarquia, acompanhadas das opportunas providencias e precauções, que assegurem de um modo firme e permanente o seu cumprimento, poderão dignamente preencher o grande objecto de promover a gloria, a prosperidade e o bem de toda a Nação". Cf. a tradução portuguesa da época, *Constituição Politica da Monarquia Hespanhola, Promulgada em Cadiz, em 19 de Março de 1812*, trad. por A.M.F., Real Imprensa da Universidade, Coimbra, 1820, p. 5.

537 *V.*, por exemplo, Miriam Haltern Pereira, *Do Estado...*, cit., p. 77. Cf. também Maria de Fátima Bonifácio, *A Monarquia...*, cit., p. 28, referindo-se, a este propósito, a uma "república disfarçada de monarquia". V. ainda Barbas Homem, *O Essencial...*, cit., p. 89.
O conceito de "monarquia republicana" surge amplamente desenvolvido por Furet/Halevi, *La Monarchie*, cit., *passim*, na senda das posições críticas assumidas em face do desenho institucional da Constituição de 1791, que, mantendo um regime monárquico, esvazia os poderes do rei, negando, na prática, a autonomização de um poder real (*pouvoir royal*). Cf., em especial, *Op.*

modelos constitucionais em confronto neste período: a fação mais moderada, próxima do constitucionalismo historicista inglês, a ala mais radical, partidária do constitucionalismo revolucionário francês, e o setor gradualista, que se aproximava da Constituição de Cádis[538]. Mas as vantagens importadas por uma opção conciliatória não deixaram de se ressentir de algumas contradições internas, como aconteceu com a convivência entre a liberdade de pensamento (cf. artigo 7) e a previsão do Catolicismo como "Religião da Nação" (cf. artigo 25), conjugada com o dever de "venerar a Religião" (cf. artigo 19)[539], ou entre a universalidade da cidadania (cf. artigo 21) e as limitações dos direitos políticos (cf. artigos 33 e seguintes)[540].

Ainda assim, substancialmente, a Constituição de Cádis[541] e a Constituição vintista instituíam, para Coelho da Rocha[542], um "systema quasi democratico", e integravam o que Garrett designava como "sistema de liberdade meridional"[543], reveladoras, até certo ponto, de um constitucionalismo temperado e conciliador, menos radical que o revolucionário francês (e, sobretudo, menos sangrento[544]). Trata-se, assim,

---

cit., pp. 163 e ss. (sobre a anulação do poder executivo e a tendencial eliminação dos poderes do "monarca constitucional"), e pp. 239 e ss. (à luz das perspetivas de Clermont-Tonerre e Necker).

538 Assim, Gomes Canotilho, *Direito...*, cit., p. 129. Embora com diferenças relevantes: cf. a perspetiva comparativa avançada por Jorge Miranda, «Recordando a Constituição de 1822», in: *O Direito*, ano 154.º, 2022, pp. 10 e s..

539 Como acentuam Vital Moreira/José Domingues («A Inauguração das Cortes Constituintes de 1821», in: *Anuário Português de Direito Constitucional*, vol. X, 2018-2020, pp. 177 e ss.), o reconhecimento da religião católica como religião do Reino consistiu num autolimite do próprio poder constituinte originário, que se traduziu, de imediato, na sagração religiosa das próprias Cortes Constituintes e no juramento prestado pelos Deputados.

540 Salientando estes aspetos (mas indo mais além), cf. António Hespanha, *Uma Monarquia...*, cit., ponto 3.3..

541 Para uma síntese das principais soluções adotadas pela Constituição de Cádis, *v.* Fernández García, *Las Cortes...*, cit., pp. 62 e ss.. Para uma compreensão do contexto histórico-político do seu surgimento, cf. Ruiz Rodríguez, «Aproximación a los Aspectos Intrínsecos de la Constitución Española de 1812», in: Palacios Bañuelos/Ruiz Rodríguez (dir.), *Cádiz 1812...*, cit., pp. 13 e ss..

542 Coelho da Rocha, *Ensaio sobre a Historia do Governo e Legislação de Portugal para servir de Introducção ao Estudo do Direito Patrio*, 7.ª ed., Imprensa da Universidade, Coimbra, 1896, p. 174.

543 Almeida Garrett, *Portugal na Balança da Europa: Do que tem sido e do que convem ser na nova ordem de coisas do mundo civilizado*, Sustenance, Londres, 1830, pp. 63 e s..

544 Cf. também Fernández Sarasola, «Impresiones...», cit., p. 26, a propósito desta específica dimensão da Constituição de Cádis.

de dois textos que conjugavam a tradição (decorrente da confirmação da dinastia reinante ou da afirmação de uma religião do Estado, e da concomitante atribuição de competências à Igreja) com o novo ideário liberal[545] (emergente do reconhecimento do princípio da soberania popular, da consagração do princípio da separação de poderes, do estabelecimento de eleições diretas, da previsão de um parlamento unicameral, da admissibilidade de um veto real de natureza meramente suspensiva, da garantia das liberdades individuais[546] e, concretamente, da liberdade de consciência – que sintomaticamente surgiam como o pórtico de abertura do texto constitucional português, tal como a *Déclaration des Droits de l'Homme et du Citoyen* antecedia as constituições francesas).

Adicionalmente, a Constituição de 1822 assumia-se como a Lei Fundamental destinada a erigir (a re-*constituir*) o Reino Unido de Portugal, Brasil e Algarves, concebendo a "Nação portuguesa" como a "união de todos os portugueses de ambos os hemisférios" – numa tentativa pouco lograda de constitucionalizar a união real luso-brasileira que expôs as divergências entre deputados portugueses e brasileiros quanto

---

545 Originando o que António HESPANHA (*Uma Monarquia...*, cit., ponto 3.1.) designa como um "constitucionalismo ambíguo".

546 Mas, ainda assim, mantendo a escravatura por razões relacionadas com o Ultramar (cf. também Jorge MIRANDA, *O Constitucionalismo...*, cit., p. 17). A Constituição de 1822 identificava os titulares dos direitos com os «Portugueses» (cf. artigos 1.º e seguintes) e esclarecia a *intensio* deste último conceito nos artigos 21.º e 22.º. No que respeita especificamente aos escravos, dispunha o n.º IV do artigo 21.º que gozavam da qualidade de cidadãos portugueses "os escravos que alcançarem carta de alforria"; por sua vez, o n.º VII do artigo 34 considerava "absolutamente inelegíveis" os "libertos nascidos em país estrangeiro". *V.*, a propósito da inclusão deste tipo de referências (atribuição da cidadania e capacidade eleitoral ativia e passiva) na Constituição de 1822 alguns debates travados nas Cortes: *Diario das Cortes Geraes e Extraordinarias da Nação Portugueza*, n.º 143, 03.08.1821, p. 1771; n.º 59, 17.04.1822, pp. 838 e ss.; n.º 11, 13.08.1822, pp. 138 e ss..
Recorde-se que, no próprio Congresso de Viena, se discutiu o problema da abolição do tráfico de escravos, havendo-se constituído uma comissão específica para versar a questão, na qual o nosso ministro plenipotenciário, o Duque de Palmela, teve a sua intervenção [cf. Maria de Fátima BONIFÁCIO (ed.), *Memórias...*, cit., pp. 145 e ss.]; aliás, a problemática do tráfico de negros de África ("tão odioso e também altamente reprovável pelas leis da religião e da natureza") tinha sido contemplada já no artigo 1.º do Ato Adicional ao Tratado de Paris de 30 de maio de 1814 (em que a França e a Inglaterra se comprometiam a envidar esforços para terminar com o comércio esclavagista operado pelos países europeus), retomando-se no Artigo Adicional ao Tratado de Paris de 20 de novembro de 1815, já assinado por todas as partes contratantes – cf. *Recueil des Traités et Conventions entre la France et les Puissances Alliées en 1814 et 1815, Suivi de l'Acte du Congrès de Vienne*, Imprimerie Royale, Paris, 1815, pp. 23, e 42 e s., respetivamente).

ao papel do Brasil[547]. Não obstante tais divergências, este Reino Unido surge concebido como um Estado, um corpo político-social autónomo distinto do património real ou do "Estado do rei"[548]. Por um lado, e em termos teóricos, o pacto social representa a instituição, o ato originário, o fundamento ou a fonte do Estado, na medida em que, através dele, os indivíduos passam ao estado civil e aceitam a limitação das suas liberdades em prol da satisfação dos interesses comuns, governados por meio da vontade geral[549]. Por outro lado, e em termos históricos, a associação ao contrato social (em especial, na sequência da Revolução de 1820) significa que o movimento constitucional se encontra ligado à *feliz Regeneração* do País (da pátria), caracterizada pela consolidação do Estado liberal e pela recuperação dos direitos inalienáveis.

De qualquer modo, estamos diante de um texto constitucional que diminui, de forma significativa (drástica, inclusivamente), a posição relativa do monarca, cuja autoridade provém da Nação (cf. artigo 121), negando-lhe o veto absoluto (com o consequente enfraquecimento do poder de sanção das leis) e conservando uma deputação permanente nas Cortes (apenas suscetível de gerar desconfianças, mas sem qualquer normativo substancial)[550] – o que lhe valeu as críticas verrinosas do pensamento contrarrevolucionário e tradicionalista, na medida em que punha em causa a tradição histórica e, em particular, as (pretensas) Leis Fundamentais do Reino emergentes das Cortes de Lamego. Uma tal diluição da figura do rei surge, então, acompanhada pela redução dos respetivos poderes, que, neste contexto, se reconduziam a certas faculdades decorrentes do poder executivo, assim como aquelas atinentes às

547 *V.*, por todos, Paulo OTERO, «O Brasil nas Cortes Constituintes Portuguesas de 1821-1822», in: *O Direito*, ano 120.°, 1988, pp. 399 e ss. Cf. ainda, sobre a influência do procedimento constituinte na independência do Brasil, Vital MOREIRA/José DOMINGUES, *No Bicentenário da Revolução Liberal I: Da Revolução à Constituição 1820-1822*, Porto Editora, Porto, 2020, pp. 205 e ss..

548 *V.* CATROGA, «Os Pais...», cit., pp. 236 e s.. *V.* também o artigo 27.° da Constituição de 1822, salientando expressamente que a Nação "não é património de ninguém".

549 Cf., *v. g.*, Rodrigo Ferreira da COSTA, *Cathecismo...*, cit., pp. 81 e ss. (num estilo bastante simples).

550 Cf., já neste sentido, a apreciação de Coelho da ROCHA, *Ensaio...*, cit., p. 173. *V.* ainda Rui RAMOS, «Concepções do Poder Real na Monarquia Portuguesa», in: Rui RAMOS/José Murilo de CARVALHO/Isabel Corrêa da SILVA (org.), *Dois Países...*, cit., pp. 88 e s..

relações com a Igreja, à concessão de títulos honoríficos e nomeação de altos cargos, bem como ao estabelecimento da paz e da guerra e à celebração de tratados internacionais - um conjunto de competências que não eram, as mais das vezes, suscetíveis de exercício autónomo, impondo a Constituição (pelo menos, nas situações mais relevantes) a proposta, o parecer ou a aprovação do Conselho de Estado ou das Cortes (cf. artigo 123), e, em qualquer hipótese, a aposição da assinatura do Secretário de Estado competente (referenda), sem a qual se não daria cumprimento a qualquer decreto ou determinação do monarca (cf. artigo 161). Mesmo o poder de sancionar e promulgar as leis (cf. artigo 123, n.º I) revelava-se diminuto, pois de que da sanção real se encontravam excluídas, além das alterações à Constituição, todas as leis ou disposições aprovadas pelas Cortes extraordinárias e constituintes, bem como as decisões previstas no artigo 103 (cf. artigo 112). Não obstante esta redução dos poderes reais, ressalta-se a existência do poder de veto suspensivo sobre as iniciativas legislativas, ainda que superável pela confirmação das Cortes (e não por maioria mais exigente que a inicial) (cf. artigo 110)[551].

Fatores vários determinaram que a Constituição de 1822 depressa soçobrasse. Para tanto contribuíram, por um lado, (apesar de tudo) a radicalidade das soluções, a sua filiação revolucionária, a insuscetibilidade de, através delas, se alcançar uma forma de governo dotada de estabilidade, em que o monarca tivesse uma posição própria e autónoma, sem menoscabo da vertente democrática. Por outro lado, adicionaram-se questões de ordem política interna, como aconteceu com a legislação reformista ainda emanada ou prometida pelas Cortes[552]. Para aquele resultado concorreram, de igual modo, dimensões subjetivas, onde avulta a hesitação do Rei e, em particular, da Família Real quanto à bondade do

551 A Constituição precavia-se ainda contra o eventual exercício do «veto de bolso». O artigo 114 consagrava uma espécie de «sanção tácita» ou «sanção silente», ao dispor que, se o Rei não sancionasse a lei, considerar-se-ia sancionada, uma vez ultrapassado o prazo constitucionalmente previsto, ordenando-se a sua publicação. Por sua vez, em caso de recusa de assinatura, as Cortes mandavam publicar o diploma em nome do Rei, sendo assinado pela pessoa em quem recair o poder executivo.

552 Cf. Coelho da Rocha, *Ensaio...*, cit., p. 174.

pensamento liberal constitucionalmente vertido[553]. Além disso, a conjuntura internacional encontrava-se dominada pela plena execução do Tratado da Santa Aliança e, em particular, pelos respetivos Congressos de Troppau e Layback, e, em consequência da aceitação do direito de ingerência, pelo desejo de aniquilação das revoluções liberais nos países ibéricos e na península itálica. Por último, os setores desgostosos com a independência do Brasil (com todas as consequências nefastas para a economia e o comércio portugueses) não hesitaram em imputar responsabilidades ao regime liberal instituído pela Constituição de 1822[554].

Depois de ter afirmado, em fevereiro de 1821, que juraria e sancionaria "a constituição que se está fazendo no Reino de Portugal"[555], e de, uma vez chegado a Lisboa, em julho de 1821, haver jurado as Bases da Constituição[556], e, subsequentemente, em outubro de 1822, a própria Constituição[557], D. João VI acabaria por, na sequência da Vilafrancada e da Abrilada, "declarar em seu pleno vigor a antiga constituição política, convocando-se a côrtes os três estados do reino", através da Carta de Lei de 4 de junho de 1824[558].

553 Nas palavras certeiras de Coelho da ROCHA (*Ensaio...*, cit., p. 175), "o Rei [D. João VI], sem ambição, nem systema politico seu, não pertencia a nenhum dos partidos [constitucionais ou liberais, e absolutistas ou realistas]; desejoso do bem, e inimigo de violencias, tentou concilial-os, o que era impossível". *V.* também Rui RAMOS, «Concepções...», cit., p. 92.

554 Cf. Coelho da ROCHA, *Ensaio...*, cit., pp. 174 e 231.

555 Cf. o Auto de Juramento de 26 de fevereiro de 1826, em que D. João VI foi representado pelo (então) Príncipe Real D. Pedro, in: Lopes PRAÇA, *Collecção...* , cit., vol. II, p. 155.

556 Cf. o «Juramento de S. Magestade dado em Côrtes», em 4 de julho de 1821, in: *Collecção dos Decretos, Resoluções e Ordens das Côrtes Geraes, Extraordinarias e Constituintes da Nação Portugueza*, Parte I, Imprensa da Universidade, Coimbra, 1822, pp. 121 e s.; cf. também o Decreto de Extinção da Regência, *Op.* cit., p. 122.

557 Cf. a descrição da Sessão in: *Diario das Cortes Geraes e Extraordinarias da Nação Portugueza*, n.º 51, 01.10.1822, pp. 626 e ss..

558 Cf. o texto da Carta de Lei em Lopes PRAÇA, *Collecção...*, cit., vol. II, pp. 204 e ss. (a citação pertence à p. 207). Note-se que os argumentos aqui invocados repudiam a ideia de que a Constituição de 1822 (qualificada, aliás, como "monstruosa" – p. 204) encontrasse algum fundamento em tradições jurídicas anteriores, revelando-se, muito especialmente, contrária ao princípio monárquico. Ainda assim, cumpre salientar que, às primeiras horas da Vilafrancada, D. João VI asseverava manter-se fiel ao seu juramento e à Constituição (cf. a «Proclamação d'ElRei», dada em Lisboa, em 30 de maio, in: *Diario do Governo*, n.º 127-Suplemento, 30.05.1823, p. 1022a), embora, logo no dia seguinte, já se referisse à necessidade de alterar a Constituição, embora reafirmando que não desejava (rejeitava mesmo) o poder absoluto, que pretendia salvaguardar as liberdades dos cidadãos e que, por esse motivo e em breve, seriam lançadas as "Bases de hum novo Código" (cf. a «Procclamação de ElRei», dirigida, em 31 de maio, aos habitantes de Lisboa, a partir de Vila Franca de Xira, e sob a tutela de Mouzinho da Silveira, in: *Diario do Governo*, n.º 129, 02.06.1823, pp. 1032 e s.). Cf., por

De uma perspetiva científica, o afastamento definitivo da Constituição vintista[559] por D. João VI traduz um dos problemas mais relevantes do cons-

último, a Proclamação de 3 de junho, elaborada ainda em Vila Franca de Xira (in: *Diario do Governo*, n.º 131, 04.06.1823, pp. 1043 e s.), e que se revela já totalmente contrária à vigência da Constituição de 1822, descrita como "um tecido de maximas promulgadas com o fim de encobrir princípios subversivos, e insubsistentes, que tinham o fim occulto de sepultar com a Dynastia Reinante a Monarquia Portugueza", razão pela qual, depois de decretar a dissolução dos órgãos constitucionais, o monarca prometia dar uma constituição aos portugueses. Em Carta de Lei de 14 de junho de 1823 (relativa à extinção do Conselho de Estado, in: *Gazeta de Lisboa*, n.º 144, 19.06.1823, p. 1101), D. João VI declara já expressamente que a Constituição "não subsiste", e, por Decreto de 18 de junho de 1823 (in: *Gazeta de Lisboa*, n.º 146, 21.06.1823, p. 1113), viria a criar uma *Junta para preparar o Projecto da Carta de Lei fundamental da Monarquia Portugueza*, presidida pelo (então) Conde de Palmela e constituída por catorze membros, entre os quais Ricardo Raimundo Nogueira. Embora se tenham suscitado dúvidas sobre os trabalhos desenvolvidos por esta Junta, Magalhães Collaço encontrou, entre os papeis de Ricardo Raimundo Nogueira, o manuscrito deste Projeto; se o falecimento prematuro daquele Professor (ainda não tinha completado 38 anos) o impediu de divulgar tão relevante texto, Paulo Merêa não hesitou em valorizar a descoberta e publicou-o (Paulo Merêa, «Projecto de Constituição de 1823», in: *Boletim da Faculdade de Direito*, vol. XLIII, 1967 147 e ss.). Embora se tratasse do esboço de uma Lei Fundamental de caráter moderado (assim já Paulo Merêa, «Projecto...», cit., p. 139), diríamos mesmo, em alguns pontos, tradicionalista conservadora (atente-se, *v. g.*, na circunstância de todos os poderes pertencerem ou dimanarem do soberano, ou na forma de composição das Cortes, que incluíam o Rei e os "tres estados do Reino, como sempre forão desde a fundação da Monarquia" - pp. 147 e 152, respetivamente) - e isto apesar do (conjunturalmente audacioso) catálogo de liberdades (pp. 157 e ss.) -, a evolução dos acontecimentos políticos (onde os absolutistas preponderavam) determinaria o abandono do documento.
Como logo se compreende, neste contexto, a morte da Constituição de 1822 estava, pois, concretizada. A derrocada final ocorreria na Abrilada de 1824: atente-se no teor das duas Proclamações de D. Miguel ao Exército e aos Portugueses, assim como a carta dirigida ao Rei, seu Pai: cf. *Gazeta de Lisboa*, n.º 103, 01.05.1824, pp. 474 e s.. Mesmo malograda, a revolta de 30 de abril desvelava que se encontrava fora de cogitação qualquer hipótese de reforma da Constituição ou de aprovação de qualquer projeto de matriz constitucional a desenvolver pela Junta nomeada em junho do ano anterior (e que, no final da sua atuação, se limitava a aconselhar D. João VI a declarar em vigor as antigas cortes portuguesas que não reuniam há mais de um século - cf. Paulo Merêa, «Projecto...», cit., p. 143).
Sobre a concatenação dos acontecimentos que consolidaram, sucessivamente, a queda da Constituição vintista, *v.* a síntese elucidativa de Lopes Praça, *Collecção...*, cit., vol. II, pp. 199 e ss..

559 Considerando que o artigo 20.º da Constituição de 1822 previa que o território da Nação Portuguesa formava o Reino Unido de Portugal, Brasil e Algarves, só neste contexto se poderia admitir, na ausência de uma revisão constitucional, a celebração do Tratado de Paz e Aliança de 1825, que reconheceu a independência do Brasil, já separado do anterior Reino Unido (cf. artigo 1.º do Tratado, in: *Collecção dos Tratados, Convenções, Contratos e Actos Publicos Celebrados entre a Corte de Portugal e as Mais Potencias desde 1640 até ao Presente*, tomo V, Imprensa Nacional, Lisboa, 1857, pp. 494 e ss..). É certo que os pressupostos subjacentes à Carta de Lei de 16 de dezembro de 1815 (que elevara o Brasil à categoria de Reino - cf. *Collecção dos Tratados...*, cit., pp. 248 e ss.) também haviam desaparecido com a afirmação do constitucionalismo liberal e a desconcentração do poder soberano. Para uma análise do alcance do procedimento constituinte vintista e da Constituição de 1822 no plano da unidade política Portugal-Brasil, *v.* Zília Osório de Castro, «A "Varanda da Europa" e o "Cais do Lado de Lá": Tratado de Paz e Aliança entre D. João VI e D. Pedro (29-08-1825)», in: Zília Osório de Castro/Júlio Rodrigues da Silva/Cristina Montalvão Pimenta (eds.), *Tratados do Atlântico Sul: Portugal-Brasil, 1825-2000*, IDI-MNE, Lisboa, 2006, pp. 34 e ss..

titucionalismo português, e que se consubstancia na questão da titularidade do poder constituinte (e do controlo da legitimidade do seu exercício), além de, evidentemente, se repercutir no sentido da subordinação à Lei Fundamental de todos os órgãos dos poderes públicos.

Após o falecimento de D. João VI, e sem prejuízo das dúvidas suscitadas pela sucessão ao trono[560], inaugura-se um novo período do constitucionalismo nacional, com a outorga da Carta Constitucional de 29 de abril de 1826. Apesar de o início da sua vigência – desagradando, simultaneamente, a radicais e contrarrevolucionários (como se acabaria por espelhar nos próprios trabalhos das Câmaras, que se bloqueavam mutuamente) – não lhe augurar uma vida prolongada, pertence, até ao momento, à Carta Constitucional o estatuto de texto constitucional dotado de maior longevidade. Por este motivo, o constitucionalismo liberal português surge indelevelmente marcado pela Carta, cuja interpretação não pode abstrair das suas fontes mais diretas – a Constituição de 1822 (*volente, nolente*) e a Constituição imperial brasileira de 1824 – e, como tal, da simbiose dialética entre a soberania popular e o princípio monárquico. Neste sentido, o constitucionalismo português herda a feição mais "constitucional" ou "restauradora", típica do constitucionalismo inglês e do constitucionalismo cartista francês, mas também do alemão, e ainda, em certo sentido, do constitucionalismo norte-americano. Efetivamente, e sem prejuízo de a criação da Lei Fundamental instituir um sistema de governo até então (praticamente) desconhecido no País (já que a Constituição de 1822 não chegara a vingar na prática) – a monarquia constitucional –, a verdade é que a dinâmica revolucionária portuguesa nunca pretendeu uma rutura total com o passado histórico (cujo prestígio visava, inclusivamente, recuperar)[561].

560 Ainda que, com alguma rapidez, o Governo da Regência tenha tomado providências formais sobre este aspeto, ordenando que todos os diplomas normalmente passados em nome do soberano adotassem a fórmula "Dom Pedro, por Graça de Deos Rei de Portugal e dos Algarves" e os selos tivessem a inscrição "Petrus IV, Dei Gratia Portugaliae et Algarbiorum Rex" (cf. a Circular publicada na *Gazeta de Lisboa*, n.º 71, 27.03.1826, p. 285).

561 Para Oliveira Martins (*Portugal…*, cit., tomo I, pp. 8 e s.), a esta ideia não terá sido alheia a própria personalidade de D. Pedro IV: numa atitude crítica, o Autor faz remontar a outorga da Carta à vaidade pessoal do Rei, bem como às influências quer do sistema estadunidense, quer das revoluções sul-americanas.

No contexto geral do constitucionalismo liberal e individualista que descrevemos, a Carta Constitucional de 1826 representa um afastamento perante as tendências mais radicais, que apontavam no sentido (acolhido pelas nossas Constituições de 1822 e, embora em menor grau, de 1838) da elaboração de uma constituição, criada por um poder constituinte originário assente na legitimidade democrática direta, e uma influência do movimento legitimista (não tendo, só por isso, concitado a reação explicitamente negativa da Santa Aliança). Daí que, metaforicamente, Garrett[562] a considerasse como "um pacto de concordia celebrado pelo soberano entre os dous partidos". Na conjuntura histórica em que surge, poder-se-á afirmar que a novel constituição representa verdadeiramente o projeto para uma renovada arquitetura jurídico-política do Estado português[563] – quer no plano das relações entre os (vários) poderes públicos, quer ao nível das relações entre estes e os cidadãos –, sem perder de vista (agora de modo claro) a tradição anterior[564]. Visando conciliar o (aparentemente) inconciliável (*i. e.*, o constitucionalismo moderado com o movimento miguelista), a Carta veio acompanhada do ato de abdicação de D. Pedro IV, já imperador do Brasil, em D. Maria II[565], cuja eficácia se encontrava condicionada ao juramento do novo texto constitucional e no casamento da (então) Princesa do Grão-Pará com o seu tio D. Miguel, que, nos termos do artigo 92 da nova Lei Fundamental, assumiria a regência, durante a menoridade da sobrinha.

562 Almeida Garrett, *Portugal...*, cit., pp. 194 e s.; ainda que o Autor acabe por concluir que a tentativa de "amalgamar os dous partidos [liberais e absolutistas] e restabelecer a tranquilidade por este meio" não se revelou bem-sucedida (*Op.* cit., p. 197) – pelo menos, na sua fase inicial.

563 Que Rui Ramos («Concepções...», cit., p. 93) apelida de "monarquização da constituição" – uma inclinação que terá no poder moderador um elemento significativo e determinante para a emergência do que o Autor designa como "a primeira fase da republicanização de um Poder Real" (*Op.* cit., p. 98).

564 Salientando a especificidade assumida pela Carta Constitucional, enquanto manifestação da "prevalência do passado pré-liberal monárquico sobre um liberalismo democrático", com origens que remontam ao reinado de D. Afonso II e que ainda se fazem sentir na Constituição de 1976, v. Paulo Otero, «D. Afonso II e a Edificação do Estado: A Raiz do Constitucionalismo Português», in: *Estudos em Homenagem ao Prof. Doutor Martim de Albuquerque*, vol. II, Faculdade de Direito da Universidade de Lisboa/Coimbra Editora, Coimbra, 2010, p. 527.

565 Publicado na *Gazeta de Lisboa*, n.º 161, 12.07.1826, p. 645.

Enquanto constituição outorgada, a Carta Constitucional não corresponde a um projeto político que os indivíduos constroem para si próprios. Diversamente, encontra o seu fundamento no princípio monárquico, dando corpo ao conflito primordial que atravessou o século XIX europeu-continental, sobre a questão de saber se o poder constituinte residia no povo ou no rei[566] – sem que, nesta última hipótese, tal tivesse de significar a transmudação do monarca em "senhor da Constituição" (*hoc sensu*, titular de um poder *absoluto* decorrente da soberania)[567]. Ainda assim, recorde-se que esta constituição, afastando-se embora do espírito revolucionário (do constitucionalismo vintista), se considerava, enquanto Carta "liberalizada" pelo Rei, como "hum dom espontaneo do Poder Legitimo de S. Magestade, meditado na Sua profunda e Real Sabedoria", com o propósito explícito de reconciliação dos princípios, acomodando as antigas instituições aos novos tempos[568]. Uma outra diferença em face dos demais textos constitucionais monárquicos (e que, por conseguinte, a apartava, desde logo, da Constituição de 1822 e de outras constituições revolucionárias) consistia na própria estrutura da Carta, que, ao invés de apresentar os direitos fundamentais como pórtico, se inicia com a organização do poder político, relegando a

566 Assim, Kriele, *Einführung...*, cit., § 40.
Atente-se, porém, na distinta posição de Marnoco e Souza (*Direito...*, cit., p. 296), para quem as constituições outorgadas não poderiam deixar de se interpretar como uma afirmação da soberania nacional, pois que os príncipes apenas concediam as constituições, não por vontade própria, mas antes compelidos pelas revoluções liberais; na sua perspetiva (mais pessimista... ousaríamos acrescentar), "as monarquias aspiram sempre ao absolutismo".

567 Böckenförde (*Constitutional and Political Theory...*, cit., p. 144) utiliza o conceito de "senhor da Constituição" para designar criticamente a hiperbolização da posição do parlamento em face do texto constitucional, que passaria a deter o mesmo poder absoluto reconhecido anteriormente ao rei: no Estado constitucional, ambos configuram órgãos a exercer poderes que lhes estão conferidos pela constituição.

568 Cf. a *Proclamação* da Regência, dada no Palácio da Ajuda, em 12 de julho de 1826, in: *Gazeta de Lisboa*, n.º 162, 13.07.1826, p. 649. A publicação oficial da Carta Constitucional (aprovada, no Rio de Janeiro, por Carta de Lei de 29 de abril de 1826) iniciar-se-ia três dias depois (cf. *Gazeta de Lisboa*, n.º 164, 15.07.1826, pp. 657 e s.) e continuará nos dias subsequentes (cf. *Gazeta de Lisboa*, n.º 165, 17.07.1826, pp. 661 e s.; n.º 166, 18.07.1826, p. 666; n.º 167, 19.07.1826, pp. 669 e s.; n.º 168, 20.07.1826, p. 674, n.º 169, 21.07.1826, p. 677; n.º 170, 22.07.1826, p. 681; n.º 171, 24.07.1826, p. 687; n.º 172, 25.07.1826, p. 690; n.º 173, 26.07.1826, pp. 693 e s.). O *Programma* do Juramento da Carta Constitucional foi publicado na *Gazeta de Lisboa*, n.º 171, 24.07.1826, pp. 685 e ss.

enunciação das liberdades para as disposições finais, condensadas num artigo (cf. artigo 145). Considerando-se significativa[569] esta alteração estrutural, também não se ignora que uma das explicações oferecidas para a mesma residia no entendimento de que, somente após os cidadãos terem consciência dos deveres que lhes incumbem do ponto de vista jurídico-constitucional, lhes caberá o conhecimento dos direitos que lhes são conferidos[570].

Sem perder de vista a Constituição de 1822 e sob a influência da Constituição "irmã"[571] outorgada no Brasil – e, nesse sentido, originando uma família ou subfamília jurídico-constitucional de matriz luso-brasileira[572] –, o núcleo essencial caracterizador da Carta reconduzir-se-ia à delineação dos direitos e prerrogativas da Coroa e, em seguida, à identificação dos direitos e liberdades dos cidadãos[573]. Este texto assume-se, pois, como expressão de um constitucionalismo liberal moderado, onde o princípio monárquico convive com a vontade popular, onde a religião do Estado coexiste com a liberdade de consciência, onde as velhas instituições (e, em especial, o peso da classe aristocrática) se encontram acolhidas numa câmara alta (a Câmara dos Pares) de nomeação régia, e que coabita com a existência de eleições para a câmara baixa (ainda

569 Gomes Canotilho, *Direito...*, cit., p. 143, enfatizando, contudo, o espetro dos direitos reconhecidos.

570 Eis a fundamentação constante do relatório da proposta do Governo de reforma constitucional de 1883, in: Lopes Praça, *Collecção...*, cit., vol. II, p. 308.

571 Referindo-se à Constituição brasileira de 1824 e à Carta Constitucional de 1826 como "constituições irmãs" e comparando as respetivas vicissitudes durante a sua vigência, *v.* José Murilo de Carvalho, «O Rei e a Representação da Nação», in: Rui Ramos/José Murilo de Carvalho/Isabel Corrêa da Silva, (org.), *Dois Países...*, cit., p. 124. Repare-se, porém, que, em termos genéticos, a Constituição de 1824 não foi precedida de outro texto constitucional (aprovado por assembleia constituinte), embora se tenham desenvolvido alguns trabalhos nos oito meses de funcionamento da assembleia constituinte de 1823: cf., nesta matéria, Paulo Bonavides/Paes de Andrade, *História Constitucional do Brasil*, Universidade Portucalense Infante D. Henrique, Porto, 2003, pp. 39 e ss., esp.te pp. 79 e ss. (refletindo sobre o seu significado histórico-constitucional).

572 Jorge Miranda, *O Constitucionalismo...*, cit., p. 11. Cf. ainda Paulo Ferreira da Cunha, *Constitucionalismo Moderno: Origens e Futuro (1820-2023)*, Almedina, Coimbra, 2023, pp. 29 e s..

573 Assim se poderá inferir do relatório que precedeu a proposta governamental da reforma de 1852, identificando como "princípios consagrados" e "dogmas políticos" (e, como tal, insuscetíveis de revisão) os "direitos e prerrogativas da Corôa" e os "direitos e franquias dos cidadãos" (cf. o texto do relatório em Lopes Praça, *Collecção...*, cit., vol. II, p. 285, n. 1).

que estas se encontrassem sujeitas a um forte princípio censitário). Eis-nos diante de uma preocupação conciliatória que se reflete mesmo ao nível do exercício do poder constituinte derivado: tratando-se embora de uma constituição outorgada, a Carta admitia a sua revisão através de um ato legislativo – aprovado pelas Cortes e sob proposta (material) dos deputados, e, apenas no final, promulgado pelo rei[574].

A posterior evolução política do País importaria recuos e avanços na radicalidade das ideias propugnadas (recordem-se, respetivamente, a primeira e a segunda vigências da Carta Constitucional, assim como a segunda vigência da Constituição de 1822, bem como a Constituição de 1838), para se estabilizar (pelo menos, em termos de positivação) durante os longos anos da terceira vigência da Carta Constitucional de 1826. Como se sabe, especial turbulência assumiram os ânimos durante

574 O procedimento (complexo) de revisão constitucional envolvia dois subprocedimentos, com a particularidade de, entre ambos, ocorrer uma renovação da legitimidade democrática das Cortes (cf. também, sobre esta matéria, pormenorizadamente, José Alberto dos Reis, *Sciencia...*, cit., pp. 304 e ss; Marnoco e Souza, *Direito...*, cit., pp. 607 e ss.). O primeiro subprocedimento destinava-se a deliberar sobre a imprescindibilidade da modificação da Carta: a proposta de alteração teria de ser apresentada por um terço dos deputados da Câmara, que, no final de três leituras (separadas por intervalos de seis dias), discutiria e deliberaria sobre a necessidade da reforma constitucional em causa; no final deste subprocedimento, a Câmara aprovaria, então, uma lei (sancionada e promulgada pelo Rei), na qual apenas se ordenava aos Eleitores dos Deputados para a legislatura subsequente que, nas Procurações, lhes conferissem a faculdade para aprovação da alteração constitucional pretendida. O segundo subprocedimento ocorria após a realização das eleições: na primeira sessão da legislatura seguinte à aprovação daquela lei, discutir-se-ia e deliberar-se-ia sobre a alteração constitucional proposta; este procedimento terminava (agora sim) com a aprovação da lei que introduziria a mudança ou adição na Carta, a qual, juntando-se a esta, constituiria objeto de promulgação real. Não se revelava, porém, isento de dúvidas o conteúdo de cada uma daquelas duas leis, assim como o papel a desempenhar pelas Cortes no âmbito do segundo subprocedimento: eis o que claramente ressaltou na revisão de 1885, em que se procurou observar o disposto na Carta (sobre as diversas posições nesta matéria, *v.* Lopes Praça, *Collecção...*, cit., vol. II, pp. 300 e s.; cf. ainda José Alberto dos Reis, *Sciencia...*, cit., pp. 316 e ss.; Marnoco e Souza, *Direito...*, cit., pp. 612 e s.).
Como veremos já a seguir, a primeira revisão da Carta, operada pelo Ato Adicional de 1852, não seguiu este procedimento, o mesmo havendo sucedido na reforma de 1895-1896. Curiosamente, no contexto do processo que originou primeiro Ato Adicional, o relatório que precedia a proposta governamental de alteração da Carta (e que, depois de modificado – ou aclarado – pelo Projeto da Comissão da Câmara dos Deputados, viria a dar origem à reforma constitucional de 1852), parecia ter consciência do paradoxo (pelo menos, parcial) subjacente ao procedimento consagrado pelos artigos 140 e seguintes da Carta: afirmava-se aí expressamente que "se, proposta pelo methodo ordinario da Carta, a reforma poderia parecer mais legal, esta iniciativa do Chefe de Estado, que vem assim accordar-se com o seu Povo, a torna muito mais legitima" (cf. o relatório transcrito em Lopes Praça, *Collecção...*, cit., vol. II, p. 283, n. 1).

o primeiro período da entrada em vigor da Carta (uma vez que as fações mais conservadoras, apoiantes do Infante D. Miguel, a consideravam, apesar de tudo, muito próxima dos ideais liberais, tendo, aliás, em concreto, favorecido a chegada daqueles, de novo, ao poder[575]), mas também após a guerra civil[576] (com o eixo político a deslocar-se da oposição entre liberais e absolutistas, para a luta interna pela partilha do poder, no quadro de uma organização política muito incipiente, de cariz ainda proto-partidário[577]), em que o segundo período sucumbiria às mãos da revolução setembrista (onde se argumentava precisamente em sentido contrário, defendendo-se a diminuição do poder real[578] e a

575 O que, aliás, justificara a dissolução das Cortes e a convocação dos três estados.

576 Originando a formação de três linhas políticas com opções constitucionais diferenciadas: os cartistas, que defendiam a revisão da legislação (muito significativa) elaborada durante a guerra civil; os constitucionais, que pretendiam a substituição da Carta; e os legitimistas ou miguelistas, que almejavam a restauração do absolutismo. Cf. Miriam Haltern Pereira, *Do Estado...*, cit., p. 91.

577 Assim, já Catroga, «A Maçonaria e a Restauração da Carta Constitucional em 1842. O Golpe de Estado de Costa Cabral», in: *Revista de História das Ideias*, vol. 7, 1985, p. 157, salientando, neste contexto, o caráter politicamente organizado (e, portanto, suscetível de real intervenção política) das maçonarias, a desempenhar uma função de índole político-constitucional que caberão, mais tarde, às estruturas partidárias (*Op.* cit., p. 159).

578 Não teria ainda desaparecido da memória dos revolucionários que a reinstauração do absolutismo na Regência de D. Miguel se iniciara precisamente mediante a invocação formal do artigo 74.º da Carta, determinando a dissolução da Câmara dos Deputados. Na verdade, a primeira dissolução da Câmara dos Deputados (de imediato, comunicada ao Presidente da Câmara dos Pares, o Duque de Cadaval - cf. a comunicação, de 13 de março de 1828, in: *Collecção de Todas as Leis, Alvarás, Decretos, etc. impressos na Régia Officina Typografica* - 1.º Semestre 1828, Parte 1.ª, Impressão Régia, Lisboa, s.d., p. 1, n.º 1-A.) ocorreu por decreto do Infante D. Miguel, na qualidade de regente, em 13 de março de 1828 - mas tal não correspondia ao exercício do poder moderador, possuindo antes o significado (pelo menos, prático) de representar a abolição da Lei Fundamental (cf. Decreto de 13 de março de 1828, in: *Collecção de Todas as Leis, Alvarás, Decretos, etc. impressos na Régia Officina Typografica* - 1.º Semestre 1828, cit., pp. 1 e s., n.º 1-B). Em simultâneo, por Decreto da mesma data, o Infante D. Miguel nomeava uma Junta responsável pela elaboração de novas "Instrucções" (*in casu*, uma nova lei eleitoral, tomada agora como pretexto de não convocar imediatamente outras Cortes - cf. Coelho da Rocha, *Ensaio...*, cit., p. 234) que, "sendo conformes ao que se acha disposto na Carta Constitucional, sejão igualmente análogas aos antigos usos, e louvaveis costumes destes Reinos, proprias de huma Monarquia, isentas, quanto he possivel, de serem illudidas, e fraudadas, facilitando por este modo á Leal Nação *Portugueza* o meio de ser dignamente representada" (*loc. cit.*, p. 2, n.º 1-C).
Como se sabe, porém, na sequência da dissolução das Câmaras (e, da suspensão, na prática, da vigência da Carta Constitucional), foram convocados os três estados, para que estes reconhecessem "a applicação de graves pontos de Direito Portuguez" (cf. o Decreto n.º 4, de 3 de maio de 1828, in: *Collecção de Todas as Leis, Alvarás, Decretos, etc. impressos na Régia Officina Typografica* - 1.º Semestre 1828, cit., pp. 5 e s.) - ou seja, de acordo com Coelho da Rocha (*Ensaio...*, cit., p. 234), "para o declararem Rei". Foi, pois, no Assento dos três estados

reentrada em vigor da Constituição de 1822, a qual viria, efetivamente, a conhecer uma segunda vigência, proclamada em 9 de setembro de 1836 e confirmada por Decreto do dia seguinte[579], com o consequente afastamento da Carta Constitucional – agora não pelo regente, como houvera sucedido em 1828, mas pelo povo e pelo monarca).

Com exceção do texto constitucional vintista – em que o poder constituinte se exerceu de forma inequivocamente independente do príncipe –, não mais os procedimentos constituintes que originaram as constituições portuguesas monárquicas haveriam de abstrair da consideração da posição do rei. E se estamos perante uma asserção evidente no caso da Carta Constitucional (enquanto constituição outorgada), não poderemos olvidar que a própria Constituição de 1838 consubstancia um *specimen* das constituições pactuadas[580], que se reconduziam a um "contrato constitucional", traduzindo o resultado de um acordo político entre o rei e o povo, com o propósito de assegurar o equilíbrio entre a legitimidade monárquica e a vontade popular[581], e visando, deste modo, criar condições para a estabilidade do sistema político[582]. A revolução

---

que se chamou D. Miguel à Coroa portuguesa, obliterando-se, pois, o disposto nos artigos 86.º e seguinte da Carta relativos à sucessão do Reino. Cf. o «Assento dos três estados», in: Lopes Praça, *Collecção...*, cit., vol. II, pp. 214 e ss..

579 Cf. Decreto de 10 de setembro de 1836, que restabelece a Constituição de 1822 "com as modificações que as circumstancias fizerem necessarias" e determina que se proceda à reunião das Cortes na forma prevista por este documento constitucional, a cujos Deputados seriam conferidos poderes para proceder à reforma da Lei Fundamental vintista (in: *Collecção de Leis e de Outros Documentos Officiaes Publicados desde 10 de Setembro até 31 de Dezembro de 1836*, 6.ª série, Imprensa Nacional, Lisboa, 1837, p. 1).

580 Classificando, desta forma, a Constituição de 1838, já Gomes Canotilho, *Direito...*, cit., p. 148.

581 No âmbito do procedimento constituinte dirigido à elaboração da Constituição de 1838, ainda se chegou a questionar a realização de uma consulta popular. Na sessão de 3 de janeiro de 1838, por ocasião da leitura do expediente, faz-se referência a uma representação (assinada pelo Duque de Palmela, pelo Duque da Terceira, pelo Marquês de Saldanha e por Mouzinho de Albuquerque), solicitando que, antes de declarada como Lei Fundamental a Constituição votada, fosse consultada a Nação de maneira livre, pela qual pudesse exprimir a sua vontade, conferindo-lhe assim uma legitimidade nacional. O Secretário Rebello de Carvalho limitou-se a declarar a remessa da representação à Comissão da Constituição. Cf. *Diario do Governo*, n.º 4, 04.01.1838, p. 15.

582 *V.* Böckenförde, *Constitutional and Political Theory...*, cit., pp. 157 e s.. Cf. também Böckenförde, «Die Einheit von Nationaler und Konstitutioneller Bewegung im Deutschen Frühliberalismus», in: *Moderne Deutsche Verfassungsgeschichte (1815-1914)*, 2.ª ed., 1981, pp. 27 e ss..
Ou, nas palavras duras de Herculano («A Voz...», cit., pp. 28 e s..), o texto constitucional de 1838 consubstanciava "um campo neutro onde todos se podiam encontrar pacificamente e procurar, sem sair da legalidade, o predomínio das respectivas opiniões".

assumia, pois, um programa político próprio (também com aspirações económicas, em virtude da gravíssima situação financeira atravessada pelo País) e era filha de um liberalismo distinto do pensamento liberal--individualista burguês que caracterizava a corrente que, ao tempo, dominava os órgãos constitucionais. Os seus ideais visavam, em especial, o reforço das instituições democráticas, a descentralização administrativa e o fomento económico. Como sucederá durante todo o século (de forma pacífica ou violenta), mais do que uma reação contra uma determinada Lei fundamental instituidora de uma específica arquitetura jurídico--constitucional, o(s) setembrismo(s)[583] representava(m) uma revolta contra o ministério[584] (e as excessivas prerrogativas que a experimentação prática da Carta Constitucional lhe atribuía) e – acrescentaríamos nós – contra a "captura" do monarca (que se pressupunha, pela sua posição constitucional, independente) pelos interesses governamentais. Não se tratava, pois, de um regresso à Constituição de 1822, diminuindo bruscamente os poderes do rei, mas antes de uma articulação (que se pretendia mais equilibrada que a alcançada pela Carta, que pendia mais para o monarca) entre princípio democrático e princípio monárquico[585].

Destarte, a Constituição setembrista implicava o reconhecimento do poder da revolução, e, como tal, da origem (exclusivamente) popular da soberania; todavia, subjacente à sua elaboração não deixava de se encontrar a admissibilidade das prerrogativas da Coroa *sub constitutione* e da importância de erigir um sistema em harmonia com as monarquias constitucionais europeias, com o propósito de adquirir a estabilidade governamental[586].

583 Identificando as diferenças entre as várias correntes setembristas, *v.* Gomes CANOTILHO, *Direito...*, cit., pp. 149 e s..

584 Cf. Maria de Fátima BONIFÁCIO, «A Revolução de 9 de Setembro de 1836: A Lógica dos Acontecimentos», in: *Análise Social*, vol. XVIII, 1982, pp. 332 e 334.

585 Cf. também Rui RAMOS, «Concepções...», cit., pp. 99 e s.; Maria de Fátima BONIFÁCIO, *A Monarquia...*, cit., p. 41.

586 Cf. Decreto de 6 de novembro de 1836 (in: *Collecção de Leis e de Outros Documentos Officiaes Publicados desde 10 de Setembro até 31 de Dezembro de 1836*, cit., p. 112), no qual se estabelece o teor da declaração de outorga aos Deputados de "poderes especiais" para a elaboração de uma "Lei Fundamental que assegure a liberdade legal da Nação, as prerrogativas do Throno Constitucional, e que esteja em harmonia com as Monarchias Constitucionaes da Europa" – uma tarefa que pressupunha, para cumprir aqueles desideratos, a introdução de alterações na Constituição de 1822 e na Carta Constitucional de 1826.

O caráter compromissório do procedimento constituinte reflete-se nas soluções materiais consagradas. Determinando que a soberania reside na Nação, da qual emanam todos os poderes políticos, a Constituição não deixa de reconhecer o sistema monárquico-representativo (cf. artigos 33.º e 4.º, respetivamente). Se se aproxima da Constituição de 1822 na estrutura, tendo como pórtico os direitos fundamentais, e no reconhecimento de apenas três poderes (excluindo o poder moderador), ia buscar à Carta a existência de uma câmara alta – Senado – (cujos membros eram agora designados por eleição direta, e não pelo rei, e detinham um mandato apenas temporário) (cf. artigos 36.º, 71.º e seguintes) e conferia ao monarca os poderes de prorrogação e dissolução da Câmara dos Deputados (cf. artigo 81.º, n.os II e III), agora incluídos no capítulo dedicado ao poder executivo, mas eliminava a autonomização do poder moderador.

Pondo, embora, fim ao setembrismo, a reentrada em vigor, em 1842, da Carta Constitucional[587] não se revelou totalmente isenta de desconfianças, equacionando-se, desde o início, a conveniência da sua reforma[588]. O cabralismo veio, logo em seguida, pôr a descoberto os *puncta crucis* da Carta e as imperfeições que a sua experiência trazia à tona, as quais tocavam de perto também o tema deste trabalho. Efetivamente, as principais dificuldades suscitadas por esta Lei Fundamental – as quais se reportavam,

587 Cf. Decreto de 10 de fevereiro de 1842, in: *Collecção Official da Legislação Portugueza – Legislação de 1842 em Diante*, Imprensa Nacional, Lisboa, 1842, p. 45.

588 Assim decorria do relatório que antecedia o citado Decreto de 10 de fevereiro, onde se recomendava que os Deputados viessem às novas Cortes convocadas "com todos os poderes necessarios, para alterar qualquer dos seus [da Carta Constitucional] artigos, se por ventura taes alterações fôrem necessarias ao bem do Estado" (*Collecção Official da Legislação Portugueza – Legislação de 1842 em Diante*, cit., p. 45). Do modelo de procuração aos Deputados (eleitos de forma indireta), aprovado pelo Decreto de 5 de março de 1842, não constava, porém, a atribuição de quaisquer poderes para revisão da Carta (cf. Modelo-A, para que remetia o artigo 83.º daquele diploma, in: *Collecção Official da Legislação Portugueza – Legislação de 1842 em Diante*, cit., p. 65). Mais tarde, por Decreto de 27 de julho de 1846 (in: *Collecção Official da Legislação Portugueza – Anno de 1846*, Imprensa Nacional, Lisboa, 1846, pp. 109 e ss.), regulou-se o processo da Eleição (direta) de Deputados às Cortes Gerais Extraordinárias, tendo a segunda parte do artigo 73.º deste diploma conferido aos Deputados poderes para "especialmente revêrem a Carta Constitucional de 29 de abril de 1826; podendo alterar, ou modificar, substituir, supprimir ou additar quaesquer dos seus artigos, e disposições constitucionaes, ou não constitucionaes (*sic*), segundo julgarem conveniente á felicidade publica".
Todavia, e como salienta Lopes Praça (*Collecção...*, cit., vol. II, pp. 241 e s.), neste momento, não dispunha o País, assolado por diversas revoltas, insurreições e mesmo pela guerra civil, da tranquilidade e da estabilidade imprescindíveis a uma reforma constitucional.

em especial, à arquitetura político-constitucional por ela instituída (um sistema parlamentar com atribuição de um poder próprio, autónomo e específico ao rei) e à sua (quase nunca consonante) aplicação prática (onde, ao invés, se assistia a um predomínio, não das câmaras, mas do executivo, que, manipulando estas e o poder real, acabaria por favorecer a emergência de ditaduras) - mantiveram-se. O aspeto mais delicado da Carta consistia precisamente na obtenção do (tão difícil, quão delicado) equilíbrio entre os diversos poderes do Estado, que a consagração do poder moderador (e a respetiva associação a uma particular compreensão do princípio monárquico) visava alcançar - obviando, em simultâneo, à governamentalização da forma de governo e ao (excessivo) predomínio do parlamento, incapacitando a ação do executivo.

E, com alguma propriedade, se afirmará que essas dificuldades (em particular, o sentido do exercício do poder moderador, mormente na sua ligação com a Câmara dos Pares, o propósito e funções desta última, o sistema eleitoral e a posição do governo no concerto dos demais órgãos de Estado) permanecerão sempre como o ponto nevrálgico das diversas reformas constitucionais empreendidas, constituindo o respetivo *motto*. Tais problemas demonstrarão, em especial, a ductilidade do sistema político-constitucional instituído pela Carta, que consentirá regimes tão diversos e acomodará interpretações igualmente distintas, ora mais próximas do realismo da *Charte Constitutionnelle* de 1814, ora mais chegadas ao parlamentarismo, ora partidárias de uma governamentalização, ora defensoras do cesarismo[589] - tudo dependendo, afinal, do exercício, em concreto, dos poderes conferidos aos órgãos do Estado. A realidade constitucional representará, aliás, uma dimensão decisiva para a compreensão do constitucionalismo português (sobretudo da arquitetura institucional), pois que o entendimento do monarca e dos sucessivos ministérios sobre o sentido do equilíbrio entre os poderes legislativo, executivo e moderador originará soluções políticas tão diversas como o cabralismo, a Regeneração ou o franquismo. Eis-nos diante de um aspeto que denota bem uma das particularidades da dinâmica da Carta, cuja emanação e posteriores alterações procuram responder à

589 Assim, já António Hespanha, *Uma Monarquia...*, cit., pontos 3.1. e 4.1..

dialética (densa, aliás) entre a *lex scripta* e a realidade constitucional, e, por esse motivo, iam surgindo como resposta à experimentação histórica que a Carta sofria através da sua aplicação diuturna[590].

O Ato Adicional de 5 de julho de 1852[591] inaugura uma outra fase da vigência da Carta[592]. Poder-se-á afirmar que a (há muito pretendida)

590 Se esta asserção se revestes de uma nitidez fulgurante na parte relativa à organização política e na medida em que as reformas procuram constituir a resposta para debelar o problema da excessiva governamentalização do sistema parlamentar, há momentos em que os próprios membros das Cortes o afirmam expressamente: cf., *v. g.*, o Parecer da Comissão da Câmara dos Pares no âmbito da Carta de Lei de 1885 (in: Lopes Praça, *Collecção...*, cit., vol. II, pp. 320 e s.) ou do Parecer da Câmara dos Deputados no contexto da Carta de Lei de 1886 (in: *Op.* cit., pp. 350 e s.), do qual decorre o reconhecimento do valor (re)constitutivo da experiência.

591 Carta de Lei de 5 de julho de 1852, in: *Collecção Official da Legislação Portugueza – Anno de 1852*, Imprensa Nacional, Lisboa, 1853, pp. 101 e ss.. Trata-se de uma reforma constitucional que não seguiu o procedimento estabelecido pelos artigos 140 e seguintes da Carta. Na verdade, ao invés de a iniciativa ter lugar na Câmara dos Deputados e de esta expedir o ato legislativo que reconheceria a necessidade de reforma e atribuiria aos Deputados da legislatura subsequente os poderes necessários para a respetiva aprovação, o procedimento iniciou-se através do Decreto de 25 de maio de 1851 (in: *Colleção Official da Legislação Portugueza – Anno de 1851*, Imprensa Nacional, Lisboa, 1852, p. 151), que dissolveu a Câmara dos Deputados, fixou eleições, convocou extraordinariamente as Cortes Gerais e determinou que aos Deputados eleitos se conferissem os poderes necessários para a reforma da Carta. Aliás, esta última determinação encontrava-se precedida de uma justificação para a preterição das formalidades contempladas nos citados artigos 140.º e seguintes, considerando-se que a "suprema Lei da salvação pública" impunha o dever de as preterir, porquanto a "textual observância [daquelas disposições] não poderia ter outro resultado senão o de adiar indefinidamente e sofismar na realidade a manifesta vontade da Nação". O Decreto de 20 de junho de 1851 (in: *Colleção Official da Legislação Portugueza – Anno de 1851*, cit., pp. 172 e ss.), que estabeleceu o regime das eleições dos Deputados (segundo o sistema do sufrágio indireto), prescreveu a inclusão, nas procurações dos Deputados, dos "poderes para reformarem na (...) Carta aquelles artigos que a experiencia tem mostrado insdispensavel corrigirem-se, e aperfeiçoarem-se, para melhor garantia da liberdade, da Monarchia representativa, e dos inalteraveis princípios em que a Carta a quiz estabelecer e constituir" (cf. Modelo – A, em anexo àquele diploma, e para o qual remete o artigo 120.º). A irregularidade do procedimento viria a suscitar, na Câmara dos Deputados, a apresentação de uma moção de ordem, apresentada por António José de Ávila (o futuro Duque de Ávila e Bolama), destinada a dilucidar a questão prévia de saber se aquela Câmara tinha ou não poderes constituintes, ou se se julgava autorizada a reformar artigos constitucionais da Carta: cf. *Diário da Câmara dos Deputados*, n.º 50, 06.03.1852, pp. 87 e ss.. O mesmo problema ressurgiu na Câmara dos Pares, logo na primeira sessão destinada à apreciação, na generalidade, do Parecer (n.º 17) elaborado pela respetiva Comissão Especial encarregada de analisar a proposta do Governo e o Projeto da Comissão da Câmara dos Deputados (cf. *Diário do Governo*, n.º 150, 28.06.1852, pp. 693 e ss.); sem prejuízo de outras intervenções valiosas (do ponto de vista político e histórico), regista-se a de Silva Ferrão, pelo modo juridicamente engenhoso com que defendeu a regularidade da reforma da Carta, salientando que a primeira parte do procedimento fixado pelos artigos 140 e seguintes (que pressupunha a intervenção da Câmara dos Deputados) havia sido substituída pela pronúncia direta da Nação (e não indiretamente, através dos seus representantes).

592 Sobre as vicissitudes e o sentido deste Ato Adicional, cf., por exemplo, Lopes Praça, *Collecção...*, cit., vol. II, pp. 281 e ss.; Marcello Caetano, *História Breve...*, cit., pp. 68 e ss.; António Hespanha, *Guiando a Mão...*, cit., pp. 403 e ss..

reforma da Lei Fundamental viria pôr termo ao primeiro período do liberalismo político português, marcado pelos sucessivos golpes de Estado e mesmo pelos conflitos armados. As alterações (embora não necessariamente profundas, pelo menos quanto àquele que se veio a revelar o seu real alcance prático) visavam pacificar um Estado falido, cansado, em recuperação dos sobressaltos subsequentes ao setembrismo, e, em simultâneo, evitar que se pudesse vir a recair no autoritarismo que a experiência cabralista tornara visível – a implicar que a reforma incidisse, sobretudo, sobre a dimensão político-organizatória da Carta, embora sem descurar outras matérias.

Uma das principais modificações atingia em cheio o princípio democrático, passando agora a admitir-se o sufrágio direto (recuperando a ideia resultante já das Constituições de 1822 e de 1838) – sem, todavia, se abdicar do voto censitário (embora com diminuição de alguns requisitos de riqueza) e da negação da capacidade eleitoral ativa (e passiva) a um sem número de pessoas (cf. artigos 4 e seguintes do Ato Adicional). A outra respeitava ao fortalecimento da posição do Parlamento na relação com o Executivo, com impacto no direito internacional (passando a celebração de contratos pelo Governo a ser precedida de aprovação pelas Cortes, em sessão secreta – cf. artigo 10), e, sobretudo, em matéria financeira, onde mais se nota a preocupação em restringir o âmbito dos poderes governamentais: por um lado, impunha-se a aprovação anual de todo os impostos (erigindo, no fundo, as bases uma lei do orçamento do Estado) e estabelecia-se que a transferência de receitas para a prossecução de finalidades diversas (das que constavam daquela lei) careciam de aprovação parlamentar; por outro lado, submetia-se a execução orçamental a um controlo, efetuado quer pelas próprias Cortes (através da aprovação da conta de gerência e da conta do exercício do ano anterior), quer através do Tribunal de Contas, agora instituído (cf. artigos 12 e 13 do Ato Adicional)[593].

593 Sem menoscabo de outras alterações (também relevantes), não poderíamos deixar de sublinhar que o Ato Adicional teve ainda impacto em matéria de direitos fundamentais, com a abolição da pena de morte para os crimes políticos (cf. artigo 16 do Ato Adicional). Sobre a abolição da pena de morte para os crimes políticos na reforma de 1852, *v.* Braga da Cruz, «O Movimento...», cit., pp. 492 e ss.; Rui de Figueiredo Marcos, «A Morte...», cit., p. 47.

O constitucionalismo liberal-cartista português viria, pois, a consolidar-se na segunda metade do século XIX, com a revisão da Carta Constitucional, decorrente do citado Ato Adicional de 1852. A estabilização do sistema, aliada ao reconhecimento dos direitos, viabilizará um certo amadurecimento do regime liberal, revelado na pacificação dos militares, na progressiva organização dos partidos políticos, e um certo apaziguamento dos conflitos ideológicos[594]. Uma maior tranquilidade na vida política – que inauguraria o período designado como *Regeneração*[595] (a segunda) – importada por esta revisão da Carta Constitucional permitiu que o Estado se voltasse para a prossecução de tarefas de Administração ativa, levando à criação da Secretaria de Estado das Obras Públicas, Comércio e Indústria[596]. Nesta medida, o grande esforço efetuado, entre nós, no sentido do lançamento dos trabalhos públicos ocorreu, sobretudo, durante o consulado de Fontes Pereira de Melo (1871-1877, 1878-1879, 1881-1886)[597], marcando um período que ficou conhecido como *fontismo*[598]. Encontrávamo-nos na altura das grandes obras de fomento, nomeadamente através da outorga das grandes concessões[599].

Todavia, é ainda na constância deste período que se começam a agitar algumas vozes contra um dos aspetos fundamentais do modelo constitucional subjacente à Carta: o equilíbrio entre a legitimidade monárquica e a soberania popular. A posição jurídica do rei e, em especial, o poder

594 Cf. Luís Espinha da SILVEIRA/Paulo FERNANDES, *D. Luís*, Círculo de Leitores, Lisboa, 2006, p. 8.

595 O "capitalismo" português, a que se referia Oliveira MARTINS, *Portugal...*, cit., tomo II, p.

596 Assim já, António HESPANHA, *Guiando a Mão...*, cit., pp. 290 e 409. Esta Secretaria de Estado foi criada pelo decreto com força de lei de 30 de agosto de 1852 (cf. Lopes PRAÇA, *Estudos sobre a Carta Constitucional de 1826 e Acto Adicional de 1852*, 2.ª Parte – vol. II, Manuel de Almeida Cabral, Coimbra, 1880, p. 17).

597 Cf. Luís Espinha da SILVEIRA/Paulo Jorge FERNANDES, *D. Luís*, Círculo de Leitores/Centro de Estudos dos Povos e Culturas de Expressão Portuguesa (UCP), Rio de Mouro, 2006, pp. 272 e s..

598 Para melhor compreender as opções políticas de Fontes Pereira de Melo, cf. Maria Filomena MÓNICA, *Fontes Pereira de Melo: Uma Biografia*, 4.ª ed., Alêtheia Editores, Viseu, 2009.

599 Recordem-se, entre nós, as problemáticas vicissitudes da "concessão do exclusivo da exploração das linhas ferreas americanas, para transportes collectivos de passageiros, bagagens e mercadorias, em todas as vias publicas municipaes, actuaes e futuras, que a isso se prestem, ou em leito proprio, dentro dos limites do concelho do Porto". Cf. Bernardo LUCAS, *O Concurso da Viação Americana – Exposição dos Direitos da Companhia Carris de Ferro do Porto*, Typographia a Vapor da Empreza Guedes, Porto, 1906. Para uma perspetiva histórica das controvérsias decorrentes da celebração deste contrato, cf. Jorge Fernandes ALVES, «Nos Trilhos da Cidade. Aspectos Históricos dos Transportes Colectivos no Porto», in: *História. Revista da Faculdade de Letras – Universidade do Porto*, III série, vol. I, 2000, pp. 102 e ss..

moderador constituirão alvo de crítica. Tal o panorama que se adensará, sobretudo, aquando da discussão dos projetos de reforma constitucional a partir de 1871, que congregaram esforços das diversas forças políticas - projetos esses que, neste momento histórico, se malograram em virtude dos fervilhantes acontecimentos vividos em Espanha[600].

Ainda assim, e em nome da necessidade de manter a tranquilidade do sistema político com o propósito de conservar o ritmo da reestruturação administrativa e financeira já encetada, não se conseguiram empreender reformas verdadeiramente profundas, embora a discussão revelasse que permanecia sempre latente o conflito entre a conceção constitucionalista liberal mais radical (agora republicana) e aqueloutra mais moderada e conservadora. Neste contexto, e assumindo-se a reforma como uma aspiração de todas as forças e partidos políticos da época, a emanação do Ato Adicional de 24 de julho de 1885[601], elaborado a partir de uma proposta apresenta pelo Executivo liderado por Fontes Pereira de Melo, procurou conciliar estas duas tendências, sem, contudo, debelar os problemas que emergiam de uma realidade constitucional que promovia a governamentalização do regime. Também esta reforma não deixou de beber influência nas experiências constitucionais paralelas, inspirando-se na Constituição belga de 1831, no *Statuto Albertino* de 1848, na Constituição grega de 1864, e nas Constituições espanholas de 1869 e

600 Cf. Marcello Caetano, *História Breve...*, cit., p. 72.

601 Carta de Lei de 24 de julho de 1885, in: *Collecção Official da Legislação Portugueza - Anno de 1885*, Imprensa Nacional, Lisboa, 1886, pp. 284 e s..
Esta reforma constitucional observou já a tramitação prevista pela Carta, singularizando-se, no dizer de Lopes Praça (*Collecção...*, cit., vol. II, p. 298), pela sua "origem legal e extra-revolucionaria". Assim, a Carta de Lei de 15 de maio de 1884 (in: *Collecção Official da Legislação Portugueza - Anno de 1884*, Imprensa Nacional, Lisboa, 1885, p. 161) vem fixar o âmbito da revisão, reconhecendo a necessidade de reforma dos artigos 14.º, 17.º, 26.º, 27.º, 28.º, 39.º, 74.º §§ 1.º, 4.º e 7.º, 75.º § 14.º, 77.º, 140.º e 145.º § 28.º da Carta Constitucional, acrescentando que a Câmara dos Deputados que se seguisse imediatamente à legislatura em curso seria eleita já com poderes especiais para proceder à reforma assim delineada, reforma essa a decretar pelas Cortes (e, portanto, com intervenção da Câmara dos Pares) e a sancionar pelo Rei nos termos fixados pela Carta para a aprovação das leis (por corresponder, de certo modo a uma interpretação do texto constitucional - designadamente do artigo 143.º -, efetuada por uma lei ordinária, esta última parte do diploma suscitou alguma controvérsia: sobre a questão, *v.* Lopes Praça, *Collecção...*, cit., vol. II, p. 301; cf. também, no mesmo volume, a alusão ao problema no Parecer elaborado pela Comissão da Câmara dos Pares, pp. 330 e ss.).

de 1876[602]. As principais alterações reconduziram-se a questões político-organizatórias: erigindo, como pórtico, o princípio segundo o qual deputados e pares são representantes da (de toda a) nação (cf. artigo 1), o Ato Adicional introduziu mudanças significativas na Câmara dos Pares, com impacto no alcance e no exercício do poder moderador[603], na medida em que se prevê que esta câmara, além dos pares por direito próprio e por direito hereditário, passe a integrar pares eletivos[604], em conjunto com os pares vitalícios de nomeação régia (na proporção de cinquenta daqueles para cem destes), aproximando-a do Senado da Constituição de 1838 (cf. artigos 6 e seguinte). O alcance do poder moderador conhece uma limitação, na medida em que o respetivo exercício passa a ser exercido sob responsabilidade dos ministros (cf. artigo 7, proémio), com a consequência de que, doravante, todos os atos do rei passam a ficar submetidos a referenda ministerial – o que conduzirá a uma excessiva (e, a nosso ver, nefasta) aproximação entre o poder moderador e o poder executivo. Por outro lado, prosseguiu-se o esforço de aprofundamento das liberdades fundamentais, consagrando-se o direito de petição e o direito de reunião (cf. artigo 10).

À reforma de 1895-1896[605] presidiram propósitos similares de reação contra o mau funcionamento do sistema parlamentarista. Talqualmente

602 Salientando já esta influência, *v.* a proposta governamental de 1883 ou o Parecer da Câmara dos Deputados no contexto da Carta de Lei de 1886, in: Lopes Praça, *Collecção...*, cit., vol. II, pp. 305 e s., e 353 e 356, respetivamente. Cf. ainda Marcello Caetano, *História Breve...*, cit., p. 73.

603 Que, liberto do fardo de conferir apoio parlamentar ao Executivo, se tornaria mais robusto, na opinião do preâmbulo da proposta de reforma apresentada pelo Governo (in: Lopes Praça, *Collecção...*, cit., vol. II, p. 304).

604 A organização eleitoral da parte eletiva da Câmara dos Pares foi aprovada por Carta de Lei (também) de 24 de julho de 1885 (in: *Collecção Official da Legislação Portugueza – Anno de 1885*, cit., pp. 285 e ss.).

605 Tal como sucedeu em 1852, também a reforma constitucional de 1895-1896 não seguiu o procedimento previsto na Carta, mas ocorreu no contexto da prolação de um decreto ditatorial – um aspeto que não deixaria de se revelar isento de críticas (cf., *v. g.*, o relatório da Proposta de Lei n.º 104-B, de 3 de julho de 1899, que esteve na base da malograda revisão de 1899-1900, in: *Diário do Governo*, n.º 146, 04.07.1899, p. 1690).
Inicialmente, as alterações ao texto constitucional foram efetuadas pelo Decreto de 25 de setembro de 1895 (in: *Collecção Official de Legislação Portuguesa – Anno de 1895*, Imprensa Nacional, Lisboa, 1896, pp. 811 e ss.), emanado no quadro do governo ditatorial (presidido por Hintze Ribeiro e integrado também por João Franco, responsável pela pasta do Ministério

decorre do relatório governamental que precede o Decreto de 25 de setembro de 1895[606], admite-se que as modificações introduzidas aquando da reforma constitucional de 1885 não surtiram os resultados desejados, designadamente no que tange à composição da Câmara dos Pares, que se pretende distinguir pelo seu "espirito tradicional e conservador" (muito à semelhança das propostas de Montesquieu) e, por conseguinte, "menos impressionável" e menos sujeita ao "influxo irresistível das paixões partidarias". Assistia-se, neste momento, à emergência de uma corrente que apontava o reforço dos poderes do monarca – o único órgão de Estado suscetível de afirmar uma verdadeira independência relativamente aos partidos políticos – como a solução a seguir. Visando reconduzir o poder moderador à sua posição de "chave da organização política" (como o qualificava o artigo 71 da Carta Constitucional), reconhecia-se-lhe agora uma função conciliatória ou de equilíbrio entre os demais poderes soberanos: o § único do artigo 5.º do Decreto de 25 de setembro de 1895 cometia ao rei a competência para, no contexto do exercício daquele poder, dilucidar as divergências entre as câmaras no âmbito do procedimento legislativo – numa solução que a Carta de Lei de 1826 não haveria de acolher. A sempiterna questão do sistema

do Reino), que, assim, assumia expressamente "poderes extraordinários" para alteração de certas disposições constitucionais. Outro decreto da mesma data (e, por conseguinte, também Decreto de 25 de setembro de 1895, in: *Collecção Official de Legislação Portugueza - Anno de 1895*, cit., pp. 815 e ss.) fixava a data para a realização de eleições (cf. artigo 1.º), afirmando o propósito de cumprir o artigo 42.º da Carta, mas, em simultâneo, previa que seriam conferidos, pelos eleitores, aos deputados "os poderes especiais necessários para deliberar e resolver sobre as alterações decretadas nas leis constitucionaes da monarchia" (cf. artigo 5.º). Realizadas as eleições, as Cortes aprovaram o designado *bill* de indemnidade, relevando o governo da responsabilidade em que incorreu por ter assumido o exercício de funções legislativas, ordinárias e constitucionais, mantendo em vigor, até nova resolução das Câmaras, as medidas legislativas ditatoriais, emanadas entre 28 de agosto de 1893 e 30 de dezembro de 1895 (cf. Carta de Lei de 14 de fevereiro de 1896, in: *Collecção Official de Legislação Portugueza - Anno de 1896*, Imprensa Nacional, Lisboa, 1897, pp. 35 e s.). Nesta sequência, foram igualmente reapreciadas disposições constantes do Decreto de 1895, recuperando-se (embora não na sua integralidade, como daremos conta, já a seguir, em texto) as soluções então adotadas, tendo as Cortes aprovado a Carta de Lei de 3 de abril de 1896 (in: *Collecção Official de Legislação Portugueza - Anno de 1896*, cit., pp. 129 e ss.), que consubstancia, então, o terceiro Ato Adicional à Carta Constitucional. Criticando severamente esta forma de alteração constitucional, *v.* Afonso Costa, *Lições de Organização Judiciária*, França Amado, Coimbra, 1899, pp. 65 e s., n. 2.

606 Cf. *Collecção Official de Legislação Portuguesa - Anno de 1895*, cit., pp. 811, 813 e s..

político-constitucional recrudesce, em especial no que toca à composição (desaparecendo os Pares eletivos e diminuindo o número de Pares de nomeação régia, cujo número máximo se encontra agora fixado em noventa) e ao papel da Câmara dos Pares (também no exercício do poder legislativo e na sua relação com a Câmara dos Deputados – cf. artigos 1.º a 3.º, e 5.º, do Decreto de 25 de setembro de 1895, e artigos 1.º a 3.º, e 5.º, da Carta de Lei de 3 de abril de 1896), tocando ainda as competências incluídas no poder moderador (cf. artigo 6.º do Decreto de 25 de setembro de 1895, e artigo 6.º da Carta de Lei de 3 de abril de 1896). A subsistência dos problemas relacionados com o papel do Executivo determinou a alteração da matéria atinente ao controlo parlamentar do orçamento e da conta do Estado, abrindo a possibilidade (que redundava, afinal, num aumento do predomínio governamental) de se manterem em vigor para o ano económico seguinte as disposições financeiras do ano anterior enquanto se obtivesse a aprovação em Cortes da lei de meios – o que permitia a ação governativa, mesmo sem o apoio parlamentar (cf. artigo 7.º do Decreto de 25 de setembro de 1895, e artigo 7.º da Carta de Lei de 3 de abril de 1896).

A última reforma constitucional[607] ocorre já no crepúsculo da monarquia, e agora de forma muito pontual. O Ato Adicional de 23 de

607 Que foi antecedida de uma tentativa, não lograda, de reforma em 1899-1900. O procedimento teve na sua génese a Proposta de Lei n.º 104-B, de 3 de julho de 1899, in: *Diário do Governo*, n.º 146, 04.07.1899, pp. 1689 e ss. (proposta que, seguindo o procedimento de revisão constitucionalmente previsto, deu lugar à Lei de 26 de julho de 1899, in: *Collecção Official da Legislação Portugueza – Anno de 1899*, Imprensa Nacional, Lisboa, 1900, p. 303, pela qual se reconhece a necessidade de reforma da Carta e dos seus Atos Adicionais). Para além de criticar o facto de a revisão anterior ter assumido a forma de decreto ditatorial, o Relatório justificativo da Proposta de Lei n.º 104-B permite desvelar o alcance material da reforma. Desde logo, voltava a incidir sobre a *vexata quæstio* da composição e funcionamento da Câmara dos Pares, salientando a instabilidade a que a mesma passou a estar submetida depois de 1895/1896. A esta matéria associou-se ainda a reposição das normas atinentes à vigência das leis de receita e despesa do Estado no ano económico (nomeadamente, da regra da votação anual dos impostos), a redefinição das regras da regência, a inclusão de algumas especificidades no regime das Províncias Ultramarinas (incluindo os problemas do uso abusivo de decretos ditatoriais e da titularidade de direitos civis), bem como alterações ao funcionamento das Cortes, incluindo a possibilidade de estas reunirem por direito próprio (independentemente de convocação). Particular relevância assume ainda o facto de se considerar que as garantias constitucionalmente consagradas (em especial, a votação anual dos impostos) se tornarão "absolutamente illusoria[s], se os tribunaes judiciaes acatarem como leis os actos do poder executivo sob o fundamento de não lhes competir a apreciação da legalidade dos decretos

dezembro de 1907 volta a incidir sobre a composição da Câmara dos Pares, eliminando um número fixo de membros de nomeação (régia) vitalícia, com o objetivo de viabilizar governos que, inicialmente, não acolhessem o apoio da câmara alta (cf. artigo 1.º), prevendo ainda a competência do Supremo Tribunal de Justiça para o julgamento de delitos cometidos pelos Ministros do Reino (cf. artigo 2.º). Este derradeiro sobressalto em torno da Lei Fundamental não logrou, porém, execução prática, em virtude do fim da ditadura de João Franco. Menos de três anos volvidos, a Carta perderia a sua vigência.

---

inconstitucionais, e da legitimidade d'aquelle poder para se investir em funcções legislativas" (p. 1690); tratava-se, pois, de verter em letra de lei a jurisprudência que já se inclinava para o controlo dos decretos ditatoriais, consagrando a competência judicial para conhecer da legitimidade de tais atos e, como tal, conferindo ao juiz o poder de desaplicar a um concreto litígio decretos inconstitucionais.

Na sequência da anterior, a Proposta de Lei n.º 14-K, de 14 de março de 1900 (in: *Diário do Governo*, n.º 59, 15.03.1900, pp. 631 e ss.) recupera os mesmos problemas, dando-lhes respostas similares e apresentando já o respetivo articulado. Não deixe, contudo, de se registar que, quanto à relevante questão do controlo jurisdicional da constitucionalidade dos atos do poder público, este texto é menos ambíguo que o de 1899, agora se proclamando expressamente a "competência dos tribunaes para conhecerem da validade das leis, e outros diplomas, que hajam de applicar" (e, por conseguinte, não apenas dos decretos ditatoriais); esta mesma ideia surgirá confirmada pelo artigo 10.º da Proposta (destinado a adicionar à Carta o artigo 119.º), nos termos do qual "os tribunaes teem competência para conhecer da validade das leis. Não poderão applicar decretos e regulamentos ou ordens do governo, e actos de quaisquer auctoridades e das corporações administrativas, que não sejam conformes ás leis publicadas em harmonia com os preceitos constitucionais".

As Câmaras ainda iniciam a discussão da reforma (cf., *v. g.*, *Diário da Câmara dos Senhores Deputados*, n.º 89, 16.06.1900, pp. 7 e ss., onde se enceta a apreciação do Projeto de Lei n.º 58), mas a instabilidade política e parlamentar intervém [logo naquela sessão se suscita a questão prévia da observância do prazo constante do artigo 9.º do Ato Adicional de 1885, que previa o que hoje designaríamos como um procedimento de revisão extraordinária – cf. p. 15 –, e que haveria de ser rejeitada na sessão de 19 de junho (cf. *Diário da Câmara dos Senhores Deputados*, n.º 91, 19.06.1900, p. 7); a discussão do projeto, sempre alumbrada pelas reformas constitucionais em períodos ditatoriais e já assombrada pelos ímpetos republicanos, mantém-se nas sessões seguintes]. A queda do ministério de Luciano de Castro a 25 de junho (anunciada na Câmara dos Deputados no próprio dia – cf. *Diário da Câmara dos Senhores Deputados*, n.º 94, 25.06.1900, p. 2) determinará o fim deste procedimento de revisão constitucional (como, aliás, decorre das próprias palavras de Hintze Ribeiro, quando questionado, a tal propósito, pelo seu antecessor, Luciano de Castro, em sessão perante a Câmara dos Pares: cf. *Diário da Câmara dos Dignos Pares do Reino*, n.º 42, 27.06.1900, pp. 277 e 276, respetivamente).

PARTE II

Soberania do povo e democracia, legitimidade monárquica, e Estado de direito: A proposta de uma *tries* fundamentante

> Mais quand, par les convenances de sa situation et par le cours de sa destinée, un grand peuple a été amené à vouloir unir fortement dans son gouvernement la stabilité du pouvoir au mouvement de la liberté ; quand c'est dans la monarchie constitutionnelle qu'il a besoin de trouver le gouvernement libre, c'est par le régime parlementaire qu'il a plus de chances d'atteindre son but, car ce régime est le seul qui, sous la forme monarchique, pose en principe et assure en fait la responsabilité habituelle du pouvoir, première et indispensable base de la liberté politique[608].

608 Guizot, *Mémoires pour Servir à l'Histoire de Mon Temps*, tomo VIII, Michel Lévy Frères, Libraires-Editeurs, Paris, 1867, p. 98.

Tendo como horizonte material as coordenadas do liberalismo, do individualismo e do constitucionalismo delineadas na parte anterior, importa refletir sobre os fundamentos dos sistemas monárquicos vigentes durante o século XIX (ou, mais precisamente, no caso europeu continental, dos sistemas que despontaram na sequência da reorganização territorial-estadual operada no Congresso de Viena e que terminam, no máximo, com a Primeira Grande Guerra[609]). Como se conhece, o desenho de tais sistemas conduzirá a uma progressiva parlamentarização das formas de governo (num ir-e-vir entre a monarquia limitada e o regime parlamentarista[610]), decorrente de uma específica articulação entre o reconhecimento da subordinação dos poderes públicos ao direito (por antonomásia, ao direito elaborado pelos parlamentos: a lei), a representação popular e a necessidade de garantia de estabilidade ou da tradição alcançada pela legitimidade dinástica (associada ao reconhecimento de um específico papel ao monarca – mais ou menos interventivo, consoante os casos). Tal significa, pois, recuperar, agora no horizonte de um complexo normativo jurídico-constitucionalmente enquadrado, a tensão entre monarquia, aristocracia/oligarquia e democracia – ou do governo de um, de alguns (os notáveis) ou de todos – que, a final, vem constituindo o *leitmotiv*[611] sempre presente no contexto das experiências político-organizativas.

A tentativa de apresentação e de elaboração dogmática de um conjunto de princípios caracterizadores de um modelo assume uma dimensão necessariamente abstrata (ou dogmático-explicativa), embora (precisamente por esse motivo) se revele determinante para o recorte de um sentido jurídico-constitucional orientador para as diversas experiências constituintes e constitucionais da época. Não constitui, pois, nosso propósito afirmar que todos os sistemas monárquicos constitucionais vigentes no século XIX se encontravam submetidos a um esquema fixo, impreterivelmente aplicado a todos eles, sem exceção ou sem adaptação, monolítico, fora do

609 Em Portugal, necessariamente antes, em consequência da implantação da República, em 1910.

610 Como bem notou LAQUIEZE, *Les Origines du Régime Parlementaire en France (1814-1848)*, PUF, Paris, 2002, p. 33, refletindo sobre o panorama francês entre 1814 e 1848.

611 Van CAENEGEM, *An Historical Introduction...*, cit., p. 10.

espaço e do tempo. Trata-se antes de propor um complexo de fundamentos que pautaram, com maior ou menor intensidade, com ênfase mais significativa num ou noutro princípio, os sistemas que emergiram, na Europa, na sequência da revolução liberal francesa e, sobretudo, após o Congresso de Viena, não deixando de salientar as especificidades nacionais e procurando evitar anacronismos na própria configuração principiológica (um aspeto que se revelará determinante, *v. g.*, na compreensão do princípio do Estado de direito – cujo sentido se afigura, então, necessariamente distinto do que hoje se lhe encontra conferido pela dogmática jurídico-constitucional).

Partimos do modelo tradicionalmente denominado como sistema dualista ou monarquia dualista[612], mas que preferimos designá-lo como *Estado constitucional monárquico de governo moderado*, com o propósito de acentuar quer a sobrevivência do reconhecimento de um poder político (não só ao povo, mas também e ainda) ao rei (como decorre da referência à monarquia dualista), quer a circunstância de que o exercício do poder reconhecido ao rei ocorre dentro de um quadro limitado pelos princípios do constitucionalismo moderno – impondo a subordinação ao direito público, e, neste horizonte, tendo como balizas referenciais mínimas o princípio da separação de poderes e a garantia das liberdades fundamentais. Com efeito, e atenta também a sua sistematização temporal, este tipo de Estado surge-nos como uma alternativa entre as monarquias absolutas (sobrevivente ainda em alguns regimes europeus e não europeus, de matriz religiosa ou não), as monarquias meramente simbólicas, e o republicanismo[613] uma tentativa que não se encontra(-va) não necessariamente votada ao fracasso[614], desde que logre(asse), na prática, conciliar os três fundamentos agora apresentados.

---

612 Que se não confunde necessariamente com o conceito de monarquia constitucional (por oposição à monarquia parlamentar), que recusa o princípio da soberania do popular, erigindo o princípio monárquico como *o* princípio fundamental em matéria de origem do poder e base da soberania. Cf., *v. g.*, Bornhak, *Preußisches Staatsrecht*, cit., tomo I, p. 66.

613 Cf. os exemplos avançados por Osterhammel, *The Transformation...*, cit., pp. 580 e ss..

614 Cf., *v. g.*, a visão distinta propugnada por Lacché, «Las Cartas...», cit., p. 289, embora tendo como pano de fundo uma concretização do regime monárquico francês (a sagração de Carlos X, em Reims), que representava precisamente o extremar de um dos polos do equilíbrio (a legitimidade monárquica).

Estamos diante de uma tarefa cuja consecução não prescinde de três observações complementares.

Primo, e sem se ignorar o caráter tendencialmente geolocalizado (sob o ponto de vista dos conceitos de constitucionalismo e constituição que a presente investigação encerra), esta centúria assistiu à convivência de (modelos constitucionais de) sistemas monárquicos distintos – uns que centram a ação política precipuamente em redor do parlamento (como acontecia com o modelo inglês, seguido posteriormente pela Bélgica ou pela Itália), outros que enfatizam a separação de poderes, mas acabam por acentuar a supremacia do poder legislativo, associando-o à vertente democrática (como ilustra o sistema francês), outro ainda que privilegiam o poder do príncipe (como sucedia, por excelência, no modelo alemão-prussiano[615], ou, em geral, com os sistemas vigentes no eixo da Santa Aliança[616]). Ainda que, de forma tendencial, estes modelos se classifiquem como mais progressistas ou radicais, por um lado, e mais conservadores, por outro lado, a verdade é que a história vem demonstrando que a natureza mais ou menos revolucionária das instituições não decorre apenas (nem sobretudo?)

615 A autonomização do modelo alemão face aos restantes sistemas da Europa continental (quer na sua génese, quer nos seus desenvolvimentos) será notório em diversas passagens do texto (em especial, nos pontos relativos ao princípio monárquico e ao princípio do Estado de direito – cf., *infra*, 2.2. e 4.1.). Neste sentido, Rogério Soares (*Direito Público...*, cit., p. 58) sublinhava que, sem prejuízo da penetração do constitucionalismo, logo a seguir ao Congresso de Viena, em certos Estados germânicos do sul, somente a partir das revoluções de 1848, se verificou uma efetiva difusão generalizada dos princípios jurídico-constitucionais mais alicerçados noutros territórios: recorde-se que a primeira sessão da assembleia prussiana tem lugar em maio daquele ano, em Frankfurt, e é neste momento que se discutem verdadeiramente os temas constitucionais mais fraturantes como a definição da forma de governo, as opções entre república, monarquia eletiva ou hereditária, ou entre sistema unicameral ou bicameral, as questões relacionadas com os direitos fundamentais ou o direito eleitoral [cf. Stolleis, Öffentliches *Rechts in Deutschland: Eine Eifiührung in Seine Geschichte (16.-21. Jahrhundert)*, Beck, München, 2014, p. 66].

616 Ainda que não nos detenhamos no estudo do sistema russo, importa, neste contexto, enfatizar a manifesta diferença que aquele encerrava relativamente ao resto da Europa (mesmo perante o modelo alemão-prussiano), assistindo-se à vigência de um regime autocrático, resultante de uma concentração (parcial) de poderes da pessoa do czar, titular do poder legislativo (concebido como a única fonte da lei), do poder executivo (assumindo-se como chefe do governo) e, embora muito mais moderadamente, do poder judicial. Cf., sobre esta matéria, Blinoff, «Le Tsar», in: *Revue du Droit Public et de la Science Politique*, n.º 22, 1905, pp. 545 e ss..

da sua arquitetura organizatória, mas releva em muito da concreta atuação dos titulares dos poderes públicos em cada momento.

Secundo, importa ter consciência de que a associação entre monarquia constitucional e governo moderado conhece raízes importantes na Europa continental[617], mas não exclusivas. Por este motivo, qualquer caracterização do sistema, mesmo neste horizonte geográfico, carece de uma atenção aos influxos advenientes, em especial, do constitucionalismo inglês. Ademais, e sem prejuízo dos contributos do constitucionalismo norte-americano, impõe-se acentuar a decisiva influência que, entre nós, exerceu também o movimento constitucional brasileiro e, em especial, a Constituição do Império de 1824 – absolutamente decisiva na conformação portuguesa do sentido da posição jurídico-constitucional do rei e do reconhecimento, com autonomia, do poder moderador[618]. Todavia, o desenho da monarquia constitucional que agora analisamos aparta-se decisivamente de sistemas contemporâneos, oriundos de outras

617 Logo no Congresso de Viena, a monarquia constitucional surge como uma das dimensões do *droit public européen*, habilmente esgrimidas por Talleyrand, defendendo a legitimidade monárquica, sem descurar a sua limitação pelas normas constitucionais, como solução para a garantia da paz e da estabilidade (um aspeto que ficou expressamente consignado no preâmbulo do Tratado de Paris de 20 de novembro de 1815, onde se afirma que a paz na Europa se encontrava alicerçado numa determinada ordem das coisas, fundada na manutenção da autoridade real e, no caso francês, da carta constitucional – cf. *Recueil des Traités...*, cit., p. 94). Recorde-se que, durante o Congresso de Viena, o Príncipe insistia não só em que o seu procedimento seguiria os princípios de direito público, mas, sobretudo, em que os respetivos resultados se teriam de conformar com o «direito público da Europa», fundado nos princípios da razão e da justiça [cf., *v. g.*, TALLEYRAND, *Mémoires du Prince de Talleyrand*, vol. II, Calmann Lévy Editeur, Paris, 1891, pp. 334, 345, e 348; *v.*, relativamente a esta questão e sob a perspetiva do ministro plenipotenciário português, Maria de Fátima BONIFÁCIO (ed.), *Memórias...*, cit., p. 152]. Sobre o contributo de Talleyrand para a emergência do conceito de «direito público europeu», também sob esta a perspetiva, *v.* BOGDANDY/HINGHOFER-SALZKAY, «European Public Law – Lessons from the Concept's Past», *in:* BOGDANDY, Armin von/HUBER, Peter M./CASSESE, Sabino, *The Max Planck Handbooks in European Law*, vol. I – The Administrative State, Oxford University Press, Oxford, 2017, pp. 39 e ss..
Sem prejuízo dos desenvolvimentos e explanações que efetuaremos infra, a mesma opção pela natureza quase fundamental da monarquia constitucional encontramo-la na Alemanha. Basta atentar na célebre fórmula de EBERHARD (*Ueber Staatsverfassungen...*, vol. II, cit., p. 48), segundo a qual "uma monarquia constitucional é a única constituição pacífica e duradoura de uma grande Nação" ("*eine gefetzmäßige Monarchie die einzige ruhige und dauerhafte Verfaffung einer großer Nation ift*").

618 Como se verá, afastamo-nos, pois, das conceções que associam ao poder moderador a função de "constitucionalização do absolutismo": neste sentido, *v.* Paulo BONAVIDES/Paes de ANDRADE, *História...*, cit., pp. 105 e ss..

paragens, como sucedia com as monarquias da Pérsia e da China, qualificadas como Estados despóticos[619].

A análise dos sistemas que autonomizavam (de forma mais ou menos intensa) o rei como órgão jurídico-constitucional aponta no sentido de que a monarquia constitucional oitocentista se poderia configurar como um Estado constitucional – e, nessa medida, como um Estado garantidor dos direitos fundamentais e organizado segundo o princípio da separação de poderes –, cuja forma de governo conciliava a presença do rei como chefe de Estado e cabeça do poder executivo com a soberania popular vertida na representação democrática e polarizada essencialmente num parlamento bicameral.

A esta luz não reveste qualquer contrassenso a proposição segundo a qual a monarquia constitucional se pode apresentar como *republicana*, utilizando-se este adjetivo na aceção, de que a república se não identifica meramente com a antítese da monarquia ou a não-monarquia (*Nicht-Monarchie*), mas reveste antes um sentido positivo de caráter normativo (uma natureza, *das Wesen*), determinando que todos os poderes públicos se dirijam à prossecução do interesse público e à garantia das liberdades públicas (ou, como diríamos hoje, dos direitos fundamentais)[620]. É também inspirado por ideia análoga que Sieyès[621] distingue a monarquia (como regime de organização política ou forma de governo) do que designa como "aristocracia áulica" (que correspondia, na verdade, à estrutura de funcionamento do *Ancien Régime*), ou que

---

619 Assim, Barthelemy, «Les Théories...», cit., p. 723.

620 A distinção entre um sentido negativo e positivo de República, e a construção do conceito de «Não-Monarquia» pertencem a Georg Jellinek, *Allgemeine Staatslehre*, 3.ª ed. por Walter Jellinek, Springer, Berlin/Heidelberg, 1921, pp. 710 e ss.. Recorde-se ainda a posição conciliatória de Prevost-Paradol (*La France Nouvelle*, Michel Lévy Frères, Libraires Editeurs, Paris, 1868, pp. 129 e ss.), salientando a relativa neutralidade da escolha entre as formas monárquica e republicana (ambas com defeitos e virtudes), assumindo-se a sua proposta de um regime de governo democrático e livre como adaptável a qualquer dos sistemas (tendo como *topoi* o direito de sufrágio e o respetivo exercício, o poder local, o bicameralismo e a responsabilidade ministerial).

621 Sieyes, *Qu'est-ce le Tiers-Etat?*, cit., p. 26; com efeito, acrescenta o Autor, "foi a Corte que reinou e não o Monarca", pelo que o povo "sempre olhou o Rei como um homem seguramente enganado, e de tal forma indefeso no meio de uma Corte ativa e toda-poderosa, que ele [o povo] nunca pensou imputar-lhe todo o mal que foi feito em seu nome" (*Op.* cit., pp. 26 e s.).

Constant[622], salientando a ignorância generalizada quanto à distinção entre monarquia e república, e louvando-se, desde logo, no exemplo inglês, destrinça claramente entre o sistema monárquico e a "usurpação" (que aproximava dos períodos subsequentes à Revolução Francesa, designadamente, durante o império).

Tertio, o estudo desta matéria não deixará de atender às especificidades que marcaram o constitucionalismo oitocentista português. As nossas cogitações dirigem-se também a uma tentativa de compreensão do contexto complexo da instituição e evolução do nosso Estado constitucional monárquico de governo moderado e na importância que a conciliação entre aqueles fundamentos terá no seu *agere* diuturno. Como também não deixavam de intuir os nossos constituintes vintistas[623], mais que na legitimidade monárquica, o problema emergente dos tempos absolutistas (ou mesmo napoleónicos) residia no exercício efetivo do poder proporcionado pelo sistema de concentração (o qual pressuporá a imposição, à *outrance*, da vontade régia[624]) e numa determina compreensão da monar-

622 Constant, *De l'Esprit...*, cit., pp. 68 e ss..

623 Assim, *v. g.*, no âmbito da discussão das bases constitucionais, e a propósito, em geral, da simples *regeneração* das nossas antigas tradições (entretanto desvirtuadas) operada pela Constituição e, em especial, da não convocação ordinária das anteriores Cortes, o discurso de Pereira do Carmo, in: *Diario das Cortes Geraes e Extraordinarias da Nação Portugueza*, n.º 13, 12.02.1821, p. 80; recorde-se, aliás, que Borges Carneiro era um dos Deputados que, desde o início dos trabalhos, mais se insurgia contra a influência nefasta dos áulicos (aos quais tendia a imputar o despotismo – José Ferrão de Mendonça e Sousa chama justamente a atenção para o facto: *v. Diario das Cortes Geraes e Extraordinarias da Nação Portugueza*, n.º 47, 31.01.1821, p. 411), que também apelida de prepotentes e "alcatea de lobos carniceiros" (assim *Diario das Cortes Geraes e Extraordinarias da Nação Portugueza*, n.º 16, 15.02.1821, p. 101) ou de "companhia de salteadores" (*Parábola VI*, cit., p. 91) que rodeiam o Rei e o trono: cf., *v. g.*, *Diario das Cortes Geraes e Extraordinarias da Nação Portugueza*, n.º 35, 15.03.1821, p. 276, n.º 47, 31.03.1821, p. 404, n.º 66, 28.04.1821, p. 709, n.º 98, 06.06.1821, p. 1144, n.º 133, 21.07.1821, p. 1615 (Borges Carneiro elaborou, inclusivamente, um projeto sobre os áulicos, analisado pela Comissão da Constituição – cf. *Diario das Cortes Geraes e Extraordinarias da Nação Portugueza*, n.º 112, 26.06.1821, p. 1346); à corrupção dos áulicos não escapava sequer a Universidade de Coimbra: cf. *Diario das Cortes Geraes e Extraordinarias da Nação Portugueza*, n.º 142, 02.08.1821, p. 1746 (a propósito da atuação do Reitor D. Francisco de Lemos de Faria Pereira Coutinho, no contexto da discussão relativa à sua sucessão pelo Doutor Fr. Francisco de São Luiz). A mesma preocupação emerge em Borges Carneiro, *Portugal...*, cit., *passim*, esp.[te] pp. 18 e ss., 29 e ss., 45 e s.. Sobre o que denominou como a "diabolização do despotismo dos áulicos", *v.* Catroga, «Os Pais...», cit., pp. 244 e s..

624 Stuart Mill («Considerations...», cit., pp. 399 e ss.) chamava a atenção para a circunstância de a monarquia despótica nunca constituir uma boa forma de governo, mesmo quando encimada por um "bom déspota", que assegurasse um exercício virtuoso e inteligente do

quia[625]. Recorde-se que, como vimos salientando, no caso português, um dos motivos para o pronunciamento de 24 de agosto de 1820[626] se tinha reconduzido à ausência do Rei do País, à qual se imputava, em geral, a decadência política, económica, financeira e militar a que o Reino se encontrava votado[627] – o que, se por si só não punha em causa o sistema monárquico, não deixava de traduzir uma violenta crítica à circunstância de, após as guerras napoleónicas, D. João VI não haver regressado à metrópole (primeira...), abandonando o País, o que implicaria "fazer de Portugal colónia do Brasil"[628], materialmente (ainda que não formalmente) governado por militares estrangeiros. De qualquer modo, nota-se que uma das preocupações mais relevantes dos primeiros liberais consistia na subordinação dos poderes públicos (incluindo do próprio monarca) à constituição e à lei (emanada pela representação popular) – a apontar decisivamente para as questões atinentes ao que se haveria de designar como princípio Estado de direito. Ainda assim, a conjugação entre todos estes princípios estará longe de se revelar tarefa fácil: Oliveira Martins[629] salientava que um tal constitucionalismo híbrido, na medida em que pressupõe residir a autoridade em duas fontes, constituiria uma

---

poder. Utilizando, de início, um argumento de *reductio ad absurdum* (na medida em que um ser humano tão superior não existirá) e salientando que o raciocínio parte de um pressuposto igualmente inexistente (a total passividade mental do povo), o Autor demonstra a impossibilidade prática da sua existência nas hipóteses em que as medidas adotadas desagradassem a uma parte da população: neste caso, se o monarca persistisse na sua imposição, tornar-se-ia um déspota absoluto; se alterasse a sua conduta, já estaria a agir como um rei constitucional.

625 Neste sentido, já Zília Osório de Castro, «Manuel Borges Carneiro...», cit., p. 139.

626 Vasco Pulido Valente [*Os Militares e a Política (1820-1856)*, Imprensa Nacional Casa da Moeda, Lisboa, 1997, pp. 23, 59 e ss.] recusa aplicar ao acontecimento o conceito de revolução, e aponta no sentido da sua assimilação a um pronunciamento (*Op.* cit., pp. 14 e s.; sobre o conceito de pronunciamento, *v.* p. 9).

627 Cf., *v. g.*, *Carta dirigida a elRei o Senhor D. João VI pela Junta Provisional do Governo Supremo do Reino, estabelecida na Cidade do Porto*, datada de 6 de outubro de 1820, Impressão Régia, s. l., 1820, p. 4.

628 Borges Carneiro, *Portugal...*, cit., p. 56 (sobre esta questão, o Autor demorou a sua reflexão mais aturadamente em *Parabolas Accrescentadas ao Portugal Regenerado*, Impressão Régia, Lisboa, 1820, Parábola II, pp. 13 e ss., e Parábola VI, pp. 86 e ss., reagindo, inclusive, contra a emergência do Reino Unido, "título desmentido pela natureza, e por um mar de duas mil léguas, e só inventado para favorecer o projecto de nos *colonizar* e espoliar" (*Op.* cit., p. 86). Cf. ainda *Dialogo...*, cit., pp. 9 e ss. (embora o Autor não pareça desdenhar uma união com Espanha... - *Op.* cit., pp. 30 e ss.).

629 Oliveira Martins, *Portugal...*, tomo II, cit., p. 115.

"anarquia doutrinária" – o que teria explicado os diversos sobressaltos do século XIX português.

Em suma, soberania do povo e democracia, legitimidade monárquica e Estado de direito surgem agora propostos como os três pilares sobre os quais se ergue a monarquia constitucional. Para além da conciliação dogmática entre todos eles que os textos constitucionais visam alcançar, será o equilíbrio resultante da sua conjugação que ditará o caráter mais ou menos radical do sistema: na verdade, as dimensões associadas ao Estado de direito acabam por servir de fiel a uma balança que, em regra, não alcança uma simetria de pesos entre, por um lado, a soberania do povo, e, por outro lado, a legitimidade monárquica, acabando por pender (mais) para um dos lados, embora sem (poder) obliterar qualquer deles. O Estado demoliberal das monarquias constitucionais oitocentistas aceita a subordinação dos poderes públicos ao direito e erige o sistema parlamentar como a forma ótima de governo, dando corpo ao ponto (inter)médio entre o reconhecimento da legitimidade monárquica e a afirmação da vontade popular[630]. É a luz desta perceção que elegemos como bases do sistema político-jurídico daquelas monarquias constitucionais, como critérios da sua legitimidade e legitimação (e a ponderar de forma articulada), a soberania popular e nacional, o Estado de Direito e a legitimidade monárquica. Estes fundamentos, concebidos como os alicerces sobre os quais se ergue o Estado constitucional monárquico de governo moderado, projetar-se-ão num conjunto de princípios que conferem estrutura material à ordem jurídico-constitucional, e que com aqueles fundamentos se relacionam num sincrético ir-e-vir reconstituinte e reconstituendo, apenas dogmaticamente cindível: a soberania popular ou nacional encontrará uma concretização no princípio democrático; o Estado de direito reclamará as ideias de constitucionalidade e da legalidade, assim como a garantia das liberdades fundamentais e a divisão de poderes (os quais, conjugadamente, também substantificam o conceito material de Constituição); a legitimidade monárquica implicará a afirmação (de um certo sentido) do princípio monárquico. Como bem

630 Assim, FIORAVANTI, *Stato...*, cit., p. 224.

nota Fioravanti[631], o direito constitucional oitocentista pressupunha um sistema político que visava uma conciliação permanente – uma busca do *giusto mezzo* entre a componente monárquica e a componente democrática (ou entre os liberais monárquicos e os liberais radicais[632]), entre uma figura "naturalmente" dirigente e a classe política resultante das eleições e, como tal, representante do povo. A necessária conciliação entre soberania popular e legitimidade monárquica representa mais um contributo para a afirmação do Estado (-pessoa jurídica) como elemento de referência da soberania-independência[633]. Na verdade, não se ignora, acompanhando agora Matteucci[634], que a criação de uma forma de governo baseado no *giusto mezzo* visava ainda recuperar, neste momento histórico, os ideais subjacentes, em parte, à *Glorious Revolution*, mas também aos primórdios da Revolução de 1789, despindo o liberalismo as suas vestes de revolucionário para passar envergar as de reformador – e estaremos diante de uma reforma que tentará equilibrar a tensão entre democracia (como domínio – ou mesmo tirania – da maioria) e liberalismo (enquanto movimento que valoriza a autonomia e as liberdades individuais, e que se aproximará dos conceitos de *rule of law* e, posteriormente, de *Staatsrecht*).

1. Soberania do povo e democracia

Se a vertente liberal do Estado demoliberal acentua o valor da liberdade (daí decorrendo a importância conferida à tutela das liberdades

---

631 Fioravanti, *Stato...*, cit., p. 224.

632 Nestes termos Matteucci, *Organizzazione...*, cit., p. 282, acrescentando ainda, nesta taxonomia, os liberais nacionalistas, que uniam a causa liberal à causa nacional e, como sucedeu no sistema alemão, conjugavam, de forma indissociada, liberdade e unidade nacional.

633 Assim, Stolleis, Öffentliches Recht... Eine Einführung..., cit., pp. 59 e s..
A conjugação entre soberania popular (ou nacional) e legitimidade monárquica exprimia-se no cerimonial de abertura e encerramento das Cortes. A circunstância de, nestes dois momentos, se encontrarem reunidos o Rei e o Parlamento visava, nas palavras da época, "[solenizar] a augusta união dos dois primeiros poderes do Estado, da Soberania Nacional com a Majestade Real" (Rodrigo Ferreira da Costa, *Cathecismo...*, cit., p. 161).

634 Matteucci, *Organizzazione...*, cit., pp. 289 e s..

dos indivíduos e à possibilitação da sua coexistência), o pendor democrático valoriza a igualdade dos cidadãos e assegura a «justiça formal da universalidade»[635]. Os mecanismos democráticos permitiram, assim, o autêntico exercício da vontade geral (necessariamente dirigida ao bem comum)[636], na qual residiria a verdadeira soberania, pelo que, enquanto os cidadãos obedecerem à vontade geral estarão, em rigor, a seguir a sua própria vontade[637]. Por este motivo, a democracia exprime o autogoverno dos cidadãos (Montesquieu) e verte-se positivamente na lei – o que aproxima as exigências de sentido do princípio democrático talqualmente o mesmo se encontrava concebido no constitucionalismo oitocentista do relevo conferido ao princípio da legalidade e ao seu relacionamento com a constitucionalidade. Está, pois, erguido o que, muito expressivamente, Miguel Baptista Pereira[638] designou como o "povo-estado gerado pela *volonté générale*", enquanto entidade soberana última.

---

635 Castanheira Neves, *Curso... (Extractos)*, cit., p. 14. Cf. também Fernando José Bronze, *Lições...*, cit., p. 335. A valorização da igualdade reflete-se na própria compreensão da(s) liberdade(s), agora entendida(s) como direitos de todos (envolvendo aqui os direitos de de participação política) e não como privilégios de alguns (estamentos), à maneira dos contratos de domínio medievais – acentuando já esta interpenetração entre liberdade e igualdade no quadro da democracia, *v.* De Ruggiero, *Storia...*, cit., pp. 392 e s..

636 Vontade geral (*volonté générale*) essa que, como sabemos, não se reconduz à vontade de todos (*volonté de tous*), exigindo uma mediação racional entre ambas. Rousseau (*Du Contrat...*, cit., pp. 71 e ss.) tinha a consciência de que o povo, embora visasse o bem comum, nem sempre o conseguiria vislumbrar, seja porque o respetivo juízo se encontraria toldado por falta de esclarecimento, seja porque as diversas vontades particulares se deixariam iludir com alguma facilidade. Reconhecendo que, na verdade, "seriam necessários Deuses para dar Leis aos homens" (*Op.* cit., p. 73), o Autor solucionou o problema da imprescindibilidade da mediação racional através da construção da figura do *Legislador* – que se não confundia com o parlamento ou o titular da função legislativa (e, por conseguinte, não expressamente contemplado pela constituição), consubstanciando um *munus* dotado de significativa dignidade dentro do aparelho estadual, uma "função particular e superior sem nada de comum com o império humano", desempenhada por um "homem extraordinário do Estado" e possuidor de "uma razão sublime que o eleva acima dos homens vulgares" – e que Castanheira Neves (*O Instituto...*, cit., p. 549, n. 1343) compara ao Rei-Filósofo de Platão. Cf. Rousseau, *Du Contrat...*, cit., pp. 73 e ss. (as citações encontram-se nas pp. 76, 75 e 80, respetivamente) (Livro II, Capítulo VII).

637 Ainda Rousseau, *Du Contrat...*, cit., p. 59 (Livro II, Capítulo IV). Ou, numa outra formulação do Autor (agora pela negativa): caso o cidadão recuse a obediência à vontade geral, será a tal constrangido pelo Corpo político, "o que não significa outra coisa senão que ele será *forçado a ser livre*" (itálico nosso) – *Op.* cit., p. 33 (Livro I, Capítulo VII).

638 Miguel Baptista Pereira, «Europa...», cit., p. 236.

1.1. A democracia como expressão da soberania do povo

Associar a democracia ao povo como fonte da soberania representa um dos princípios fundamentais que marca o constitucionalismo de oitocentos, com o propósito de legitimação da ordem constitucional[639]: do mesmo passo, solucionam-se os problemas da titularidade da soberania e do exercício da soberania[640]. Estamos diante da superação da teoria teocrática da origem divina ou régia do poder, cujo exercício corresponderia, de uma maneira ou de outra, a um direito próprio do monarca. Tratava-se, também agora, de conferir[641] uma legitimidade à ordem (jurídico-)pública (criada *ex novo*), reconduzindo o poder soberano ao povo. Ou, se o quisermos dizer na fórmula de Lincoln[642], simultaneamente reveladora da legitimação e legitimidade do poder, pretende-se alicerçar um "governo do povo, pelo povo e para o povo" (*government of the people, by the people, for the people*). Stuart Mill[643] afirma, sem rebuço, que a "idealmente melhor forma de governo" é aquela em que o poder supremo se encontra investido no todo da comunidade (ainda que, como sucede nas democracias representativas, nem todos os cidadãos tenham voz no exercício diuturno da soberania). Tocqueville[644] chega a reconhecer à soberania do povo o estatuto de princípio gerador da maioria das colónias norte-americanas, considerando que a independência dos Estados Unidos traz aquele princípio para a ribalta, erigindo-o em imperativo conformador e informador do(s) governo(s) (federal e

639 LOUGHLIN, *Foundations…*, cit., p. 359.

640 Sublinhando a distinção entre estes dois aspetos, *v.* CANOTILHO, *Direito Constitucional e Teoria da Constituição*, 7.ª ed., Almedina, Coimbra, 2003, p. 112.

641 Através da criação de uma nova "ficção" (ou de um *political make-believe*) – ou, se preferirmos, de uma construção dogmática distinta da que suportava o designado *Ancien Régime* (ou ainda, louvando-nos em Hume, na "opinião"): simplificando, em muito, a complexidade, à construção do direito divino dos reis, ter-se-ia sobreposto aqueloutra segundo a qual a autoridade (o governo) de uns poucos repousaria no consentimento dos demais, que lhes teriam delegado essa autoridade para alcançar o bem de todos; partindo precisamente de Hume, constitui este o núcleo central da tese de MORGAN, *Inventing the People: The Rise of Popular Sovereignty in England and America*, W. W. Norton & Company, New York/London, 1988.

642 LINCOLN, *Gettysburg Address*, A Public Domain Book, s.l., s.d. (ed. Kindle).

643 Stuart MILL, «Considerations…», cit., p. 403.

644 TOCQUEVILLE, *De la Démocratie…*, tomo I, cit., pp. 86 e ss. (a citação encontra-se na p. 90).

estadual): nas suas expressivas palavras, "o povo reina no mundo político americano como Deus sobre o universo. Ele é a causa e o fim de todas as coisas; tudo dele sai e tudo aí é absorvido". Além desta função de legitimação do poder (suscetível, inclusivamente, como acabámos de sublinhar, de fundamentar a própria *ratio existendi* dos Estados), a defesa da soberania do povo desempenhou ainda um importante papel na conformação da organização política estadual, pois que se encontra na base da arquitetura jurídico-constitucional e, sobretudo, da proeminência reconhecida ao legislador e, por conseguinte, aos parlamentos[645].

A recondução da soberania ao povo (ou à nação) encontrava-se expressamente afirmada em duas das constituições monárquicas portuguesas: assim sucedeu na Constituição de 1822 (cujo artigo 26 determinava, *ex professo*, que "a soberania reside essencialmente em a Nação"[646]) e na Constituição de 1838 (onde, numa fórmula análoga, o artigo 33 previa que "a Soberania reside essencialmente em a Nação, da qual emanam todos os poderes políticos"). Neste ponto, a Carta Constitucional de 1826 é, compreensivelmente, silente[647].

Importa, porém, recordar que a afirmação da soberania do povo não constitui impreterivelmente uma inovação do constitucionalismo oitocentista. Na verdade, a reação contra a doutrina do direito divino do príncipe já tinha raízes históricas em momentos anteriores, e, sobretudo, sob o influxo da teologia[648]. O pensamento político (e, em particular, português e/ou espanhol), influenciado pela impropriamente designada doutrina dos Monarcómacos (ou, se preferirmos, os partidários da

645 *V.* também Esmein, *Eléments...*, cit., p. 272.

646 De forma curiosa, Silvestre Pinheiro-Ferreira (*Breves Observações sobre a Constituição Politica da Monarchia Portugueza*, Rey e Gravier/J. P. Aillaud, Paris, 1837, p. 9) considerava que este preceito exprimia matéria "puramente didactica, e por tanto impropria da legislação".

647 Ainda assim, pode, em alguma medida, considerar-se que o Ato Adicional de 1885 assume a ideia de recondução (pelo menos, parcial) da soberania ao povo (ou à nação), quando prescreve, no contexto geral da reforma das Cortes e, em especial, do pariato, que "os pares e deputados são representantes da nação".

648 Acerca das várias *nuances* das perspetivas teológicas, *v.* as sistematizações sinópticas propostas igualmente por José Alberto dos Reis, *Sciencia...*, cit., pp. 73 e ss., e Marnoco e Souza, *Direito...*, cit., pp. 9 e ss..

monarquia temperada)[649] e, sobretudo, pelo apuramento dogmático impresso à teoria pela Segunda Escolástica ou Escola Peninsular do Direito Natural (que, por sua vez, vai beber as suas ideias à fonte tomista – combinada, a partir de certa altura, com a filosofia aristotélica[650] –, ainda que aquela não se revelasse particularmente explícita ou decisiva quanto a este ponto[651]), reconhecia a origem (*hoc sensu*) popular do poder (ou, se preferirmos, a teoria da soberania popular inicial): embora toda a autoridade proviesse de Deus, o poder tem, por direito natural, o seu fundamento, em concreto, no acordo do corpo social (o *pactum subjectonis* ou *lex regia*[652]), em consonância com o princípio *omnia potestas a Deo per populum*[653]. Naturalmente, não passam despercebidas as ressonâncias religiosas da fórmula, ou mesmo o impacto que tal teoria alcançava no equilíbrio entre os poderes espiritual e temporal, entre a Santa Sé e os reinos cristãos. A doutrina do poder indireto consubstanciava, ademais, uma conceção especialmente cara aos pensadores

649 Para uma análise crítica desta corrente (que visava atacar não o monarca, como a designação impropriamente sugere, mas o tirano), *v.* o texto seminal de Treumann, *Die Monarchomachen*, Duncker & Humblot, Berlin, 2016. Cf. também as abordagens de síntese de Merriam, *History of the Theory of Sovereignty since Rousseau*, The Columbia University Press, New York, 1900, pp. 17 e ss.; Esmein, *Cours Elémentaire d'Histoire du Droit Français*, 15.ª ed., Recueil Sirey, 1925, pp. 339 e s.; pp. 17 e ss.; Höntzsch, «Die Klassische Lehre vom Widerstandsrecht», in: Enzmann (org.), *Handbuch Politische Gewalt*, Springer, Wiesbaden, 2013, pp. 82 e ss. (em redor da problemática do direito de resistência).

650 Cf. também Paulo Merêa, «As Teorias Políticas Medievais no "Tratado da Virtuosa Bemfeitoria"», in: *Estudos de História do Direito*, Coimbra Editora, Coimbra, 1923, pp. 194 e s..

651 *V.* Paulo Merêa, «Suarez Jurista: O Problema da Origem do Poder Civil», in: *Revista da Universidade de Coimbra*, vol. VI, 1917, p. 81, n. 3.

652 Sob a inspiração do segundo período do célebre fragmento de Ulpianus, segundo o qual "o que agrada ao príncipe tem valor de lei; visto que, pela lei régia, que se emanou acerca da autoridade dele [do príncipe], o povo lhe conferiu a ele e para ele todo o seu império e potestade" (*quod principi placuit, legis habet vigorem; utpote quum lege Regia, quae de imperio eius lata est, populus ei et in eum omne suum imperium et potestatem conferat*) – D. 1, 4, 1, pr..

653 Cf. a iluminadora síntese de Paulo Merêa, «Desenvolvimento das Ideias de Soberania Popular nos Séculos XVI e XVII (Apontamentos para a História das Nossas Ideias Políticas)», in: *Revista da Universidade de Coimbra*, vol. IV, 1915, pp. 43 e ss., que acompanhamos de perto; *v.* ainda Paulo Merêa «A Idea da Origem Popular do Poder nos Escritores Portugueses Anteriores à Restauração», in: *Estudos de História do Direito*, Coimbra Editora, Coimbra, 1923, pp. 231 e ss., «As Ideas de Soberania Popular e de Contrato Social na "Ley Regia" de João Salgado de Araújo (Apontamentos para a História das Nossas Ideias Políticas)», in: *Revista da Universidade de Coimbra*, vol. V, 1916, pp. 382 e s., «Suarez Jurista...», cit., pp. 75 e ss., e «As Teorias...», cit., pp. 200 e ss..

nacionais, considerando alguns episódios históricos do nosso País que traduzem esta raiz da soberania: eis o que sucede, por excelência, com as designadas Cortes de Lamego[654], ou, mais tarde, com a eleição de D. João I nas Cortes de Coimbra de 1385, com os ecos encontrados no *Tratado da Virtuosa Benfeitoria*[655], ou ainda com a forma específica de "alevantamento" dos reis ao trono, através da aclamação[656], que ainda recordava as vozes eleitorais[657] de tempos mais remotos[658]. Tal doutrina surge reite-

---

654 Cujo traslado apócrifo (e mais que duvidoso) foi publicado, pela primeira vez, (sintomaticamente...) em 1632, por Frei António BRANDÃO [*Terceira Parte da Monarchia Lusitana*, Pedro Craesbeck, Lisboa, 1632, folhas 142 e ss.; versão em português a partir a folhas 143 (verso) e ss. (Livro X, Capítulo XIII)]. Cf. Paulo MERÊA, «Desenvolvimento...», cit., p. 48; Lopes PRAÇA, *Colleção...*, cit., vol. I, pp. 1 e s., n. 1; Vital MOREIRA/José DOMINGUES, *História...*, cit., pp. 115 e ss.. *V.*, porém, Ricardo Raymundo NOGUEIRA, *Prelecções...*, cit., pp. 48 e ss..

655 *V.* Paulo MERÊA, «As Teorias...», cit., pp. 207 e s., 225 e s..

656 A cerimónia de aclamação gerava festejos que alastravam a todo o Reino. Ainda assim, e com o decorrer dos tempos, notava-se uma diminuição do entusiasmo colocado nas comemorações: compare-se, *v. g.*, a descrição das "pomposissimas festas para solemnisar a acclamação de el-rei D. João VI", ocorridas, em Coimbra (e, em especial, com a colaboração da Universidade), em 1817 e descritas por Martins de CARVALHO (*Apontamentos...*, cit., pp. 27 e ss.), com a narração, muito mais "pungida de frio e de meia treva", das cerimónias realizadas, também em Coimbra, aquando da aclamação do Rei D. Carlos, efetuada por Camilo PESSANHA (*Obras de Camilo Pessanha - II: Contos, Crónicas, Cartas Escolhidas e Textos de Temática Chinesa*, Publicações Europa-América, Mem Martins, 1988, pp. 33 e ss.).

657 Assim, Costa LOBO, «O Rei», in: *Anais das Bibliotecas e Arquivos de Portugal*, vol. I, 1915, p. 59.

658 No território nacional, havíamos já conhecido a existência de monarquias eletivas - eis o que sucedeu na monarquia visigótica. No interior do direito visigótico, distinguem-se entre dois momentos, apartados em função da conversão ao catolicismo de Recaredo, que acontece em 589, no III Concílio de Toledo (cf., sobre a relevância política deste facto, Gama BARROS, *História da Administração Pública em Portugal nos Séculos XII a XV*, tomo I, Imprensa Nacional, Lisboa, 1885, pp. 206 e ss.). A divisão entre estas duas épocas possuiu impactos no que à eticização do exercício de poderes públicos concerne, tal como o demonstra o brocardo *Rex eris, si recte facis; si autem non facis, non eris* - uma eticização para a qual contribuiu a influência decisiva do pensamento de Santo Isidoro de Sevilha (*v.* Rui de Figueiredo MARCOS, «A Administração Visigótica Revisitada», in: *Estudos em Honra de Ruy de Albuquerque*, Faculdade de Direito da Universidade de Lisboa/Coimbra Editora, 2006, pp. 685 e s.). Típica do direito visigótico será, então, a conceção do rei como funcionário do Estado, consequência direta do carácter eletivo (e não hereditário) da monarquia: tal eleição não representava senão o momento em que o poder, embora de origem divina, era confiado ao rei pelo povo. Cf. também Costa LOBO, «O Rei», cit., pp. 63 e s.. Não se ignora, contudo, que muitas das vezes, os monarcas em exercício eram assassinados como forma de, por eleição, outra família (ou um membro de outra família) chegar ao poder: ora, como ensina Almeida COSTA (*História...*, cit., p. 169, n. 1], no período ariano da monarquia visigótica, dos dezasseis monarcas eleitos, nove morreram assassinados; no período posterior à conversão ao Catolicismo, em dezasseis reis, dois foram igualmente assassinados e três depostos. Sobre a instabilidade inerente à sucessão ao trono na monarquia visigótica, *v.* também OLMOS, «El Problema de la Sucesión al Trono en la Monarquia Visigoda: Fuentes Numismáticas», in: *Anuario de Historia del Derecho Español*, tomo LXXVIII-LXXIX, 2008-2009, pp. 107 e ss., esp.^{te} pp. 116 e ss..

rada em "alegações jurídicas" elaboradas por lentes da Universidade de Coimbra, para sustentar idêntica solução aquando da crise sucessória decorrente da morte de D. Sebastião[659].Para além destas expressões da doutrina da soberania popular, será, de forma especialmente brilhante, em Suárez[660], que encontraremos, de modo desenvolvido, a defesa da origem popular do poder. Já em pleno século XVII (recorde-se a obra de Francisco Velasco de Gouveia[661]), torna-se nítido que a legitimidade do poder régio, ainda que de origem divina, depende da sua emanação (direta ou remota) da comunidade, que o delegava nos soberanos através de um pacto com eles estabelecido; aqueles desempenhavam um *officium* (*Regnum non est propter Regem sed Rex propter Regnum*), norteado pelo objetivo de assegurar a justiça e a *salus publica* (bem como de garantir a observância da religião), cujo incumprimento – que transformava o monarca num "tirano no governo" – leva a que os súbditos, sempre titulares do poder *in habitu* (ainda que não *in actu*), possam reassumir esse mesmo poder.

Evidentemente, embora a soberania popular constitua uma conceção que remonta ao pensamento jurídico (ou mesmo teológico-jurídico) dominante em momentos anteriores, o advento do constitucionalismo oitocentista, ao eleger como princípio fundamental a recondução da soberania ao povo, introduz nele agora a ideia do "liberalismo democrático" – e, por conseguinte, vem apresentar uma nova faceta da soberania popular, relacionando-a com a democracia e a concreta organização do(s)

659 *V.*, com indicações bibliográficas, Paulo Merêa, «Desenvolvimento…», cit., p. 46.

660 Para uma análise desta matéria, *v.* Paulo Merêa, «Suarez Jurista…», cit., pp. 85 e ss., esp.[te] pp. 100 e ss., debruçando-se sobre os meandros da questão, quer na obra maior de Suárez (*De Legibus*), quer no seu opúsculo *Defensio Fidei*. Recorde-se, porém, que o propósito último do *Doctor Eximius*, sobretudo nesta obra, consistia ainda em fundamentar a monarquia absolutista – daí que o Autor defendesse que, nos sistemas monárquicos, a comunidade não se limitava a delegar a soberania no rei, mas, diversamente, a *alienava* ou *transferia* a favor deste, o qual ficava, assim, a deter uma posição superior ao povo, e nisto consistiu uma das originalidades da sua perspetiva (cf. Paulo Merêa, «Suarez Jurista», cit., pp. 117, 127 e ss.).

661 Francisco Velasco de Gouveia, *Justa Acclamação do Serenissimo Rey de Portvgal Dom João O IV*, Officina de Lourenço de Anveres, Lisboa, 1644. Para uma análise do significado da obra de Francisco Velasco de Gouveia, cf., *v. g.*, Luís Reis Torgal, *Ideologia Política e Teoria do Estado na Restauração*, vol. I, Biblioteca Geral da Universidade, Coimbra, 1981, pp. 24 e ss.; *v.* ainda a síntese de Barbas Homem, *A Lei…*, cit., pp. 165 e s..

poder(es) público(s). A teoria da soberania popular inicial (e alienável) é, neste momento, substituída pela teoria (democrática) de Rousseau[662]. Ademais, rejeita-se agora qualquer visão teológica ou teocrática da soberania que, em última análise, admita a subsistência de uma raiz divina (mesmo que indireta), aproximando-se mais das perspetivas filosóficas clássicas (grega e romana) de cariz democrático, e tendo como objetivo norteador a reação contra as posições que, não obstante a defesa da origem popular da soberania, permitiam sustentar teorética e dogmaticamente as monarquias absolutistas.

À afirmação da soberania do povo no constitucionalismo oitocentista encontram-se, pois, subjacentes pressupostos político-filosóficos que não ignoram o contexto liberal-individualista em que aquela teoria surge. Se é exato que, neste momento, a defesa da recondução da soberania ao povo também visava garantir que o respetivo exercício, em concreto, se haveria de nortear pela bússola do bem comum ou (agora) do interesse público, não se revela menos preciso que o reconhecimento do povo como origem do poder se encontrará doravante associado à conceção de que a satisfação das necessidades individuais apenas se encontrará devidamente acautelada na medida em que cada um dos indivíduos, sempre orientado por um *animus* autoprotetor, precisamente porque integrado no conjunto que detém a soberania, tenha interesse naquela prossecução (e dispõe de mecanismos políticos para a alcançar). E, correspondendo o bem comum à satisfação dos interesses de todos, quanto mais numerosas forem as vontades dirigidas à prossecução das necessidades individuais (estando os cidadãos cientes que só dependem de si e não dos outros), mais facilmente se conseguirá atingir a prosperidade geral[663]. Ademais, e mediante o apelo ao universalismo (também típico do pensamento liberal, como já acentuámos), a soberania popular significaria o reconhecimento de que não pode um indivíduo, uma corporação ou uma qualquer parcela da sociedade arrogar-se da soberania e, por

662 Efetuando esta contraposição, *v.* Paulo Merêa, «Suarez Jurista...», cit., p. 78. Adiantando a distinção entre teorias teocráticas e democráticas da soberania, *v.* José Alberto dos Reis, *Sciencia...*, cit., pp. 72 e s..

663 Assim, Stuart Mill, «Considerations...», cit., p. 404.

conseguinte, do poder de submeter outrem à sua vontade particular; esta pertence ao universo dos cidadãos e apenas poderá ser exercida por qualquer deles se beneficiar da sua delegação[664].

Mas esta recondução da soberania ao povo não significava, em todos os casos, o reconhecimento de uma limitação do poder soberano. Na verdade, também a natureza limitada ou ilimitada da soberania constituiu objeto de reflexão, registando-se uma evolução propiciada, a título principal, pelas experiências constitucionais francesas vividas desde 1789. Como se sabe, a visão jurídico-filosófica de Rousseau[665] apontava no sentido de se não estabelecerem limites ao poder soberano: em coerência com o otimismo que anima a sua obra, o Autor não concebia que o depositário da soberania pudesse abusar do poder, já que constituindo a parcela de um todo (o povo), aquele nunca poderia entrar em contradição com a própria sociedade; na verdade, qualquer abuso que perpetrasse contra o todo se refletiria em si próprio – eis o motivo pelo qual a sua autoridade nunca se poderia revelar arbitrária[666].

Mais tarde (e beneficiando, pois, da realidade histórica), Constant[667] vem justamente evidenciar a perigosidade e a perversidade dos resultados a que havia conduzido a proclamação do caráter ilimitado da soberania popular, desde logo na medida em que revelava especialmente pernicioso para as liberdades individuais; na verdade, enfatiza o Autor, colocar um poder tão grande (verdadeiramente incomensurável…) nas

664 Assim, Constant, *Cours…*, vol. I, cit., pp. 9 e 277. Neste sentido, a soberania popular reconduz-se à "supremacia da vontade geral sobre toda a vontade individual" (*Op.* cit., p. 7).

665 Rousseau, *Du Contrat…*, cit., pp. 200 (Livro III, Capítulo XVIII), 276 (Capítulo Livro IV, VIII).

666 Embora assente em pressupostos distintos, não conduzirá a resultados muito diversos a conceção subjacente à posição de Dicey (*An Introduction…*, cit., pp. 74 e ss.) sobre as vantagens do governo representativo. Reconhecendo que o exercício do poder soberano haveria de ter limites externos e internos (*i. e.*, limites que resultavam, respetivamente, da suscetibilidade de o conteúdo dos atos soberanos provocar a desobediência ou a resistência dos cidadãos, ou que decorriam da própria natureza do soberano, das convicções éticas que possui e que partilha com o seu povo), o Autor defendia que a verdadeira essência do governo representativo consiste em fazer coincidir ambos os tipos de limites, tornando inviável um qualquer abuso do poder: consubstanciando o Parlamento (e, em especial, a da Câmara dos Comuns) a instância representativa dos cidadãos, então a sua vontade (que, nos termos da doutrina da supremacia do Parlamento, corresponde à vontade soberana) coincidirá com a vontade dos indivíduos, e as reformas por aquele empreendidas satisfazem necessariamente os anseios dos cidadãos.

667 Constant, *Cours…*, tomo I, cit., pp. 8 e ss., 276 e ss..

mãos de um ou mais indivíduos (incluindo na sociedade no seu todo) representa sempre um mal e originará, independentemente do modelo de Estado ou da forma de governo adotados, consequências nefastas. Por este motivo, se os ímpetos liberais procuraram, ao invés de modificar a natureza (ilimitada) do poder, alterar o respetivo titular do poder - que acabou de passar do rei absoluto para o povo (ou, as mais das vezes, para a maioria) -, impõe-se compreender que a atribuição de força ilimitada ao poder soberano significa tornar o povo - que, nessa altura, tudo pode - tão ou mais perigoso que um tirano, conduzindo ainda ao resultado paradoxal de a tirania [do(s) depositário(s) da soberania popular] se passar a valer do direito (ilimitado, afinal...) do povo: "ela [a tirania] não terá senão de proclamar o povo como todo-poderoso, ameaçando-o, e de falar em seu nome, impondo-lhe o silêncio"[668].

À soberania ilimitada (sobretudo quando tal se identifica com a *suprema voluntas*) conducente à afirmação de poderes políticos ilimitados (em particular e neste momento, do poder do órgão polarizador da vontade do povo ou da vontade geral - o parlamento) há de contrapor-se a ineliminável (de)limitação destes últimos: neste sentido, a soberania popular ou nacional, concretizada no princípio democrático, convive com os limites impostos pelo Estado de direito - em especial, sob o ponto de vista formal-organizatório, pelos *checks and balances* decorrentes do princípio da separação de poderes, e, sob a perspetiva material, pelos direitos fundamentais (como se encontra pressuposto desde a génese do *rule of law* - cf., *infra*, 4.3.).

1.1.1. Excurso: povo e nação; soberania popular e soberania nacional

A referência à soberania do povo como fundamento não dispensa, porém, uma alusão à sobejamente conhecida a dicotomia sobre a

668 CONSTANT, *Cours...*, tomo I, cit., p. 280. Por esse motivo, continua o Autor, torna-se irrelevante, no contexto da defesa de uma soberania ilimitada, propugnar pelo princípio da divisão de poderes como forma de permitir o seu controlo recíproco; basta que os poderes divididos formem uma coligação para que o despotismo se instale (*Op.* cit., pp. 13 e 282).

titularidade da soberania que a reconhece quer ao povo, quer à nação[669]. À primeira conceção está tradicionalmente ligada à construção contratualista de Rousseau: o contrato social cria um "corpo moral e coletivo", uma pessoa pública, que se designa como Estado (na sua dimensão positiva) ou Soberano (na sua vertente ativa)[670]; e este Soberano é composto pelos indivíduos particulares que o integram, os quais não constituem senão os seus membros[671]. Eis o motivo por que os associados do contrato social se denominam, quando compreendidos coletivamente, como povo, mas, em simultâneo, como cidadãos (na medida em que participam da autoridade soberana) e como sujeitos (enquanto subordinadas às leis do Estado)[672]. Nesta perspetiva, a soberania pertence a todos os indivíduos (coletivamente associados), os quais possuem *"tout l'empire des lois"*, porquanto detêm cada um deles uma parcela da soberania[673]. Ainda que não implique a rejeição absoluta das assembleias, esta posição exige que os deputados do povo se assumam (não como representantes, mas antes) como seus comissários, visto que, tal como a soberania é inalienável, também não pode ser representada (cf., *infra*, 1.2.).

A segunda ideia encontra-se, em regra[674], associada a Sieyès, que confere a soberania à nação, a qual se reconduz, no seu entendimento, ao «Terceiro Estado» – este último, por sua vez, identificado como o conjunto dos cidadãos que pertencem à ordem comum e que, por conseguinte, não detêm privilégios[675]. Subindo no grau de abstração,

---

669 Cf., *v. g.*, entre nós, Gomes Canotilho, *Direito Constitucional*, 6.ª ed. (reimp.), Almedina, Coimbra, 1995, pp. 99 e ss..

670 Rousseau, *Du Contrat...*, cit., pp. 27 e ss. (Livro I, Capítulo VI).

671 Rousseau, *Du Contrat...*, cit., p. 32 (Livro I, Capítulo VII).

672 Rousseau, *Du Contrat...*, cit., pp. 29 (Livro I, Capítulo VI) e 110 (Livro III, Capítulo I).

673 Rousseau, *Du Contrat...*, cit., p. 111 (Livro III, Capítulo I).

674 Ainda que o conceito de nação atravesse escritos vários no horizonte de setecentos e nas primícias de oitocentos, explicitado com apuros dogmáticos diferentes, numa perspetiva mais doutrinal ou mais inflamadamente panfletária: cf., para uma outra perspetiva, o conceito (intemporal e verdadeiramente intergeracional) de nação avançado por Lambert, *Qu'est-ce une Nation, un Corps Politique, un Etat?*, s.n., s.l., 1792, p. 6, que o identificava com o conjunto de todas as gerações que compõem um determinado País, desde a sua afirmação como corpo político até ao dia da respetiva dissolução.

675 Sieyes, *Qu'est-ce que le Tiers-Etat?*, cit., pp. 22 e 18, respetivamente (a p. 154, o Autor afirma, *expressis verbis*, que o «Terceiro Estado» "é a Nação"); por este motivo, se o «Terceiro

Sieyès acaba por apontar para uma conceção omnicompreensiva da nação, constituída pelo conjunto (considerado *qua tale*) de todos os associados (do contrato social), unicamente subordinados à lei resultante das suas próprias vontades, livres e iguais em direitos[676] – e é à luz desta compreensão coletivizante da nação, que se deve entender a passagem em que o Autor a identifica com o povo, qualificando ambos os conceitos como sinónimos[677]. O artigo III da *Déclaration des Droits de l'Homme et du Citoyen* parece apontar em sentido próximo, determinando que "o princípio de toda a soberania reside essencialmente na Nação. Nenhum corpo, nenhum indivíduo pode exercer autoridade que dela não emane". Para a mesma conceção convergiu a Constituição de 1791, nos termos da qual a soberania "pertence à Nação", "somente da qual emanam todos os poderes, e que não pode exercer senão por delegação" (Capítulo III, artigos 1 e 2, respetivamente)[678].

A verdade, porém, é que a tematização do *locus* da soberania ou a contraposição entre soberania popular e soberania nacional se deve

Estado» não se encontrar representado no Parlamento, "a Nação será muda" (*Op.* cit., p. 76), revelando-se a representação apenas possível naquilo que fosse comum (e, por conseguinte, com exclusão dos privilégios que assumem, impreterivelmente, caráter singular) a todos os *cidadãos* (e não a certos privilegiados), porquanto só os interesses que estes têm em comum (e não também os direitos exclusivos de alguns) se revelavam representáveis (*Op.* cit., pp. 165 e s.). Esta preferência demonstrada pelos não privilegiados e o relevo conferido à dimensão da igualdade (e à negação dos privilégios do *Ancien Régime*) perpassam vários textos revolucionários: considere-se, *v. g.*, Condorcet, *Réflexions sur ce qui été fait et sur ce qui reste à faire: Lues dans une Société d'Amis de la Paix*, Baudoin: Impr. de l'Assemblée Nationale, Paris, 1789, p. 5, n. 1, para quem "a palavra *Povo* significa aqueles que não são nobres num país onde a Nobreza tem prerrogativas, significa os simples Cidadãos num país onde reina a igualdade, significa aqueles que não são Senadores num país onde existe um Senado hereditário".

676 Cf. Sieyes, *Préliminaire...*, cit., p. 34.

677 Assim, Sieyes, *Préliminaire...*, cit., p. 39.

678 Os demais textos constitucionais não se revelam tão evidentes, apesar de as considerações tão apodíticas de Carré de Malberg [*Contribution à la Théorie Générale de l'Etat*, tomo II, Editions du CNRS, Paris, 1962, pp. 167 e s.] parecerem indicar o contrário. A referência à(s) entidade(s) sobre a qual(is) repousa ou que se encontra(m) na origem da soberania oscila entre a ausência de alusão explícita (cf. artigo 1 da Constituição de 1852, que se limita a "[confirmar] e [garantir] os grandes princípios proclamados em 1789, e que são a base do direito público dos Franceses"; as Constituições do ano VIII, do ano X, do ano XII, e de 1875 não contêm qualquer referência, o mesmo sucedendo com as Cartas Constitucionais de 1814 e de 1830), ou a sua recondução ao povo (nos termos do artigo 25 da Constituição de 1793, "a soberania reside no povo", ainda que o artigo 23 do mesmo diploma não deixe de aludir à soberania nacional) ou à "universalidade dos cidadãos franceses" (cf. artigo 17 da Constituição do ano III e artigo 1 da Constituição de 1848).

(não a uma qualquer contenda doutrinária entre Rousseau e Sieyès – que, *qua tale*, nunca existiu –, mas antes e) essencialmente[679] a Carré de Malberg[680], Autor que, embora reportando-se à Revolução Francesa, extrai das posições mencionadas um conjunto de consequências estranho aos revolucionários setecentistas. Sem prejuízo das virtualidades dogmático-explicativas que esta posição sugere, não faltam, por isso, vozes que salientam tratar-se de uma construção utilizada por Carré de Malberg, em determinada fase do pensamento jurídico-constitucional, com o propósito, por um lado, de ilustrar a sua específica posição (de pendor claramente positivista e construído em torno da supremacia da lei[681]), mobilizando uma conceptualização que apenas se tornará nítida com a monarquia de julho, e, por outro lado, de tomar partido nas oscilações que marcaram o constitucionalismo setecentista francês (entre as Constituições de 1791 e 1793)[682].

A teorização de Carré de Malberg apresenta, contudo, a virtualidade de questionar a conceção atomística de soberania subjacente à perspetiva de Rousseau[683]; por sua vez, a defesa da soberania nacional radica na oposição que a mesma manifesta relativamente à teoria da soberania pessoal do monarca, *i. e.*, à visão absolutista que identificava a soberania com a pessoa do rei (*l'Etat c'est moi*). À Revolução de 1789

---

679 Embora não exclusivamente, pois que a sua posição constitui o culminar de uma evolução doutrinal do pensamento francês oitocentista, de Royer-Collard a Renan ou Esmein – Cf., *v. g.*, BACOT, *Carré de Malberg et l'Origine de la Distinction entre Souveraineté du Peuple et Souveraineté Nationale*, CNRS, Paris, 1985; REDOR, *De l'Etat Légal à l'Etat de Droit*, Economica/ Presses Universitaires d'Aix-Marseille, Paris/Aix-en-Provence, 1992, pp. 41 e ss..

680 Carré de MALBERG, *Contribution...*, cit., tomo II, pp. 152 e ss..

681 O desenvolvimento posterior do pensamento de Carré de Malberg conduzirá ao abandono da centralidade discursiva da supremacia da soberania nacional, para, no seu lugar, colocar a soberania da vontade geral – alicerçando dogmaticamente também no estudo dos primeiros textos constitucionais revolucionários e na contraposição entre Sieyès e Rousseau –, determinante, em último termo, da primazia do Parlamento, enquanto representação da vontade geral. Cf., respetivamente, Carré de MALBERG, *La Loi, Expression de la Volonté Générale*, Economica, Paris, 1984, pp. 16 e ss., 175 e ss..

682 Cf., *v. g.*, SCHÖNBERGER, «De la Souveraineté Nationale à la Souveraineté du Peuple: Mutation et Continuité de la Théoria Générale de l'Etat de Carré de Malberg», in: *Revue Française d'Histoire des Idées Politiques*, n.º 4, 1996, p. 302; e, numa alusão sintética (para ilustrar o risco do "presentismo" na investigação histórico-constitucional), VARELA SUANZES-CARPEGNA, «La Historia...», cit., p. 25 (*v.* também pp. 25 e s., n. 26).

683 Cf. Carré de MALBERG, *Contribution...*, cit., tomo II, pp. 168, 173 e s..

dever-se-ia, pois, a separação entre o Estado e o monarca, passando aquele a identificar-se com a nação, que, enquanto entidade coletivamente considerada (comunidade de indivíduos livres e iguais, presentes e futuros[684]) e, como tal, dotada de personalidade jurídica[685], se concebia como elemento constitutivo do primeiro e único titular do poder soberano, teleologicamente dirigido à satisfação interesse nacional (e nunca à prossecução dos interesses particulares ou pessoais dos governantes ou do próprio príncipe, que apenas o exercem por delegação e nos termos da Constituição)[686]. Esta nota teleológica constitui o ponto charneira da conceção de Carré de Malberg e, em particular, da crítica movida a Rousseau: se este último ainda via a soberania como um direito originário de cada um dos cidadãos (com uma natureza tão absoluta como a anteriormente conferida ao poder real), a teoria da soberania nacional impessoalizava o poder e limitava-o. A esta dimensão negativa, o Autor acrescenta ainda uma vertente positiva da teoria e que se reconduz ao princípio da representação nacional ou à democracia representativa, o qual traduz, em última análise, o significado da soberania nacional[687].

Independentemente da discussão quanto ao *locus* da soberania e sem prejuízo de a compreensão do Estado como entidade dotada de personalidade jurídica não representar uma decorrência expressamente afirmada pela conceção da soberania nacional defendida por Sieyes (surgindo, mais tarde e essencialmente, como uma construção da doutrina alemã), a verdade é que o confronto entre as teorias permitiu o desenvolvimento de três ideias fundamentais. *Primo*, a separação entre o rei e a titularidade

684 Carré de Malberg (*Contribution...*, cit., tomo II, p. 176, n. 10) revela-se bastante explícito quanto a este aspeto: a coletividade nacional na qual reside a soberania não se deve considerar constituída apenas pela geração presente de cidadãos, mas envolve "a sucessão ininterrupta das gerações nacionais, presentes e futuras" – motivo pelo qual o Autor entendia que a geração atual não pode pretender impor a sua vontade às gerações futuras (uma asserção com uma inequívoca ressonância em sede de revisão constitucional).

685 Carré de Malberg, *Contribution...*, cit., tomo II, pp. 187 e ss..

686 Carré de Malberg, *Contribution...*, cit., tomo II, pp. 169 e ss..

687 Nestes exatos termos, Carré de Malberg, *Contribution...*, cit., tomo II, p. 197; assim, o Autor rejeita, como formas de governo, quer a monarquia (concebida como aquele sistema em que o poder reside no rei), quer a democracia (porquanto a diferença entre este sistema e o anterior consiste apenas na substituição do monarca pelo povo), para admitir apenas o governo representativo.

(exclusiva) do poder soberano, vai introduzir, como principiámos por salientar, um elemento legitimador da nova ordem constitucional – o qual se projetará na instituição de mecanismos democráticos, destinados a garantir a efetiva participação do povo (*hoc sensu*, de uma comunidade ou agregado social, unida por vínculos de natureza social, cultural ou, se quisermos, por uma "consciência coletiva"[688], politicamente organizada[689]) no exercício do poder, e, em simultâneo, inviabiliza a identificação da soberania com qualquer órgão (ou poder) constituído[690]. *Secundo*, a absolutização da soberania do povo e a sua tendencial recondução ao parlamento determinará que este assuma, no concerto do princípio da separação de poderes, a supremacia (ou, pelo menos, uma posição dominante), concentrando em si próprio a soberania (nacional), na medida em que lhe cabe a responsabilidade de representar a vontade geral[691]. *Tertio*, a recusa de identificação do Estado com o monarca e a emergência do conceito de nação permitirão posteriores desenvolvimentos dogmáticos, que elevarão o Estado – enquanto instância aglutinadora dos indivíduos

688 Cf. também Marnoco e Souza, *Direito...*, cit., pp. 40 e s..

689 Utilizamos, pois, o conceito de povo, num sentido amplo e abstrato, de modo a não efetuarmos uma cisão entre povo e nação (que recordaria sempre a contraposição entre Rousseau e Sieyès), mas tendo em mente a destrinça entre entre *populus* e *plebs*, tal como recortada por Parma, *Corso de Diritto Costituzionale*, vol. I, Giuseppe Pellas Editore, Firenze, 1877, p. 133. *V.*, porém, a distinção (de cariz essencialmente sociológico) proposta por Manuel Emídio Garcia, *Plano...*, cit., pp. 10 e ss., e *Sciencia...*, cit., pp. 244 e ss..

690 Aspeto que viabiliza também a rejeição das perspetivas sociológicas emergentes já durante o século XIX, que, assentando no pressuposto do distanciamento (*rectius*, da oposição) entre governantes e governados, acabam por afastar a própria noção de soberania. Eis o que sucedeu, paradigmaticamente, com Duguit, *L'Etat, de Droit Objectif et la Loi Positive*, Albert Fontemoing Editeur, Paris, 1901, pp. 320 e ss. (recusando a noção tradicional de soberania típica de um Estado-sujeito, em que o Estado é reconduzido a um simples facto e o fundamento do direito – *rectius*, da lei positiva – se identifica, afinal, como uma mera regra de facto, *i. e.*, uma regra que se impõe por força dos factos, repousa apenas na realidade, e, nessa medida, como decorrência da vida em sociedade); *v.* também Duguit, *Manuel de Droit Constitutionnel*, Albert Fontemoing Editeur, Paris, 1907, pp. 81 e ss., recuperando, para criticar, a teoria de soberania (próximo de Rousseau e da Constituição de 1791). Trata-se de uma conceção que vingou também fora de França: *v.*, *v. g.*, em Itália, Parma, *Corso...*, cit., p. 131, afirmando, expressamente, que "o Estado supõe sempre a desigualdade política entre governantes e governados".

691 Cf. também, em parte criticamente, Carré de Malberg, *Considérations Théoriques sur la Question de la Combinaison du Referendum avec le Parlementarisme*, Marcel Giard, Paris, 1931, pp. 6 e s., reconduzindo esta consequência à evolução que o constitucionalismo francês emprestou à teorização de Sieyès.

cuja existência se encontra teleologicamente associada à prossecução do interesse público – a sujeito (dotado de personalidade jurídica) do exercício do poder soberano[692]. Se a primeira dimensão receberá uma projeção mais imediata no princípio democrático (e, em particular, no confronto entre democracia direta e democracia representativa) e a segunda na compreensão do princípio da legalidade e do princípio da separação de poderes, já o terceiro vetor conduzirá a uma específica construção da teoria do Estado e da organização administrativa que apenas no século XX florescerá.

1.2. Democracia direta e democracia representativa

Se uma das dimensões do Estado demoliberal reside no autogoverno, as questões (jurídico-filosófico-políticas) surgiam quando se tentava explicitar o *quomodo* do respetivo exercício, determinando a oposição entre a democracia direta e a democracia representativa.

Tradicionalmente, liga-se a defesa da democracia direta a Rousseau. Na sua linha de pensamento, o Estado (a *Cité* ou *Civitas*, a República, o corpo Político, o Soberano ou o Poder, consoante as perspetivas adotadas) resultaria da associação destinada a defender e proteger a liberdade, consubstanciando a sua expressão acabada (ou a manifestação, por excelência, da autonomia da vontade), na medida em que assentava no contrato social – precisamente aquele instrumento que fundamentava a restrição (ou mesmo a alienação) das liberdades em favor da construção do corpo político[693] ou, *rectius*, do domínio (a "suprema direção") da vontade geral. Tal corpo (de natureza moral) ou pessoa pública, resultado do ato associativo (marco relevantíssimo na passagem do estado de natureza para o estado civil[694]) e dele recebendo a sua unidade (o seu *moi commun*), era composto por todos os indivíduos (os cidadãos, o Povo

692 Cf. também SCHÖNBERGER, «De la Souveraineté...», cit., p. 298.

693 Ou, mais precisamente, da alienação da parcela da liberdade cujo exercício contende com ou importa à comunidade (ROUSSEAU, *Du Contrat...*, cit., p. 54, Livro II, Capítulo IV).

694 ROUSSEAU, *Du Contrat...*, cit., pp. 34 e ss. (Livro I, Capítulo VIII).

ou, enquanto submetidos às leis do Estado, os sujeitos) e tinha como reflexo o número de vozes na assembleia[695]. Neste sentido, exemplifica Rousseau, se o Estado for composto por dez mil cidadãos, a soberania apenas se poderá considerar coletivamente, e cada membro do Estado (cada indivíduo) detém uma décima milésima parte do poder soberano (e, portanto, titular do "império da lei"), ainda que lhe esteja subordinado na sua totalidade[696]. Só esta condição – *i. e.*, a participação de todos (e não dos seus representantes) no exercício da soberania – permitirá superar a tendência contraditória (ínsita à teorização do genebrino) que prevê, em simultâneo, a subordinação [e, por conseguinte, a concretização diuturna da alienação da(s) liberdade(s) necessárias para a construção do corpo político pelo contrato social] e a garantia da liberdade e da igualdade de todos os indivíduos no seio do Estado (que se autolimitam na sua vontade)[697].

Assim, se a generalidade predicativa da *volonté générale* não pressupõe a unanimidade, exige, porém, a contabilização de todas as vozes, sem o estabelecimento de qualquer exceção formal[698]. Desde logo, constituindo as leis expressões autênticas da vontade geral, a soberania (vertida naquelas) apenas se logrará exercer quando o povo esteja reunido em

695 ROUSSEAU, *Du Contrat...*, cit., pp. 24 e ss. (Livro I, Capítulo VI). Indo mais além, o genebrino considera que haveria toda a conveniência em que o povo se pudesse governar a si próprio – uma conveniência que se refletia, desde logo, no plano financeiro: a inexistência de intermediários entre o Estado e os cidadãos permitiria que se pudessem quotizar a si próprios, proporcionalmente às necessidades públicas e às suas capacidades particulares, não se abrindo, deste modo, caminho para fraudes ou abusos, ou mesmo para o endividamento do Estado (assim, ROUSSEAU, *Le Citoyen ou Discours sur l'Economie Politique*, s.n., Genève, 1765, p. 52).

696 ROUSSEAU, *Du Contrat...*, cit., p. 111 (Livro III, Capítulo I). *V.* ainda ROUSSEAU, *Emile...*, p. 9, Livro I, sublinhando o Autor que, ao contrário do «homem natural», concebido como unidade numérica ou número absoluto, desenvolvendo relações (no máximo) com o seu semelhante, o «homem civil» constitui uma «unidade fracionária», cujo valor radica na relação que tem com o todo, com o corpo social; nessa medida é uma parte (ou uma parcela) da unidade.

697 Cf. também DUGUIT, «Jean-Jacques Rousseau, Kant et Hegel», in: *Revue du Droit Public et de la Science Politique*, tomo XXXV, 1918,, p. 179.

698 ROUSSEAU, *Du Contrat...*, cit., p. 46, em nota (Livro II, Capítulo II); o Autor não deixa, contudo, de esclarecer quatro aspetos: *primo*, quanto mais uma deliberação se aproxima da unanimidade, maior é o domínio da vontade geral; *secundo*, existe uma lei que, pela sua natureza, carece de unanimidade, a saber, o pacto social [*Op.* cit., pp. 210 e 212, respetivamente (Livro IV, Capítulo II)]; *tertio*, o caráter geral da vontade não depende tanto do número de vozes, mas sobretudo do interesse comum que as unifica (*Op.* cit., pp. 57 e s., Livro II, Capítulo IV).

assembleia[699]. Ademais, num Estado que se encontre bem constituído (não ocultando o Autor os exemplos das monarquias e repúblicas clássicas), todos os cidadãos têm como objetivo contribuir para o bem comum e, por conseguinte, anseiam pela participação na assembleia; eis o motivo pelo qual todos os cidadãos reunidos se consideravam como um só corpo, dotado de uma só vontade dirigida à conservação ou preservação comum e ao interesse geral[700]. Residindo a soberania na vontade geral (e – recorde-se – confundindo-se a soberania com o poder legislativo, expressão dessa *volonté générale*), não pode esta ser representada (tal como o poder soberano não pode ser alienado): na síntese do próprio Rousseau, "ou é ela própria ou é outra coisa; não há meio-termo". E se esta perspetiva não afasta liminarmente a existência de deputados, concebendo-os (não como representantes, mas) como comissários do povo, demanda, outrossim, que, sob pena de nulidade, toda a lei seja ratificada pelo próprio povo – e só esta conceção garantiria plenamente a liberdade dos cidadãos[701].

Em favor da democracia representativa já se argumentava-se, à época, que se revelava impossível o exercício do poder legislativo por todos os cidadãos[702] (não só por razões práticas, mas também porquanto a dimensão dos Estados não permitia conferir a cada um dos indivíduos o grau de importância e o relevo pessoais que existia nas democracias da

699 ROUSSEAU, *Du Contrat...*, cit., p. 178 (Livro III, Capítulo XII). Para além da assembleia extraordinária em que o povo se reuniria fixando a constituição (*hoc sensu*), existiriam assembleias periódicas convocadas legitimamente (*Op.* cit., p. 181, Livro III, Capítulo XIII).

700 ROUSSEAU, *Du Contrat...*, cit., p. 205 (Livro IV, Capítulo I).

701 ROUSSEAU, *Du Contrat...*, cit., pp. 186 e ss. (Livro III, Capítulo XV). Muito expressivamente, o Autor apresenta o exemplo inglês, considerando que, neste caso, os cidadãos apenas gozam de liberdade no momento da eleição dos membros do Parlamento; depois disso, tornar-se-iam meros escravos (*Op.* cit., pp. 189 e s.).

702 Cf., *v. g.*, ADAMS, «Thoughts...», cit., p. 194.
Evidentemente, esta observação também não passou despercebida a ROUSSEAU [cf., *v. g.*, *Du Contrat...*, cit., p. 179 (Livro III, Capítulo XII). Só que, na sua perspetiva, a existência de uma assembleia (que o Autor não rejeitava, como, aliás, acabámos de salientar, em texto), ao invés de surgir configurada como um mecanismo de correção do sistema, aparecia como uma decorrência justificável através das cláusulas do contrato social (chamando já a atenção para esta especificidade, *v.* Carré de MALBERG, *Contribution...*, cit., p. 156).

Antiguidade clássica[703]), sem prejuízo de se considerar que a participação dos cidadãos deveria ter a amplitude máxima ainda compatível com a funcionalidade do sistema ou com o desenvolvimento da comunidade[704]. Destarte, e louvando-nos na conhecida fórmula de Bentham, o fim primordial da democracia representativa consistiria no maior bem para o maior número[705], mais facilmente assegurado quando se considerava o postulado liberal básico segundo o qual a prossecução do interesse individual conduziria necessariamente à satisfação do bem comum, universal e universalizável.

A democracia representativa não abandona, porém, a ideia de que, em último termo, os representantes devem gozar da confiança dos representados que os elegeram, perdendo tal qualidade quando lhes falecer esta confiança[706]. Por este motivo, entendia-se que os cidadãos apenas exerciam a soberania de forma direta e imediata em duas circunstâncias: nas eleições dos seus representantes, e na censura à atuação política destes últimos, exercida através da liberdade de imprensa[707] – recordando, de algum modo, a ideia de que os representantes têm, perante os eleitores, uma responsabilidade política (responsabilidade política difusa). A necessidade de recondução da soberania ao povo pressupõe, pois, que o exercício do poder não constitua um privilégio de alguns, mas represente o desempenho de uma função, pelo qual os respetivos titulares assumiam uma responsabilidade. Mesmo assim, chamava-se

703 Cf., *v. g.*, Constant, *De l'Esprit...*, cit., p. 102. Para Bentham (*Constitutional Code*, cit., p 95) a afirmação (simultânea) de um governo e do exercício do poder por todos os cidadãos se afiguraria contraditória, visto que pressuporia, concomitantemente, a existência e a inexistência de um governo.

704 Stuart Mill, «Considerations...», cit., p. 412.

705 Cf., *v. g.*, Bentham, *Constitutional Code*, cit., p. 10 ("the greatest happiness of the greatest number"), justamente a propósito da democracia representativa (em geral, sobre este fim do governo em qualquer comunidade política, *v. Op.* cit., pp. 5 e ss.).

706 Assim, Sieyes, *Quelques Idées...*, cit., p. 3 (o Autor distingue, a este propósito, entre democracia – concebida apenas como democracia direta – e representatividade; *v.* também *Op.* cit., p. 19).

707 Nestes termos, Rodrigo Ferreira da Costa, *Cathecismo...*, cit., pp. 92 e 156. *V.* também Constant, *Cours...*, tomo II, cit., pp. 558 e s., acentuando a necessidade de, no sistema representativo, os cidadãos exercerem uma vigilância ativa e constante sobre os seus representantes, exortando-os a rejeitarem a sedução da passividade, contrária ao patriotismo.

a atenção para a circunstância de a democracia (representativa) provocar uma instabilidade política, pois que, pela sua natureza, se destina a trazer homens novos para o poder[708].

Não obstante a conveniência, sentida logo neste período, em introduzir mecanismos de democracia direta ou semidirecta na arquitetura do exercício do poder político[709], a preponderância assumida pela democracia representativa determinou que a condução da vida política pelos indivíduos (*rectius*, pela vontade geral) se encontrasse agora conexionada com a centralidade conferida ao parlamento, enquanto órgão em que se exprimia aquela vontade, e, por conseguinte, como expoente da legitimidade democrática do Estado[710]. A assembleia legislativa destinava-se, pois, a garantir a representação de todos os cidadãos, *qua tale*, e não como elementos de uma determinada ordem ou estamento social que os mandatavam, ou mesmo como defensores dos interesses dos respetivos eleitores: mesmo que inscritos em partidos políticos[711], estávamos

---

708 Tocqueville, *De la Démocratie...*, tomo II, cit., p. 133.

709 Recorde-se, *v. g.*, a instituição das assembleias primárias no quadro da Constituição francesa de 1793: em consonância com o princípio segundo o qual "o povo soberano é a universalidade dos cidadãos franceses", que "delibera sobre as leis" (cf. artigos 7 e 10 do Ato Constitucional, respetivamente), os artigos 11 e seguintes consagram a existência de assembleias primárias (constituídas pelos cidadãos domiciliados há, pelo menos, seis meses em cada cantão) com competência para se pronunciarem sobre todas as *lois proposées* (designação que recebiam os projetos de lei depois de aprovados pela Assembleia Nacional) - cf. artigos 59 e seguinte.
A introdução da iniciativa popular e do referendo foi considerada como um mecanismo relevante para, de algum modo, contrabalançar a supremacia do parlamento em que a defesa do princípio da democracia representativa acabou também por desembocar (cf., já a seguir, em texto). Neste sentido se pronunciou, *v. g.*, Carré de Malberg (*Considérations...*, cit., pp. 8 e ss.), entendendo que, independentemente de outras vantagens para o equilíbrio sistema jurídico-constitucional, tais instrumentos (em especial, o referendo) permitiriam limitar a hegemonia parlamentar através da devolução de parte desse poder aos representados. Se a defesa incondicional do relevo do parlamento havia constituído uma necessidade no quadro da Revolução de 1789 - porque se tratava de opor ao monarca absolutista a participação do povo na elaboração das leis -, a posterior evolução das instituições políticas (democráticas) e, sobretudo, a maturidade que atingiram durante o século XIX aconselhavam, segundo o Autor, a intervenção popular direta no exercício do poder (legislativo), de forma a corrigir (complementando) o regime representativo talqualmente o mesmo fora gizado nos termos revolucionários, bem como a circunscrever a influência dominante que os partidos políticos iam assumindo.

710 Cf. também Paulo Otero, *Instituições...*, cit., p. 253.

711 A progressiva autonomização da ideia de democracia direta para a democracia representativa encontrou um arrimo determinante na formação de partidos políticos. O exemplo

diante de representantes de todo o povo[712] ou, mais genericamente, de cidadãos que havia recebido o poder em virtude de uma delegação dos demais[713]. Os liberais recordavam-se bem das questões que constituíram a causa próxima da Revolução Francesa de 1789, em especial, dos problemas com a representação nos Estados Gerais: sem se obliterarem as conhecidas críticas (muito mais verrinosas) de Sieyès[714] sobre a respetiva composição e funcionamento (desde logo, pela desconsideração do Terceiro Estado), um mais moderado Mirabeau[715] já defendia que, para além de se revelar imperativo que os representantes provenham de eleições livres, "os estados [*hoc sensu*, as assembleias] são para a Nação aquilo que é mapa reduzido para a sua extensão física; seja em parte, seja no todo, a cópia deve ter as mesmas proporções que o original". Na mesma linha, John Adams[716] afirmava que a assembleia representativa "devia ser, em miniatura, um retrato exato de todo o Povo", pelo que "devia pensar, sentir, raciocinar e agir como ele".

norte-americano afigura-se, a este propósito, relevante, considerando que, logo em 1791, se assiste à fundação, por Madison e Jefferson, do Partido Republicano (*The Republican Party*), de seguida, mimetizado pela criação do (então) Partido Democrático-Republicano (*The Democratic-Republican Party of the Nation*, que, em 1828, alteraria a sua designação para, simplesmente, Partido Democrático). Cf. Hansen, «The Mixed Constitution Versus the Separation of Powers: Monarchical and Aristocratical Aspects of Modern Democracy», in: *History of Political Thought*, n.º 3, vol. 31, outono 2010, p. 513.
Na generalidade dos Estados europeus, também a democracia se encontrava associada à constituição e ao funcionamento dos partidos políticos. Todavia, e diversamente do que sucedia em Inglaterra – com uma forte tradição partidária, de raízes religiosas–, no resto da Europa, assiste-se, em regra, a uma forte fragmentação partidária que, revelando-se insuscetível de sustentar maiorias parlamentares estáveis acabará, no final do século, por desembocar na preferência por uma estrutura burocrática forte (como sucedeu, desde logo, na Alemanha, mas também em França) – com todas as consequências que tal importou também da perspetiva quer da evolução do sentido do princípio da separação de poderes, quer da vinculação da Administração Pública à lei. Cf. também De Ruggiero, *Storia...*, cit., pp. 404 e ss..

712 Cf., *v. g.*, Gierke, *Das Deutsche Genossenschaftsrecht*, vol. I, Weidmannsche Buchhandlung, Berlin, 1868, p. 825, salientando constituir esta a marca de contraste do moderno (*hoc sensu*, do Estado demoliberal) conceito de representação.

713 Adams, «Letter to John Penn. January 1776», in: *The Works of John Adams*, Charles C. Little and James Brown, Boston, 1851, p. 205.

714 Sieyes, *Qu'est-ce que le Tiers Etat?*, cit., *passim*.

715 Mirabeau, «Sur la Nécessité...», cit., pp. 3 e ss. (a citação é da p. 7).

716 Adams, «Thoughts...», cit., p. 195, e «Letter to John Penn. January 1776», cit., p. 205.

1.3. Soberania do povo, democracia e "tirania da maioria"

A circunstância de para o exercício do poder (e, por conseguinte, para a sua exteriorização através da lei) não ser viável exigir um consenso, bastando-se apenas com o concurso da vontade da maioria não significava um obstáculo para a afirmação do princípio democrático[717]. Entendendo-se que os homens (*hoc sensu*, os indivíduos-cidadãos que gozavam de direitos políticos) eram racionais, livres e iguais, o conjunto das suas vontades (a face politicamente ativa das suas opiniões livres e esclarecidas) exprimiria necessariamente a mesma racionalidade e, por esse motivo, o respetivo resultado (a lei) seria justo[718].

Mesmo a posição de Rousseau[719], defensor, nos termos apontados, da democracia direta, não se opunha ao princípio da maioria (ou à ideia de pluralidade), considerando que tal se reconduziria, afinal, a uma *"suite du contrat même"*. Ao povo reunido em assembleia (para o exercício do poder soberano: o poder legislativo) cabia a tarefa de determinar se a proposta correspondia ou não à vontade geral; exprimindo o sufrágio, neste contexto, a opinião de cada cidadão quanto àquela correspondência, da contagem de todos os votos se extrairia o sentido da vontade geral; aos cidadãos que haviam optado pela posição vencida restava perceberem que se tinham enganado quanto ao sentido da vontade geral [que, *ex definitione*, nunca erraria (!)] – eis o motivo pelo qual a respetiva liberdade individual também não ficaria ferida. De qualquer modo, compreendia-se que as maiorias exigidas deveriam variar em função da importância da matéria, demandando-se uma maior exigência quando

717 Não retiramos, contudo, a razão a Oliveira Martins (*Portugal...*, cit., tomo I, p. 437), quando adverte que, levados às suas últimas consequências, a democracia (representação democrática) e o individualismo se tornam contraditórios: na verdade, a valorização do indivíduo pressuposta por este último não se poderia compadecer com o governo de maiorias que, por definição, poriam em causa a conceção do indivíduo como soberano e absoluto, pelo que, afinal, "o governo da liberdade ficou sendo a tyrannia das maiorias"; só admitindo o caráter dinâmico da sociedade e não a identificando com a mera soma de todos indivíduos se tornaria verdadeira a ideia de representação democrática.

718 Bunzel, «Liberal Ideology...», cit., p. 382.

719 Cf. Rousseau, *Du Contrat...*, cit., pp. 213 e ss. (Livro IV, Capítulo II).

se tratasse de deliberações que versassem sobre assuntos de sensibilidade ou relevância mais significativa.

Mas uma tal conceção postula um delicado equilíbrio entre soberania do povo, democracia e (tirania da) maioria, sob pena de a última fazer perigar as exigências de sentido das primeiras. Eis um tema que bem poderia ter como pano de fundo a célebre afirmação de Burke[720] segundo a qual "a tirania de uma multidão é uma tirania multiplicada".

Trata-se de uma matéria que os *Founding Fathers* também já reconheciam, tendo versado sobre o problema a propósito da arquitetura jurídico-institucional do Estado: Adams fá-lo-ia no contexto da discussão entre as vantagens e as desvantagens de um parlamento unicameral ou bicameral; Madison tematiza a questão no âmbito da defesa do de federalismo. Para John Adams[721] o problema da "tirania da maioria" (*tyranny of the majority*) emerge como argumento a esgrimir contra os sistemas unicamerais, visto que estes, em virtude da ausência de um adequado esquema de *checks and balances* (apenas viável com a existência de uma câmara alta e uma câmara baixa, no âmbito de um *mixed government*), desembocariam na impossibilidade de defesa das minorias: na verdade, os representantes do povo, organizados numa única assembleia soberana (eleita anualmente), seriam apenas responsáveis perante os respetivos constituintes, pelo que todas os desvios adotados em benefício destes últimos (e contra as minorias) acabariam por ser compensados no ato eleitoral seguinte; aqueles a quem os representantes haviam favorecido, tornariam a elegê-los, na esperança da obtenção de

720 Burke, «To Captain Mercer: London, February 26, 1790», in: Fitzwilliam/Bourke (eds.), *Correspondance of the Right Honourable Edmund Burke between the year 1744, and the Period of His Decease, in 1797*, vol. III, Francis & John Rivington, London, 1844, p. 147 (*"the tyranny of a multitude is a multiplied tyranny"*). Declarando-se inimigo da tirania e da opressão, o Autor, tendo, sobretudo, em mente os acontecimentos ocorridos durante a Revolução Francesa e a volatilidade das massas, observa que houve maior tirania em poucos meses da França "democrática" que em todas as monarquias arbitrárias europeias (*Op.* cit., pp. 146 e ss.).

721 Adams, *A Defence of the Constitutions of the Government of the United States of America*, vol. III, John Stockdale, London, 1794, p. 291.

novos benefícios[722]. Por sua vez, Madison[723] alertava para a necessidade não só de defender a sociedade contra a opressão dos que a governam (dos *rulers*), mas também de defender uma parte da sociedade (a minoria) contra a injustiça da outra (a maioria). Trata-se de um problema que receberia uma de duas soluções possíveis: por um lado, a criação de um poder independente da maioria (e, por conseguinte, da própria sociedade), como sucede, por exemplo, nos Estados que reconhecem a legitimidade hereditária[724]; por outro lado, a fragmentação da sociedade que torne impossível, na prática, a agregação de uma maioria, como acontece nos sistemas federais, que partilham os poderes entre a União e Estados. Naturalmente, Madison[725] erigia o «princípio federativo» (*federal principle*) como o mecanismo mais adequado para fazer evitar o surgimento das maiorias e os respetivos abusos[726].

O tratamento da temática da «tirania da maioria» deve-se, sobretudo, à pena de Tocqueville[727], numa lúcida compreensão sobre o comportamento de um povo ou mesmo sobre a própria natureza humana (que se não altera pelo facto de, em termos teoréticos, se conceber como um corpo coletivo). Começando por se opor a uma vigência, *à outrance*, do

---

722 Cf. ADAMS, *A Defence...*, cit., pp. 290 e s.. Note-se que o Autor pondera algumas soluções para obviar a uma tal "tirania da maioria", mobilizando alguns exemplos de direito comparado, os quais, nestes casos, se orientam para um reforço da adoção de decisões por unanimidade – o que, na perspetiva de Adams, apenas inverteria o problema, tornando a maioria dependente do veto de uma minoria (*Op.* cit., p. 291).

723 MADISON, «The Federalist No. 51: The Structure of Government Must Furnish the Proper Checks and Balances between the Different Departments (February 6, 1788)», in: BLAISDELL (ed.), *Selected Federalist Papers*, Dover Publications, New York, 2001, pp. 122 e ss..

724 Embora Madison observasse que a existência de um poder independente da maioria não constituía garantia de que não sufragasse a posição desta última, já que, em abstrato, tanto se revelaria possível que tomasse o partido da maioria injusta, como saísse em defesa dos direitos justos das minorias, ou mesmo que se voltasse contra ambos.

725 MADISON, «The Federalist No. 51», cit., p. 124.

726 Considerem-se, ainda a este propósito, as preocupações igualmente demonstradas por MADISON [«The Federalist No. 10: The Union as a Safeguard against Domestic Faction and Insurrection (November 22, 1787]», in: BLAISDELL, Bob (ed.), *Selected Federalist Papers*, Dover Publications, New York, 2001, pp. 24 e s.) no horizonte da referência aos casos em que o bem público se via desconsiderado no contexto de conflitos entre as várias fações, e, portanto, em que as medidas não se adotavam de acordo com as regras da justiça e os direitos das minorias, mas apenas "pela força superior de uma maioria interessada e dominadora" ("*the superior force of an interested and overbearing majority*"; a citação pertence à p. 25).

727 TOCQUEVILLE, *De la Démocratie...*, tomo II, cit., pp. 135 e ss..

princípio da maioria[728], a perspetiva de Tocqueville alia-se à rejeição da conceção ilimitada da soberania do povo para que o primeiro pode facilmente resvalar. Assim, a soberania do povo não se pode confundir com a tirania (ou omnipotência) da maioria (considerada como "o maior perigo" das democracias[729] e presente, segundo o Autor, nos esquemas regulativos da democracia norte-americana), exigindo-se a adoção de todos os mecanismos necessários para a evitar – entre os quais regista, *v. g.*, a descentralização ou a importância conferida, na sociedade política (sobretudo, se nascente) ao corpo dos «legistas» ou «homens da lei» (*hoc sensu*, à elite de intelectuais dotados conhecimentos jurídicos específicos, que ocupa lugares proeminentes no exercício de todas as funções estaduais, e que, embora dotado de sensibilidades diferentes, adota como propósito a defesa do governo democrático constituído) e à sua função de «contra-pesos da democracia»[730].

A partir de um ensaio crítico à obra de Tocqueville, Stuart Mill[731] salientava que o principal o problema do governo residia na necessidade de evitar que os mais fortes (a classe dominante, identificada, no momento, com a classe média comercial) se tornassem o único poder – o que implicaria sempre a existência de um contrapoder que permitisse reprimir a tendência natural do *ruling body* para ceder aos seus instintos e paixões. Tal representaria a consequência da circunstância de

---

728 Tocqueville (*De la Démocratie...*, tomo II, cit., pp. 131 e s.) acentuava que, se a vigência (ou, como também assinala, a quase veneração) do princípio da maioria poderia resultar nos Estados Unidos, dificilmente se conseguiria transplantar para outros sistemas jurídicos, em que se verificava um desnível entre as camadas sociais; por outro lado, entendia que a aceitação das decisões da maioria decorria da circunstância de todos os cidadãos alimentarem a esperança de virem a deter o poder (e, por conseguinte, de vir a integrar a maioria). Além disso, o princípio da maioria, quando associado à instabilidade democrática, provocaria a instabilidade legislativa, originando uma sucessão de leis emanadas com o propósito de, a cada momento, corresponderem à vontade das maiorias sempre conjunturais (*Op.* cit., p. 133).

729 Basta atentar na crítica do Autor ao modo como as maiorias dominam quer os vários poderes nos Estados Unidos (aí compreendido o próprio poder judicial, nos Estados em que os juízes são eleitos), quer o poder moral que aquelas detêm sobre o pensamento (pondo, afinal, em causa as liberdades). Cf., respetivamente, Tocqueville, *De la Démocratie...*, tomo II, cit., pp. 138 e s., 143 e ss..

730 Tocqueville, *De la Démocratie...*, tomo II, cit., pp. 154 e ss..

731 Stuart Mill, «De Tocqueville on Democracy in America», in: *Essays on Politics and Society*, Collected Works of John Stuart Mill – vol. XVIII, University of Toronto Press/Routledge & Kegan Paul, Toronto/London, 1977, p. 200.

qualquer poder, quando rege incontrolado, logo se torna deletério, pelo que, de molde a permitir um adequado exercício do poder, este deve ser enquadrado com elementos corretivos e contra-ativos[732].

Reflexões similares não permaneciam desconhecidas da doutrina portuguesa da época, que justamente chamava a atenção para o facto de o governo parlamentar implicar, como consequência, uma supremacia das maiorias (desde logo, porque, em caso de conflito entre os diversos poderes, um deles haveria de se sobrepor aos demais): convocando, por exemplo, a lição de Lopes Praça[733], tal significaria, afinal, a substituição do «despotismo unitário» pelo «despotismo das maiorias numéricas» – uma doutrina que, na sua opinião, e em virtude da anarquia parlamentar a que, as mais das vezes, conduzia, haveria determinado a queda de Carlos X, em Espanha, e a de Luís Filipe, em França.

Ora, será justamente o desenho de esquemas organizatórios caracterizados por um complexo de freios e contrapesos que permitirá defender o princípio democrático/democracia representativa e prevenir a tirania da maioria[734] – obviando a que o princípio da soberania popular não redunde numa «democracia absoluta»[735] – e que se refletirá no desenho da forma de governo e nos instrumentos de participação política. As várias reflexões sobre a «tirania das maiorias» ou o «poder dos números»[736] apresentam em comum a importância (ou mesmo a necessidade) da partilha ou da divisão de poderes ou, se preferirmos, na criação de esquemas institucionais que permitam o equilíbrio entre os diversos poderes – não apenas num sentido horizontal (desenvolvido pelo princípio da separação de poderes), mas também sob uma perspetiva

---

732 Stuart Mill, «De Tocqueville...», cit., p. 202.

733 Lopes Praça, *Collecção...*, cit., vol. II, pp. XL e s..

734 E não se olvide que foi a maioria que permitiu, a chegada ao poder de Luís Napoleão, eleito Presidente da República com mais de 5 milhões de votos: cf. os resultados eleitorais, *v. g.*, em *Louis-Napoléon Bonaparte, Président de la République Française. Son Serment à la Constitution – Discours Adressé aux Représentants de l'Assemblée Nationale – Son Entrée au Palais de l'Elisé-National – Formation du Nouveau Ministère*, Impr. de E. Bautruche, Paris, 1848, p. 2.

735 Cf. Paulo Merêa, *O Liberalismo...*, cit., p. 17.

736 A expressão pertence a Stuart Mill, «De Tocqueville...», cit., p. 202, aludindo ao *"power of mere numbers"*, que abre caminho não apenas para a ascensão incontrolada do poder popular, mas para a ascensão de qualquer poder.

vertical (admitindo a importância de um poder local, no quadro da descentralização).

Assim, e por um lado, a construção e a evolução do princípio da separação de poderes passam a surgir aliadas à conceção de um governo moderado, concebendo-se como técnica de limitação do poder; recorde-se que uma das aspirações comuns a norte-americanos e franceses consistia justamente na limitação do poder público, reagindo, assim, respetivamente, contra o parlamento (o tirano que se havia alojado na constituição inglesa) e o rei, ambos absolutos e omnipotentes. Se o princípio surge, logo na *Déclaration des Droits de l'Homme et du Citoyen* de 1789, como associado à própria identificação do que designaríamos hoje como constituição material (cf.. *supra*, Parte I, 1.4.1.) – o que apontaria para uma matriz essencialmente revolucionária –, a verdade é que a recondução das suas raízes ao pensamento jurídico-filosófico de Locke[737], emergente no seio da *ancient constitution* inglesa, bem como à perspetiva muito moderada de Montesquieu[738], complementada pela posterior teorização de Constant e a autonomização do *pouvoir royal*[739], implicará a respetiva inscrição num cenário pautado pelo equilíbrio ou pelo balanceamento – um balanceamento compromissório entre órgãos, que se irá manter nas monarquias, em especial na segunda metade de oitocentos. Sem prejuízo da predominância do legislativo (que o positivismo legalista acabará por impor), a organização política assentará em sistemas parlamentaristas, de natureza bicameralista (com uma câmara alta de composição aristocrática), com o rei à frente do executivo, quando não esteja dotado de um poder próprio autónomo dos demais (o *pouvoir royal* ou o poder moderador).

---

737 Expresso, sobretudo, no II Tratado: Locke, John, *Two Treatises of Government*, 5.ª ed., Bettesworth, Pemberton & Simon, London, 1728.

738 Montesquieu, *De l'Esprit...*, cit., pp. 142 e ss. (Livro XI, Capítulo VI,). Para uma síntese analítica da posição de Montesquieu, cf., entre nós, Paulo Castro Rangel, «A Separação de Poderes Segundo Montesquieu», in: *Estudos em Homenagem ao Prof. Doutor Rogério Soares*, Studia Iuridica 61, Boletim da Faculdade de Direito/Coimbra Editora, Coimbra, 2001, pp. 347 e ss.; *v.* ainda Nuno Piçarra, *A Separação de Poderes como Doutrina e Princípio*, Coimbra Editora, Coimbra, 1989, pp. 89 e ss..

739 Cf. Constant, *Cours...*, vol. I, cit., pp. 19, 177 e s., desenhando, à semelhança de Montesquieu, uma arquitetura institucional inspirada pelo constitucionalismo inglês, como o próprio Autor também reconhece (*Op.* cit., pp. 20, 23, 26 e s., 179, 182 e s.).

Por outro lado, e ainda que com uma visibilidade inicial inferior ao problema da separação horizontal de poderes, a tensão entre o centro e a periferia constitui um ponto de debate no âmbito da organização político-administrativa dos Estados. As questões relacionadas com a descentralização também habitavam o sentido do governo moderado[740], determinando a previsão de esquemas de representatividade a nível local, sublinhando uma ideia de reconhecimento do autogoverno local, à qual não foi alheia, no continente europeu, a especial influência do modelo inglês[741]. Não obstante os movimentos constitucionais liberais (sobretudo de influência francesa) visarem, num primeiro plano, a unidade ou da universalidade como expressão da recusa de estamentos e de corpos intermédios, não se pode negar que, ao promoverem, em simultâneo, a ativação da cidadania, também fizeram emergir uma consciencialização do relevo da participação política a nível local[742].

Mas nem só a aceitação do relevo do princípio da separação de poderes constituía solução para o problema da tirania da maioria. Não desdenhando, pois, esta questão como pano de fundo, compreender-se-á que um dos temas mais debatidos na transição para as democracias liberais consistisse no *quomodo* ou nas condições do exercício do direito de participação política – epitomado nos direitos de eleger e ser eleito –, que veio, mais tarde, a receber consagração expressa nos textos

740 Embora o nosso País conhecesse, há muito, os concelhos (que se assumiram como importantes bastiões que resistiam contra a absolutização do poder central, designadamente, o poder régio, e com impacto nos trabalhos preparatórios das nossas primeiras Cortes Constituintes: cf., por todos, Paulo Otero, «A Administração Local nas Cortes Constituintes de 1821-1822, in: *Revista de Direito e de Estudos Sociais*, n.º 2, ano XXX, 1988, pp. 237 e ss.), não se ignora que o reconhecimento do poder local – ou, mais amplamente, com a descentralização – não tivesse também passado despercebido à teorização desenvolvida pelo pensamento pré-revolucionário europeu. Assim, *v. g.*, Rousseau (*Du Contrat...*, cit., p. 184, Livro III, Capítulo XIII) recusa o estabelecimento de uma capital, defendendo que a sede do Governo se haveria de localizar alternativamente em cada cidade, permitindo conferir a todas elas o mesmo papel e, desse modo, trazendo-lhes vida – com o que o Estado também se fortaleceria.

741 Assim, De Ruggiero, *Storia...*, cit., p. 62.

742 Cf. também Fioravanti, *Stato...*, cit., p. 117. O Autor avança uma interessante imagem para ilustrar esta conceção, sublinhando que o Estado moderno não configurava uma circunferência perfeita, desenhada a partir de um único centro, mas se representaria mais adequadamente como uma elipse ou como qualquer figura geométrica que traduzisse uma tensão entre dois focos: o centro e a periferia.

constitucionais, no quadro dos direitos políticos. As principais questões a avaliar reconduziam-se quer à escolha do sistema eleitoral[743], quer à definição dos cidadãos com capacidade eleitoral passiva, quer à identificação dos titulares do direito de sufrágio. Tais temáticas não constituíam, porém, abstrações desligadas dos problemas reais: na verdade, em alguns dos sistemas constitucionais oitocentistas (incluindo o português), sentiram-se profundas dificuldades em assegurar uma estabilidade que não comprometesse a legitimidade do parlamento – tais eram as vezes em que os atos eleitorais se encontravam feridos de fraude ou mesmo violência[744]. E estes sobressaltos assumiam uma especial acuidade num contexto em que os pressupostos teóricos passavam a contemplar o parlamento como o órgão responsável pela formação do direito, epitomado na lei, enquanto expressão da vontade geral[745].

---

743 No que respeita à forma de designação dos membros da assembleia legislativa, a contraposição teórica inicial era efetuada entre o sorteio e a escolha (apenas esta última dando origem aos posteriores sistemas eleitorais). Ainda que por razões distintas, a técnica do sorteio recebeu as simpatias de Montesquieu e Rousseau: se Montesquieu entendia, numa visão mais otimista, que o "sufrágio por sorteio" (*suffrage par le sort*) correspondia à verdadeira essência da democracia, oferecendo a cada cidadão a esperança de servir a sua pátria, Rousseau inclinava-se para uma perspetiva negativa, considerando as tarefas públicas um encargo oneroso, cuja imposição respeitaria a igualdade se não dependesse da vontade humana. Cf., respetivamente, MONTESQUIEU, *De l'Esprit...*, cit., p. 12 (Livro II, Capítulo II); e ROUSSEAU, *Du Contrat...*, cit., p. 218 (Livro IV, Capítulo III), este último seguindo uma solução que lhe permitiria, em conjugação com as preocupações dominantes da sua construção, manter a universalidade/generalidade predicativa da lei. Atente-se, porém, em que esta referência a Rousseau continua a não obliterar que o problema do sufrágio emergia relativamente à definição não dos titulares do órgão do poder legislativo (o único poder soberano), mas antes dos titulares das magistraturas ou do executivo (como, aliás, o Autor adverte logo no início do capítulo).
Em qualquer das hipóteses, ambos os Autores reconheciam que se tratava de um sistema defeituoso ou, no mínimo, que só funcionaria numa verdadeira democracia – a qual, na realidade, nunca existiria. *V.* MONTESQUIEU, *De l'Esprit...*, cit., p. 12 (Livro II, Capítulo II), e ROUSSEAU, *Du Contrat...*, cit., p. 220 (Livro IV, Capítulo III) [embora admitindo o método do sorteio para os cargos – como sucedia precisamente com as magistraturas – relativamente aos quais se revelaria suficiente o bom senso, a integridade ou o sentido de justiça, que considerava comuns a todos os cidadãos (!)], respetivamente.

744 *V.*, entre nós, a análise de Maria de Fátima BONIFÁCIO, «"A Guerra de Todos contra Todos" (Ensaio sobre a Instabilidade Política antes da Regeneração)», in: *Análise Social*, n.º 115, vol. XXVII, 1992, pp. 91 e ss..

745 Mesmo a doutrina de pendor mais positivista preocupava-se com soluções para o problema da tirania das maiorias legislativas do momento e para a omnipotência do parlamento: um dos argumentos esgrimidos reconduzia-se precisamente à periodicidade com que a legitimidade democrática se renovava através da realização de eleições – o que permitia apartar os sistemas fundados na soberania do povo daqueloutros que caracterizavam as monarquias absolutas. Cf., *v. g.*, Carré de MALBERG, *Contribution...*, cit., tomo II, pp. 140 e s., 617 e s., visando

Naturalmente, reconhecia-se (ontem... como hoje) que a cidadania ativa constituiria um importante impulso para evitar as "tiranias da maioria" - assumindo especial relevo, neste horizonte, a consagração e o efetivo exercício dos direitos políticos. Se o vínculo da cidadania constituía, em geral, o parâmetro para aferir da titularidade das liberdades individuais, o mesmo surgia complementado pelo conceito de *cidadania ativa* quando estivessem em causa os direitos políticos. Neste sentido, a liberdade haveria de se entender não (ou, pelo menos, não apenas) como a possibilidade de "gozo pacífico da independência individual", mas antes (ou também) como uma "participação ativa no poder coletivo"[746] - razão pela qual Vicente Ferrer[747], por exemplo, considerava os direitos políticos como condição da independência e da liberdade do cidadão, sem os quais este corria o risco de ser oprimido. Em causa estava a defesa de que o direito de eleger e ser eleito pressupunha uma capacidade de se tornar membro da grande associação em que o Estado se consubstanciava, o que exigia um conjunto de conhecimentos sociais ou uma habilidade para o trabalho[748]. Também nesta época se aponta no sentido de que o voto não consubstanciasse um dever jurídico, assumindo-se antes como um dever cívico ou um dever moral dos cidadãos, vinculados, enquanto tais, a adotar todas as condutas para o bem da Pátria[749].

A importância conferida ao momento da participação cívica na condução da política do País, exercido através do direito de sufrágio, suscitava reflexões adicionais relativas ao caráter dos representantes parlamentares, dotados de especiais qualidades associadas ao mérito, à virtude e à

demonstrar, na linha da sua teorização, por que motivo, nos Estados fundados na soberania nacional, o exercício do poder (parlamentar) ainda continua limitado, tal como decorria dos pressupostos revolucionários. Em sentido idêntico, Hauriou (*La Souveraineté Nationale*, Sirey, Paris, 1912, p. 115) reclama atenção para o caráter necessariamente temporário e renovável dos mandatos parlamentares.

746 Constant, *De l'Esprit...*, cit., p. 101.

747 Vicente Ferrer Neto Paiva, *Principios...*, cit., p. 74.

748 Assim *v. g.*, Sieyes, *Quelques Idées...*, cit., p. 21 (a estes requisitos juntava o Autor a necessidade do pagamento de um tributo: *Op.* cit., pp. 19 e ss.).

749 «Sobre as Eleições (Artigo Segundo)», in: *Gazeta de Lisboa*, n.º 293, 06.12.1820.

prossecução do interesse público[750] – aspeto que se revela especialmente importante, porquanto, como já sublinhava Mirabeau[751], "representar uma Nação [era] o direito mais augusto". Assim, *v. g.*, advertiam-se os cidadãos para orientarem a sua escolha para homens sinceros, dignos e honrados, pouco sujeitos à corrupção, evitando a eleição daqueles que, para garantirem resultados favoráveis, se multiplicavam na promessa de benesses futuras a eleitores concretos: tais deputados iriam exercer, decerto, o cargo em seu próprio benefício, e não em proveito do País[752].

E era também com base neste fundamento que a previsão de restrições à capacidade eleitoral passiva se assumia como uma constante nos discursos político-jurídico-filosóficos da época. Para além dos limites de idade, parecia evidente a exclusão de uma parte significativa da população, por lhe falecer, pela sua natureza ou condição económico-social, as qualidades necessárias ao exercício da função de representante dos cidadãos e, como tal, insuscetíveis de inspirar a confiança imprescindível ao desempenho de tão elevada tarefa: assim sucedia com as mulheres[753], os mendigos

---

750 Cf, *v. g.*, MADISON, «The Federalist Paper No. 10: The Union as a Safeguard against Domestic Faction and Insurrection», in: BLAISDELL, Bob (ed.), *Selected Federalist Papers*, Dover Publications, New York, 2001, p. 29. *V.* também JEFFERSON, «To John Adams. Monticello, October 28, 1813», in: *Jefferson: Political Writings*, Cambridge University Press, New York, 1999, p. 187.

751 MIRABEAU, «Sur la Nécessité...», cit., p. 5.

752 Cf. «Sobre as Eleições», in: *Gazeta de Lisboa*, n.º 292, 05.12.1820 (também publicado in: *Diário do Governo*, 01.12.1820).

753 Repare-se, porém, que, em pleno período revolucionário, e também com o propósito de espelhar a *Déclaration* de 1789, Olympe de GOUGES (*Les Droits de la Femme. A la Reine*, s.n., Paris, 1791, esp.te pp. 6 e ss.) propunha, além da integração na *assemblée nationale* das "mães, filhas e irmãs, representantes da Nação", um catálogo de direitos: a *Déclaration des Droits de Femme et de la Citoyenne*. Não deixará, contudo, de surpreender uma certa dialética entre revolução e contrarrevolução, consubstanciada na simbiose avançada pela Autora-ativista entre a defesa revolucionária das liberdades e uma certa devoção à Rainha Maria Antonieta, neste horizonte tomada como "patrona" dos direitos das mulheres, num contexto histórico tão adverso à defesa da monarquia (cf., *v. g.*, COLE, *Between the Queen and the Cabby: Olympe de Gouges's Rights of Woman*, McGill-Queen's University Press, Montreal & Kingston/London/ Ithaca, 2011, pp. 66 e ss.) – o que lhe terá valido a execução pela guilhotina. Atente-se, por fim, que o pioneirismo de Olympe de Gouges ultrapassa a defesa dos direitos das mulheres e alcança também os problemas suscitados pela negação das liberdades a determinadas camadas da população, como sucedeu precipuamente com a questão da escravatura, mas também pelo lançamento de outras soluções inovadoras, como o reconhecimento dos filhos ilegítimos, ou mesmo por matérias de natureza social, como a educação das meninas ou a proteção da maternidade – *v.*, por todos, MOUSSET, *Olympe de Gouges et les Droits de la Femme*, Editions du Félin, Paris, 2003.

Também em Portugal, e não obstante o caráter precursor do *Tractado sobre a Igualdade dos Sexos, ou Elogio do Merecimento das Mulheres* (Officina de Francisco Luiz Ameno, Lisboa, 1790, p. 17, § VII, n.º 29) – quando afirma que "as Mulheres saõ iguaes aos Homens na capacidade da alma, facilidade, e faculdade de adquirirem conhecimentos, e applicallosa hum fim racionavel, sabio, e justo, segundo os seus projectos, e intentos" –, teríamos (teremos?) de esperar pelo reconhecimento dos direitos das mulheres. O problema chegou a aflorar durante os trabalhos preparatórios da Constituição de 1822, onde o Padre Castello Branco defendeu que o gozo dos direitos civis se deveria estender também às mulheres – uma extensão que não abrangeria os direitos políticos, já que aquelas se não encontravam sujeitas aos encargos públicos a que os homens estavam obrigados, "porque as suas circunstancias as tornam inúteis para varias cousas" (cf. *Diario das Cortes Geraes e Extraordinarias da Nação Portugueza*, n.º 20, 28.05.1822, p. 292). Afigura-se interessante que, em alguns momentos, se chega a afirmar que, no estado de natureza (e, por conseguinte, antes do pacto social), homem e mulher possuem os mesmos direitos e obrigações; simplesmente, as características psicossomáticas da mulher implicavam que esta não tivesse meios de prover à respetiva subsistência e determinavam a superioridade *civil* do homem, além de que as tarefas que socialmente se lhe encontravam adstritas (em particular, a criação dos filhos) impediam uma participação na vida política (cf. Rodrigo Ferreira da Costa, *Cathecismo...*, cit., pp. 26 e ss., 38, 53 e s., 104 e ss.). Mesmo Dias Ferreira (*Noções...*, cit., p. 146), que reconhece explicitamente estar ultrapassada, "pela anatomia e psychologia comparadas", a defesa da inferioridade da mulher, gozando das mesmas faculdades do homem, não deixa de advertir que aquela tem uma constituição mais frágil e delicada, dispondo de "menor grau de capacidade e energia em geral nas faculdades da intelligencia e da vontade", em virtude da sensibilidade que a predica. Já muito mais tarde, Trindade Coelho (*Manual...*, cit., p. 59), mesmo quando admite o exercício de direitos (designadamente, da liberdade de acesso a certas profissões) pela mulher, refere que tal não sucede em virtude dos "interesses egoístas dos homens que a impedem de abraçar certas carreiras que lhe conviriam: mais sóbria, a mulher faz menos despeza e pode contentar-se com menor salario: d'ahi a indignação do homem". Para uma compreensão da mentalidade social subjacente a tal construção jurídica, *v.*, por exemplo, Maria Antónia Lopes, «Estereótipos de "a Mulher" em Portugal dos Séculos XVI a XIX (Um Roteiro)», in: Rossi (ed.), *Donne, Cultura e Società nel Panorama Lusitano e Internazionale (Secoli XVI-XXI)*, Sette Città, Viterbo, 2017, pp. 41 e ss., com referência a posições de Almeida Garrett, Ramalho Ortigão e Oliveira Martins.
Ainda assim, os nossos textos constitucionais admitiam uma exceção à recusa da titularidade de direitos políticos pela mulher, prevendo que, na ausência de filho varão, a filha do Rei assumisse o trono (cf. artigos 141.º e, numa referência explícita à hipótese, 145.º da Constituição de 1822; artigos 86.º, 87.º e 90.º da Carta Constitucional; artigos 96.º e 98.º da Constituição de 1838). Afigura-se interessante verificar que, num desvio ao famoso n.º VI do artigo 1.º do Título LXII (uma regra – de direito civil – aplicável diretamente apenas à sucessão *mortis causa* das "terras sálicas") da designada Lei Sálica (cf. Carrion-Nisas fils, *La Loi Salique*, Delaunay, Corréard, Mongie, Paris, 1820, p. 32; versão original latina a p. 36, em nota), mesmo as apócrifas Cortes de Lamego previam que, se o rei não tivesse filho varão, lhe sucederia a sua filha, embora sujeita a certas condições: não poderia casar senão com um português, que apenas assumiria o título de rei quando a rainha tivesse um filho varão; em termos protocolares, o marido da rainha situar-se-ia do lado esquerdo e não usaria coroa [cf. Frei António Brandão, *Terceira Parte...*, cit., folha 142 (verso), e, na versão portuguesa, folha 144 (frente)]; trata-se de uma fonte que não deixou de ser avançada no momento da aclamação da primeira rainha de Portugal, D. Maria I: *v.*, por todos, o discurso do Doutor José Ricalde Pereira de Castro, à época membro do Conselho de Sua Majestade, do Conselho Geral do Santo Ofício e Desembargador do Paço: *Auto do levantamento, e juramento, que os grandes, titulos seculares, ecclesiasticos, e mais pessoas, que se acharão presentes, fizerão á Muito Alta, Muito Poderosa Rainha Fidelissima, a Senhora D. Maria I nossa Senhora na Coroa*

ou os criados[754] [755]. Embora menos frequente, também era apontada a necessidade de limitação dos mandatos, de molde a evitar o que hoje designaríamos como a "captura" dos representantes do Povo: Adams, *v. g.*, propunha que os titulares dos órgãos servissem durante um período de três anos e, posteriormente, afastados durante outros três anos[756].

O que nos transporta para o problema da função desempenhada pelos representantes do povo. A posição central conferida ao parlamento não se compadecia com a consideração de que cabia àqueles representantes apenas (ou sequer) a prossecução dos interesses dos seus concretos eleitores[757], competindo-lhes ainda a satisfação do interesse público nacional. Entre nós, a esta mesma perceção não se revelou alheia a evolução da Carta de 1826: dando guarida a preocupações que já remontavam à discussão dos projetos de reforma de 1871-1872[758], o artigo 1.º do Ato Adicional de 24 de julho de 1885 determinava justamente que "os pares e deputados *são representantes da nação*, e não do rei que os nomeia, ou dos colégios e círculos que os elegem".

2. Legitimidade monárquica

A reflexão histórico-político-filosófica desenvolvida na Parte I permite agora compreender o enquadramento teorético e filosófico-constitucional

destes Reinos e Senhorios de Portugal, sendo exaltada, e coroada sobre o Regio Throno juntamente com o Senhor Rei D. Pedro III. Na tarde do dia treze de maio de 1777, Regia Officina Typografica, Lisboa, 1780, pp. 59 e ss., esp.te p. 62.

754 Cf., *v. g.*, Sieyes, *Qu'est-ce le Tiers Etat?*, cit., pp. 37 e s..

755 Em Portugal, o alargamento do sufrágio há de surgir mais tarde, já na segunda metade de oitocentos, inspirado pelas mutações na França de Napoleão III. Ironicamente, Oliveira Martins (*Portugal...*, cit., tomo II, p. 404) salienta que os conservadores acabaram por ir mais longe que os revolucionários de 1820 ou os setembristas – não por convicções de natureza político-filosófica (na medida em que grande parte da população portuguesa permanecia com o mesmo nível de esclarecimento que já detinha na primeira metade do século XIX), mas antes com o propósito de ampliarem o seu poder formal.

756 Adams, «Thoughts...», cit., p. 198.

757 Dicey (*An Introduction...*, cit., p. 73) salientava, muito expressivamente, que o parlamento (ou os representantes parlamentares) não se poderiam considerar como *trustees* dos eleitores.

758 Cf. António Hespanha, *Guiando a Mão...*, cit., pp. 418 e s..

que contextualiza o cargo do rei como chefe de Estado e os poderes que se lhe encontravam cometidos. Eis-nos perante um aspeto que assume uma relevância decisiva na perspetiva (que é a nossa) de que a afirmação da legitimidade monárquica há de vir associada ao reconhecimento de um poder autónomo e específico do monarca (o poder real ou o poder moderador) –, o qual se apresenta, assim, como um dos elementos que define o estatuto jurídico-constitucional do chefe de Estado nas formas de governo moderado liberais e, em especial, na que vingou em Portugal na vigência da Carta Constitucional.

Sem menoscabo de antecedentes – cuja real correspondência com a "realidade constitucional" (*latissimo sensu*) se vai desvanecendo ao longo dos tempos[759] –, as revoluções liberais pretenderam conferir uma perspetiva renovada a esta matéria. A (tendencial) eliminação do elemento místico e o enquadramento normativo da posição do rei constituem um aspeto fundamental para a possibilidade de afirmação da legitimidade monárquica, sem entrar em contradição com a ideia de soberania popular ou nacional – ela própria, como vimos, um dos fundamentos das monarquias constitucionais oitocentistas.

Para a emergência de uma compreensão jurídico-constitucional do monarca não se terá revelado estranha a diferença entre um constitucionalismo historicista e um constitucionalismo de rutura, em que a constituição se assume como um momento privilegiado de construção de uma nova ordem política. Ora, consubstanciando a constituição o instrumento vocacionado para esta tarefa edificativa, caberá aos textos constitucionais dos Estados monárquicos a difícil tarefa de erguer a organização do poder político sobre a base da vontade popular[760] (como

---

759 Cf. também a apreciação de Costa Lobo, «O Rei...», cit., pp. 119 e ss..

760 Como salientámos no ponto anterior, uma das soluções, hipoteticamente avançadas por Madison («The Federalist No. 51...», cit., p. 123), para a resolução do problema do domínio das maiorias consistia no reconhecimento da existência de um poder (de uma vontade – *will*) independente daquelas (e, por conseguinte, da própria sociedade), o que sucederá nas formas de governo que admitem uma legitimidade hereditária. Eis justamente uma das vantagens da associação, presente nas monarquias constitucionais, entre a soberania popular e a legitimidade monárquica: quando jurídico-constitucionalmente enquadrada, a posição do monarca pode constituir uma espécie de contrapeso equidistante face aos demais poderes do Estado, suscetível de contribuir para o seu equilíbrio recíproco.

o demandavam as conquistas revolucionárias) e, concomitantemente, admitir que uma parcela do(s) poder(es) residia numa entidade (*hoc sensu*) que não dependia dessa vontade popular (ou, pelo menos, que apenas dela dependeria no momento constituinte inicial – o do exercício do poder constituinte originário que estabelecia a monarquia como forma de governo) e que também não respondia perante ela (nos termos mínimos de uma responsabilidade política difusa)[761].

2.1. Preliminares sobre a legitimidade monárquica num sistema constitucional

A compaginação entre a legitimidade monárquica e o Estado constitucional não permanece estática – nem diacrónica, nem sincronicamente –, variando consoante o momento e o sistema jurídico a que nos reportamos. Trata-se de uma temática que analisaremos à luz de três eixos problemáticos: a tendência para a divinização (ou acentuação do elemento místico) da monarquia, a configuração do rei como chefe de Estado, dotado de um conjunto de poderes próprios e específicos, e a autonomização de um chefe de governo (primeiro-ministro).

I. Poder-se-ia considerar que a temática da divinização do rei se encontraria perimida quando se aborda o papel do monarca nos sistemas constitucionais oitocentistas pós-revolucionários. Dir-se-á que a afirmação da legitimidade monárquica no contexto das monarquias constitucionais distancia-se da imagem de divinização real construída nos séculos

761 Embora com uma posição não exatamente coincidente com a explanada no texto, Esmein (*Eléments...*, cit., pp. 296 e s.) encontra aqui uma antinomia entre a afirmação simultânea da soberania nacional e da monarquia, pondo a tónica na nota da irresponsabilidade do rei, no sentido de que este detinha o poder por um período indeterminado. Pelo contrário, o princípio da soberania nacional exigiria que o exercício do poder haveria de conhecer sempre uma limitação, pelo que a sua duração seria sempre inferior à vida do respetivo titular, recusando inclusivamente as monarquias eletivas, porquanto também estas conferem caráter vitalício à duração das funções públicas (uma compreensão que, de resto, estendia a todos titulares de poderes públicos, como sucedia com os membros das câmaras altas do parlamento, quando tais cargos eram vitalícios).

anteriores. Por esse motivo, se quiséssemos mobilizar um exemplo do direito português, asseverava-se que a autoridade do rei repousava ou provinha da Nação (cf. artigo 121 da Constituição de 1822). Neste sentido, a legitimidade monárquica no Estado constitucional encontra-se desprovida do elemento "carismático", de índole mágico-sacramental, tradicionalmente exteriorizada através da cerimónia da coroação efetuada diante de um representante máximo da Igreja[762], com a consequência de o monarca aparecer despojado da aura divina[763] de que havia gozado em séculos anteriores. A legitimidade do sistema monárquico centrava-se agora no elemento jurídico: nas expressivas palavras de Guizot[764], "a hereditariedade dos tronos tem apenas como objeto introduzir o direito no trono para que aquele [o direito] esteja em todo o lado. Somente a este título a hereditariedade é legítima, e a este título também se torna uma verdadeira legitimidade".

As considerações precedentes não dispensam, contudo, alguns esclarecimentos complementares.

Primo, a associação entre monarquia e misticismo não tem, impreterivelmente, de se revelar incompatível com o constitucionalismo moderno ou com o fundamento jurídico da legitimidade monárquica, podendo, inclusivamente, introduzir elementos de aceitação e legitimação do poder que a simples soberania do povo (vertida nos órgãos representativos, em particular, no parlamento) não será suscetível de, por si só, obter.

---

762 Kriele, *Einführung*..., cit., § 40. Ainda que, *v. g.*, em Inglaterra, tal cerimónia (incluindo o respetivo juramento) não se revelasse juridicamente necessária para a assunção da Coroa: assim, Maitland, *The Constitutional History of England: A Course of Lectures Delivered*, Cambridge University Press, Cambridge, 1908, p. 343.

763 Uma aura divina que, talqualmente salientava já Locke [*Two Treatises*..., pp. 292 e s. (Segundo Tratado, § 224)], não conseguiria obstar às revoluções (como não conseguiu, efetivamente) se o rei exercer o seu poder de forma arbitrária e incorreta; ou, nas expressivas palavras do Autor, "porque quando o Povo se torna miserável e se encontra exposto ao mau isso de poder arbitrário, proclama, quanto quiseres, que os seus Governantes são Filhos de Júpiter, considera-os Sagrados e Divinos, descendentes ou constituídos pelo Céu; fá-los passar por quem quiseres e o mesmo acontecerá. O Povo maltratado e governado de forma contrária ao que é correto (*right*) estará à espera da primeira oportunidade para se libertar do jugo que se pesa sobre ele". Sem prejuízo da invocação de outros argumentos, este raciocínio permite ao Autor construir o direito de resistência.

764 Guizot, *Du Gouvernement de la France depuis la Restauration et du Ministère Actuel*, Libraire Française de l'Advocat/Editeur des Fastes de la Gloire, Paris, 1820, p. 204.

Bagehot[765] identificava a Coroa como a *dignified part of the English constitution*, considerando-a como uma importante herança da história do País (e, portanto, insuscetível de transplantar para outros Estados, com uma memória distinta – como os Estados Unidos), a qual encerra as virtualidades de provocar e preservar a reverência da população e de conferir (*to gain*) uma autoridade à própria constituição; quer dizer, a Coroa atrai uma "reverência mística", uma "fidelidade religiosa"[766], que se afiguram essenciais a qualquer monarquia, suscitando "sentimentos imaginativos" ou "semi-filiais" que nenhum órgão do poder legislativo (de caráter eletivo) conseguirá alcançar. Neste sentido, a monarquia assumia uma inteligibilidade que permitia ao povo reconhecer o exercício do poder[767].

Secundo, a dimensão associada à componente divina encontra ainda traduções formais: eis o que sucede com as fórmulas oficiais que, com frequência, continuam a referir-se ao rei "pela graça de Deus" – o que, pelo menos, sob a perspetiva das formalidades, apontaria para a sobrevivência de uma legitimidade monárquica assente no direito divino que se não compatibilizaria com a defesa simultânea do princípio da soberania popular. Todavia, em muitos dos casos, esta referência assumia, sobretudo, o propósito simbólico de associar a (agora) jurídico-constitucionalmente fundada legitimidade monárquica à tradição religiosa do país – significando que, sob a ótica material, não estava em causa um antagonismo relativamente ao constitucionalismo moderno, mas uma complementaridade[768].

Tertio, se o sistema inglês continua a sobrelevar o elemento místico (e, de algum modo, imbuído do divino) que ainda caracterizaria a posição

765 Bagehot, *The English Constitution*, Chapman and Hall, London, 1867, pp. 4 e s..

766 Decorrente também do exemplo de moralidade que deveria ser oferecido pelo comportamento do rei e da família real, ou, mais genericamente, da conceção da Coroa como "cabeça da moralidade" (*head of morality*): assim Bagehot, *The English Constitution*, cit., pp. 79 e s..

767 Bagehot, *The English Constitution*, cit., pp. 57 e s., 62, afirmando que a melhor razão pela qual a monarquia é um governo forte consiste no facto de constituir um governo inteligível (*Op. cit.*, p. 57). Na mesma ordem de ideias, o Autor assenta a legitimidade hereditária (recusando, *v. g.*, a possibilidade de escolha seja mediante eleição, seja por designação parlamentar), considerando que "se o rei é um funcionário público útil que pode ser mudado, e em cujo lugar se pode colocar outro, não se pode olhá-lo com temor místico e admiração" (*Op.* cit., p. 67).

768 Cf. também Bagehot, *The English Constitution*, cit., p. 64.

do monarca, a perspetiva continental europeia mais próxima da matriz revolucionária francesa manifesta um claro distanciamento (uma verdadeira recusa) do caráter divino do monarca. Foi efémero, neste período, o momento em que o misticismo da Albion (que, de qualquer modo, no século XIX, denota só um valor simbólico[769]) se aproximou da realidade constitucional vivida ainda durante o cartismo francês no (relativamente efémero) período que antecedeu a monarquia de julho: numa tentativa de recuperação do conceito do rei taumaturgo, a subida ao trono, em 1825, de Carlos X representou o último suspiro do cerimonial (contemporâneo da sagração) que consistia em o monarca tocar em doentes com lepra (*toucher des écrouelles*), com o propósito de os curar (*Le Roi te touche, Dieu te guérisse*)[770].

Quarto, também em Hegel[771] ainda encontramos o fundamento do direito do monarca na "autoridade divina", embora o Autor reconheça a necessidade de justificar uma tal posição, em virtude dos erros ou mal-entendidos que se lhe encontram associados. Trata-se de uma conceção que surge acompanhada pela personificação do Estado no príncipe e que, mais tarde, se encontrará na base da conceção organicista defendida pela doutrina alemã[772]. A juspublicística alemã defendeu, até muito tarde, tal posição, considerando-se que a Coroa da Prússia derivava diretamente de Deus e não do povo ou do Parlamento: recorde-se, *v. g.*, a perceção de Bornhak, que identificava, como um dos princípios fundamentais do direito público prussiano, o direito divino da Coroa – que a fórmula "pela graça de Deus" (*von Gottes Gnaden*) se limitava a exteriorizar[773]. Uma tal perspetiva haveria de se projetar no específico

---

769 Mais enfraquecida que estava – em resultado, sobretudo, da *Glorious Revolution* – a ideia segundo a qual o rei era "o ungido do Senhor" (referência direta ao cerimonial da coroação inglesa), ao qual os súbditos deviam uma obediência estrita e passiva (cf. Bagehot, *The English Constitution*, cit., p. 64).

770 Recorde-se a clássica análise deste fenómeno por Bloch, *Les Rois Thaumaturges*, Librairie Istra, Strasbourg, 1924; em particular, sobre o caso descrito no texto e respetivas repercussões, *Op.* cit., pp. 402 e ss..

771 Hegel, *Grundlinien...*, cit., p. 446, § 279.

772 *V.* também Duguit, «Jean-Jacques Rousseau...», cit., p. 365.

773 Bornhak, *Preußisches Staatsrecht*, tomo I, cit., pp. 147 e s.; trata-se de uma posição consonante com os pressupostos teóricos de que o Autor parte (cf. *Op.* cit., pp. 65 e s.), quando

entendimento germânico do princípio monárquico e do princípio da separação de poderes.

Quinto, talvez se possa considerar a tradição portuguesa pré-liberal como exemplar, a este propósito, viabilizando uma verdadeira conciliação da legitimidade monárquica com os demais fundamentos do Estado constitucional. Quanto a esta matéria, importa (re)convocar as considerações sobre a compreensão da origem popular do poder (defendidas a partir da Idade Média e, com maior destaque, nos séculos XVI e XVII) e mesmo sobre as raízes eletivas das monarquias que ocuparam o território português – sem prejuízo de, aquando da formação da nacionalidade, já se encontrar estabilizada a sucessão hereditária da Coroa. A adequada conjugação destas duas dimensões traduzir-se-ia na tradicional forma da subida ao trono, que era efetuada, entre nós, mediante aclamação popular e não numa cerimónia de coroação[774]. Eis-nos diante de um acontecimento que permitiria a convivência quer da legitimidade monárquica hereditária, quer do reconhecimento de limites (ético-jurídicos) aos poderes do rei, que acaba por responder (*hoc sensu*) perante o povo. Aliás, o pensamento da época[775] não deixaria de conjugar esta tradição com o reconhecimento, pelas Cortes, do herdeiro presuntivo da Coroa após o seu nascimento, acompanhado, catorze

---

recusa a vigência do princípio da soberania do povo, destrinçando, neste contexto, entre a monarquia parlamentar e a monarquia constitucional.

Carré de Malberg (*Contribution*..., cit., tomo II, pp. 149 e s., n. 1) assinala o impacto que esta perspetiva importou, já no século XX, nas próprias proclamações do *Kaiser* Guilherme II, salientando, em especial, o discurso de Königsberg, proferido em 24 de agosto de 1910, onde o Imperador alude expressamente ao fundamento divino da soberania, considerando que a coroa do rei da Prússia lhe é conferida pela graça de Deus e assumindo-se como um instrumento do Senhor.

774 Cf. a expressiva narração da aclamação do Rei D. João IV: Roque Ferreira Lobo, *Historia da Feliz Acclamação do Senhor Rei D. João O Quarto, Com Huma Serie Chronologica dos Senhores Reis de Portugal*, Officina de Simão Thadeo Ferreira, Lisboa, 1803, esp.[te] pp. 180 e ss.. *V.* ainda, a propósito da aclamação de D. Duarte, e com referências, Costa Lobo, «O Rei», cit., pp. 59 e s..

775 Cf., *v. g.*, Rodrigo Ferreira da Costa, Cathecismo..., cit., pp. 120 e s., salientando que "o reconhecimento do Principe herdeiro na assemblea nacional he memoria de eleição". Repare-se, contudo, que havia momentos em que a monarquia assumia natureza eletiva: eis o que acontecia quando se extinguiam as linhas sucessórias (cf. artigo 142.º, *in fine*, da Constituição de 1822; e 97.º da Constituição de 1838; a Carta Constitucional revela-se omissa quanto a esta eventualidade).

(ou dezoito) anos depois, do respetivo juramento ainda enquanto príncipe herdeiro, de, entre o mais, observar a Constituição e as leis (cf. artigos 135 da Constituição de 1822, 79 da Carta Constitucional, e 87 da Constituição de 1838)[776].

II. As monarquias constitucionais caracterizam-se pela identificação do chefe de Estado com o Rei. Embora pareça tratar-se de uma consideração mais ou menos evidente, a verdade é que esta constatação se encontra na génese da (atual) diferenciação entre as formas de governo presidencialista e parlamentarista[777].

Independentemente do maior ou menor protagonismo jurídico-constitucionalmente conferido ao rei, a sua configuração como chefe de Estado traduz, no mínimo, a ideia segundo a qual o monarca constitui a mais alta expressão do caráter de um país. Thiers[778] afirmará que "o rei é o país feito homem"; e Bagehot[779] explicitará que "a Rainha [Vitória] é a cabeça da nossa sociedade". Estamos, pois, diante da função representativa típica do chefe de Estado.

Esta dimensão pode ainda surgir associada ao reconhecimento de que o Monarca se encontra dotado de um poder próprio - fundido ou não no poder executivo (*de facto* e/ou *de iure*). O *punctum crucis* reside agora na compreensão de que o rei detém um conjunto de prerrogativas específicas, ainda que necessariamente limitadas, que exerce com relação aos demais órgãos, relativamente aos quais deverá manter uma posição (tanto quanto possível) equidistante e apartidária.

776 Se o juramento do Príncipe Real perante as Cortes é comum aos três textos constitucionais portugueses, o reconhecimento como herdeiro presuntivo após o nascimento ocorria apenas no quadro da Constituição de 1822. Por sua vez, aquele juramento acontecia quando o Príncipe completasse catorze anos, nos termos dos textos constitucionais de 1822 e 1826, mas apenas quando perfizesse dezoito anos, de acordo com a Constituição de 1838.

777 Salientando já este aspeto, *v.* LAQUIEZE, «Adolphe Thiers: Théoricien du Régime Parlementaire», in: *Revue Française d'Histoire des Idées Politiques*, n.º 5, 1997, p. 68.

778 THIERS, «Articles Publiés dans le Journal *Le National* de Janvier à Juillet 1830», in: *Revue Française d'Histoire des Idées Politiques*, n.º 5, 1997, p. 146 (artigo de 4 de fevereiro de 1830).

779 BAGEHOT, *The English Constitution*, cit., p. 70 (colocando o primeiro-ministro como segunda figura do Estado e aludindo, *ex professo*, às funções de representação externa e interna do monarca - *Op.* cit., pp. 70 e s.).

III. A compreensão do sentido jurídico-constitucional da legitimidade monárquica impõe que se atenda também à relação entre o rei e o ministério e, em especial, à consideração da alternativa à posição (comum a vários Estados monárquicos oitocentistas) de erigir o monarca em chefe do governo ou, em qualquer caso, titular do poder executivo.

Assim, e diversamente do que sucedeu noutras monarquias constitucionais da época, o sistema inglês oitocentista conhece uma verdadeira autonomização (acompanhada de uma necessária conciliação) entre o rei e o povo: não só este último se revê na proclamação da soberania do parlamento, como os poderes do monarca assumem uma identidade própria, pois que, no contexto das funções do Estado, aquele não desempenha o cargo de chefe do executivo, o qual se encontra cometido a uma figura jurídico-constitucional distinta – o primeiro-ministro. Repare-se, contudo, que, em termos similares ao que acontece com outros institutos jurídico-constitucionais do modelo inglês, o cargo de primeiro-ministro ou mesmo o próprio gabinete não se encontram positivamente previstos em qualquer *statute* ou *act of Parliament*, correspondendo antes a uma prática costumeira[780]. De qualquer modo, estamos, indubitavelmente, perante uma solução que facilita, em muito, a possibilidade afirmação simultânea da legitimidade monárquica sem afetar a soberania do povo, mantendo, como forma de governo, uma monarquia constitucional.

Talqualmente salientava Bagehot[781], a autonomização da Coroa perante a chefia do poder executivo encerrava a verdadeira essência do sistema de governo, o qual se compunha, como vimos (cf., *supra*, neste ponto, I), de duas partes (a *dignified* e a *efficient*): enquanto a primeira inspirava o respeito e a reverência da população, competia à segunda dirigir o País; se as *dignified parts of the government* lhe conferiam a força, as *efficient parts* exerciam essa força. Neste sentido, se o rei constituía a cabeça da *dignified part of the constitution*, o primeiro-ministro assumia a função de *head*

780 Sobre a dimensão histórico-consuetudinária deste específico vetor da arquitetura jurídico-constitucional inglesa, cujas origens remontam ao Conselho Privado do Rei, *v.* Maitland, *The Constitutional History...*, cit., pp. 387 e ss., 402, 404 (daí que o Autor designe o Governo, ou o Gabinete, ou o primeiro-ministro como uma "organização extra-legal" - *Op.* cit., pp. 387 e 404).

781 Bagehot, *The English Constitution*, cit., pp. 4 e s..

of the efficient part[782] e, nessa qualidade, consubstanciava, na verdade, o primeiro magistrado do País[783]. À especificidade inglesa poder-se-ia opor que, não obstante o reconhecimento da figura do primeiro-ministro, tal não teria necessariamente de contender com o papel do monarca no âmbito do poder executivo, pois que também aquele era designado por este, que formava o Governo de Sua Majestade. Uma tal argumentação olvidaria, porém, que, no período em análise, só formalmente cabe ao rei a escolha do primeiro-ministro, o qual corresponde, em regra, ao líder do partido mais proeminente dentro do parlamento – pelo que, materialmente, tal poder (assim como a composição do gabinete, em geral) pertence à Câmara dos Comuns[784]. Numa palavra, a conformação inglesa do estatuto do primeiro-ministro implica uma correspetiva alteração do estatuto do rei: por um lado, este não se assume como chefe do executivo; por outro lado, não dispõe, *de facto*, a competência para designar os ministros – duas asserções que, conjugadamente, afastam o monarca do exercício do poder executivo, conferindo-lhe, porém, uma certa equidistância relativamente aos poderes públicos. Ainda assim, tem o primeiro-ministro o dever de informar o rei sobre todos os assuntos relevantes do Estado, de modo a que este possa exercer os seus direitos a ser consultado, a encorajar e a avisar[785].

---

782 Bagehot, *The English Constitution*, cit., p. 13 (o Autor prossegue a metáfora, afirmando que, enquanto a Coroa representa a "fonte da honra", o Tesouro – significando, por antonomásia, todo o Gabinete – é "a nascente do negócio").

783 Bagehot (*The English Constitution*, cit., p. 13) aproxima, inclusivamente, o primeiro-ministro inglês ao presidente norte-americano, sugerindo que também o primeiro goza de legitimidade democrática – uma legitimidade que lhe estava conferida por uma "dupla eleição" (*i.e.*, a eleição pelos representantes do povo). Esta asserção apenas se compreende em conjugação com a perspetiva do Autor sobre o papel do Parlamento na designação do primeiro-ministro (cf., já a seguir, em texto).

784 Dicey, *An Introduction...*, cit., p. 404 (trata-se de uma regra que se não estende aos demais funcionários da Administração estadual, que se mantêm como *"servants of the Crown"*, não se verificando qualquer intervenção parlamentar na sua atuação); Bagehot, *The English Constitution*, cit., pp. 12 e s., 90, embora o Autor não negue a eventual existência de um papel importante do monarca – condicionado, porém, pelo seu discernimento, habilidade e tato – sempre que o partido dominante na Câmara dos Comuns não reúna consenso sobre quem é o respetivo líder (*Op.* cit., pp. 91, 93 e s., 97 e s.). *V.* ainda Maitland, *The Constitutional History...*, cit., pp. 403 e ss., sobre a específica forma de composição do Ministério e o envolvimento das Câmaras.

785 Bagehot, *The English Constitution*, cit., pp. 103, 110 e s..

Apesar da pretensa e evidente anglofilia da Restauração francesa encetada pela *Charte* de 1814, o modelo de um Executivo com um presidente próprio (distinto do rei) não haveria de encontrar respaldo constitucional[786]. Ainda assim, e na sequência das propostas de Chateaubriand e Talleyrand, a segunda Restauração haveria de criar, ainda que não de modo constitucional-formal, uma espécie de Conselho de Ministros, através da integração da responsabilidade e da solidariedade ministerial. Tratou-se de uma solução que, apontando no sentido da parlamentarização da forma de governo[787], se haveria de solidificar com o afastamento progressivo do monarca relativamente aos assuntos ministeriais – por conseguinte, apartado, *de facto*, do exercício do poder executivo, entregue aos respetivos ministros (agora politicamente responsáveis perante o parlamento) – e, como tal, inviolável[788]. Uma tal solução surgia, de igual modo, sustentada pelos defensores do princípio da unidade do ministério (e, por conseguinte, da adoção de um modelo similar ao inglês): o *chef de ministère/premier ministre*[789] ou o *président du Conseil* seria designado pelo rei, tendo em consideração o apoio das Câmaras, cabendo-lhe apresentar ao monarca os demais ministros destinados a integrar a composição do gabinete. A existência de uma tal figura permitiria, ademais, re(con)duzir o papel do rei (limitado a... reinar) e fortalecer, neste conspecto, os poderes dos ministros[790].

Por fim, também no constitucionalismo alemão encontramos uma figura com alguma similitude formal: reportamo-nos ao Chanceler – o *Bundeskanzler*, na malograda Constituição da Confederação da Alemanha

786 Ainda que, nos primeiros tempos, a proeminência pessoal de Talleyrand o fizesse gozar de um ascendente sobre os demais ministros: neste sentido, Fernández Sarasola, «Estudio Preliminar: Chateaubriand y el Origen del Sistema Parlamentario en Francia», in: Chateaubriand, *De la Monarquía Según la Carta*, Centro de Estudios Políticos y Constitucionales, Madrid, 2015, p. XXX.

787 Sobre esta matéria, cf., *v. g.*, Corciulo, *Le Istituzioni Parlamentari in Francia (1815-1816): Cento Giorni. Seconda Restaurazione*, Edizioni Scientifiche Italiane, Napoli, 1996.

788 *V.* Fernández Sarasola, «Estudio...», cit, pp. XLIII e ss..

789 Vitrolles, *Du Ministère dans le Gouvernement Représentatif*, Dentu, Libraire, Paris, 1815, pp. 58 e s., 61, inspirando-se, *ex professo*, no sistema inglês.

790 Cf. Laquieze, «Adolphe Thiers...», cit., p. 79.

do Norte (*Norddeutscher Bund*) de 1867, ou, dotado de uma competência ainda mais ampla, o *Reichskanzler*, no quadro da Constituição do *Reich* de 1871. Ao Chanceler, nomeado pelo *Präsidium* (*in casu*, e respetivamente, ao Rei da Prússia ou ao Imperador), competia, nos termos de ambos os textos constitucionais, a presidência do *Bundesrat* e a condução dos trabalhos (cf. §§ XV das citadas Constituições de 1867 e 1871), estando-lhe igualmente conferida a competência para contra-assinar todos os diplomas emanados ou assinados pelo Imperador, pelos quais assume a responsabilidade (cf. §§ XVII das mencionadas Constituição de 1867 e de 1871). Assim, e no contexto da Constituição Imperial, o chanceler do Império representava o mais alto funcionário do Império, simultaneamente responsável perante o monarca e o parlamento[791], e, como tal, *o* ministro, por antonomásia (ou, nas palavras daquele Autor, "o único ministro do Imperador"). Diversamente do que veremos suceder, *v. g.*, no sistema inglês (caracterizado também pelo relevo concedido ao poder local), eleva-se a fundamento da organização do Estado o princípio da centralização, "[não havendo] qualquer setor da administração do Império cujo chefe não seja o chanceler" [792]. Neste horizonte, o *Reichskanzler* exerce os atos que se incluem no âmbito da prerrogativa do Imperador, quer no contexto das relações internacionais, quer no plano interno, enquanto representante do próprio Império[793].

A figura do *Reichskanzler* assume, pois, contornos muito específicos, que só a aproximam do primeiro-ministro britânico[794] pela circunstância de, em ambos os casos, estarmos perante um órgão

791 Sobre o âmbito desta responsabilidade política (também designada como "responsabilidade constitucional") pelos atos próprios e pelos "atos de Governo" do Imperador, *v.* Rosenberg, *Die Staatsrechtliche Stellung des Reichskanzlers*, Strassburger Druckerei und Verlagsanstalt, [Strassburg], 1889, pp. 21 e ss. (o Autor posiciona-se, inclusivamente, na discussão, corrente na época, sobre a natureza da responsabilidade do Chanceler, contrariando a teoria que a vê como simples princípio político e asseverando a sua índole de "instituto jurídico do direito público vigente" - *Op.* cit., pp. 29 e ss.).

792 Laband, *Droit...*, cit., tomo II, pp. 17 e s. (as citações em texto pertencem à p. 18).

793 Laband, *Droit...*, cit., tomo II, pp. 27 e ss., com uma exemplificação bastante profusa das atuações em causa.

794 Aliás, Georg Jellinek (*Die Entwickelung des Ministeriums in der Constitutionellen Monarchie*, separata da *Zeitschrift für das Privat- und Öffentliche Recht der Gegenwart*, vol. X, Alfred Hölder K. K. Hof- und Universitäts-Buchhändler, Wien, 1883, pp. 18 e 44) não nega a aproximação inglesa.

que chefia o Executivo, distinto do monarca. Mas as semelhanças quedam-se por este aspeto: por um lado, o chanceler encontra a sua posição constitucionalmente (*hoc sensu*, positivadamente) consagrada[795]; por outro lado, não é apenas um *Primus inter Pares*, mas, como ministro único (ao qual se subordina a chancelaria imperial ou o *Bureau des Kanzlers*)[796], detém uma verdadeira supremacia no contexto da organização constitucional-administrativa; por fim, e em virtude das especificidades da arquitetura institucional do *Reich*, o Chanceler desempenha a dupla função de órgão pelo qual o Rei da Prússia exerce os seus direitos no interior do Império nos termos do § XV (e, nestas vestes, não desempenha quaisquer funções administrativas no *Reich*[797], assumindo-se apenas como membro-presidente de honra do ministério da Prússia) e de "funcionário supremo do Império" ou ministro imperial[798]. Repare-se, porém, que, para além destas diferenças jurídico-institucionais (que parecem solidificar a posição do Chanceler em face do *Prime Minister*), a evolução da realidade constitucional após o consulado de Bismarck e, sobretudo, o sentido que o Imperador Guilherme II haveria de imprimir ao seu reinado acabariam por, na prática, diminuir o alcance da autonomia funcional que a interpretação da Constituição conferia ao *Reichskanzler*[799].

---

795 Sublinhando também este aspeto, *v.* Georg JELLINEK, *Die Entwicklung...*, cit., p. 44.

796 LABAND (*Droit...*, cit., tomo II, p. 36) alude apenas à hipótese de os chefes supremos das autoridades superiores do Império serem elevados como "subministros" – momento em que existe um certo "relaxamento" das relações entre eles e o Chanceler, que não surge como seu chefe imediato, mas, ainda assim, como autoridade central situada acima daqueles.

797 *V.* também ROSENBERG, *Die Staatsrechtliche Stellung...*, cit., pp. 4, 9 e ss..

798 LABAND, *Droit...*, cit., tomo II, pp. 21 e ss..

799 *V.*, por todos, RÖHL, John C. G., *The Kaiser and His Court: Wilhelm II and the Government of Germany*, Cambridge University Press, Cambridge, 1994, pp. 115 e ss., com amplas referências. A própria doutrina não deixava de intuir que, de algum modo, o recorte, em concreto, das competências do Chanceler propiciava uma variação do nível da sua autonomia em função do posicionamento governativo do monarca: assim, ROSENBERG (*Die Staatsrechtliche Stellung...*, cit., p. 13), considerando a dependência manifestada pela sua nomeação imperial, afirmava que "na medida em que o Imperador dirige, por si próprio, os assuntos do Império, [o *Reichskanzler*] é o ajudante do Imperador (*der Gehülfe des Kaisers*); na medida em que o Imperador não exerce os assuntos integrantes da sua competência, [o *Reichskanzler*] é o respetivo substituto (*Vertreter*)".

2.2. O "princípio monárquico"

Tradicionalmente, o princípio monárquico encontra-se associado à elaboração dogmática dos juspublicistas germânicos, inspirada pelas doutrinas ultrarrealistas francesas, e atinge o seu clímax durante o Império. Dir-se-ia que, não obstante os sobressaltos revolucionários soprados pelo lado francês, o pensamento jurídico alemão não chegara verdadeiramente a conseguir superar as conceções setecentistas do príncipe como "primeiro funcionário do Estado" ou como "funcionário superlativo"[800], exigindo a sua intervenção constitutiva em todas as dimensões do exercício do poder público (em especial, da função executiva)[801]. Por esse motivo, e ao som dos primeiros alarmes políticos (também no plano internacional), a dogmática cerrou fileiras apertadas em torno da cabeça do poder executivo, como os soldados à volta do seu general[802]. Nesta compreensão do princípio monárquico, a superação germânica da monarquia absolutista reconduzia-se a esclarecer que, embora não detendo um poder (totalmente) ilimitado, apenas o monarca exprimiria a vontade original do Estado[803].

800 Sobre o sentido destas expressões, *v.*, entre nós, por todos, Rogério SOARES, *Interesse Público, Legalidade e Mérito*, Atlântida, Coimbra, 1955, p. 49, e *Direito Público...*, cit., p. 52; Rui de Figueiredo MARCOS, «O "Ius Politiæ" e o Comércio. A Idade Publicista do Direito Comercial», in: *Estudos em Homenagem ao Prof. Doutor Rogério Soares*, Coimbra Editora, Coimbra, 2001, pp. 655 e s., 671 e s., e *História da Administração Pública*, Almedina, Coimbra, 2006, pp. 242 e 300.

801 Em estreita cumplicidade com a "formação social" prussiana, arreigada à importância da subordinação (obediência) a uma ordem ou disciplina, externamente imposta, e que atira os indivíduos para a procura de um "patronato" (ou mesmo um líder) e, em especial, para o patronato da administração ou o patronato do Estado. *V.* José Alberto dos REIS, «A Formação...», cit., pp. 156 e ss.. Sem que, todavia, tal também implicasse a defesa de um poder ilimitado do príncipe: aliás, a imagem do "funcionário do Estado" aponta precisamente em sentido contrário.

802 A metáfora pertence a BARTHELEMY, «Les Théories...», cit., pp. 719 e s.. Ademais, segundo o Autor, a defesa mais empedernida do princípio monárquico a partir da segunda metade do século XIX corresponderia a uma (consciente) opção política de pendor conservador, preocupada com o avanço das doutrinas marxistas e socialistas, que, quando representadas no parlamento, poriam em causa a ordem política e social, unindo-se agora à sombra da monarquia".

803 Georg JELLINEK, *Gesetz...*, cit., p. 317; recordamos agora a afirmação tantas vezes glosada (pelo que a transcrevemos na sua versão original): *"In der absoluten Monarchie kann der Monarch Alles wollen; in der constitutionellen, auf monarchischem Principe beruhenden, kann*

Um tal sentido do princípio monárquico revela-se pouco prestável para a compreensão e delineação dos traços do estatuto *jurídico-constitucional* do rei talqualmente o pretendemos conceber, pois que atua ao arrepio dos restantes dois fundamentos da monarquia constitucional – a soberania popular e o Estado de direito: por um lado, reagindo contra uma determinada compreensão do papel das câmaras (parlamentares), nega a dimensão democrática do Estado, acabando por conceber a própria lei como expressão da vontade do monarca que, nessa medida, se assumia como fonte da lei e de todo o direito[804]; por outro lado, apresentando um poder real tendencialmente ilimitado[805] (e com um fundamento pré-constitucional), esquece a sua imprescindível subordinação ao direito, negando a máxima (vigente na constituição inglesa e necessariamente transponível para todas as monarquias que se pretendam assumir como Estado de direito – mesmo que apenas formal) *rex debet esse sub lege quia lex facit regem.* Na verdade, o princípio monárquico apontaria no sentido precisamente oposto, segundo o qual *princeps (a) legibus solutus est.* Ademais, aquele entendimento tende a obliterar o sentido do princípio da divisão de poderes, visando uma concentração dos mesmos no soberano[806]. Por último, a acentuação da ideia segundo a qual o radical do constitucionalismo residiria num ato de outorga do monarca torna o princípio demasiado prisioneiro das cartas constitucionais (ou das constituições outorgadas), subvalorizando as suas potencialidades noutros contextos, não nos parecendo que o mesmo seja

er zwar nicht Alles, aber trotz dem kann auch ich ihr nur der Monarch originären staatlichen Willen erzeugen".

804 Cf., paradigmaticamente, Bornhak, *Preußisches Staatsrecht*, tomo I, cit., p. 129; por esse motivo, esclarece o Autor (*Op.* cit., p. 130), "não é a lei [*hoc sensu*, o direito] que faz o rei, mas antes o rei [que faz] a lei".

805 Salientava Bornhak (*Preußisches Staatsrecht*, tomo I, cit., p. 129), partindo do pressuposto segundo o qual o poder reside no Monarca, que "a vontade de uma pessoa não pode limitar a vontade dessa mesma pessoa".

806 O afastamento da ideia de divisão de poderes aparece logo nos *Wiener Schlussakte* de 1820 (cf. artigo LVII) e surge confortada pelas posições que, partindo da construção hegeliana, concentram no rei a titularidade de todo o poder de *imperium*, não partilhado (cf., *v. g.*, Georg Jellinek, *Gesetz...*, cit., pp. 211 e s., sem prejuízo de o Autor admitir que a realidade constitucional nem sempre se conforma com o modelo abstratamente exigido por este sentido do princípio monárquico, concebido como dogma ou postulado histórico-jurídico).

(ou tenha de ser) inelutavelmente afastado de constituições adotadas no âmbito de um procedimento constituinte representativo.

Apesar desta teoria realista mais radical, a perspetiva alemã (e a sua associação com o constitucionalismo da Restauração) poderá oferecer contributos interessantes, se a tomarmos de forma menos drástica e *cum grano salis*: neste caso, apresentar-se-á como viabilizando uma alternativa à posição do rei no horizonte da constituição inglesa, marcada pela supremacia do parlamento por razões essencialmente históricas[807]. Aliás, de forma simultaneamente irónica e hiperbólica, Stahl[808] chega a afirmar que o princípio (que o Autor qualifica como ficção) da irresponsabilidade do rei (vertido na conhecida fórmula *the king can do no wrong*) resultava da circunstância de o monarca não fazer nada... de todo: "*er kann aber nur deshalb nicht Unrecht thun, weil er überhaupt nichts thun kann*"[809].

---

807 STAHL (*Die Staatslehre und die Principien des Staatsrechts*, 3.ª ed., Mohr, Heidelberg, 1856, p. 413) sublinhava que a supremacia do Parlamento na constituição inglesa se devia, *inter alia*, às circunstâncias históricas que havia determinado a subida ao trono de famílias estrangeiras, sem quaisquer raízes no país e à consolidação dos dois partidos políticos dominantes – o que tornava o sistema inglês excelente para a monarquia inglesa, mas insuscetível de transposição para o resto da Europa.

808 STAHL, *Die Staatslehre...*, cit., p. 381. Em parte por este motivo, o Autor conclui que, com exceção do historicismo constitucional inglês, a adoção do princípio parlamentar, levado às últimas consequências, conduz à emergência de um sistema republicano e não monárquico ("quem deseja o princípio monárquico, aí onde ele não existe historicamente, não aspira a outra coisa senão à república, com ou sem aparência de monarquia") – o que, em abstrato, implicaria, no confronto entre a constituição inglesa e a constituição norte-americana, a preferência por esta última (*Op.* cit., p. 415).

809 A (auto)limitação progressiva dos poderes do rei no constitucionalismo inglês chegou a ser considerada inadequada (ou mesmo potenciadora de injustiças) por parte dos... independentistas norte-americanos: recordando o poder conferido ao monarca pela constituição inglesa de recusar (vetar) uma lei aprovada nas duas câmaras, e sem prejuízo de reconhecer que a autocontenção no exercício desse poder se tem revelado benéfica (evitando que o rei impusesse a sua vontade singular à vontade do parlamento), JEFFERSON (*A Summary Review...*, cit., p. 16) chamava a atenção para a respetiva importância e necessidade, nos casos em que a legislação aprovada afrontasse o equilíbrio na ponderação dos vários interesses públicos em presença – o que acontecera precisamente na emanação das várias leis com impacto comercial e económico no território das colónias americanas; repare-se, porém, que, como decorre da leitura do texto subsequente, a atitude pouco interventiva do soberano inglês não era transversal a todo o império britânico, pois que aquele não se havia coibido de recusar o *royal assent*, expressa ou tacitamente, a alguns diplomas oriundos das assembleias das colónias, assim como, também neste território, fizera uso (através dos seus governadores) do poder de dissolução das assembleias representativas – *Op.* cit., pp. 17 e ss.).

Sob tal perspetiva (mais moderada), as críticas que o modelo alemão encerra – e a que procuram (cor)responder as respetivas propostas – opõem o princípio parlamentar ao princípio monárquico, visam a recuperação do poder para o príncipe (em especial, das competências associadas ao poder executivo), com limitação dos poderes do parlamento; a diferença em face da monarquia absoluta decorria da circunstância de, ao contrário do que sucedia neste sistema, em que a vontade do rei não conhecia limites, na monarquia liberal, tal vontade encontra-se juridicamente circunscrita, desde logo, pela necessária articulação com o parlamento[810]. A acentuação dos poderes reais passaria por uma maior independência do monarca relativamente ao gabinete (corporizada, em especial, pela não existência da figura do primeiro-ministro, mas igualmente pela subordinação ao rei de todo o aparelho da Administração Pública, assumindo aquele responsabilidades como chefe do executivo e atuando em nome próprio) e pelo reconhecimento de uma posição mais forte no quadro do relacionamento com o poder legislativo agora (de)limitado (cuja ação se pretende, pois, restrita às matérias atinentes à liberdade e propriedade, e perante o qual o governo – ou qualquer um dos seus membros – não deveria ser responsável)[811].

Não consideramos, porém, que o reconhecimento deste papel (tão intenso) ao príncipe se revele transponível, em todas as suas dimensões, para a generalidade das monarquias constitucionais oitocentistas (desde logo, como vimos, para a inglesa, por contraposição à qual aquele princípio de afirmava), incluindo a portuguesa – até porque, se a revolução vintista não pôs em causa a monarquia, mas apenas uma determinada conceção da monarquia[812], rebelou-se certamente contra uma compreensão deste sistema que considerasse o rei como a origem e a medida do poder, por ele exercido de forma ilimitada (desde logo, jurídico-constitucionalmente). Ainda assim, parece-nos que a invocação do princípio monárquico permanecerá plena de sentido quando, nas

810 Cf. Georg Jellinek, *Gesetz...*, cit., p. 212:

811 Sobre esta conceção, *v.* Stahl, *Die Staatslehre...*, cit., pp. 372 e ss..

812 Estamos a parafrasear Zília Osório de Castro, «Manuel...», cit., p. 139.

expressivas palavras de Stahl (que agora tomamos de empréstimo), associa o monarca ao "centro de gravidade da Constituição" (*Schwerpunkt der Verfassung*)[813]. Esta ideia não se deve mobilizar para investir o rei numa posição de supremacia em face dos poderes públicos (sobrelevando-o acima da soberania popular ou nacional), nem de carregar sobre os seus ombros o fardo de toda a Administração Pública[814] ou ainda de lhe conferir um papel específico no interior do Governo (uma espécie de *primus* entre os seus ministros) ou, mais amplamente, do poder executivo[815]. Admitindo as virtualidades que a atribuição de um poder próprio ao monarca encerra sob a perspetiva da garantia de uma unidade dos governados[816], a defesa da vigência de um princípio monárquico (*hoc sensu*) destina-se sobretudo a, *no contexto de um governo moderado*, enfatizar o seu *autónomo* estatuto constitucional, que lhe confere tarefas distintas das cometidas aos demais órgãos constitucionais - mas que também não contende com a expressão da soberania popular (vertida no princípio democrático) ou com a subordinação ao direito exigível ao exercício das competências por parte de qualquer órgão público. Associando esta matéria ao princípio da separação (e interdependência) de poderes, compreende-se a estreita cumplicidade entre a afirmação do princípio monárquico e a necessidade de autonomização de um poder moderador, inspirado pelo *pouvoir royal* de Constant, enquanto "chave

813 STAHL, *Die Staatslehre...*, cit., p. 384.

814 Como pretende, *v. g.*, STAHL, *Die Staatslehre...*, cit., p. 385; sem prejuízo de o príncipe, enquanto responsável pela Administração, não poder interferir num conjunto de matérias *reservadas* aos Estados (e respetivos parlamentos), entre as quais se contavam as normas constitucionais e as normas relativas à esfera jurídica individual (incluindo quer as normas relativas às relações privadas, quer as normas atinentes às relações com o Estado, na medida em que estas revestissem natureza jurídica) (*Op.* cit., pp. 387 e s.) - neste último ponto, em total consonância com o sentido do princípio da reserva de lei, de influência nitidamente germânica.

815 Cf., *v. g.*, STAHL, *Die Staatslehre...*, cit., p. 398.

816 Esta leitura (reportada à *Charte Constitutionnelle*) surge em Royer-Collard (*Archives Parlementaires de 1787 à 1860: Recueil Complet des Débats Législatifs et Politiques des Chambres Françaises de 1800 à 1860*, 2.ª Série, vol. XXVII, Imprimerie Administrative de Paul Dupont, Paris, 1874, p. 655) que, de forma muito expressiva, salientava que "a unidade moral da sociedade [*hoc sensu*, o governo moderado que visa a satisfação da pluralidade de interesses da sociedade] respira no monarca hereditário".

para toda a organização política"[817]: se o primeiro permite encontrar a específica posição jurídico-constitucional do rei no contexto dos demais órgãos de soberania, o poder moderador (ou o poder real) identifica as específicas competências que decorrem do reconhecimento da autonomia funcional do papel do monarca, simultaneamente chefe de Estado e chefe do executivo.

2.2.1. Excurso: o princípio monárquico e o "cesarismo"

O problema do cesarismo se constitui uma descaracterização das monarquias constitucionais e da vigência (de um certo sentido do) princípio monárquico, pode estender-se também aos regimes republicanos. Neste sentido, advertia justamente Tocqueville[818] que a opressão de que a democracia poderia vir a padecer se revelava muito distinta daquela que havia caracterizado o absolutismo: a tendência individualista acabaria por fazer concentrar o indivíduo nos seus familiares e amigos mais próximos, com indiferença perante os seus concidadãos, motivo pelo qual sobre todos eles emergiria um "poder imenso e tutelar" que os subjugaria de uma forma doce – poder esse que se assemelharia ao poder paternal, não fosse a circunstância de pretender conservar todos os cidadãos na infância –, trabalhando para a respetiva felicidade, mas assumindo-se como o seu

---

817 CONSTANT, *Cours...*, vol. I, cit., pp. 19 e 178, embora o Autor encontre o germe da sua posição nos escritos do Conde de Clermont-Tonnerre, defensor de uma centralidade da posição do monarca, conciliando-a com a vontade popular (cf. também RENS, «Pavane pour une Révolution Heureuse. Aperçu de la Pensée de Stanislas de Clermont-Tonnerre, 1757-1792», in: *Revue Française d'Histoire des Idées Politiques*, n.º 49, 2019, pp. 101 e ss.).
Aparece igualmente em BRUN DE LA COMBE [*Réponse...*, cit., pp. 24 e s., 42 e ss. (2.ª parte)] a referência a um «poder moderador» (*pouvoir modérateur*), destinado a prevenir ou reprimir os abusos de autoridade dos agentes do poder executivo distintos do monarca, assumindo-se, pois, como uma garantia dos direitos individuais. Todavia este poder encontrava-se conferido (não ao rei, mas antes) a um senado (também qualificado como «Tribunal»), composto por membros escolhidos pelas assembleias representativas, o qual estava habilitado a receber queixas ou denúncias, apresentadas pelo próprio monarca, pelos tribunais (superiores e inferiores), pelos consulados, pelas diversas assembleias representativas territoriais ou pelas comissões intermédias dos distritos e das províncias, contra quaisquer atuações abusivas perpetradas por funcionários.

818 TOCQUEVILLE, *De la Démocratie...*, cit., tomo IV, pp. 312 e ss. (a citação pertence à p. 313).

único árbitro, uniformizando a sociedade, moldada como uma massa amorfa e servil, embora à sombra do sufrágio universal, pretensamente livre. Tal constituiria o resultado de os indivíduos se encontrarem dominados por duas paixões inimigas e antagónicas – a necessidade de serem conduzidos e o desejo de permanecerem livres –, as quais, por sua vez, se projetavam político-constitucionalmente na centralização e na soberania do povo, ou, por outras palavras, na existência de um "poder único, tutelar, todo-poderoso, mas eleito pelos cidadãos"[819].

A conceção de Tocqueville afigura-se (tão) certeira (hoje como) na época do II Império. A descrição desta forma de "despotismo democrático"[820] traduzia, com bastante aproximação, o sentido evolutivo que conduziu a II República à restauração imperial[821], encetada à sombra de Luís Napoleão, e que se viria a caracterizar como uma forma de "cesarismo" por excelência. Na verdade, embora reafirmando os princípios emergentes da Revolução de 1789 (em especial, a soberania popular, expressa no sufrágio universal)[822], a que se adicionavam as melhorias decorrentes do Consulado e do I Império (no plano da organização administrativa, militar, judiciária, religiosa e financeira, não esquecendo o *Code Civil*[823]), tal regime reforça a autoridade jurídica (mas também mística – não terá sido por acaso que o golpe de Estado de 1851 ocorreu no dia 2 de dezembro, o aniversário simultâneo da vitória de

---

819 TOCQUEVILLE, *De la Démocratie...*, cit., tomo IV, p. 315.

820 TOCQUEVILLE, *De la Démocratie...*, cit., tomo IV, p. 317.

821 Uma questão que não passou despercebida durante os trabalhos da assembleia constituinte (que haveria de originar a Constituição de 1848), sobre cujos debates sempre pairou a sombra de Napoleão e o golpe de estado de 18 *brumaire*; inclusive, aquando do exílio dos Orléans do território francês, equacionou-se igualmente o banimento dos Bonaparte (discutindo-se a sua eventual vigência, no momento) – um aspeto que recrudesceria com a candidatura de Luís Napoleão à presidência da república e a discussão atinente à sua (in) elegibilidade. Sobre esta matéria, *v.* LUCHAIRE, *Naissance d'une Constitution: 1848*, Fayard, s. l., 1998, pp. 46 e ss., 115 e ss..

822 Uma reafirmação em crítica às monarquias constitucionais vigentes à época e, em particular, ao sistema parlamentarista e ao domínio parlamentar: cf., *v. g.*, ROMIEU, *L'Ere des Césars*, Auguste Pagny, Editeur, Bruxelles, 1850, pp. 74 e ss., considerando os procedimentos democráticos uma perda de tempo e entendendo que não existe "pior tirania que a do voto" (*Op.* cit., p. 77); enfatizando, porém, o relevo do sufrágio universal, *v. Op.* cit., p. 156.

823 Eis o que decorre expressamente da Proclamação de 14 de janeiro de 1852, que precede a Constituição do II Império.

Austerlitz e da coroação de Napoleão Bonaparte) do chefe de Estado[824]. Não surpreenderá, pois, que as apreciações contemporâneas do *coup d'Etat* (ainda que não assumido enquanto tal) e dos plebiscitos que o teriam legitimado[825] assumam um pendor crítico negativo, salientando que, de novo, uma eleição (pelo menos, pretensamente) democrática havia dado lugar a um regime despótico, caracterizado pela subjugação a um ditador[826] – um regime liderado por um presidente-imperador que, verrinosamente, Victor Hugo[827] haveria de apelidar de *Napoléon, le Petit*.

Não se ignora que o governo de Luís Napoleão, talvez inspirado pela máxima romana *panem et circenses*[828], conferiu alguns benefícios aos operários, avançando, num certo sentido, para um *welfare State avant la lettre*[829]. Tal representava, porém, uma outra face do "cesarismo": afinal, se o povo necessitava da "mão forte do César moderno" para "regularizar a França" e "colocar, de novo, em funcionamento as eternas engrenagens da sociedade humana, a fé, a justiça e a autoridade"[830], a anestesiante subordinação voluntária (pois que legitimada pelo voto popular – *à outrance*, é certo...) a um poder autocrático carecia de outras contrapartidas. Na análise certeira de Bagehot[831], a emulação de Júlio César[832] – afinal, o primeiro "déspota democrático" – pretendida pelo Imperador Napoleão III refletia-se também na transformação da

---

824 Nestes termos, Boudon, *Citoyenneté, République et Démocratie en France (1789-1899)*, Armand Colin, Paris, 2014, p. 173.

825 Não obstante os reconhecidos atropelos ao princípio democrático e mesmo ao próprio sentido último do sufrágio universal: *v.*, sobre as condições em que ocorreram os plebiscitos, Bluche, «L'Adhésion Plébiscitaire», in: Bluche (dir.), *Le Prince, le Peuple et le Droit: Autour des Plébiscites de 1851 et 1852*, PUF, Paris, 2000, pp. 6 e ss..

826 Cf., *v. g.*, as observações coligidas por Rosenblatt, *The Lost History of Liberalism: From Ancient Rome to the Twenty-First Century*, Princeton University Press, Princeton/Oxford, 2018, pp. 157 e s..

827 Victor Hugo, *Napoléon le Petit*, J. Hetzel et Cie. Editeurs, Paris, 1870.

828 Recorde-se que a expressão é devida a Juvenal, na Sátira X.

829 Assim, Rosenblatt, *The Lost History...*, cit., pp. 158 e s..

830 Romieu, *L'Ere...*, cit., pp. 14 e s..

831 Bagehot, «Caesarism as it existed in 1865», in: Barrington (ed.), *The Works and Life of Walter Bagehot*, vol. IV, Longmans, Green & Co., London, 1915, pp. 316 e ss..

832 Recorde-se que a Napoleão III se deve uma biografia de Júlio César (embora a obra tenha permanecido inacabada): cf. Louis Napoléon Bonaparte, *Histoire de Jules César*, tomo I, Imprimerie Impériale, Paris, 1865, e tomo II, Henri-Plon, Imprimeur-Editeur, Paris, 1866.

"felicidade presente do maior número" como nota característica de um regime governado por um césar concebido como um representante do povo, indiscutivelmente omnisciente e necessariamente totalitário e centralizador; eis-nos diante de um aspeto que, apesar de (pelo menos, na aparência) tornar a nação francesa feliz no momento, põe em xeque o futuro das gerações subsequentes, aumentando a ignorância ou, se quisermos, o seu espírito crítico.

Também agora estava em causa a defesa de um "princípio de autoridade"[833], aliada à recusa do equilíbrio e da ponderação dos poderes defendido pelos teóricos iluministas no contexto da análise do modelo inglês (um pouco à semelhança do que sucedeu na doutrina alemã), assim como da democracia representativa, do regime parlamentarista e, genericamente, de um constitucionalismo de matriz liberal[834]. Ao cabo e ao resto, o resultado do esforço argumentativo dos partidários do cesarismo não diferia muito daqueloutro a que conduzia o pensamento republicano: a saber, a incompatibilidade do governo constitucional moderado com o sistema monárquico - alicerçado num paradoxal raciocínio, que deixava na sombra a circunstância de o Império, mesmo que fundado por um Presidente, se assumia ainda como um regime hereditário[835] [836].

Este excurso pretende, pois, demonstrar que não é necessariamente a legitimidade monárquica ou a sua eventual projeção num princípio

833 Romieu, *L'Ere...*, cit., p. 79.

834 Cf., *v. g.*, Romieu, *L'Ere des Césars*, cit., pp. 17 e ss..

835 O Senatusconsulto de 7 de novembro de 1852, que modificou a Constituição do mesmo ano, não admitia margem para dúvidas quanto a este ponto: depois de restabelecer, no artigo 1, a "dignidade imperial", dispunha, no artigo 2 que esta era "hereditária na descendência direta e legítima de Luís Napoleão Bonaparte", estabelecendo, em seguida, as regras da sucessão. Ratificado pelo plebiscito de 21 e 22 de novembro de 1852, o conteúdo do mencionado Senatusconsulto foi promulgado pelo Decreto Imperial de 2 de dezembro de 1852.

836 Romieu (*L'Ere...*, cit., p. 23), um dos apoiantes de Luís Napoleão, afirmava apoditicamente que "o governo constitucional é o prefácio obrigatório da República", acrescentando, a propósito de Napoleão Bonaparte, que a ascensão deste, na sequência do golpe de Estado de 18 *brumaire* (por conseguinte, em 9 de novembro de 1799), o Primeiro Cônsul e a sua autodesignação como "césar", bem como a sua "sagração" como Imperador não significavam a fundação de uma monarquia (*Op.* cit., pp. 99 e s.); neste sentido, a "era dos césares" (que se havia iniciado precisamente com Napoleão I) destinava-se a terminar com a era das monarquias (*Op.* cit., p. 101).

monárquico (mesmo quando lido à luz do radicalismo germânico) que originam regimes absolutistas ou despóticos, caracterizados como "cesaristas" – mesmo que a expressão também ande de mãos dadas com o regime bismarckiano[837]. Note-se, aliás que a experiência história aqui mobilizada a título exemplar – o cesarismo oitocentista francês – conheceu na sua origem uma república (emergente do descontentamento geral provocado pela monarquia de julho e instaurada precisamente com o propósito de terminar, de vez, com o regime monárquico[838]), cujo Presidente assumiu, à sombra de plebiscitos convocados à luz do princípio do sufrágio universal, poderes absolutos ou, no mínimo, autoritários. Na verdade, e uma vez mais, o *punctum crucis* encontra-se numa leitura jurídico-constitucionalmente adequada do princípio monárquico que o conceba como nota característica da *intensio* do conceito de governo moderado.

2.3. A monarquia constitucional na confluência entre a legitimidade monárquica e a soberania do povo: o reconhecimento de um estatuto jurídico-constitucional do rei

A afirmação da legitimidade monárquica como fundamento do governo misto assenta na consagração e na configuração jurídico-constitucional do rei enquanto órgão e, por conseguinte, (de)limitado por fronteiras jurídicas. Só esta compreensão permitirá ultrapassar o (aparente) paradoxo decorrente da vigência simultânea da legitimidade monárquica e da soberania do povo, tornando-as não forças antagónicas, mas fundamentos complementares que convivem ainda com a (de)limitação jurídica do(s) poder(es) público(s). Não estará esta visão muito apartada do radical medieval da constituição mista, sustentada numa ideia de *potestas temperata*, em que o poder do rei se encontra limitado por outras

837 Assim, ROSENBLATT, *The Lost History...*, cit., pp. 182 e ss..

838 Cf., *v. g.*, sobre o fim da monarquia de julho e a revolução de 1848, LUCHAIRE, *Naissance...*, cit., pp. 27 e s..

componentes da constituição, vertidas em instituições nas quais se veem representadas certas forças da sociedade[839].

No entanto, a tentativa da conciliação entre ambos os princípios foi recebendo respostas diferenciadas, variáveis também em função do polo que se privilegiava: a soberania do povo ou a legitimidade monárquica.

O historicismo predicativo do constitucionalismo inglês permitiu a construção paulatina do princípio da *limited monarchy*, cujo clímax culminou na *Glorious Revolution* de 1688/1689. Recorde-se, *v. g.*, que já Bracton[840] considerava que o conceito de *rex* estaria associado a *regendo* e não a *regnando*, porquanto o rei só o seria enquanto regulasse bem (*bene regit*); nas suas palavras, "nada é mais próprio ao poder (*imperium*) que viver de acordo com as leis, nem maior poder que submeter o príncipe às leis (...) porque é a própria lei que o faz rei". Sem prejuízo dos antecedentes que remontam à Magna Carta, serão, sobretudo, o *Bill of Rights*[841] (de 1689) e o *Act of Settlement*[842] (de 1701), a demonstrar o relevo que a (de)limitação normativa dos poderes do rei encerra na Constituição inglesa; em particular e sob a nossa perspetiva interessada, daquele último ato faz a própria doutrina oitocentista decorrer a fundamentação jurídica (*in casu*, legislativa-parlamentar) da legitimidade do monarca[843].

---

839 Neste sentido, Fioravanti, *Constitución. De la Antigüedad a Nuestros Días*, Editorial Trotta, Madrid, 2001, p. 71.

840 Bracton, *De Legibus et Consuetudinibus Angliæ - On the Laws and Customs of England*, vol. 2, Belknap Press, Cambridge, 1968, pp. 305 e s..

841 Além de contemplar liberdades fundamentais, o *Bill of Rights* continha, de igual modo, disposições atinentes ao relacionamento entre o Rei e o Parlamento, fortalecendo este último órgão e colocando limites aos poderes do monarca (*v. g.*, impedindo-o de, livremente, suspender quaisquer leis ou a respetiva execução, lançar impostos em benefício da Coroa, interferir nos debates parlamentares, gozando os membros do Parlamento de liberdade de expressão).

842 Um diploma que, não obstante se destinar a estabelecer as regras da sucessão da Coroa, com o propósito de assegurar a prevalência da Igreja Anglicana, se dirige também, como decorre da respetiva epígrafe, a consagrar mais limites à Coroa e a assegurar os direitos e liberdades dos súbditos. Recorde-se que o título completo deste *Act of Parliament* (*i. e.*, antes de o *Short Titles Act*, de 1896, fixar o título abreviado, pelo qual se tornou mais conhecido) é, precisamente, *An Act for the further Limitation of the Crown and better securing the Rights and Liberties of the Subject*.

843 Assim, Dicey, *An Introduction...*, cit., p. 41, não deixando de associar esta singularidade ao princípio da supremacia do Parlamento.

Ainda que partindo da recondução, em exclusivo, da soberania ao povo, a ideia de conformação normativa do estatuto do monarca surgia, de algum modo, intuída também por Rousseau, quando, partindo da conceção segundo a qual os titulares do poder executivo (*hoc sensu*, do poder de aplicação da lei, mediante atos de vontade particular) consubstanciam "oficiais", admite que o povo possa instituir um governo hereditário (desde logo, monárquico). Todavia, esta decisão não assume caráter de irreversibilidade (não constitui, aliás, parte do pacto social fundador), pelo que a sua natureza provisória autoriza uma mudança, sempre que os atos do poder executivo (do rei, *in casu*) se tornem incompatíveis com o bem comum. Por este motivo, e na senda das demais propostas do Autor, com a figura do rei conviveriam sempre as assembleias populares, perante as quais, em certo sentido, aquele se tornava responsável[844].

Como logo se compreende, no contexto do movimento constitucional francês (e daqueles por este influenciados), só a afirmação de que o rei goza de poderes *positivadamente* (de)limitados e de que a sua legitimidade (dinástica) ainda assenta numa fonte de direito (*positivada*) permitirá a sua perspetivação como um órgão (de Estado) jurídico-constitucional. Neste horizonte, poderia, então, vicejar a desejável harmonização entre a soberania popular/soberania nacional e a legitimidade monárquica, sobretudo quando se considera que esta vem acompanhada pelas notas da inviolabilidade e irresponsabilidade do rei. O pensamento dominante apontava no sentido de que a recondução da soberania ao povo não impedia necessariamente um regime monárquico: ao rei não caberia a titularidade (pelo menos, exclusiva) da soberania, mas apenas o exercício de certos dos seus atributos – em regra, o poder executivo[845] e, eventual-

844 Cf. ROUSSEAU, *Du Contrat...*, cit., pp. 200 e ss. (Livro III, Capítulo XVIII). E com esta asserção não se ignoram as reservas com que o Autor encarava a monarquia, em virtude de os reis tenderem a tornar-se absolutos, com prejuízo para o Estado e para a satisfação do bem comum; todavia, esta consequência estava associada a uma (nefasta) concentração pessoal do poder (*puissance*) executivo no monarca, à flutuação do governo em função das personalidades dos monarcas que se fossem sucedendo, e ao favoritismo na atribuição dos ofícios públicos – aspeto este último que (com alguma ingenuidade...) Rousseau entendia não se verificar nos regimes republicanos, onde à "voz pública" se elevariam apenas os mais esclarecidos e capazes (*Op.* cit., pp. 139 e ss., Livro III, Capítulo VI)

845 Cf., *v. g.*, ESMEIN, *Eléments...*, cit., pp. 293 e s., cujos exemplos também recuperamos.

mente, o poder moderador. Esta perspetiva diferenciadora recebeu, de algum modo, consagrações positivas (mais ou menos radicais, consoante o momento histórico-político em que surgem) tendentes a circunscrever as atuações do monarca. Tal sucederia, por exemplo, com a indicação expressa de que o rei só detinha os poderes que constitucionalmente lhe estavam conferidos e que os mesmos deveriam ser exercidos de acordo com o estabelecido pela constituição[846], com a previsão da possibilidade de considerar destituído o monarca (estabelecendo uma espécie de presunções de abdicação[847]), com a faculdade de revisão total da constituição, sem exclusão das disposições consagradoras da forma monárquica[848], ou mesmo, em alguns casos, com a suscetibilidade de o príncipe vir a ser eleito, na ausência de sucessor[849].

Já a tradição alemã apresenta uma configuração diversa, pois que a ideia de soberania popular não corresponde, em princípio, à base do edifício sobre o qual se ergue o Estado[850]. Sem ignorarmos as perspetivas

846 *V.* a Constituição belga de 1831, cujo artigo 25 determinava que "todos os poderes emanam da Nação. Eles são exercidos da maneira estabelecida pela Constituição", acrescentando, no artigo 78, que "o Rei não tinha outros poderes senão aqueles que lhe atribuem formalmente a Constituição e as leis especiais emanadas por força da própria Constituição".

847 Cf., *v. g.*, Constituição francesa de 1791, onde se previa que, quando convidado pelo corpo legislativo, o rei não prestasse o seu juramento (*inter alia*, de fidelidade à nação e à lei, e de manter a Constituição), seria considerado como tendo abdicado; a mesma solução se reservava para os casos em que o rei houvesse saído do reino e, após convidado a regressar, o não fizesse no período fixado pelo corpo legislativo – cf., respetivamente, artigos 5 e 7 do Capítulo II do Título III.

848 E, de novo no quadro da *Constitution* de 1791, as leis que operavam alterações constitucionais não se encontravam sujeitas à sanção real (cf. artigo 4, *in fine*, do Título VII).

849 Como acontecia, em França, no quadro da Constituição do Império (na versão decorrente do malogrado Senatusconsulto de 21 de maio de 1870, que procurava conciliar o cesarismo com o parlamentarismo), cujo artigo 5 previa que, na ausência de um herdeiro legítimo ou adotivo de Napoleão III, ou de sucessores na linha colateral, o povo, através de um plebiscito, nomearia o novo imperador e regularia, no interior da respetiva família, a ordem de sucessão, excluindo a linha feminina (cf. artigo 5).

850 O artigo XIII dos *Deutsche Bundeakte*, de 8 de junho de 1815, determinava que em todos os Estados confederados deveria existir uma *landständische Verfassung* (*"in allen Bundesstaaten wird eine landständische Verfassung statt finden"*). Embora não apresentando uma definição deste conceito, o mesmo pretendia surgir em contraposição com o de *repräsentative Verfassung*. Ora, talqualmente nos surge densificado por GENTZ [«Ueber den Unterschied zwischen den Lanständischen und Repräsentativ-Verfassungen», in: KLÜBER/WELCKER (org.), *Wichtige Urkunde für den Rechtszustand der Deutschen Nation*, Verlag von Friedrich Vassermann, Manheim, 1844, pp. 221 e s., 227; considerando este escrito como uma interpretação autêntica, encomendada por Metternich, para a Conferência de Karlsbad, *v.* LACCHÉ, «Las Cartas...», cit., p. 295], uma

mais radicais acerca da compreensão do princípio monárquico (como sucede, paradigmaticamente, com a Constituição da Baviera de 1818), encontramos lastro da ideia de que a soberania popular representaria um eixo da construção do Estado, desde que concorrendo com a figura do príncipe, que desempenharia a função de congregar o poder[851]. Não foi, aliás, por acaso, que a maioria dos textos constitucionais dos Estados alemães da primeira metade do século XIX revestiu a natureza de constituições outorgadas, assumindo, em alguns casos, um caráter compromissório entre o liberalismo (ou os liberalismos, nas suas diversas *nuances*) e o "governamentalismo proconstitucional" (*prokonstitutionelles Gouvernamentalismus*)[852]. Trata-se de uma posição que encontra em Hegel os seus alicerces fundamentais, porquanto a sua perspetiva centraliza, *ex professo*, a soberania no rei – o que exige do Autor que se debata com o confronto entre aquela e a soberania popular. Assim, Hegel entende a referência a esta última como uma alusão à soberania externa (considerando que um determinado povo constitui um Estado próprio e distinto dos demais) ou a um certo sentido da soberania interna, quando esta noção pretende reportar-se ao todo, ao Estado; todavia, a dicotomia entre a soberania do monarca e a soberania do povo não será concebível se interpretada como uma oposição, porquanto o povo sem o monarca perde precisamente o momento que lhe confere unidade – neste sentido, a soberania surge concebida como "a personalidade do todo" e esta identifica-se com a "pessoa do Monarca"[853].

---

tal distinção visava apartar as constituições dos Estados alemães dos textos constitucionais fundados no princípio da representação popular-parlamentar (oriundos de Inglaterra e de França), privilegiando uma morfologia jurídico-constitucional assente na tradição teutónica – que não prescindia, de certo modo, do elemento representativo (*Vertretung*), mas tomado apenas no sentido estamental (o Autor alude, *ex professo*, ao "fantasma da designada liberdade do povo" e ao "sem-sentido princípio da suprema soberania do povo" – Gentz, «Ueber den Unterschied...», cit., pp. 222 e 224, respetivamente).

851 Cf. também Mayer, *Le Droit...*, tomo I, cit., p. 73, salientando as diferenças entre o príncipe do ordenamento germânico e a figura (totalmente abstrata) do chefe de Estado do direito francês. Nessa medida, o príncipe poderia considerar-se como uma parte (e não como o oposto) do povo, assumindo, dentro do povo, uma posição primeira, mas não exterior (cf. Gierke, *Das Deutsche Genossenschaftsrecht*, cit., p. 829, n. 13).

852 Dippel, «Die Kurhessische Verfassung...», cit., p. 620.

853 Hegel, *Grundlinien...*, cit., pp. 446 e s., § 279; as citações pertencem à p. 447.

Contudo, mesmo no quadrante alemão, assiste-se a uma evolução com o propósito de conformar normativamente a figura do príncipe: assim sucedeu, logo em 1831, com a Constituição do Principado de Hessen, cujo § 10, embora admitindo a reunião, no príncipe, de todos os direitos dos poderes públicos, prevê que estes são exercidos nos termos previstos no texto constitucional – o qual surge agora como base jurídico-normativo legitimadora do *agere* do chefe de Estado e insinuando já a existência de um princípio da supremacia da Constituição[854].

A segunda metade do século XIX conhece, ademais, um esforço de integração da figura do monarca no interior da constituição, o qual vai permitir superar as críticas que se poderiam desferir a partir do princípio do Estado de direito e do princípio democrático. Assim, Gierke[855] já defende, sem margem para hesitações, que o príncipe não o é por direito próprio, mas antes através ou por força do direito do Estado, indiciando, por conseguinte, que, enquanto órgão jurídico-constitucional, as suas

---

854 O § 10 da Constituição do Principado de Hessen estabelece, *ex professo*, que "o Príncipe é o chefe de Estado, reúne em si todos os direitos do poder público/estadual, e exercícios de modo compatível com a Constituição" (*"Der Kurfürst ist das Oberhaupt des Staates, vereinigt in sich alle Rechte der Staatsgewalt, und übt sie auf verfassungsmäßige Weise aus"*, na versão original). No contexto das constituições dos Estados alemães do *Vormärz*, a doutrina vem considerando a Constituição de Hessen como uma das mais próximas dos princípios do constitucionalismo moderno liberal: assim, DIPPEL, «Die Kurhessische Verfassung...», cit., pp. 632, 639 e 641, salientando, em particular, os princípios da supremacia normativa da Constituição, da limitação e da separação de poderes, bem como da responsabilidade/responsividade (especificamente quanto aos pontos acentuados em texto, *v. Op.* cit., pp. 635 e s.).
Uma fórmula similar (com uma abertura ligeiramente maior) encontramos na Constituição do Ducado de Saxe-Coburgo-Gotha (que data já de 1852), cujo § 3 abandona a referência, na pessoa do chefe de Estado (*in casu*, do Duque), da reunião de todos os poderes e continua a referir a necessidade do seu exercício em conformidade com a Constituição (*"der Herzog ist das Oberhaupt des Staates und* übt *als solches die Rechte der Staatsgewalt nach der Verfassung"*, na versão original da Constituição de Saxe-Coburgo-Gotha – cf. *Staatsgrundgesetz für die Herzogthümer Coburg und Gotha nebst dazugehöringen Beilagen vom 3. Mai 1852*, publicada em KOTULLA, *Thüringische Verfassungsurkunden: Vom Beginn des 19. Jahrunderts bis Heute*, Springer, Heidelberg, 2015, pp. 146 e ss.).

855 GIERKE, *Das Deutsche Genossenschaftsrecht*, cit., p. 828; como salienta o Autor, as próprias regras de sucessão resultam do texto constitucional e são estas normas *jurídicas* (estas leis, na expressão adotada na obra) que constituem o fundamento da soberania (*Herrschaft*) reconhecida ao príncipe. A fim de reforçar o estatuto do monarca como órgão constitucional do Estado, GIERKE (*Op.* cit., pp. 828 e s., n. 13) enfatiza, utilizando uma expressiva metáfora, que, mesmo concebendo-se o príncipe como a cabeça do povo em sentido jurídico (*das Haupt des Völkes im Rechtssinne*), estando as demais partes desse corpo submetidas ao direito, então, sob pena de se separar a cabeça dos restantes membros, também todos os órgãos (incluindo o príncipe) do organismo jurídico em que o Estado se consubstancia devem atuar segundo o direito.

atuações hão de encontrar limites jurídicos; a legitimidade dinástica surge agora transmudada numa legitimidade constitucional, cabendo à constituição fixar os respetivos direitos e deveres. Por esse motivo, ou o monarca atua no exercício das funções que se lhe encontram conferidas e nos termos jurídico-constitucionalmente previstos, ou, não o fazendo, não está, na verdade, a agir como rei (*hoc sensu*, como um dos órgãos do Estado, cuja atuação exprime ou manifesta a respetiva vontade através de um ato jurídico), mas como um indivíduo. A perspetiva organicista teutónica[856] articulará, assim, rei e povo, submetendo-os ambos à constituição, reconduzindo-se a soberania ao Estado – entidade abstrata personificada que necessita de órgãos de soberania (entre os quais, precisamente, o príncipe e o parlamento) para atuar[857].

A partir de todos estes contributos, poderemos concluir que, atento o *design* constitucional das monarquias constitucionais, o rei se deveria conceber como chefe de Estado (eventualmente, também como chefe de governo), e, sobretudo, assumir um estatuto jurídico-constitucionalmente conformado: a legitimidade dinástica surge agora substituída (ou, no mínimo, complementada) pela legitimidade constitucional, no sentido de que não se trata *apenas* da sucessão natural ou da hereditariedade que justifica a subida ao trono (e, consequentemente, a ascensão a chefe de Estado)[858]; a sucessão (e, por conseguinte, as normas relativas à titularidade do órgão juridicamente conformado em que o rei se consubstancia) assenta *também* na constituição, é por esta juridicamente delineada, e, nessa medida, só poderá constituir objeto de alteração nos termos do procedimento (em regra, mais agravado) de revisão constitucional. Quer dizer, a conciliação entre legitimidade

856 Relacionada com a conceção do Estado como pessoa jurídica, que, aliás, já remonta, pelo menos, a 1837 – momento em que a enunciou Wilhelm Eduard Albrecht, não por acaso um dos "sete de Göttingen" (que reagiram contra a suspensão da Constituição de Hannover pelo novo Monarca, Ernesto Augusto I): cf. Uhlenbrock, *Der Staat als Juristische Person*, Duncker & Humblot, Berlin, 2000, pp. 17, e, desenvolvidamente, 39 e ss..

857 Cf. também Böckenförde, *Constitutional and Political Theory...*, cit., p. 144; Stolleis, Öffentliches *Rechts...*, cit., pp. 59 e ss..

858 Hereditariedade essa que tem as vantagens já apontadas por Hegel, *Grundlinien...*, cit., pp. 452 e s., § 281., por oposição à monarquia eletiva.

monárquica e soberania popular pressupõe a inscrição jurídico-constitucional do rei, formal e materialmente concebido (já não como um *officium*[859], mas antes) como *órgão constitucional* e *órgão de Estado*, com as competências e as responsabilidades desenhadas pela constituição[860]. Recuperando considerações tecidas anteriormente (cf., *supra*, Parte I, 1.4.), uma vez emanado um texto constitucional, este autonomiza-se da sua *fons existendi*, assumindo o papel de garante dos direitos e limite dos poderes[861]. E assim sucederá perante constituições assentes na legitimidade popular (decorrentes, em especial, de um procedimento constituinte representativo, protagonizado por uma assembleia constituinte soberana) ou na legitimidade monárquica (como acontece com as cartas constitucionais). Em qualquer dos casos, povo e rei passam a ficar limitados nos seus poderes pelas normas constitucionais – não apenas por aquelas que consagram direitos e liberdades, mas também por aqueloutras que concretizam o projeto político vertido constitucionalmente nas disposições relativas à organização do(s) poder(s)/funções e à delineação das competências conferidas aos órgãos de soberania, ou

859 Cf. também Stolleis, Öffentliches Recht... *Eine Einführung...*, cit., p. 60.

860 Em sentido próximo, Constant (*De l'Esprit...*, cit., p. 73) concebia também o monarca como um "ente abstrato". Esta abstração sempre foi particularmente nítida em Inglaterra, onde vigora a regra de que o rei nunca morre, assumindo-se, pois, como uma entidade moral, cuja continuidade se encontra permanentemente assegurada em virtude de, por morte de um dos seus titulares, suceder outro sem qualquer interrupção – uma ideia expressa na fórmula *the King is dead, long live the King* ou *the King never dies* (sobre este aforismo e a respetiva tradução no *Act of Settlment*, v. Maitland, *The Constitutional History...*, cit., p. 343) e transposta, para o horizonte ibérico, no provérbio "Rei morto, Rei posto" (quanto a este último, v. Flórez Estrada, *O Monarcha Perfeito ou Instrucções para hum Joven Principe*, Impressão de João Nunes Esteves, Lisboa, 1822, p. 18).

861 Consideramos que a evolução detetada, mesmo no horizonte das cartas constitucionais ou das constituições outorgadas (sobretudo, no quadrante alemão, como salientámos), permitirá acomodar a posição defendida em texto e superar a ideia – conatural àquela tipologia de texto constitucional –, segundo a qual não é à constituição que cabe a tarefa de instituir a monarquia, mas apenas a de fixar regras que o monarca se compromete (autolimitando-se) a cumprir no exercício dos poderes públicos que detém *ab initio*; neste sentido, as constituições assumiriam apenas uma função *instrumental* de garantia da continuidade histórica da monarquia, agora obrigada a modernizar-se (sob pena de não sobreviver) – o que, podendo ser verdadeiro em termos político-estratégicos, acaba por minimizar o esforço *jurídico* de enquadramento normativo [também (de)limitador] dos poderes públicos em Estados monárquicos mais próximos do tradicionalismo. Cf., para aquela visão, Lacché, «Las Cartas...», cit., p. 288.

ainda nos seus poderes de alteração da própria Constituição, sujeitos a procedimentos normativos específicos[862].

Neste sentido, e parafraseando agora Kriele[863], o rei só o é graças à constituição, cabendo agora a esta fundamentar, de igual modo, a sua legitimidade. A consagração constitucional deste *status*, acompanhado de todo um complexo normativo atinente aos seus poderes, mas também ao enquadramento da família real[864], determina que a legitimidade monárquica se encontra *fundada na e limitada pela constituição* e reconhecida apenas nesses termos (*i. e.*, se e na medida em que se verifiquem os pressupostos jurídico-constitucionais da assunção e exercício dos poderes): estamos agora diante da conceção do monarca (já não apenas como um *officium*, mas sobretudo) como órgão constitucional *e órgão de Estado.*

Em suma, o reconhecimento da legitimidade monárquica não põe necessariamente em causa a soberania popular. No Estado constitucional monárquico oitocentista, a aliança entre ambos os termos permite reconhecer ao rei um estatuto jurídico-constitucional, que envolve poderes próprios (seja como chefe de Estado, seja como titular do poder executivo, seja como titular do poder moderador), sem prejuízo de entender que a soberania também reside no povo, cuja vontade se exprime no parlamento[865]. E, assim, sem contradição, o artigo 4 da Carta Constitucional

862 E tal acontece mesmo quando se trata de uma constituição outorgada, não cabendo ao rei competência para a sua revisão, mas antes ao Parlamento [vejam-se, a este propósito, as considerações já tecidas por Thiers, «Articles...», cit., p. 142 (artigo de 22 e 23 de janeiro de 1830, *La Révolution, l'Empire et la Charte*)].
Daí que as cartas constitucionais não deixassem de contemplar normas relativas à sua alteração, que envolviam a participação constitutiva do Parlamento. Considere-se, *v. g.*, o procedimento de revisão constitucional consagrado nos artigos 140 e seguintes da Carta de 1826 (cf., *supra*, Parte I, 2.3.2., em nota).

863 Kriele, *Einführung...*, cit., § 40.

864 Na verdade, é a autonomização e a consagração jurídico-constitucional do monarca como órgão que constitui o sustentáculo da previsão de um regime próprio, que atinge não apenas o rei, mas a própria família real, também esta envolvida no exercício do *munus* público. Eis um aspeto que permitirá superar críticas como as de Rousseau (*Du Contrat...*, cit., p. 146, Livro III, Capítulo VI), cujas preocupações em torno de um regime monárquico hereditário decorriam (também) da circunstância de aos herdeiros do trono se ensinar a "arte de reinar" (no sentido de comandar), quando os melhores monarcas seriam aqueles que tivessem aprendido a obedecer; nas suas palavras "[reinar] é uma ciência (...) que se aprende melhor obedecendo que comandando".

865 Cf. também Böckenförde, *Constitutional and Political Theory...*, cit., p. 147.

de 1826[866] assentava em que o "Governo da Nação" era, em simultâneo, monárquico-hereditário e representativo. Uma tal conceção acaba por receber uma tradução na cerimónia do juramento prestado, *perante o parlamento*, de, *inter alia*, manter a integridade do Reino, *observar a fazer observar a Constituição e as demais leis do Reino*, assim como prover ao bem geral da Nação (cf. artigos 126 da Constituição de 1822, 76 da Carta Constitucional, e 87 da Constituição de 1838)[867].

Por este motivo, não existia igualmente uma necessária oposição entre uma monarquia constitucional (baseada, como sucedia no século XIX, também na legitimidade monárquica) e a democracia[868], desde que verificadas duas condições. Por um lado, impunha-se o reconhecimento de que o rei encontra um *status* fundado na Constituição, em cujo contexto desenvolve o seu *agere*. E não é a autonomização da legitimidade monárquica perante a legitimidade popular que faz perigar esta conceção e impede a construção de um Estado constitucional: a partir do momento em que o chefe de Estado não se encontra alicerçado na legitimidade democrática (direta, quando eleito pelo povo, ou indireta, quando eleito pelo parlamento), porque, no caso de aquele se reconduzir a um rei, tal não pode suceder, tem de existir uma convivência entre uma linha hereditária (com assento constitucional, mas que lhe antecede necessariamente e, neste sentido, assume caráter pré-constitucional) e a vontade popular. Por outro lado, e atendendo à íntima relação estabelecida entre a vontade popular e a democracia, importa não esquecer que, nos momentos de normalidade constitucional, aquela vontade do povo soberano se exprimiria sempre através do parlamento na forma de lei - *a* fonte de direito, por excelência, e a verdadeira manifestação da

---

866 Recuperando quase textualmente o artigo 3 da Constituição imperial brasileira, de 1824, que acrescentava ainda o adjetivo "constitucional".

867 A fórmula do juramento varia, sobretudo, entre, por um lado, a Constituição de 1822 e, por outro lado, a Carta Constitucional de 1826 e a Constituição de 1838; também no primeiro caso, e atenta a configuração jurídico-constitucional do Parlamento, o juramento é prestado "nas mãos" do Presidente das Cortes, enquanto nos outros dois, ocorre, respetivamente, "nas mãos" do Presidente da Câmara dos Pares ou do Senado (em qualquer das hipóteses "reunidas ambas as Câmaras").

868 Efetuando esta contraposição, *v.* Böckenförde, *Constitutional and Political Theory...*, cit., pp. 162 e s.. Já Guizot (*Du Gouvernement...*, cit., p. 207) salientava precisamente a neutralidade assumida pela ideia de legitimidade monárquica, compatível com regimes muito diversos; o elemento diferenciador consistiria antes na forma como a mesma era compreendida.

soberania de todos os cidadãos. Recorde-se, aliás, com Rousseau[869], que a verdadeira República se identificava (não com o regime antimonárquico, mas antes) com o «Estado regido por leis» (*Etat régi par des lois*), o qual se reconduzia, a final, ao verdadeiro «governo legítimo», visto que, nestas hipóteses, "somente o interesse público governa".

Assim se compreende que o princípio monárquico atinja o cume da representação do Estado e a chefia do governo (pelo menos formal, com a exceção dos sistemas – como o inglês – que conheciam a figura do primeiro-ministro), mas não contende, em regra, com o exercício do poder do parlamento, cujas competências se engrandecem em virtude quer do seu fundamento democrático (na medida em que a respetiva composição emerge do exercício do direito de sufrágio), quer das específicas funções que se lhe encontram cometidas (proteção e defesa dos direitos fundamentais dos indivíduos)[870]. Além disso, até o exercício das competências próprias do rei como titular do poder executivo é efetuado pela mediação dos seus ministros que, em última análise, através do instituto da referenda, se corresponsabilizam pelas atuações do monarca – eis a consequência do princípio da irresponsabilidade real (e da correspetiva responsabilidade ministerial).

3. *Intermezzo*: o problema da titularidade do poder constituinte originário entre o povo e o rei

A circunstância de a monarquia constitucional se situar na confluência entre a soberania do povo e a legitimidade monárquica – a

869 Rousseau, *Du Contrat...*, cit., p. 70 (Livro II, Capítulo VI), sem prejuízo de, na perspetiva do Autor, apenas o exercício do poder legislativo corresponder a um ato de soberania (só a vontade do povo era a vontade soberana, dominando sobre as demais), o mesmo já não sucedendo com o poder executivo ou *Gouvernement* (impreterivelmente separado da autoridade legislativa, desde logo no plano da titularidade) que, por esse motivo, já poderia constituir objeto de delegação, admitindo-se que o rei fosse um dos seus depositários. Do ponto de vista do Autor, não existiria, em abstrato, um pré-juízo negativo quanto a qualquer das formas de governo (democracia, aristocracia ou monarquia), embora incline as suas preferências para um governo misto [cf. Rousseau, *Du Contrat...*, cit., pp. 119 e ss. (Livro III, Capítulo II), 124 e ss. (Livro III, Capítulo IV), 127 e s. (Livro III, Capítulo IV) e 150 e s. (Livro III, Capítulo VII)].

870 *V.* também Stolleis, Öffentliches Recht... *Eine Einführung...*, cit., p. 61.

desembocar, como acabámos de ver, no reconhecimento de um estatuto jurídico-constitucional do rei –, não deixa, contudo, de suscitar algumas dificuldades no panorama do constitucionalismo oitocentista. Tal sucede, desde logo, quanto ao problema da titularidade do poder constituinte originário. Deparámo-nos, em parte, com esta questão logo quando empreendemos as reflexões sobre os diversos constitucionalismos (cf., *supra*, Parte I, 1.4.). O particular aspeto que pretendemos salientar reconduz-se à projeção que, neste específico horizonte, têm dois dos elementos da *tries* fundamentante do Estado constitucional monárquico, assim como os problemas internos que cada um dos encerra: partindo do princípio de existe uma diferença entre o poder de elaborar a constituição ou a lei fundamental e o poder legislativo[871], trata-se agora de demonstrar, logo no momento constituinte, as dificuldades histórico-filosófico-políticas da articulação entre e democracia e soberania popular, por um lado, e legitimidade monárquica (princípio monárquico), por outro lado. Excetuando a experiência constituinte inglesa (à qual é estranha a existência de um poder constituinte), e considerando as tipologias de constituições surgidas neste período, a titularidade do poder constituinte vai oscilar entre o povo e o rei[872], numa comparação de pratos de uma balança que pendam mais para a soberania popular/nacional ou para a legitimidade monárquica, ou para uma tentativa de conciliação pactícia entre ambos – o que, a final, espelha também a tensão que perpassará o próprio exercício dos poderes constituídos.

---

871 Numa distinção que já remonta a Vattel, *Le Droit...*, cit., pp. 34 e ss. (Livro I, Capítulo III, §§ 31, 34 e ss.), distinguindo entre o poder (da Nação) de fazer uma constituição (as leis fundamentais) e o poder legislativo (de fazer as leis pelas quais uma sociedade pretende ser governada e as que incidem obre a conduta dos cidadãos), e projetando a distinção entre ambos a propósito da viabilidade da alteração da constituição pelo poder legislativo (avançando uma resposta negativa).

872 Parece-nos certeira a observação de Häberle («Die Verfassungsgebende Gewalt...», cit., p. 58), ainda que no específico contexto alemão, segundo a qual, em termos de história constitucional, príncipe e povo se digladiam para se assumirem como "sujeitos" do processo de criação da constituição (*Verfassungsgebung*), sem prejuízo de, em certos períodos, assomarem momentos de compromisso. Pensamos ser à luz de entendimento similar que Jorge Miranda (*A Constituição...*, cit., p. 25) efetua uma distinção entre "Constituições surgidas sob o princípio da legitimidade monárquica" e "Constituições surgidas sob o princípio da legitimidade democrática"

A circunstância de a teorização do poder constituinte surgir, num primeiro momento, marcada pelas experiências norte-americana e francesa irá implicar o reforço do elemento democrático e, portanto, o reconhecimento de que a titularidade do poder constituinte se encontra devolvida ao povo ou à nação. Trata-se, aliás, da ideia que sobressai, de forma lapidar, logo no pórtico da Constituição estadunidense de 1787: "Nós, o Povo dos Estados Unidos, com o objetivo de formar uma União mais perfeita (...) ordenamos e estabelecemos esta Constituição para os Estados Unidos da América"[873]. Por sua vez, o artigo III da *Déclaration des Droits de l'Homme et du Citoyen* esclarece não só que toda a soberania reside na Nação, como também (e sobretudo, para o que agora releva, da nossa perspetiva interessada) que somente dela (da Nação) dimana toda a autoridade a exercer por qualquer corpo ou indivíduo[874].

E esta ideia não surgia apartada dos problemas que tocavam o binómio democracia direta/democracia representativa. Assim, o exercício em concreto do pode constituinte caberia, na terminologia de Sieyès, a um corpo de representantes que se encontra no lugar da própria Nação – "à la *place de la Nation elle-même*"[875], sem qualquer distinção de ordem social[876]. A recondução da titularidade do poder constituinte ao povo e a opção por um sistema de democracia representativa encontra uma tradução formal no procedimento constituinte, sobretudo quando se procede à eleição de uma assembleia constituinte, responsável pela elaboração e pela aprovação do texto constitucional. Trata-se, aliás, de uma opção que alguns textos constitucionais optam por salientar logo no preâmbulo: assim sucedeu, *v. g.*, com a malograda *Paulskirchenverfassung* de 1849 (verdadeiro interregno no contexto constitucional teutónico de

873 *"We the People of the United States, in Order to form a more perfect Union, (...) do ordain and establish this Constitution for the United States of America".*

874 A versão original do artigo III é a seguinte: *"Le principe de toute Souveraineté réside essentiellement dans la Nation. Nul corps, nul individu ne peut exercer d'autorité qui n'en émane expressément".*

875 SIEYES, *Qu'est ce que le Tiers Etat?*, cit., p. 128.

876 O que nem sempre significava uma autêntica intervenção popular (da "arraia-miúda", se quisermos utilizar a expressão imortalizada, a outro propósito, por Fernão Lopes) no movimento constitucional: muito certeiramente, por exemplo, Paulo BONAVIDES/Paes de ANDRADE (*História...*, cit., p. 13) conferem um "fundamento elitista" à história constitucional brasileira, precisamente "porque o povo não a escreveu".

oitocentos), que expressamente esclarecia que "a assembleia constituinte nacional alemã decidiu e proclamou como Constituição do Império"[877], ou com a Constituição de Schleswig-Holstein, de 1848, onde expressamente se aludia à (pré-)existência de eleições gerais para a assembleia constituinte[878].

O procedimento de assembleia constituinte soberana foi a opção seguida, entre nós, logo nos alvores do liberalismo, no âmbito da Constituição de 1822[879] – momento em que se notou, aliás, uma preocupação com o desenho de um sistema eleitoral que, considerando os parâmetros da época (e a influência do procedimento constituinte gaditano), assumisse um caráter verdadeiramente representativo, além de excluir, por completo, qualquer intervenção do monarca (dispensando o texto constitucional qualquer sanção real).

Assim, uma das primeiras medidas da *Junta Provisional Preparatória das Cortes* consistiu na abertura de um momento de discussão pública[880] (similar ao que hoje designaríamos como participação-preventiva, quanto ao momento procedimental em que ocorre, e como participação-audição, atento o universo dos destinatários[881]), solicitando-se, *urbi et orbi*, contributos de

---

877 *"Die deutsche verfassunggebende Nationalversammlung hat beschlossen, und verkündigt als Reichsverfassung".*

878 Salientando este aspeto especificamente, *v.* Häberle, «Die Verfassungsgebende Gewalt...», cit., pp. 64 e s..

879 No horizonte jurídico-constitucional vintista, não persistem dúvidas de que o titular do poder constituinte se reconduz à nação, consubstanciando o poder real um simples poder derivado (cf. também Canotilho, *Direito Constitucional e Teoria da Constituição*, cit., p. 112), e, portanto, um poder constituído: eis o que decorre explicitamente do artigo 121, nos termos do qual "a autoridade do Rei provém da Nação".

880 Sobre esta matéria, *v.*, por todos, Vital Moreira/José Domingues, *Para a História da Representação Política em Portugal: A Consulta Pública de 1820 sobre as Cortes Constituintes*, Assembleia da República, Lisboa, 2021.

881 Sobre estas categorias, cf. a síntese que efetuámos em *A Recusa de Aplicação de Regulamentos pela Administração com Fundamento em Invalidade: Contributo para a Teoria dos Regulamentos*, Almedina, Coimbra, pp. 167 e ss., e bibliografia aí citada.

quaisquer pessoas, em especial sobre o "modo de Organizar a Representação Nacional em Cortes", pretendendo, pois, "ouvir a opinião mais ilustrada a fim de se conciliar a facilidade, e economia da convocação com a legitimidade que só póde deduzir-se do consentimento da Nação, e da conveniente expressão da vontade geral"[882].

Como é sabido, e depois de ultrapassadas dificuldades várias[883], a prevalência da ideia de soberania popular, aliada à representação nacional, ditaria a convocação das eleições para as Cortes Constituintes responsáveis pela elaboração da primeira Constituição portuguesa, as quais ocorreram entre dezembro de 1820 e o início de janeiro de 1821. Com a consciência de que o exercício do sufrágio dependia de um conjunto de circunstancialismos externos que garantissem a respetiva liberdade, registou-se o empenho na realização de um procedimento ordeiro, "empregando todo o cuidado e vigilancia, para que ella [a eleição] [fosse] inteiramente livre de suggestões, de violencia, de engano, e de qualquer manejo que a [tornasse] menos legitima". Acentuava-se, então, que, "he esta a primeira vez que no largo decurso dos seculos podereis eleger Mandatarios, em quem se personalize realmente a vontade universal", sendo os Deputados considerados como os "Patriarcas da Nação, os Fundadores da Patria, e os alicerces do Estado"[884]. O procedimento eleitoral adotado seguiu de perto o que se encontrava previsto nos artigos 27 e seguintes da Constituição de Cádis de 1812, com algumas adaptações[885], havendo-se posto em marcha um sistema de

882 Despacho de 6 de outubro de 1820, in: *Gazeta de Lisboa*, n.º 242, 07.10.1820.

883 O próprio método de convocação e formação das Cortes representou uma das questões discutidas no dealbar no movimento constitucional: a este respeito, *v.* a síntese de Vital Moreira/José Domingues, *No Bicentenário... I*, cit., pp. 32 e ss..

884 Cf. as *Instruções* dirigidas aos Magistrados Presidentes da Eleição pela Junta Provisional do Governo Supremo do Reino e o *Manifesto* que as acompanhava, in: *Gazeta de Lisboa*, n.º 271, 10.11.1820.

885 Cf., sob a epígrafe *Instrucções para as Eleições dos Deputados das Côrtes, segundo o methodo estabelecido na Constituição Hespanhola, e adoptado para o Reino de Portugal*, as

sufrágio (triplamente) indireto, em que o voto dos cidadãos se destinava a designar os Compromissários, que, por sua vez, elegiam os Eleitores paroquiais; estes últimos nomeavam o Eleitor ou Eleitores das Comarcas, aos quais cabia, por fim, a eleição dos Deputados. Tomando por base o recenseamento efetuado em 1801, previa-se, sem prejuízo de alguns ajustamentos, um Compromissário por cada 20 fogos, um Eleitor paroquial por cada 200 fogos, três Eleitores de Comarca por cada Deputado a eleger, e um Deputado para cada 30000 pessoas, dividindo-se a população de cada uma das Províncias por aquele número (cf.

---

disposições aplicáveis, publicadas na *Gazeta de Lisboa*, n.º 285, 27.11.1820 (as adaptações encontram-se, no original, grafadas em itálico), as quais foram adotadas na sequência da Martinhada e das resoluções da conferência militar (recorde-se, aliás, que aquela revolta se iniciou precisamente pela proposta de proclamação da vigência, entre nós, da Constituição de Cádis – cf., sobre esta questão, Vasco Pulido Valente, *Os Militares...*, cit., pp. 64 e ss.).
Inicialmente, e embora não chegassem a vingar, emanaram-se normas próprias para a realização das eleições em Portugal: *Instrucções, que devem regular as Eleições dos Deputados, que vão a formar as Cortes extraordinárias constituintes no anno de 1821* (in: *Gazeta de Lisboa*, n.º 272, 11.11.1820, e n.º 273, 13.11.1820). Nos termos destas disposições, seguia-se o sistema de sufrágio indireto, havendo-se destinado a primeira data para a eleição dos Eleitores (que decorria na Câmara cabeça do distrito), os quais, no segundo momento, elegeriam, na cabeça da Comarca, os Deputados. Ainda que apenas tivessem direito de voto os chefes de família domiciliados nos distritos (excluindo-se os regulares das ordens monásticas, e os mendicantes, assim como os estrangeiros não naturalizados, aqueles que tenham incapacidade natural ou legal, e ainda os criados de servir quando não fossem chefes de família – cf. artigo X), pretendia assegurar-se a representatividade dos cidadãos pela proporcionalidade entre o número de Eleitores e o número de fogos da povoação (cf., respetivamente, artigos IX e III das *Instrucções*). Tendencialmente, a proporção era de um Eleitor por cada seiscentos fogos; tal proporção recebia uma correção quando a povoação tinha um número de fogos inferior a seiscentos, permitindo sempre a eleição de um Eleitor, bem como quando faltavam trezentos fogos para atingir o múltiplo de seiscentos, altura em que se acrescentava, de imediato, mais um Eleitor (assim, *v. g.*, quando a povoação não tivesse mil e duzentos fogos, daria origem a dois Eleitores, desde que tivesse mais de novecentos). Para o número concreto de Eleitores e Deputados distribuídos por Província, Comarca e Povoação, cf., em anexo às *Instrucções*, o *Mappa demonstrativo do numero de Eleitores, e Deputados que cabem aos diversos Conselhos, e Camaras, pela força da sua respectiva povoação, sobre o Censo de 1801* (publicado na *Gazeta de Lisboa*, n.º 272, 11.11.1820, e n.º 273, 13.11.1820).
Embora estando em jogo mais do que um mandato por circunscrição territorial, o apuramento dos resultados seguia o sistema maioritário, elegendo, como Eleitor, quem tivesse a seu favor mais votos, com a particularidade de, em caso de empate, se optar pelo sorteio (cf. artigo XIII das mencionadas *Instrucções*). Adotava-se o mesmo sistema na eleição dos Deputados pelos Eleitores (cf. artigo XXV das *Instruccções*). Repare-se, porém, que a capacidade eleitora passiva pressupunha o preenchimento de requisitos adicionais: apenas poderiam ser Eleitores os indivíduos que tivessem "qualidades essenciaes, virtudes, e intelligencia" (cf. artigo XI) e Deputados aqueles que, além destas características, reunissem "a maior somma possível de conhecimentos scientificos", dotados de "firmeza de Caracter, Religião, e *Amor da Patria*", possuindo meios honestos de subsistência (cf. artigos XXVI e XXVII das *Instrucções*).

artigos 31 e seguintes, e respetivos aditamentos)[886]. Apenas poderia ambicionar ser eleito como Deputado o cidadão, no exercício dos seus direitos, maior de 25 anos, natural ou com domicílio (durante um mínimo de sete anos) na Província respetiva, quer fosse do estado regular, quer eclesiástico (cf. artigo 91)[887].

As questões são distintas quando refletimos na intencionalidade subjacente às constituições outorgadas. Salientámos já (cf., *supra*, Parte I, 1.4.) que existe uma diferença significativa entre o relevo (constitutivo) do papel do monarca nas cartas constitucionais, que o distingue das restantes constituições, pelo que o problema da titularidade do poder constituinte (em particular, a sua não recondução ao povo) e a sua relação com a legitimidade monárquica emergem com absoluta acuidade neste quadrante. Com efeito, não só se verifica a preocupação em salvaguardar a herança histórica (com evidentes reflexos nas soluções adotadas), como também (e por consequência) o rei se identifica verdadeiramente com o soberano[888].

As constituições outorgadas filiam-se, em primeira linha, na *Restauration* da monarquia francesa a partir de 1814/1815, traduzindo uma tentativa de compromisso entre realistas, legitimistas e tradicionalistas, cuja perspetiva apontava no sentido de que o poder constituinte (a existir) pertenceria ao rei,

---

886 Para uma perspetiva do número de Eleitores e Deputados, cf. o mapa publicado na *Gazeta de Lisboa*, n.º 286, 28.11.1820. V. ainda os quadros sinópticos preparados por Vital Moreira/José Domingues, *No Bicentenário... I*, cit., pp. 55 e ss.. Sobre o problema do exercício do direito de voto pelos estudantes da Universidade de Coimbra, *v.* Vital Moreira/José Domingues, *"Há Constituição em Coimbra"...*, cit., pp. 76 e ss..

887 Tal não significa que não tenham surgido problemas de vária ordem, também sob o prisma da representatividade: assim sucedeu precipuamente com a questão relativa à representação política do Brasil nas Cortes Constituintes, que não teve apenas repercussões procedimentais, mas determinou consequências materiais relevantes, a ponto de envolver a elaboração de um projeto de artigos adicionais à Constituição. Sobre esta matéria, cf. Paulo Otero, «O Brasil...», cit., pp. 399 e ss.; Vital Moreira/José Domingues, *No Bicentenário... I*, cit., pp. 71 e ss., 212 e ss..

888 Assim, Lacché, «Las Cartas...», cit., p. 289. Laquieze (*Les Origines...*, cit., p. 38) vai mais longe (a nosso ver, demasiado...) e concebe a Carta como uma pura manifestação da legitimidade providencial do monarca, cuja fonte radica no direito divino e na história – uma posição que surge acompanhada de consequências relevantes quanto à natureza jurídica do texto, que identifica como uma *ordonnance royal*, típica do *Ancien Régime* (até nos aspetos formais: *Op.* cit., pp. 60 e ss., afastando a sua caracterização como constituição moderna (e qualificando-a mesmo como um texto arcaico, de sentido oposto ao das conquistas revolucionárias: *Op.* cit., p. 59).

no qual residia, aliás, toda a soberania[889], e que, nessa medida, consubstanciaria a única entidade que poderia emanar uma constituição[890] (ainda quando nem sempre se mobilizasse o vocábulo), cuja «paternidade» lhe estava conferida[891]. Em termos jurídico-constitucionais, as linhas do pensamento contrarrevolucionário (a que nos reportámos *supra*, Parte I, 1.3.) acabariam por ficar, em parte (*i. e.*, também em conjugação com algumas dimensões do pensamento de Constant[892]), espelhadas na *Charte Constitutionnelle*, enquanto constituição outorgada por Luís XVIII, em 4 de junho de 1814 (e, mais tarde, na Carta Constitucional de 14 de agosto de 1830, que fundou a designada «monarquia de julho» ou «monarquia orleanista»).

Neste contexto, compreende-se que o preâmbulo da *Charte Constitutionnelle* de 1814 não deixasse de salientar que, pertencendo embora toda a autoridade ao monarca, o estado atual do reino exigia a sua autolimitação, confortada por uma necessária articulação entre a *sagesse* do rei e o voto do povo, sem perder de vista as antigas instituições francesas[893]. Em contracorrente com o ideário subjacente à Revolução, a *Charte* regressa (senão à fundamentação, pelo menos) à limitação teológica-religiosa do poder real (como decorre da invocação da Divina Providência, logo no início), ao reconhecimento da legitimidade e do princípio monárquicos, ao fundamento na tradição e na história francesas (nos "monumentos veneráveis dos séculos passados") dos princípios consagrados na própria Carta, à concessão régia dos direitos (não consubstanciando agora direitos naturais do indivíduo).

889 Este entendimento conhecia expressão no próprio texto da Carta Constitucional francesa de 1814 (redigida – *et pour cause* – na primeira pessoa do plural), cujo preâmbulo, além de fundar a sua própria emissão na vontade e na autoridade real, afirmava que toda a autoridade residia na pessoa do rei, acrescentando ainda que, não obstante admitir que a emanação de uma constituição livre e monárquica responderia aos anseios da Europa ilustrada, seria do interesse dos povos que o monarca conservasse os direitos e prerrogativas da Coroa.

890 *V.* Kriele, *Einführung...*, cit., § 40.

891 Lacché, «Las Cartas...», cit., p. 274.

892 Assim, já Paulo Otero, *Instituições...*, cit., p. 276.

893 Acentuando esta virtualidade da *Charte* de 1814 (como forma de incentivar a sua aceitação também pelos setores mais tradicionais), *v.* Chateaubriand, *Réflexions Politiques sur Quelques Ecrits du Jour et sur les Intérêts de Tous les Français*, Le Normant, Imprimeur-Libraire, Paris, 1814, pp. 69 e s.. O Autor manifesta-se totalmente avesso às conceções segundo as quais as constituições deveriam romper com o passado, considerando, pelo contrário, a importância de as mesmas refletirem a herança histórica ou os "traços dos antigos costumes": cf. *Op.* cit., p. 52.

Embora outorgada no exercício da autoridade real e afirmando recuperar a tradição, a *Charte* não desconhecia a necessidade de enquadrar jurídico-constitucionalmente a posição do rei, a par dos demais órgãos dos poderes públicos, garantindo, do mesmo passo (e à cabeça), o respeito pelos direitos *dos franceses* (mas já não simplesmente do homem e do cidadão)[894]. Idênticas considerações se poderiam tecer, *mutatis mutandis*, sobre a Constituição brasileira de 1824 e a Carta Constitucional portuguesa de 1826, ainda que as respetivas declarações de direitos não tragam subjacentes os pressupostos revolucionários que, de algum modo, a *Charte* de 1814 ainda incorporava. Não se ignoram, porém, as dificuldades que este pensamento encerra, por pretende conciliar dois vetores (pelo menos, *a priori*) antagónicos: a dimensão revolucionária a que subjaz a ideia de reconhecimento (que não de outorga) de direitos, e a dimensão restaurativa, que confere o poder constituinte no rei, a quem cabe, em simultâneo, concentrar e redefinir esse poder originário[895] (afastando a ideia perigosa da recondução ao Povo da titularidade do poder constituinte[896]), esgotando-se tal poder precisamente neste momento constituinte[897].

O fenómeno das constituições outorgadas surgiria também em certos Estados da Alemanha, logo a seguir, em 1818, com a Constituição da Baviera (e, mais genericamente, no contexto do designado *Frühkonstitutionalismus*).

---

894 Embora tenha a Carta de 1814 como fonte de inspiração, a Constituição prussiana de 1850 (*rectius*, a forma como se interpretaram as suas normas) conduziu a uma perspetiva distinta, especialmente dirigida a uma hipertrofia do papel do rei. As personalidades dominantes de Bismarck e Guilherme I da Prússia – o primeiro, considerando que apenas necessitava da confiança do segundo; o rei suficientemente forte para manter o seu ministro –, estariam na génese de um sistema (afastado do parlamentarismo) que lograria sustentar um governo, independentemente do apoio parlamentar. Efetuando nestes termos a comparação entre as duas realidades constitucionais (francesa e alemã) e as respetivas constituições, cf. Barthelemy, «Les Théories Royalistes dans la Doctrine Allemande Contemporaine: Sur les Rapports du Roi et des Chambres dans les Monarchies Particulières de l'Empire», in: *Revue du Droit Public et de la Science Politique*, n.º 22, 1905, p. 721.

895 Lacché, «Las Cartas...», cit., p. 287.

896 Fernández Sarasola, «Estudio...», cit., p. XXVII.

897 Como salienta Maria de Fátima Bonifácio (*A Monarquia...*, cit., p. 43), de acordo com o cartismo, o poder constituinte dos monarcas esgotava-se precisamente com o ato de outorga das cartas constitucionais, agora intocáveis, exceto se cumpridos os requisitos e os procedimentos estabelecidos pelo próprio texto constitucional.

Ao Romantismo alemão (e à Escola Histórica) era mais estranha a conceção do pacto social (jurídico-público) como elemento fundante do Estado, já que a nação (enquanto entidade orgânica e vivente) encontrava na base da sua existência o desenvolvimento de um conjunto de tradições, uma unidade histórica que conferia uma individualidade ao espírito alemão. Em parte, como reação ao racionalismo abstrato revolucionário francês e, noutra parte, enquanto corolário da associação entre soberania e (património do) soberano (em que afinal se consubstanciava o *Fürstentum*)[898], a ideia de reconduzir a emanação do poder constituinte a um ato voluntário do príncipe ressurge com uma intensidade cada vez maior no espírito dos juspublicistas germânicos, durante a segunda metade do século XIX. Nesta altura (e, portanto, depois de o *Frühkonstitutionalismus* ter sido ultrapassado pelo constitucionalismo pós-1848), eleva-se à sua máxima radicalidade o princípio monárquico, nele fundamentando a proposição de acordo com a qual o poder do monarca (verdadeiro poder de *imperium*, de origem pré-constitucional e expressão da vontade do Estado) apenas se encontrava limitado[899] nos estritos termos em que aquele o havia consentido - apontando, nas suas últimas consequências, para a recusa de uma conciliação com a representação popular[900]. Tais constituições assumiam, pois, um cariz conservador, partindo de uma leitura hipertrofizada do princípio monárquico[901], que aponta apenas no sentido de uma adaptação da anterior monarquia absoluta às novas exigências ditadas pelos movimentos constitucionais, exaltando o relevo e a extensão do poder real, considerando o monarca como *o* titular do poder público por excelência, intérprete da vontade do Estado, que apenas condescende com a representação popular - tendo como corolários a negação do princípio da divisão de poderes e, inclusivamente, a própria soberania popular, reconduzindo ao rei o poder

898 *V.* De Ruggiero, *Storia...*, cit., pp. 236 e 239.

899 Mas não partilhado, motivo pelo qual o poder do rei não havia sofrido, com o constitucionalismo, qualquer alteração na sua substância, mantendo-se, na sua totalidade, na titularidade do príncipe: cf. Georg Jellinek, *Gesetz...*, cit., p. 211.

900 Cf. a pormenorizada análise de Barthelemy, «Les Théories...», cit., pp. 727 e ss..

901 Eis a interpretação que se colhe, *v. g.*, na exposição de Marnoco e Souza, *Direito...*, cit., pp. 293 e ss., ou de Barthelemy, «Les Théories...», cit., pp. 717 e ss..

soberano. Considere-se, *v. g.*, o § 1 do Título II da Constituição da Baviera de 1818 que, depois de anunciar o rei como chefe de Estado (pessoa sagrada e inviolável), explicita que este "reúne em si todos os direitos dos poderes públicos, e exerce-os sob as condições por Si estabelecidas no presente texto constitucional"[902], recuperado quase textualmente, *v. g.*, pelo § 4 da Constituição de Württemberg de 1819[903], pelo § 4 da Constituição de Saxe de 1831[904], ou pelo § 6 da Constituição de Hannover de 1833[905].

Já num momento mais tardio, e num contexto histórico diferente (o da designada «primavera dos povos»), assistimos, em Itália, à recuperação do modelo da constituição outorgada ou da carta constitucional - com especial destaque para o «Estatuto Albertino» (*Statuto Fondamentale del Regno di Sardegna*, de 4 de março de 1848)[906], modelado parcialmente sobre as *Chartes Constitutionnelles* de 1814 e 1830. Uma vez mais, estava em causa a consciencialização da utilidade política da outorga de uma constituição pelo monarca (Chefe Supremo do Estado, titular do poder executivo e cotitular do poder legislativo[907]), ao qual, deste modo, não era imposto um texto constitucional: o objetivo consistia agora em racionalizar a anterior *plenitudo potestatis* e o caráter sagrado associado à pessoa do rei[908].

---

902 *"Der König ist das Oberhaupt des Staats, vereiniget in sich alle Rechte der Staatsgewalt, und übt sie unter den von Ihm gegebenen in der gegenwärtigen Verfassungs-Urkunde festgesetzten Bestimmungen aus".*

903 *"Der König ist das Haupt des Staates, vereinigt in sich alle Rechte der Staatsgewalt, und übt sie unter den durch die Verfassung festgesetzten Bestimmungen aus".*

904 *"Der König ist das souveraine Oberhaupt des Staats, vereinigt in sich alle Rechte der Staatsgewalt und übt sie unter den durch die Verfassung festgesetzten Bestimmungen aus".*

905 *"Der König, als Oberhaupt des Staates, vereinigt in sich die gesammte Staatsgewalt, und übt sie auf verfassungsmäßige Weise aus".*

906 Concebendo o «Estatuto Albertino» como uma carta constitucional, *v.* Maranini, *Le Origini dello Statuto Albertino*, Vallecchi, Firenze, 1926, p. 17. Cf. também Lacché, «Las Cartas…», cit., pp. 275 e s.. A importância desta constituição outorgada no âmbito mais vasto do constitucionalismo italiano decorre, como se sabe, da circunstância de a mesma haver sido estendida a toda a Itália, através do plebiscito realizado em 1860; mas, neste momento, a legitimidade do texto constitucional já não assentaria exclusivamente no ato de *octroi…* [cf., sobre esta matéria, Müssig, «Juridification by Constitution. National Sovereignty in Eighteenth and Nineteenth Century Europe», in: Müssig (ed.), *Reconsidering Constitutional Formation I: National Sovereignty*, Springer, s. l., 2016, pp. 77 e ss.].

907 Cf., *v. g.*, artigos 3 e 5 do «Estatuto Albertino».

908 Müssig, «Juridification…», cit., p. 75.

A vigência das cartas constitucionais francesas (e de algumas constituições pactuadas – como no caso da Constituição belga de 1831 ou da Constituição espanhola de 1837) ditará uma resposta de cariz compromissório, que assentava na ideia de que aquelas traduziam, em termos jurídico-políticos, um pacto entre posições políticas distintas (representativas dos dois eixos aqui em causa): os liberais radicais (mesmo republicanos) e os realistas (ultra ou não). Trata-se de uma tese que entronca quer nas propostas contratualistas medievais (das magnas cartas), quer num constitucionalismo de feição britânica, enquanto mecanismo de racionalização dos poderes[909]. Se quisermos bordejar, a título exemplificativo, a perspetiva emblemática de Chateaubriand[910], a *Charte Constitutionnelle* de 1814 será, assim, encarada como uma verdadeira transação entre a tradição venerável e o "movimento dos séculos", conciliando a monarquia com os ideais revolucionários de molde a convocar o que ambos tinham de melhor, correspondendo (metaforicamente) a um "tratado de paz assinado entre os dois partidos que haviam dividido os Franceses: tratado onde cada um abandona uma parcela das suas pretensões para concorrer para a glória da pátria"[911]. A aceitação política das constituições outorgadas por parte dos setores mais arreigadamente liberais acabaria, porém, por depender da justaposição deste acordo (entendido mais à maneira inglesa, e menos ao

909 *V.*, sobre esta perspetiva, LACCHÉ, «Las Cartas...», cit., pp. 291 e ss..

910 CHATEAUBRIAND, *Réflexions...*, cit., pp. 69 e ss. (as citações pertencem, respetivamente às pp. 69 e 71). Trata-se de uma posição que o Autor acabará por beber também no discurso (por si muito expressivamente narrado - cf. CHATEAUBRIAND, *Mémoires d'Outre-Tombe*, tomo VI, Eugène et Victor Penaud Frères, Editeurs, Paris, 1849, pp. 365 e ss.), proferido por Luís XVIII, na Câmara dos Deputados, uma vez conhecida a fuga de Napoleão da ilha de Elba e a sua investida rumo a Paris - o qual "[vinha], enfim, destruir esta Carta Constitucional que vos dei, (...), esta Carta que todos os Franceses acarinham e que eu aqui juro manter: reunamo-nos, então, em torno dela" (*Op.* cit., p. 367).

911 *V.* também GUIZOT, *Du Gouvernement...*, cit., p. 211, concebendo a Carta como "muito mais que um tratado de paz", assumindo-se mesmo como uma "aliança".
Cf., no mesmo sentido, caracterizando a *Charte Constitutionnelle* como "uma obra de transação" (*une œuvre de transaction*), cuja natureza transacional se transmitia à organização dos poderes e, em particular, ao próprio regime político parlamentar por ela instituído, BARTHELEMY, *L'Introduction du Régime Parlementaire en France sous Louis XVIII et Charles X*, Giard & Brière, Paris, 1904, p. 12. O Autor entendiaque esta dimensão conferia ao texto constitucional uma certa incompletude, que a realidade ou a vida constitucional haveria de suprir (*Op.* cit., p. 13).

modo das cartas de domínio medievais) ao facto histórico-jurídico da outorga/*octroi* real – acabando, afinal, por voltar a acentuar o elemento popular no exercício do poder constituinte originário, em detrimento da centralidade do monarca. Neste sentido, e adotando um enfoque político, Guizot[912] irá mais longe e negará à Carta de 1814 a natureza de uma "pura concessão real" (afastando qualquer ligação com o *Ancien Régime*), concebendo-a como um "tratado de paz, após uma longa guerra, uma série de artigos acrescentados, de comum acordo, ao pacto da antiga união entre a nação e o rei".

Mesmo na Alemanha, em que o princípio monárquico se tornará, durante o século XIX, mais florescente, uma tal compreensão pactícia não deixou de aflorar, numa tentativa de conjugação entre a teoria e a prática[913]. Assim aconteceu, desde logo, com Aretin[914], que, perfilhando uma visão contratualista (das fontes) do Direito Público, admite que mesmo as constituições outorgadas ou as cartas constitucionais possam assumir a natureza de contrato (*Vertrag*), desde que, apesar de emanadas pelo príncipe, recebam a aprovação ou a aceitação do povo – nessa

---

912 Guizot, *Mémoires pour Servir à l'Histoire de Mon Temps*, tomo I, Michel, Lévy Frères, Libraires-Editeurs, Paris, 1858, p. 34. Guizot recorda, porém, que, em termos histórico-constitucionais, a Carta representava um *tertium genus* quer perante o republicanismo ou o liberalismo mais radical (ainda que não republicano, como o vertido na Constituição de 1791), quer diante dos partidários do poder absoluto e da contrarrevolução, acabando por sofrer as críticas de setores diametralmente opostos (*Op.* cit., pp. 33 e ss.).

913 Assim, Grimm, «Konstitution...», cit., p. 123. Uma visão pactícia que haveria de vingar (senão inspirar), noutros termos e mais de um século depois, na construção de Häberle («Die Verfassungsgebende Gewalt...», cit., pp. 85 e s.) do povo como «grandeza pluralística» (*pluralistsche Größe*) enquanto titular do poder constituinte – poder esse que se afasta da conceção (de matriz francesa) de uma vontade ilimitada de um poder constituinte que dá a si próprio uma constituição. Esta última representa, pois, um compromisso (uma *paktierte Verfassung*) entre os vários grupos, partidos, indivíduos, igrejas que compõem as sociedades plurais.

914 Aretin, *Staatsrecht der Konstitutionellen Monarchie*, vol. I, Literatur-Comptoir, Altenburg, 1824, p. 11; no interior das fontes do Direito Público (*Staatsrecht*), o Autor distingue entre os *Grundverträge* (a que nos reportamos no texto) e as *Grundgesetze*: enquanto os primeiros representam o fundamento da e determinam a constituição do Estado (podendo assumir tal natureza as constituições outorgadas nas condições que descrevemos), as segundas reportam-se às próprias constituições ditadas pelo príncipe – não deixando Aretin de salientar, quando a este aspeto, que a circunstância de a fonte das designadas "leis fundamentais" consistir num ato ditado pelo príncipe não leva à conclusão necessária de que este detém o poder de as revogar unilateralmente, já que, a partir do momento da outorga, o rei partilhou com o povo uma parcela das suas competências (em concreto, dos *Gesetzgebungsrechte*) – *Op.* cit., p. 12; *v.* também n. 3 da mesma p.).

medida, a sua força vinculativa residiria no acordo bilateral (*beiderseitige Übereinkunft*). Esta teoria haveria de conhecer desenvolvimentos mais significativos na obra de Welcker[915], que a levaria às consequências mais extremas, no sentido de recusar a natureza de verdadeira constituição a um texto constitucional que fosse simplesmente outorgado; pelo contrário, para assumir caráter constitucional, aquele necessitaria sempre do concurso (ainda que apenas implícito[916]) da vontade de todos e de cada um dos membros da sociedade, em consonância com a conceção segundo a qual as constituições deveriam gozar da característica da reciprocidade, enquanto situação jurídica ou instituto (*Rechtszustand*), que pressupõe o encontro de vontades entre a sociedade e os poderes ou o governo.

Eis-nos, por fim, diante de uma posição que também colheu alguns adeptos entre nós. Não só no contexto da Constituição de 1838, mas também no caso da Carta Constitucional de 1826, considera-se de ponderar também este elemento de natureza pactícia, dirigido a permitir, sem qualquer contradição, conciliar a legitimidade monárquica com a soberania popular. Assim, a Constituição de 1838 determina que "a Soberania reside essencialmente em a Nação, *da qual emanam todos os poderes políticos*" (cf. artigo 33, itálico nosso), um dos quais se reconduz ao poder executivo, pertencente ao rei, que o exerce pelos ministros e secretários de Estado (cf. artigo 34, § 2). Por sua vez, no texto constitucional de 1826, a soberania encontrava-se repartida entre o rei e a nação, porquanto a própria Carta nunca teria vingado sem o apoio/compromisso do/com o povo (ou, por antonomásia, do exército e do partido liberais)[917]. Trata-se de uma perspetiva que poderemos encontrar paradigmaticamente assumida por Vieira de Castro, na leitura de Garrett: partindo do princípio de que a Nação readquirira a sua liberdade em consequência da Revolução de 1820 (intempestivamente interrompida

915 WELCKER, «Octroi», in: *Staats-Lexikon*, vol. 11, Verlag von Johann Friedrich Hamerich, Altona, 1841, pp. 751 e ss..

916 Neste sentido, o ato de outorga da constituição corresponde a uma proposta (*Vorschlag*) que o povo aceita livremente – o que significa, por sua vez, que o príncipe a ela fica vinculado (WELCKER, «Octroi», cit., pp. 752 e s.).

917 Cf. Maria de Fátima BONIFÁCIO, «A Revolução...», cit., pp. 341 e s..

pelos sobressaltos miguelistas), o partido liberal não concebera a Carta como uma dádiva, mas como a restituição da liberdade do vintismo – daí que "a constituição de 26 [fosse] a mesma constituição de 22, revista sim pelo principe, mas acceita pelo povo"[918].

4. Estado de direito

O conceito de Estado de direito está longe de se revelar unívoco e absolutamente unitário, em resultado da(s) configuração(ões) específica(s) que assume nos vários ordenamentos que contribuíram para a sua compreensão atual[919]. Todavia, independentemente da sua localização espacial ou temporal, apresenta como pano de fundo a limitação do poder (rejeitando um qualquer poder absoluto), a sua fragmentação (*hoc sensu*) e vinculação pelo direito, a garantia das liberdades e a necessidade de proteger o cidadão contra o arbítrio do Estado, ou o reconhecimento da representação política dos indivíduos-cidadãos no parlamento. Em comum as várias perspetivas têm, pois, o facto de o princípio ora em análise se assumir como uma "fórmula com um programa político"

918 Almeida GARRETT, *Memoria Historica do Conselheiro A. M. L. Vieira de Castro*, Typographia de José Baptista Morando, Lisboa, 1843, pp. 26 e ss., que seguimos de perto (a citação pertence à p. 28). Em sentido paralelo, mas em momento anterior, já os irmãos PASSOS (*Memorial sobre a Necessidade e Meios de Destruir Promptamente o Tyranno de Portugal e Restabellecer o Throno da Senhora Dona Maria II e a Carta de 1826*, Imprimerie de Auguste Mie, Paris, 1831, p. 6) haviam afirmado expressamente: "reconhecemos a legalidade da revolução de 1820 e a Carta de 26 como a sua continuação" – embora não deixando de sublimar o relevo do princípio da soberania popular e de reivindicar a alteração da Carta Constitucional, *inter alia*, para aí inscrever o princípio (de inspiração inglesa) da omnipotência parlamentar (*Op.* cit., pp. 5, 7 e 20, respetivamente; *v.*, ainda no mesmo contexto, sobre as propostas de alteração da Carta oriundas da pena de Manuel e José da Silva PASSOS, *Breve Razoamento a Favor da Liberdade Lusitana e da Excellente Senhora D. Maria II, Duqueza do Porto e Rainha Constitucional dos Portuguezes, no qual se mostra quaes são os perigos, que a liberdade e a coroa tem a correr, e como se hão de evitar*, Auguste Mie, Imprimeur, Paris,1832, pp. 7 e ss.).

919 Aludindo a vários tipos de Estados de direito, com diferenças não meramente acidentais, mas estruturais, *v.* BÖCKENFÖRDE, «Origen y Cambio del Concepto de Estado de Derecho», in: *Estudios sobre el Estado de Derecho y la democracia*, Editorial Trotta, Madrid, 2000, pp. 18 e ss.; HEUSCHLING, *Etat de Droit, Rechtsstaat, Rule of Law*, Dalloz, Paris, 2002, pp. 5 e ss.; Van CAENEGEM, «The 'Rechtsstaat' in Historical Perspective», in: Van CAENEGEM, *Legal History...*, cit., p. 185. *V.* também, entre nós, Jorge Reis NOVAIS, *Contributo para uma Teoria do Estado de Direito*, Almedina, Coimbra, 2006, pp. 29 e ss., procurando traçar as raízes do Estado de direito desde a Grécia.

(*Formel mit politischen Programm*)[920] e, enquanto tal, pressupor a existência de uma coletividade política organizada num Estado soberano, a subordinação (*hoc sensu*, limitação) do poder político soberano ao (pelo) direito (que o movimento codificador, iniciado ainda na segunda metade do século XVIII pelo Código Civil prussiano de 1751 ou pelo Código penal austríaco de 1787, haveria de solidificar, mercê da sua índole generalizadora e da sua vocação de certeza e segurança[921]), uma determinada organização do sistema jurídico[922] e as consequências que a relação entre Estado e direito implica no estatuto dos cidadãos, em especial, no que concerne à tutela dos seus direitos e, por inerência, ao fortalecimento da sua posição em face dos poderes públicos[923].

Todavia, e tal como o liberalismo assumiu feições diversas em Inglaterra, em França e na Alemanha, também o mesmo sucedeu com o que poderemos designar, genericamente, por «Estado de direito», mas que, na realidade, corresponde a quatro aspetos (ou vetores) distintos do relacionamento entre o Estado e o direito – o *Rechtsstaat* alemão, o *Etat de droit/Etat légal* francês, o *rule of law* inglês e o *rule of law* norte-americano[924] –, também eles surgidos em momentos cronológicos diferentes – a permitir afirmar uma certa ambiguidade da noção subjacente[925]. Estamos perante um conceito, inicialmente construído sobre o reconhecimento dos privilégios de certos estamentos limitadores dos poderes dos senhores e dos príncipes, mais tarde solidificado com o binómio liberdade e igualdade, com a "domesticação" (pelo menos, formal) do poder executivo perante o legislativo, ou com a atribuição e garantia de direitos individuais aos cidadãos, acolhidos em textos constitucionais e concebidos como instrumento de reação e defesa face ao despotismo e ao arbítrio dos poderes públicos que o

920 Stolleis, «Rechtsstaat», in: *Handwörterbuch zur Deutschen Rechtsgeschichte*, vol. IV, Erich Schmidt Verlag, Berlin, 1990, p. 368.

921 Cf. também Hayek, *The Constitution...*, cit., pp. 297 e s..

922 Cf. Chevallier, *L'Etat de Droit*, LGDJ, Paris, 2017, p. 13.

923 Cf. já Costa, «The Rule...», cit., p. 74.

924 Que, embora não associado a qualquer monarquia constitucional (forma de governo que, como se sabe, não foi adotada pelos Estados Unidos), não deixou de exercer influência sobre a compreensão normativa do Estado de direito.

925 Assim, Loughlin, *Foundations...*, cit., p. 312.

Estado de polícia, mercê das inúmeras tarefas colocadas a seu cargo, havia agigantado[926]. A emergência, neste horizonte, de constituições escritas permitirá articular esta tutela das liberdades com outro aspeto determinante da restrição dos poderes públicos – o princípio da separação de poderes –, e será a atuação combinada entre ambos que viabilizará a emergência de um (certo) conteúdo material para a constituição (cf., *supra*, Parte I, 1.4.1.).

À visão liberal do Estado de direito encontra-se associada também a específica compreensão individualista da época: como assinalámos (cf., *supra*, Parte I, 1.), a afirmação de um espaço de autonomia (de privacidade, *hoc sensu*) contraposto à esfera pública e a ideia de que tal espaço se encontra protegido pelo direito (em especial, pela lei) irá determinar o reconhecimento de que existem zonas, agora tuteladas pelas liberdades fundamentais, nas quais o poder não está habilitado a interferir. Ademais, e a par dos direitos civis – que o direito natural, em parte e embora de forma distinta, já reconhecia –, aos indivíduos(-cidadãos), concebidos como atores na vida política, encontram-se também conferidos direitos políticos ou de participação política.

A conceção exposta carece, porém, de quatro precisões complementares.

Primo, não se ignora que o problema da subordinação do poder (e, em particular, do poder do monarca) a limites (se não de natureza exclusivamente jurídica, pelo menos de índole ético-jurídica) corresponde a uma preocupação com raízes em momentos precedentes, na medida em que se reconhecia que o próprio brocardo latino segundo o qual *princeps legibus solutus* era, por vezes, temperado pela adversativa *attamen lege vivimus*[927]. Mesmo em períodos anteriores ao advento do constitucionalis-

926 Esta dimensão – concebida agora como garantia de um núcleo de direitos individuais, imprescindível ao funcionamento do sistema capitalista – correspondia ao "projecto de racionalização do Estado levado a cabo pela burguesia" de que nos fala Jorge Reis Novais, *Contributo...*, cit., p. 73.

927 Tal como resultava das Instituições de Justiniano: "Severo e Antonino prescreveram, várias vezes, em *rescripta*: na verdade, ainda que estejamos acima (ou libertos) da lei, vivemos, todavia, segundo a lei" (*"Severus et Antoninus saepissime rescripserunt: licet enim (inquiunt) legibus soliti sumus, attamen legibus vivimus"*) – I. 2, 17, 8 (*in fine*). No mesmo sentido apontava uma passagem do *Codex*, onde se afirmava que "é manifestação digna da majestade reinante que o príncipe se confesse obrigado pelas leis; a tal ponto que a nossa autoridade depende da autoridade do direito" (*"digna vox est maiestate regnantis, legibus alligatum se principem profiteri; adeo de auctoritate iuris nostra pendet auctoritas"*) – C. 1, 14, 4. Note-se que

mo, se admitia-se a existência de limites impostos pelo direito (natural) ou por uma Lei Fundamental[928]. Trata-se de uma compreensão com que nos deparamos quer em perspetivas tardo-medievais, quer também no período áureo do despotismo iluminado setecentista[929]. Quer dizer, se a (de)limitação dos poderes do rei não representa uma originalidade da

---

as reflexões sobre o carácter (i)limitado do poder real (incluindo, por exemplo, as expendidas pelos Glosadores) oscilavam entre a proeminência conferida a estas duas asserções, ou, em alternativa, à afirmação de Ulpianus, segundo a qual "o príncipe está desvinculado das leis" (*"princeps legibus solutus est"*) - D. 1, 3, 31. *V.*, sobre esta matéria, e aludindo à perspetiva de Acúrsio, Van Caenegem, «Law in the Medieval World», in: *Legal History: A European Perspective*, The Hambledon Press, London/Rio Grande, 1991, pp. 122 e s.. Cf. também, para uma compreensão ampla do debate europeu sobre este ponto, cruzando-o com a questão da soberania, Stolleis, *Geschichte des* Öffentlichen *Rechts in Deutschland*, vol. I - Reichpublizistik und Policeywissenschaft: 1600-1800, 2.ª ed., Beck, München, 2017, pp. 170 e ss..

928 Não é por acaso que uma das preocupações dos teólogos-juristas que se debruçaram sobre as questões relacionadas com a soberania, sobretudo a partir do século XVI, consistia no problema da tirania e no tratamento que o sistema haveria de reservar aos tiranos. Existe, pois, uma conexão evidente entre a questão da subordinação do poder a limites jurídicos com a temática (abordada anteriormente - cf., *supra*, 1) da origem da soberania: a defesa do radical popular do poder soberano traduzia-se, afinal, no reconhecimento de limitações éticas (ou mesmo, em certo sentido, ético-jurídicas) ao exercício do poder público.

929 Na verdade, mesmo os teóricos das monarquias absolutas admitiam, em certos termos, a existência de limites aos poderes do rei: recordem-se, *v. g.*, as referências de Locke a Barclay, que, embora não afirmasse a existência de limitações aos poderes régios, reconhecia a existência de circunstâncias (excecionais) em que o rei perdia a qualidade de rei - admitindo, nessa altura, que o povo se sublevasse [cf. Locke, *Two Treatises...*, cit., pp. 304 e ss. (Segundo Tratado, §§ 239 e ss.)].
Já em Portugal, pense-se, *v. g.*, no pensamento vertido no *Tratado de Virtuosa Bemfeitoria*, da autoria do Infante D. Pedro, onde se recebe a teoria segunda a qual o rei exercer um *officium*, dirigido a promover o bem do povo e limitado pelo direito ou pelas regras da boa justiça (analisando esta matéria, *v.* Paulo Merêa, «As Teorias...», cit., pp. 220 e ss.).
Durante o século XVIII e também entre nós, encontramos, *v. g.*, lastro dos fundamentos filosófico-políticos da mencionada conceção na famosa *Deducção Chronologica y Analítica*, publicada sob o nome do Desembargador da Casa da Suplicação, José Seabra da Silva (*Deducção Chronologica e Analytica na qual se manifestão pela sucessiva serie de cada hum dos Reynados da Monarquia Portugueza, que decorrerão desde o Governo do Senhor Rey Dom João III, até ao presente, os horrorosos estragos, que a* Companhia *denominada* de Jesus *fez em Portugal e em todos seus Dominios, por hum Plano, e Sistema por Ella inalteravelmente seguido desde que entrou neste Reyno, até que foi dele proscrita, e expulsa pela justa, sabia e providente Ley de 3. de Setembro de 1759*, Officina de Miguel Manescal da Costa, Lisboa, 1767). Alicerçada sobre a origem divina do poder régio - conceção essa que surge justificada pela própria razão (divina) [Cf. Jozeph Seabra da Sylva, *Deducção...*, cit., pp. 366 e s. (Parte I, §§618 e ss.)] -, a referida obra traduz a tendência eudemonista do Estado, mas não desconhece a existência de limites ao poder do rei, impostos, designadamente, por leis humanas. O facto de haver leis que nem o monarca poderia alterar (como sucedia com as leis da sucessão, eventualmente fixadas, entre nós, nas Cortes de Lamego) não contendia com a natureza absoluta (*a legibus soluta*) do poder: apenas com esta exceção, os reis "são juízes soberanos das riquezas e da fortuna dos seus Vassalos; Dispensadores da justiça, e distribuidores das Mercês. (...) Não he menos absoluto no exercício do Poder, que estas Leis lhe dão, por não poder mudallas.

monarquia constitucional, o *quid specificum* decorrente da afirmação do Estado de direito reside em salientar que tal (de)limitação encontra o seu fundamento no direito e na constituição.

Secundo, a importância da necessidade da subordinação do Estado ao direito (em especial, na vertente associada à proteção das liberdades) não traduz apenas uma reação contra o *Ancien Régime*. Os diversos acontecimentos (muitos deles sangrentos) que pautaram a Revolução Francesa vieram demonstrar que se não lograria uma tutela das liberdades se estas fossem abandonadas à confiança depositada na aliança (o contrato social) entre o poder soberano e os indivíduos – o que supunha, a final, o surgimento de uma preocupação (desnecessária, nos primeiros assomos revolucionários, pois que o reconhecimento da soberania popular se revelaria, por si só, suficiente para reagir contra os arbítrios do poder[930]) que se reconduzia a estabelecer limites também ao poder soberano, ainda quando este estivesse radicado no povo, sobretudo para evitar as tiranias da maioria[931]. Afirma-se, então, a existência de valores jurídicos que estabelecem limites ao exercício da soberania popular (e, por conseguinte, ao desempenho das funções do Estado reconduzíveis a cada um dos poderes): eis o que sucede com a defesa da importância da garantia das liberdades individuais e da própria justiça[932].

Tertio, e como decorrerá de considerações ulteriores, a articulação entre as dimensões material e formal do Estado de direito não é uma constante durante todo o constitucionalismo individualista, e, por conseguinte, não assume uma transversalidade relativamente a todos os ordenamentos e a todos os momentos – a potenciar a oferta de contributos diferenciados em função do ponto de vista de que se parta. Se o *Rechtsstaat* teutónico

---

He feliz esta impotência, que embaraça fazer tão grande mal" [Jozeph Seabra da Sylva, *Deducção...*, cit., p. 356 (Parte I, §602)].
Aflorámos a questão a existência de limites éticos e morais ao poder real (em particular, em Portugal) em «Traços da Evolução do Direito Administrativo Português», in: *Boletim da Faculdade de Direito*, vol. LXXXVII, 2011, pp. 266 e ss..

930 Salientando já este aspeto, *v.* Hayek, *The Constitution...*, cit., p. 291.

931 Neste sentido, Pietro Costa, «The Rule of Law: A Historical Introduction», in: Costa/Zolo (eds.), *The Rule of Law: History, Theory and Criticism*, Springer, Dordrecht, 2007, pp. 88 e s..

932 Constant, *Cours...*, vol. I, cit., p. 15.

– na sua evolução de uma perspetiva material para uma perspetiva formal – permite a abstração para a criação do ente estadual e vai desembocar quer na sublimação da subordinação da Administração ao legislador (abrindo caminho para o controlo judicial da atividade administrativa), quer (como que paradoxalmente) no reconhecimento de espaços livres do direito (*scilicet*, da lei), a sua versão francesa acentuará a supremacia do legislador sobre a ação da Administração, mas agarrar-se-á a uma separação absoluta entre funções, que impedirá qualquer fiscalização da atividade administrativa pelo juiz. Já as posições emergentes dos sistemas de *Common law* põem a tónica na defesa das liberdades, embora sob óticas diferentes: enquanto o *rule of law* inglês enfatiza a importância da criação de instrumentos processuais (de «remédios») para defesa das *liberties*, o *rule of law* norte-americano acentua o relevo e a superioridade normativa da constituição escrita (e do particular equilíbrio de poderes que ela consagra – verdadeiros instrumentos ao serviço da liberdade) e confluirá na criação jurisprudencial da *judicial review*, compreendida como o único modo de garantia, em simultâneo, dos direitos e da separação de poderes.

Quarto, e em estreita ligação com a observação anteriores, apesar de o Estado de direito se encontrar associado à proteção e à defesa (também jurisdicional, sobretudo nos ordenamentos de matriz anglo-saxónica) dos direitos ou das liberdades (oferecendo, em certa medida, uma densificação substantiva daquele princípio), a verdade é que o positivismo acabará por privilegiar uma perspetiva mais formal, reconduzindo o direito à lei e abrindo caminho para a defesa superioridade do legislador sobre as demais funções do Estado, que a ele se encontram subordinadas. A conjugação entre esta dupla perspetiva leva-nos, pois, a fazer precipitar o princípio do Estado de direito em duas concretizações distintas: a proteção das liberdades e a afirmação de uma certa hierarquia normativa (eventualmente beneficiadora de uma tutela jurisdicional), protegida por uma específica arquitetura entre os poderes[933].

933 Como nota Jorge Reis Novais (*Contributo...*, cit., pp. 105, 109 e 112), se, inicialmente, a emergência do Estado de direito liberal se encontra associada, sobretudo, à garantia das liberdades, surgindo o princípio da legalidade e o princípio da separação de poderes como instrumentos dirigidos à respetiva tutela, a evolução vai determinar que estes últimos se

4.1. *Rechtsstaat*

Verdadeiramente, a expressão portuguesa "Estado de direito" constitui uma tradução da congénere alemã *Rechtsstaat*. A perspetiva germânica tem na sua génese a específica visão de Kant sobre o Estado e a constituição. Em contraciclo com a ideia, generalizada durante o Estado de polícia, de que o soberano (*hoc sensu*) se deveria orientar no sentido da satisfação da *salus publica*, a filosofia kantiana defende, pelo contrário, que a função do Estado consiste em garantir a liberdade e a autonomia, valores que também se apresentam como limitadores da ação soberana. Em Kant[934], a constituição civil global [ou, se quisermos, a constituição segundo o direito cosmopolita (*Weltbürgerrecht, ius cosmopoliticum*)] apresenta-se como um dos elementos de aproximação à paz perpétua (e, como tal, um projeto de natureza jus-filosófica), sendo norteada pelo valor da hospitalidade e encarando os homens como cidadãos de um Estado universal da humanidade[935]. A constituição civil constitui, neste sentido, a mais elevada tarefa a que pode aspirar a natureza humana, na medida em que confrange os abusos da liberdade a que, por princípio, o homem se encontra sujeito, e permite a instituição de uma verdadeira comunidade (antónima da insociabilidade – propícia da guerra – a que o homem naturalmente tende) e de uma convergência entre os vários Estados[936]. Todavia, os princípios emergentes desta constituição civil não se reconduziam à expressão da vontade do povo ou da vontade geral, consubstanciando antes princípios da razão. Neste quadro (e não

concebam como valores autónomos (também de uma perspetiva científica, como veremos suceder no direito alemão), objeto *qua tale* de um proteção jurídica.

934 Em especial, cf. as posições desenvolvidas em *Zum Ewigen Frieden: Ein Philosophischer Entwurf*, cuja primeira edição remonta a 1795: *v.* Kant, *A Paz Perpétua e Outros Opúsculos*, Edições 70, Coimbra, 2009.

935 Cf., em especial, Kant, *A Paz...*, cit., pp. 137, n. 33, e 148 e ss.. Na verdade, o Autor acaba por concluir que a construção deste direito cosmopolita radica no «espírito comercial», que, de algum modo, contraria o estado de guerra para o qual se inclinaria a natureza humana: o «poder do dinheiro» (e não a moral) é que compele, afinal, os homens a fomentar a paz e a afastar a guerra (*Op.* cit., p. 160 e s.).

936 Cf. Kant, *A Paz...*, cit., pp. 26 e ss. (agora num outro opúsculo: *Ideia de uma História Universal com um Propósito Cosmopolita*, de 1784).

obstante a acentuação do caráter nitidamente formal que tal perspetiva assumirá no decorrer do século XIX), Kant inaugura a tendência dogmática que, mais tarde, Placidus[937] viria a qualificar como própria dos "cultores da teoria do Estado de direito" (*Rechts-Staats-Lehrer*). Em causa estava a necessidade de assinalar a contraposição entre uma perspetiva tendente à submissão (típica do *Polizeistaat*) do direito aos interesses do soberano (cujos partidários aquele Autor designava como "*Staatsglückseeligkeitslehrer*" ou "*politischen Eudämonisten*"[938]) a uma teorização em que ao Estado se encontraria subordinado ao direito, cabendo-lhe, à maneira kantiana, assegurar a sua atuação de harmonia com os princípios jurídicos.

A partir da conceptualização assim criada, e embora o direito alemão conheça uma linha de fronteira entre o constitucionalismo anterior e posterior a 1848, não persistem dúvidas de que, genericamente, o século XIX assiste a uma retematização do problema, inicialmente sob o impulso da Escola Histórica e da conceção tendente à personalização jurídica do Estado (ele próprio a personificação do específico «espírito do povo», do *ethos* partilhado por uma concreta comunidade histórica nacional), a que aludimos anteriormente. Eis-nos perante o cenário que assiste à conceptualização do *Rechtsstaat* - de um Estado que, para utilizarmos a síntese de Pietro Costa[939], "existia e se realizava através do direito", e que, em simultâneo, exprimia, louvando-nos agora em Preuß[940], a "forma jurídica da monarquia constitucional", no duplo sentido de que o monarca e a administração burocrática que o suportava estavam subordinados a regras jurídicas, e de que estas eram fixadas pelos representantes do povo. E se, em certos momentos, o Estado de direito se encontrará associado a

937 Eis a noção, recortada, nos finais do século XVIII por PLACIDUS (*Litteratur der Staatslehre: Ein Versuch*, s. n., Strasburg, 1798, p. 73). Defendendo já a recondução das origens terminológicas do *Rechtsstaat* à obra de Placidus, *v.* STOLLEIS, «Rechtsstaat», cit., p. 367; MEIERHENRICH, *The Remnants of the Rechtsstaat: An Ethnography of Nazi Law*, Oxford University Press, Oxford, 2018 (*e-book*), Capítulo IV (ponto "An Insurgent Idea, 1798-1871"); HEUSCHLING, *Etat...*, cit., p. 2.

938 PLACIDUS, *Litteratur...*, cit., p. 70.

939 COSTA, «Rule...», cit., p. 129.

940 PREUSS, *Legalität und Pluralismus: Beiträge zum Verfassungsrecht der Bundesrepublik Deutschland*, Suhrkamp, Frankfurt am Main, 1973, p. 11.

uma certa ideia de descentralização ou de promoção da Administração autónoma (ou do *self-government*)[941], a verdade é que o conceito estava precipuamente conexionado com a abstração em que o Estado se consubstancia – a solução seguida pela doutrina alemã imediatamente posterior ao Congresso de Viena para, em simultâneo, sustentar a conciliação entre o princípio monárquico e a soberania popular, permitindo conceber quer o monarca, quer o parlamento (enquanto polarizador da representação do povo) como órgãos da pessoa coletiva que o Estado constitui[942]. Em qualquer das suas dimensões e em consonância com o relevo e a força assumidos, nesta época, pela Administração alemã, suscetível, como tal (e, sobretudo pelas dimensões que assume[943]), de pôr em causa a liberdade e a propriedade, a construção do *Rechtsstaat* desempenha o papel fundamental de (de)limitar o poder administrativo, com consequências determinantes, *v. g.*, ao nível da institucionalização de uma justiça administrativa (a *clef de voûte* do sistema), mas também no quadro do reforço da lei que, em simultâneo, se assume como expressão

941 Eis o que sucedeu, por excelência, na visão de Gneist, claramente influenciado pelo estudo do direito constitucional inglês e da respetiva história constitucional (cf., por todos, Gneist, *Englische Verfassungsgeschichte*, cit., *passim*, esp.te pp. 643 e ss.) e pela comparação com (ou mesmo a transposição para) o direito alemão que marcariam grande parte da sua obra, com repercussões nas próprias reformas da Administração Pública prussiana (assim, Böckenförde, «Origen...», cit., p. 28, n. 42). Na verdade, e apesar de partir da visão formal defendida por Stahl (cf., *infra*, em texto; Gneist, *Der Rechtsstaat und die Verwaltungsgerichte in Deutschland*, 2.ª ed., Springer, Berlin, 1879, p. 33), o Autor via no *self-government* ou na *Selbstverwaltung* (que, na sua perspetiva, correspondiam ao modo tradicional germânico de organização dos poderes) a forma privilegiada para garantir as liberdades civis e políticas perante os poderes públicos (expressamente neste sentido, Gneist, *Der Rechtsstaat...*, cit., pp. 279 e s., 286 e ss.). Também neste horizonte se reconhecia o relevo da institucionalização de *Verwaltungsgerichte*, assumindo-se estes como uma das dimensões das competências de órgãos locais (talqualmente sucedia com o *Kreisausschuss*, compreendido como uma instância à qual poderiam ser apresentadas queixas, a decidir de acordo com um procedimento com características judiciais – *gerichtliches Verfahren*) ou como órgão autónomo (talqualmente acontecia com os *Bezirksgerichte*, previstos como tribunais superiores da jurisdição administrativa nos *Regierungsbezirke*), sem prejuízo das competências cimeiras conferidas ao *Oberverwaltungsgericht* (cf. *Op.* cit., pp. 295, 300 e s., e 302 respetivamente).

942 *V.* Stolleis, Öffentliches Recht... Eine Einführung..., cit., pp. 59 e s..

943 Basta compulsar, *v. g.*, a obra de Von Mohl (*Die Polizei-Wissenschaft nach den Grundsätzen des Rechtsstaates*, vol. I, Henrich Laupp, Tübingen, 1832, *passim*, esp.te vol. I, pp. 76 e ss., §§ 12 e ss.) para compreender o significativo conjunto de tarefas colocadas a cargo do Estado (onde se incluem, *v. g.*, tarefas ligadas à saúde pública ou à educação), bem distantes de uma qualquer perspetiva estritamente liberal, defensora de uma total abstenção da intervenção pública.

da soberania e, sobretudo, como o instrumento jurídico-público menos agressivo para os direitos fundamentais (ou, inclusivamente, como seu veículo protetor)[944].

Destarte, a teoria do Estado de direito da primeira metade de oitocentos transporta já uma ideia essencial: uma conceção racional do Estado, acompanhada da necessidade do estabelecimento de limites à sua ação (em particular, à atuação do Estado-Administração), assegurando a tutela das liberdades. Coube a Von Mohl a difusão[945], no direito germânico, do significante *Rechtsstaat* – um conceito já apresentado em escrito datado de 1829[946], mas, três anos depois, elevado a título de uma das suas obras mais emblemáticas (*Die Polizei-Wissenschaft nach den Grundsätzen des Rechtsstaates*, cuja primeira edição remonta a 1832). Na sua essência, a teoria de Von Mohl visa articular o relevo das tarefas públicas conferidas à Administração para a consecução do bem comum (típico do Estado de polícia) com as exigências de sentido do constitucionalismo liberal e, por conseguinte, com a limitação dos poderes[947]. Considerando a possibilidade de destrinça entre quatro "tipos de Estado" (*Staatsgattungen*), em função dos fins últimos por este prosseguidos (Teocracia, Despotismo, Estado patriarcal e Estado de direito[948]), o Autor autonomiza o *Rechtsstaat*, identificando-o com

944 Neste sentido, já Pietro Costa, «The Rule...», cit., pp. 100 e s.. Os eventuais problemas suscitados por um exercício do poder legislativo em sentido contrário às (ou ofensivo das) liberdades receberiam solução através de outros mecanismos, em especial, pelo controlo exercido através do povo e da sua história, que, em função do seu grau de avanço civilizacional, imporiam os seus limites à soberania exteriorizada nos atos do parlamento (*Op.* cit., pp. 101 e s.). *V.* também Hayek, *The Constitution...*, cit., p. 305.

945 Permanece controversa a paternidade da expressão: *v.*, *v. g.*, as diversas hipóteses e referências avançadas em Hayek, *The Constitution...*, cit., pp. 299 e s., n. 26.

946 Reportamo-nos a Von Mohl, *Das Staatsrecht des Königreiches* Württemberg, vol. I – Das Verfassungsrecht, Heinrich Laupp, Tübingen, 1829; repare-se, porém, que já nesta obra o Autor salientava que os antecedentes da sua perspetiva sobre o Estado de direito remontavam à Grécia Antiga, elucidando a sua presença em outros juspublicistas; simplesmente, acentua Von Mohl, tais estudos tinham apenas em vista uma das dimensões do Estado de direito (o direito ou a Justiça), deixando na sombra as finalidades relacionadas com a Política (*v. Op.* cit., p. 11, n. 4; cf. também, já a seguir, em texto).

947 Cf., *v. g.*, Stolleis, *Public Law...*, cit., pp. 229 e s..

948 Em parte (mas com um sentido totalmente diverso), na senda de Welcker (*Die Letzten Gründe von Recht, Staat und Strafe: Philosophisch und nach den Gesetzen der Merkwürdigsten Völker Rechtshistorisch Entwickelt*, Heyer, Gießen, 1813, pp. 13 e ss.), que distinguia três tipos

aquele que se dirige à satisfação de fins da vida sensíveis e racionais (*sinnliche vernünftige Lebenszwecke*)[949]. Em causa está a ideia segundo a qual as instituições (desde logo, públicas) se encontram preordenadas à prossecução de um conjunto de finalidades da vida social (*Zusammenleben*), pelo que aos obstáculos que possam surgir a tal satisfação (reconduzíveis à atuação ilegal de terceiros e à emergência de impedimentos externos) deve o Estado responder com a sua Justiça e a sua Polícia – em suma, as duas principais tarefas que a àquele cumpre satisfazer, e que têm na sua base a vontade e a razão do povo[950]. Trata-se de uma perspetiva que quadra bem ao pensamento liberal. Embora sem abdicar da existência de um conjunto de tarefas colocadas a cargo dos poderes públicos, Von Mohl vai erigir a liberdade individual como um limite ao exercício de tais tarefas[951] (admitindo que certos direitos – também qualificados como bens jurídicos pelo Autor –, não possam ser absolutamente eliminados no contexto da satisfação dos "fins de polícia" – *Polizei-Zwecke*[952]) e elevar a igualdade (formal) a virtude essencial das normas jurídicas (legislativas ou regulamentares)[953]. O reconhecimento de uma relação entre as tarefas de Polícia e de Justiça não permitirá, porém, admitir já a possibilidade de fiscalização da legalidade da atuação administrativa pelos tribunais (a quem compete dirimir litígios entre particulares), encontrando-se esta matéria cometida às instâncias mais elevadas da Administração[954].

Se o *Rechtsstaat* começa por ser delineado como um tipo de Estado, racionalmente conformado e garantidor das condições de realização da liberdade individual, a evolução dogmática subsequente (impulsionada pelo

de Estado, adotando uma perspetiva evolucionista, em que o despotismo correspondia à infância, a teocracia ao período da juventude e o *Rechtsstaat* à idade da razão.

949 Mohl, *Die Polizei-Wissenschaft nach den Grundsätzen des Rechtsstaates*, vol. I, Henrich Laupp, Tübingen, 1832, p. 5, § 1, e *Das Staatsrecht*..., cit., p. 8.

950 Von Mohl, *Das Staatsrecht*..., cit., pp. 8 e s..

951 Cf., *v. g.*, Von Mohl, *Die Polizei-Wissenschaft*..., cit., pp. 26 e ss., § 6, sobre os limites ao uso da força.

952 Cf Von Mohl, *Die Polizei-Wissenschaft*..., cit., pp. 35 e s., § 7.

953 Cf., *v. g.*, Von Mohl, *Die Polizei-Wissenschaft*..., cit., pp. 24 e s., § 5.

954 Cf. Von Mohl, *Die Polizei-Wissenschaft*..., cit., p. 42, § 8, n.º 1.

positivismo e, sobretudo, pela pandectística e pela *Begriffsjurisprudenz*[955]) retira-lhe esta dimensão material, para lhe conferir um relevo precipuamente formal, transformando-o, através de um pensamento teorético--construtivista de caráter científico, numa categoria abstrata (um conceito)[956]. Eis o que sucede, por excelência, no modelo proposto por Stahl, já claramente influenciado pela abstração que o conceitualismo nascente (e reinante) haveria de impor. Nesta ordem de ideias, Stahl vem enfatizar que, independentemente das finalidades a cargo do Estado (satisfação de fins administrativos ou tutela dos direitos individuais, ou mesmo ambas – aspeto que, para a construção deste específico conceito, não releva), o *Rechtsstaat* (que se opõe ao Estado patriarcal, patrimonial e ao *Polizeistaat*, ou mesmo ao *Volksstaat* de Rousseau ou Robespierre) pretende apenas traduzir a forma de ação do Estado, *i. e.*, o modo ou o carácter (*Art und Charakter*) como se realizam os fins e o conteúdo do Estado[957]; ora, nas palavras do Autor, tais fins realizam-se "à maneira do direito" (*in der Weise des Rechtes*)[958]. Neste sentido, o direito demarcaria os âmbitos da ação pública e da ação privada, e o Estado de direito assumiria uma natureza «apolítica»[959]; constituiria uma *forma*, agora despreocupada de um concreto conteúdo material (como a garantia das liberdades). Na síntese do

955 Que, atingindo o direito público, também o envolve com a *Konstruktionsjurisprudenz*: sobre a relação entre a jurisprudência dos conceitos e o seu impacto no direito público, *v.*, por todos, STOLLEIS, *Public Law*, pp. 255 e ss..

956 Para uma caracterização do processo de criação conceptual típico da pandectística, *v.*, por todos, Castanheira NEVES, «Método...», cit., pp. 305 e ss.. *V.* também a síntese de Cabral de MONCADA, «Epistemologia Jurídica», in: *Boletim da Faculdade de Direito*, vols. XXIV e XVI, 1948 e 1950, pp. 170 e ss. e pp. 171 e ss., respetivamente.

957 STAHL, *Die Staatslehre...*, cit., pp. 137 e s. (§ 36). Tal não significa que, na compreensão do Autor, falecessem ao Estado características materiais; simplesmente, estas eram dadas pela outra face da teoria do Estado, que o concebia como um «reino ético» ou uma «comunidade ética» (*Reich der Sitte* ou *sittliches Gemeinwesen*), a quem cabia prosseguir os interesses da Nação, as *Lebensaufgabe der Nation* (e não de cada um dos indivíduos singularmente considerados) – e por aqui se distinguindo do «Estado mecânico» (*mechanischer Staat*), assuma este a forma monárquica, constitucional ou democrática, que suporta ou satisfaz impulsos morais *individuais* (e não coletivos ou comuns). Aquelas dimensões (materiais) constituiriam, pois, os fundamentos sobre os quais repousaria a ordem jurídica (formal), na medida em que correspondiam ao sentimento moral comum (*sittliche Gemeingesinnung*). Cf. *Op.* cit., pp. 133 e ss., 138 e ss. (§ 36).

958 STAHL, *Die Staatslehre...*, cit., p. 136 (§ 36).

959 Assim caracteriza BÖCKENFÖRDE («Origen...», cit., p. 25) a conceção de Stahl.

próprio Stahl[960], a índole do *Rechtsstaat* exprime tão-só a impossibilidade de violação da ordem jurídica (ordem legal), mas não pretende definir o conteúdo dessa ordem (o qual provém de princípios morais ou políticos mais elevados).

Doravante, não mais a doutrina parte para a definição do conceito de Estado de direito sem uma referência à versão de Stahl. Tal não implicou uma estabilização da noção, mas a introdução de variantes ou a densificação de aspetos específicos. Assim, em Bähr e Gierke, o *Rechtsstaat* significa que o direito se assume como uma condição essencial do modo-de-ser (*Dasein*) do Estado, à semelhança do que já sucede nas relações entre os cidadãos, regidas pelo direito civil/direito privado[961]. O *Staatsrecht* ou o direito público (*hoc sensu*, o direito que rege o Estado, concebido como "direito da comunidade" – *Genossenschaftrecht* –, na medida em que o conceito de Estado exprime juridicamente a comunidade ou associação cooperativa da Nação[962], o "povo organizado"[963], agora dotada/o de personalidade jurídica autónoma[964]) há de repousar não só nos textos constitucionais[965] e na existência de leis parlamentares que delimitem os termos da respetiva ação, mas também na jurisprudência, que aplica aquele direito aos casos concretos[966]. E esta posição trazia associada uma consequência determinante: se relativamente à função legislativa e à função jurisdicional se revelaria suficiente a garantia da sua

960 Stahl, *Der Christliche Staat und sein Verhältniß zu Deismus und Judenthum*, Verlag von Ludwig Dehmigke, Berlin, 1847, p. 62 (agora em discurso direto e sem tradução: „Mit dem Charakter des Rechtsstaats ist überhaupt nur die Unverbrüchlichkeit der gesetzlichen Ordnung gegeben, nicht aber ihr Inhalt, dieser muss anderwärts herkommen, und kommt aus höheren sittlichen und politischen Principien").

961 Bähr, *Der Rechtsstaat: Eine Publicistische Skizze*, G. H. Wigand, Cassel/Göttingen, 1864, p. 2.

962 Bähr, *Der Rechtsstaat...*, cit., pp. 45 e s., 51; Gierke, *Das Deutsche Genossenschaftsrecht*, vol. I, Weidmannsche Buchhandlung, Berlin, 1868, pp. 4 e s..

963 Gierke, *Das Deutsche Genossenschaftsrecht*, cit., p. 830; *v.* ainda pp. 832 e s., refletindo sobre a conceção de Bähr sobre o Estado como *Genossenschaft*.

964 Gierke, *Das Deutsche Genossenschaftsrecht*, cit., p. 5.

965 Bähr, *Der Rechtsstaat...*, cit., pp. 47 e ss., sendo os textos constitucionais compreendidos como o primeiro fundamento para a codificação de normas de direito público, necessitando, porém, da sua complementação (*Op.* cit., p. 48). No mesmo sentido, Gierke, *Das Deutsche Genossenschaftsrecht*, cit., p. 831.

966 Bähr, *Der Rechtsstaat...*, cit., p. 192.

subordinação ao direito concebida como princípio positivo da respetiva atuação (assim se prescindindo de qualquer outro mecanismo de defesa dos direitos)[967], o mesmo não sucedia quando estivesse em causa a função administrativa ou o poder governamental (*Regierungsgewalt*); neste caso, o direito e a lei representam limites exteriores (e, por conseguinte, negativos) à atividade (cujo princípio positivo se reconduzia à satisfação do bem comum), limites esses que, relevando do direito público concebido como verdadeiro direito (à semelhança do direito privado), hão de constituir objeto de controlo por parte do poder judicial (em tudo o que não contenda com o domínio da discricionariedade, o espaço de liberdade do poder administrativo[968]). É precisamente esse controlo que constitui o corolário da subordinação ao direito das relações entre os administrados e a autoridade (*Obrigkeit*), ou entre os cidadãos e a Administração[969].

Esta associação ressurge na doutrina subsequente. Assim, *v. g.*, Seydel[970] já reconduz a ideia de Estado de direito à exigência de subordinação da Administração à lei e ao parlamento. Também em Otto Mayer[971], o Estado de direito (o "Estado sob o regime do direito") aparece concatenado com o papel desempenhado pela lei na teoria constitucional e no específico sentido da separação de poderes, porquanto a ela passa a estar subordinada toda a ação pública e, em particular, a atuação administrativa. Neste sentido, a fórmula acaba por se orientar precipuamente em torno do sentido do exercício da atividade da Administração Pública, que agora "deve ser dirigida, tanto quanto possível, por regras de direito"[972] – sem prejuízo do reconhecimento de que (tal como sucede no âmbito da

---

967 Paradigmaticamente também GIERKE, *Das Genossenschaftsrecht*, cit., p. 829, sobre o sentido da jurisdição.

968 Que BÄHR (*Der Rechtsstaat...*, cit., p. 58) chega a assimilar àquelas dimensões da vida dos indivíduos que são livres do direito; *v.* também *Op.* cit., pp. 60 e ss., §§ 20 e 21 (sobre o sentido da discricionariedade na sua relação com a lei e o controlo judicial)

969 Cf. BÄHR, *Der Rechtsstaat...*, cit., pp. 50 e ss., esp.[te] pp. 52 e ss., 68 e ss. (§§ 17, 18, 19 e 20, 23); GIERKE, *Das Genossenschaftsrecht*, cit., pp. 831 e s..

970 SEYDEL, *Grundzüge...*, cit., p. 27.

971 MAYER, *Le Droit...*, tomo I, cit., p. 74 (a referência à noção de *Rechtsstaat* propugnada por Stahl encontra-se a p. 76).

972 MAYER, *Le Droit...*, tomo I, cit., p. 77.

função jurisdicional, com a sentença) existe um ato de autoridade ao qual cabe a aplicação de tais regras aos casos concretos: o ato administrativo, correspondente, pois, à "determinação jurídica do caso individual"[973] e emanado com base numa lei[974]. Neste sentido, o *Rechtsstaat* alcançar-se-ia precisamente através do ato administrativo, que, dotado de força obrigatória, se destina a reger as relações entre o Estado e os particulares[975]. Será a centralidade conferida, neste contexto, ao ato administrativo que marcará a própria evolução do direito público alemão, muito para além do século XIX, em particular quando àquele passa a estar associada uma função de proteção jurídica[976].

4.2. *Etat de droit, Etat légal*

A emergência, em França, do conceito de *Etat de droit* corresponderá, *mutatis mutandis* (*i. e.*, mobilizando os específicos contributos e raízes do direito francês) à tradução do *Rechtsstaat* germânico, um conceito que, quando associado a uma ideia de autolimitação voluntária de um Estado poderoso, não deixou, em certos momentos, de suscitar reticências à doutrina francesa, que o antevia como forma de legitimação específica do Estado alemão[977]. Daí que somente a autonomização do significante perante o significado[978] (e a perceção, sob pena de se cair em anacronismos, de que o primeiro tem um nascimento muito mais

973 Mayer, *Le Droit...*, tomo I, cit., p. 79 e s. (a citação pertence à p. 80); esta noção de ato estendia-se igualmente ao âmbito do (então) "contencioso administrativo", o qual se reconduzia à produção de atos administrativos, porquanto, tal como salienta o Autor, "tornar a administração conforme à justiça é dar à autoridade administrativa o papel do juiz e não da parte" (*Op.* cit., pp. 80 e s., n. 20).

974 Cf. Mayer, *Le Droit...*, tomo I, cit., p. 82. Ainda que o surgimento da fórmula e do conceito ato administrativo (central na teoria de Otto Mayer) seja anterior a este Autor: cf., *v. g.*, Schmidt-De Caluwe, *Der Verwaltungsakt in der Lehre Otto Mayers: Staatstheoretische Grundlagen, Dogmatische Ausgestaltung und deren Verfassungsbedingte Vergänglichkeit*, Mohr Siebeck, Tübingen, 1999, pp. 19 e s..

975 Mayer, *Le Droit...*, tomo I, cit., p. 119.

976 Cf. Schmidt-De Caluwe, *Der Verwaltungsakt...*, cit., pp. 25 e ss., 210 e ss..

977 Cf. Redor, *De L'Etat...*, cit., p. 11.

978 Cf. também Heuschling, *Etat...*, cit., p. 324.

tardio em face do segundo[979]) permita compreender o sentido do Estado de direito na perspetiva do pensamento jurídico-constitucional francês.

Assim, e como resulta, de resto, das considerações iniciais tecidas neste ponto, se o *Etat de droit*, como categoria conceptual, não representa uma construção própria do constitucionalismo liberal revolucionário, a verdade é que os contributos franceses se revelam fundamentais para a compreensão do sentido do "Estado de direito" que aqui mobilizamos, conexionado com a limitação dos poderes pelo(s) direito(s)[980], fruto essencialmente da subordinação do juiz e da administração à vontade geral, em simultâneo, expressão da racionalidade e manifestação do legislador[981]. Destarte, embora não se podendo mobilizar a noção ou o conceito de *Etat de droit*[982], também se não deve ignorar que, já no período da Revolução, se enfatizava, em especial, a circunstância de que o direito representava o mecanismo fundamental de proteção das liberdades[983]. Não era, pois, por acaso que o artigo II da *Déclaration des*

---

979 Salientando esta diferença, mas também o facto de a expressão *Etat de droit* consubstanciar uma tradução do vocábulo alemão *Rechtsstaat*, *v.* Van Caenegem, «The 'Rechtsstaat'...», cit., p. 185.

980 Sublinhando precisamente o caráter comum da defesa de um Estado submetido ao direito, *v.* Mayer, *Le Droit...*, tomo I, cit., p. 81 (negando, pois, a sua reivindicação como uma especificidade do direito alemão); considerando que as ideias matriciais do Estado de direito tiveram a sua origem nas discussões ocorridas, em França, na Assembleia Nacional de 1789, *v.* Carré de Malberg, *Contribution...*, cit., tomo I, p. 489, n. 5. Muito expressivamente, Duguit (*L'Etat...*, cit., p. 14) salientava que "quando, no mês de agosto de 1789 e no mês de setembro de 1791, os deputados dos Estados Gerais afirmavam que o poder do Estado não era ilimitado, que o próprio legislador não podia fazer tudo, eram maiores que Napoleão em Austerlitz ou em Wagram".

981 Cf. também Redor, *De l'Etat...*, cit., p. 13. Enumerando várias expressões desta fervorosa "nomofilia" revolucionária, *v.* Heuschling, *Etat...*, cit., p. 332.

982 Na verdade, como bem nota Heuschling (*Etat...*, cit., pp. 343 e ss.), o pensamento de língua francesa irá preferir outras noções para traduzir a subordinação do poder ao direito (ou à lei): assim sucede com o conceito rousseauniano de República, enquanto "Estado regido pelas leis", ou com a conceção de Estado (legítimo) perfilhada por Montesquieu.

983 Uma conceção que, enquanto procura reagir contra o arbítrio do monarca (demonstrando a limitação do seu poder), também conhecia raízes em momentos históricos anteriores, porquanto, embora ainda de modo vago e muito impreciso, se invocava, já no século XVI, a existência de *lois fondamentales* do reino que permitiriam resistir contra algumas decisões régias: a estas "leis" se referia, *v. g.*, Gentillet, *Anti-Machiavel: A Discourse upon the Means of Well-Governing*, Wipf and Stock, Eugene, 2018, pp. 41 e s. (exemplificando com a Lei Sálica), constituindo, aliás, um dos poucos limites (a par dos limites divinos e os impostos pelo direito natural), a que o rei se encontraria sujeito. Associando também esta matéria aos antecedentes da emergência do Estado de direito em França, *v.* Van Caenegem, «The 'Rechtsstaat'...», cit., p. 192.

Droits de l'Homme et du Citoyen prescrevia que a finalidade de qualquer associação política se reconduzia à conservação dos direitos naturais e imprescritíveis do homem; ou que, mais adiante, a constituição surge substancialmente definida à luz da garantia dos direitos fundamentais e da limitação dos abusos de autoridade que o princípio da separação de poderes pressupunha. E se a evolução do pensamento determinará a recondução da lei ao direito, ainda se salientava, em certos momentos, a função tuteladora de outra(s) fonte(s) positivada(s) – a constituição ou as declarações de direitos, fruto(s) de um poder constituinte originário com capacidade para erguer, *ex nihilo*, uma nova ordem –, sublinhando que a sua supremacia sobre a lei ordinária implicava a necessária subordinação de todos os poderes públicos aos direitos consagrados. Em plenos assomos revolucionários, Condorcet[984] assumia expressamente que a *Déclaration* de 1789 constituía o "único baluarte dos cidadãos contra as leis injustas que os seus representantes pudessem ser tentados a emanar". Por sua vez, a Constituição de 1791 proibia o poder legislativo de elaborar leis que ofendessem ou obstaculizassem os direitos naturais ou civis nela por ela garantidos (cf. título I), avançando uma ideia clara de supremacia (material e formal) das normas constitucionais.

A esta ideia de limitação da lei não se revelava alheia a sua imprescindível racionalidade (precisamente aquela característica que, paradoxalmente, irá originar a respetiva absolutização). Constant[985], por exemplo, sublinhava expressamente a natureza limitada e o caráter não absoluto da observância da lei, condicionando-a à circunstância de ela se assumir como uma manifestação da razão, um ato racional, e, por conseguinte, respeitadora dos direitos naturais do homem. Como logo se compreende e denunciando a existência de um conceito material (e ainda não meramente formal) de lei, o respetivo desrespeito apenas se consentiria quando não estivesse em causa uma verdadeira lei[986]– e,

984 Condorcet, *Réflexions...*, cit., p. 6.

985 Constant, *Cours...*, tomo 1, cit., pp. 14, 353 e s..

986 Constant (*Cours...*, tomo 1, cit., pp. 354 e s.) identifica com clareza quais as características que permitem recusar a uma lei esta natureza (nas suas palavras, "as características que fazem com que uma lei não seja uma lei", ou "as características da ilegalidade da lei"):

ainda que não defendendo necessariamente um direito de resistência ativa contra tais atos (como sucedeu, *v. g.*, na *Déclaration* de 1789[987] ou, mais enfaticamente, na declaração de direitos da Constituição francesa de 1793[988]), não deixava de se acentuar que não existiria nenhum dever a ligar os cidadãos a essas pretensas leis (aquelas que ofendiam as liberdades, bem como as que violavam a justiça e os princípios daí decorrentes)[989]. Eis-nos diante de uma conceção que a célebre metáfora de Portalis[990] expressivamente traduzia, considerando que o direito serve de bússola, enquanto que a lei representaria o compasso – a pressupor, pois, que a legitimidade da lei positiva dependeria da sua compatibilidade com o direito (natural); na verdade, os homens apenas poderiam viver sob o *império do direito*, ainda que, em concreto, fossem regidos pela leis, expressão autêntica da soberania, atos (não de poder, mas antes) de *sagesse*, justiça e razão[991]. Esta conceção não impedia que à lei se encontrasse já cometido um papel determinante na realização dos direitos consagrados nas declarações ou nos textos constitucionais, que remetiam precisamente para aquela fonte aspetos atinentes às respetivas concretização e restrição[992] (cf., *v. g.*, artigos IV, VII, XI da *Déclaration* de 1789; artigo 11 da declaração de direitos da Constituição de 1793; artigo 7 da Constituição de 1795; artigos 4 e 8 da Carta Constitucional de 1814; e artigos 4 e 7 da Carta Constitucional de 1830).

---

a retroatividade, a contrariedade com a moral, o tratamento desigualitário por referência a determinados critérios (*v. g.*, classe social, religião, origem), a responsabilização por atos que não sejam próprios – em suma, quando se estivesse diante de uma lei injusta.

987 O artigo II da *Déclaration des Droits de l'Homme et du Citoyen* consagrava, *in fine*, o direito de resistência à opressão, integrando-o no cômputo dos direitos naturais e imprescritíveis do homem, em cuja tutela consistia o fim último de qualquer associação pública.

988 O artigo 35 da *Constitution* de 1793 (na parte relativa à *Déclaration des Droits de l'Homme et du Citoyen*) determinava expressamente que "quando o governo viola os direitos do povo, a insurreição é, para o povo e para cada parcela do povo, o mais sagrado dos direitos e o mais indispensável dos deveres".

989 Constant, *Cours...*, tomo 1, cit., pp. 14 e s..

990 Portalis, «Discours Préliminaire sur le Projet de Code Civil», in: *Discours, Rapports et Travaux Inédits sur le Code Civil*, Joubert, Librairie de la Cour de Cassation, Paris, 1844, p. 15.

991 Portalis, «Discours...», cit., p. 4.

992 Acentuando também esta dimensão, *v.* Laquieze, «*État de Droit* and National Sovereignty in France», in: Costa/Zolo (eds.), *The Rule of Law*, Springer, Dordrecht, 2007, pp. 263 e s..

A verdade, porém, é que a evolução subsequente ficará dominada por um contexto em que se sublimam e pontificam as tendências anteriores: por um lado, a divinização da lei (consequência direta dos pressupostos racionalistas e da conceção de Rousseau[993]) e uma certa leitura da constituição inglesa pelos pensadores franceses (em especial, por Montesquieu) implicaram a absolutização do parlamentarismo, associada ao relevo conferido à lei como expressão da vontade geral; por outro lado, a desconfiança relativamente aos poderes executivo e judicial. Estamos perante aspetos que, conjugados, acabaram por conduzir, com caráter de exclusividade, à identificação da vontade da nação com a assembleia popular e à subordinação de toda a atividade pública (do poder executivo[994] e do poder judicial) à lei parlamentar (formal), pondo em xeque a própria eficácia jurídica das declarações de direitos, agora concebidas como proclamações abstratas de crenças (ou, no máximo, declarações de princípios) que os textos positivos (em especial, a lei) poderiam afastar em alguma medida[995]. Neste sentido, a conceção liberal-revolucionária dos poderes públicos subordinados transmudou-se no *Etat légal*[996] (ou, se preferirmos, no *Etat légicentrique*, em que a lei, expressão da vontade geral, se passa a identificar com o ato formal do parlamento[997]),

---

993 A que não foi alheia, apesar das referências efetuadas *supra*, em texto, a Constituição de 1791, que estabelecia expressamente não existir autoridade superior à da lei (cf. título III, capítulo II, secção I, artigo 3: *"il n'y a point en France d'autorité supérieure à celle de la loi"*).

994 Sobre o sentido da subordinação da função executiva (mas não necessariamente da função governamental) à lei, cf. as interessantes reflexões de Troper, «La Notion d'Exécution dans les Constitutions Révolutionnaires», in: *Revue Française d'Histoire des Idées Politiques*, n.º 34, 2011, pp. 299 e ss., esp.te pp. 301 e ss..

995 Cf., *v. g.*, a posição de Esmein (*Eléments...*, cit., pp. 556 e ss.), que destrinçava entre as «declarações de direitos» e as «garantias de direitos» – estas, sim, "verdadeiras leis positivas e obrigatórias", "artigos constitucionais que asseguram aos cidadãos o gozo deste ou daquele direito individual" (*Op.* cit., p. 559) e, nessa medida, suscetíveis de limitar os poderes do legislador ordinário (ainda assim, e em plena consonância com os pressupostos positivistas-legalistas, o Autor não deixava de salientar que o exercício dos direitos consagrados na Constituição exigia sempre uma regulamentação legislativa que, enquanto não existir, impede que o direito constitucionalmente protegido possa ser exercido – *Op.* cit., pp. 562 e s.).

996 Que apenas no início do século XX, a doutrina francesa começará a repelir, passando a preferir louvar-se na dogmática alemã que, em resultado da afirmação do princípio monárquico e do robustecimento do aparelho democrático, permitirá aperfeiçoar o conceito de Estado como pessoa coletiva pública. Cf. Schönberg, «De la Souveraineté...», cit., p. 299.

997 Redor, *De l'Etat...*, cit., pp. 14 e 17.

assente na supremacia do legislador parlamentar e numa indiferença (senão, hostilidade) perante a eventual interferência do poder judicial no controlo da atividade dos poderes públicos[998] – numa evolução que culminará durante a III República (por conseguinte, no último quartel do século XIX) e que se acentuará durante a presidência de Grévy.

A articulação entre lei e vontade geral, conjugada com a formalização como característica dos atos legislativos e com a supremacia do parlamento, apontariam ainda no sentido de que a lei não poderia conter erros; *i. e.*, independentemente do respetivo conteúdo, a lei estaria sempre dirigida à satisfação do interesse público (ou do bem comum), constituiria uma expressão de uma vontade racional esclarecida e asseguraria os valores jurídico-constitucionalmente protegidos. A racionalidade implicava a generalidade ou universalidade das leis, a igualdade e o raciocínio lógico-dedutivo fundamentavam a sua abstração, e a preservação da liberdade individual justificava a sua formalidade (*hoc sensu*, o seu progressivo esvaziamento axiológico substancial, em direção a uma defesa exclusiva da segurança e da igualdade perante a lei, dirigidas à delimitação-coordenação do exercício da liberdade dos indivíduos em face dos demais)[999]. Eis o motivo pelo qual a vontade geral estaria sempre correta (*toujours droite*) e tenderia sempre para a proteção do interesse público[1000]; com efeito, manifestando a vontade de todos, dirigindo-se à satisfação dos vários interesses individuais (de cuja aglutinação surgia o interesse comum) e tendo por objeto situações gerais e abstratas, a lei permitiria garantir a igualdade do direito, a liberdade e a justiça[1001]. E com esta asserção não se pretendia necessariamente conferir um poder ilimitado ao legislador, pois que existem matérias nas quais o legislador

---

998 Cf. também LAQUIEZE, «*État*...», cit., p. 264.

999 Castanheira NEVES, «O Pensamento...», cit., p. 21; Fernando José BRONZE, *Lições*..., cit., pp. 334 e s.

1000 ROUSSEAU, *Du Contrat*..., cit., p. 50 (o capítulo em que o Autor se debruça sobre esta matéria – Capítulo III do Livro II – tem precisamente por epígrafe: *Si la volonté générale peut errer*). É na medida em prossegue o interesse comum que a vontade goza do atributo geral: "o que generaliza a vontade é menos o número de vozes, que o interesse comum que as une" [*Op.* cit., pp. 57 e s. (Livro II, Capítulo IV)].

1001 ROUSSEAU, *Du Contrat*..., cit., pp. 55 e s. (Livro II, Capítulo IV).

também não poderia interferir – precisamente aquelas que, por força do reconhecimento de uma liberdade individual, não suscitariam (impossibilitariam mesmo) a intervenção do Estado (portanto, de um Estado que se supõe mínimo) por contenderem com a independência e a existência individuais[1002].

A identificação do direito com a lei, associada à compreensão desta última como manifestação racional da vontade dos cidadãos representados no Parlamento, pressupõem uma íntima conexão entre esta dimensão e a democracia. Na verdade, a função garantística da lei conexionada com aqueles dois vetores demandava uma específica organização política[1003]. Era, aliás, este o motivo – conjugado com os demais pressupostos do liberalismo político – pelo qual também a composição parlamentar assentava na representação de todos os indivíduos (e não dos estamentos sociais) e a contabilização dos votos era efetuada por cabeça: somente deste modo, a lei poderia constituir uma manifestação da pluralidade (ou da maioria), do resultado das vontades individuais, mas, enquanto tal, ainda uma expressão da *voluntas* (comum)[1004]. Nesta ordem de ideias, a função administrativa – enquanto estrito poder executivo (da lei) – assumia-se (no máximo) como expressão de uma mera soberania derivada[1005].

A introdução do significante *Etat de droit* no horizonte doutrinal francês surge durante o século XIX (no contexto de um certo deslumbramento generalizado perante o pensamento germânico que se seguiu à derrota na guerra franco-prussiana[1006]), mas verdadeiramente floresce

---

1002 Constant, *Cours...*, tomo I, pp. 9 e s., 282 e s. (associando também à crítica da soberania ilimitada do povo).

1003 Castanheira Neves, *O Instituto...*, cit., pp. 577 e s..

1004 Sieyes, *Qu'est-ce le Tiers Etat?*, cit., pp. 48, 60 e s. (ainda que, numa leitura integrada do pensamento do Autor, se possa concluir que este voto por cabeça se devesse, afinal, efetuar dentro da assembleia – a Assembleia Nacional – constituída apenas pelo Terceiro Estado, identificado com a Nação, e, nessa medida, o verdadeiro depositário da vontade nacional ou geral – cf. *Op.* cit., 149 e ss.).

1005 Assim, Berthelemy, De l'Exercice de la Souveraineté par l'Autorité Administrative», in: *Revue du Droit Public et de la Science Politique*, tomo XI, 1904, p. 214.

1006 Sobre esta matéria, cf., por todos, Digeon, *La Crise Allemande de la Pensée Française (1870-1914)*, 2.ª ed., Presses Universitaires de France, Paris, 1992.

só no início do século XX, com Duguit e Hauriou. Logo na 1.ª edição do seu *Manuel de Droit Constitutionnel*, Duguit[1007] aludia, mobilizando inclusivamente o vocábulo alemão *Rechtsstaat*[1008], ao Estado vinculado pelo direito (*Etat lié par le droit*): partindo da conceção do Estado como pessoa jurídica, este não só gozava de direitos, como se encontrava também sujeito a deveres (onde se incluía a prossecução de fins jurídicos, em particular, a realização da solidariedade social). Embora o Autor admitisse que o legislador se encontrava vinculado a um direito escrito anterior e superior (recuperando a experiência revolucionária), a tónica irá incidir na subordinação a um "regime de legalidade"[1009]. Também Hauriou, filiando-se expressamente na doutrina alemã, vem identificar o *état de droit* (*sic*) com o Estado submetido a regime do direito (*regime du droit*, numa formulação muito próxima, embora não assumidamente, da versão, em língua francesa, do *rule of law*), reconduzindo-o, logo em seguida, à "ideia sumária que o estado de direito ou o regime do direito são a mesma coisa que o regime da legalidade", esta última definida como "um equilíbrio de todas as formas de direito estabelecido a favor da lei" ou "sob a hegemonia da lei"; destarte, o poder político assume-se com um poder juridicamente limitado, na medida em que subordinado às regras de direito positivo que ele próprio emana[1010]. A par desta dimensão, o Autor conferia, porém, um relevo decisivo ao poder judiciário, enquanto contrapeso do poder político, assegurando, assim, a submissão deste último ao direito positivo – sem que tal significasse necessariamente a adoção de uma solução à inglesa, mas permitindo

---

1007 Duguit, *Manuel...*, cit., pp. 48 e ss. (cf. também pp. 473 e ss.).

1008 Que o Autor conhecia bem e havia analisado com profundidade em *L'Etat, de Droit Objectif et la Loi Positive*, Albert Fontemoing Editeur, Paris, 1901, esp.te pp. 109 e ss..

1009 Dizendo de outro modo, a conceção do Estado como *Rechtsstaat* (acolhida, em certos termos, por Duguit) exige que o mesmo seja determinado por um fim jurídico (o fim da solidariedade social) e que, no interior das suas manifestações de vontade (*hoc sensu*, das funções jurídicas do Estado), assuma especial relevância a lei positiva, dotada de um papel preponderante na vida política e dominante de todas as demais fontes. Cf. Duguit, *L'Etat...*, cit., pp. 358 e s..

1010 Hauriou, *Principes de Droit Public*, 2.ª ed., Sirey, Paris, 1916, pp. 17 e ss., 21 e ss. (a citação pertence às pp. 19 e 27, respetivamente).

salvaguardar a dualidade entre a jurisdição civil e a jurisdição administrativa e admitindo, inclusivamente, um controlo das próprias leis[1011].

E uma tal compreensão revela-se igualmente mobilizável para outros ramos do direito público – como sucedia com o Direito Administrativo. Associando-o ao exercício de um poder de autoridade, este ramo desenvolveu-se centrado na figura do ato administrativo, que surge dotado de força jurídica imperativa, com uma capacidade de resistência própria (que lhe permite a produção estável de efeitos jurídicos no ordenamento, uma vez ultrapassado determinado prazo, ganhando força de caso decidido) e confere às entidades públicas um privilégio de execução prévia (*i. e.*, o poder de execução coativa dos atos administrativos contra os particulares incumpridores). Mas esta conceção – que encontramos acabada em Hauriou[1012] – já traduz uma consequência da construção pretoriana desenvolvida, no essencial, pelo *Conseil d'Etat*, a partir da sua ação na defesa dos direitos dos cidadãos (e, por conseguinte, uma evolução do sentido meramente negativo do direito – da lei – como limite da atividade administrativa, para uma dimensão positiva de conformação desta atuação)

Sem prejuízo de alguma diversidade de posições nesta matéria, caberá, mais tarde (embora visando também uma perspetivação histórica do problema), a Carré de Malberg[1013] a delineação de uma distinção muito impressiva entre o *Etat légal* e o *Etat de droit*, identificando este último com *Rechtsstaat* e concebendo-o (por oposição ao Estado de polícia) como submetido (e limitado), nas suas relações com os cidadãos (agora

1011 Hauriou, *Principes...*, cit., pp. 39 e ss.. A perspetiva do Autor sofreria desenvolvimentos posteriores e acabaria por ficar plasmada no seu *Magnum Opus*: o *Précis de Droit Administratif et de Droit Public* (para uma referência da evolução do estudo do Estado de direito neste manual, *v.* pp. 379 e s., esp.[te] n. 33).

1012 A personalidade que marca a conceção do modelo de Administração executiva reconduz-se a Hauriou, a quem pertence, essencialmente, a elaboração dogmática do modelo originário do sistema de Administração, consagrada na sua obra *Précis de Droit Administratif et de Droit Public*, cuja primeira edição remonta a 1892. Para uma síntese da conceção espelhada no texto, *v.* Hauriou, *Précis de Droit Administratif et de Droit Public* [12.ª ed. (1933)] (Paris: Dalloz, 2002) 20-21.

1013 Carré de Malberg, *Contribution...*, cit., tomo I, pp. 488 e ss., e, numa perspetiva de confronto imediato, pp. 490 e s..

defendidos contra o arbítrio dos poderes públicos), a um regime de direito, na medida em que a respetiva atuação se encontra disciplinada por um conjunto de regras que estabelecem os direitos dos cidadãos e que definem os meios de ação públicos. Por esse motivo, uma das características fundamentais do *Etat de droit* reconduzir-se-á não só à limitação da Administração, impedida de agir *contra legem*, mas também à subordinação das entidades administrativas à lei, vinculando-as a atuar *secundum legem* (*i. e.*, enquanto legalmente habilitadas para tal). Mas, ainda na perspetiva de Carré de Malberg, a ideia de Estado de direito permitiria ir mais além, na sua vocação de proteção dos cidadãos, assegurando-lhes, como uma espécie de *sanctio* daquelas normas legais (de)limitadoras do *agere* administrativo, o poder jurídico de recorrerem a uma autoridade jurisdicional para obter a anulação, a reforma ou a não aplicação dos atos administrativos que as violassem[1014]. Em última análise, o princípio do Estado de direito consentiria uma subordinação do próprio poder legislativo à constituição, garantindo os direitos aqui consagrados contra as ofensas perpetradas pelo próprio legislador[1015].

Por sua vez, o *Etat légal* (não traduziria primacialmente um propósito de tutela do cidadão perante o Estado, antes) exprimiria uma específica compreensão política do relacionamento entre as funções do Estado, em particular, entre os poderes legislativo e executivo, com o propósito de subordinar o segundo ao primeiro, conferindo um poder de supremacia ao legislador[1016] e reconduzindo a função administrativa exclusivamente à execução da lei[1017], entendida como a sua fonte de legitimação. No fundo, é a omnipotência do poder constituinte que encontra o seu reflexo na absolutização do poder legislativo[1018] (ou, mobilizando as

1014 Carré de Malberg, *Contribution...*, cit., tomo I, pp. 489 e s..

1015 Carré de Malberg, *Contribution...*, cit., tomo I, p. 492.

1016 Carré de Malberg, *Contribution...*, cit., tomo I, p. 492; cf. também p. 496, acrescentando o Autor que "a legislação domina completamente a administração".

1017 Enfatizando a importância do *nomen* «poder executivo», *v.* Carré de Malberg, *Contribution...*, cit., tomo I, pp. 496 e ss., esp.^{te} ns. 8 e 9 (esta última, visando esclarecer vários sentidos do vocábulo «execução», embora avançando explicitações nem sempre conciliáveis com a posição de princípio do Autor).

1018 Fioravanti, *Stato...*, cit., p. 168.

palavras da Constituição francesa de 1791, "não há em França qualquer autoridade superior à da Lei"[1019]) – aquele dos poderes constituídos que é exercido pelos representantes do povo –, obliterando uma distinção mais nítida entre legalidade constitucional e legalidade ordinária, com reflexos sensíveis na própria autonomia da constituição e na afirmação da constitucionalidade. Nesta medida, o *Etat legal* pretendia estabelecer uma hierarquização entre funções (uma singularidade que o apartava das monarquias alemãs[1020]), sem requerer, por outro lado, uma fiscalização de todos os atos do poder público (incluindo os atos legislativos)[1021]. Eis a perspetiva que havia culminado na Constituição da III República, mais precisamente no artigo 3 da Lei de 25 de fevereiro de 1875, relativa à organização dos poderes públicos – preceito que, no âmbito das competências do Presidente, previa *ex professo*, que caberia a este controlar o cumprimento (*surveiller*) e assegurar a execução (*assurer l'exécution*) das leis[1022]. Nesta medida, o *Etat légal*, mais do que representar um mecanismo destinado a oferecer um conjunto de garantias aos cidadãos, compatível com diversas formas de governo, consubstanciaria – ele próprio – uma forma de governo[1023].

Em suma, também na construção francesa, a evolução da ideia de subordinação do Estado ao direito acabaria por desembocar na defesa da supremacia da lei em face da Administração, cuja atividade se reconduzia à estrita execução daquela, conhecendo, como concretizações

---

1019 Atente-se na força da negativa, no original, em língua francesa: "il n'y a point en France d'autorité supérieure à celle de la Loi", a que acresce ainda "le roi ne règne que par elle, et ce n'est qu'au nom de la loi qu'il peut exiger l'obéissance" (título III, capítulo II, secção I, artigo 3).

1020 Carré de Malberg, *Contribution...*, cit., tomo I, p. 491.

1021 Admitindo apenas o recurso contencioso contra atos administrativos: Carré de Malberg, *Contribution...*, cit., tomo I, p. 493.

1022 Reportamo-nos, evidentemente, ao segmento da norma atinente às competências presidenciais no âmbito da função administrativa. O preceito contemplava ainda outros poderes: "O presidente da República tem [o poder de] iniciativa das leis, em concorrência com os membros das duas câmaras. Ele promulga as leis logo que estas forem votadas pelas duas câmaras; controla o cumprimento e assegura a sua execução. Tem o direito de graça; as amnistias apenas podem ser concedidas por lei. Dispõe da força armada. Nomeia todos os funcionários civis e militares. Preside às solenidades nacionais; os enviados (*envoyés*) e embaixadores das potências estrangeiras são acreditados junto do presidente. Todos os atos do presidente da República devem ser contra-assinados por um ministro".

1023 Carré de Malberg, *Contribution...*, cit., tomo I, p. 491.

primordiais, o princípio da legalidade administrativa (no plano material-substantivo, com a lei a definir o quadro e os limites da atuação da Administração Pública[1024]) e o princípio da supremacia do parlamento (no plano organizatório)[1025]. Se o juiz e o executivo se encontravam "dominados" pela subordinação à lei (enquanto único referente jurídico), o legislador permanece incontrolado, não se vislumbrando ainda qualquer mecanismo de controlo da constitucionalidade[1026].

4.3. *Rule of law* em Inglaterra

O ordenamento inglês consubstancia, como se sabe, um sistema da *Common Law*, onde o direito tem a sua base constitutiva na jurisdição, integrando, nessa medida, o tipo de experiência jurídica jurisdicional[1027] – precisamente aquela em que o direito "[se constitui] e [se manifesta] enquanto se realiza"[1028]. Não se estranhará, assim, que o direito inglês sublinhasse o relevo desta (e a subordinação de todos a esta) *Common law*: não do direito autoritariamente pré-posto (imposto) pelo poder político, mas antes de um sistema jurídico que se havia formado pela sedimentação da experiência (mesmo da experimentação jurisdicional) ao longo dos séculos e cinzelado pela atividade de gerações de juristas e, sobretudo, de juízes, o qual, por conseguinte, se autonomiza igualmente da vontade do soberano (o príncipe ou qualquer outra entidade). Subjacente à *Common law* também estava a tutela das *liberties*; simplesmente, ao invés de esta proteção se encontrar cometida, em exclusivo,

---

1024 *V.* Chevallier, *L'Etat...*, cit., p. 14.

1025 Cf. já Berthelemy, «De l'Exercice...», cit., pp. 213 e s. (num exercício argumentativo que coloca administração e jurisdição necessariamente subordinados ao legislador – cf. *Op. cit.*, pp. 215 e ss., em comentário a situações concretas).

1026 Salientando, por este motivo, que se estava diante de um "Estado de direito inacabado", *v.* Redor, *De l'Etat...*, cit., p. 15.

1027 Sobre os tipos fundamentais da experiência constituinte do direito, *v.* Castanheira Neves, «Fontes do Direito», in: *Digesta...*, cit., pp. 15 e ss., esp.te, sobre a experiência jurídica jurisdicional, pp. 29 e ss., 35 e ss.; Fernando José Bronze, *Lições...*, cit., pp. 690 e ss., esp.te, pp. 697 e ss. – Autores que seguimos de perto.

1028 Castanheira Neves, «Fontes...», cit., p. 29.

a uma assembleia que, através da lei (expressão de uma *voluntas*), assumia a tarefa de as proteger (e mesmo de as conformar), a garantia das liberdades resultava de uma Constituição que fora surgindo através de contributos vários (e não sempre necessariamente através da intervenção de um ato do parlamento)[1029].

Tratando-se, pois, de um sistema casuístico (assente na prudencial mediação concretizadora e normativo-constitutiva do juiz, no horizonte da decisão (judicativa) das controvérsias juridicamente relevantes), facilmente se compreenderá que, na versão inglesa, o *rule of law* pusesse o acento tónico nas garantias (nos mecanismos de defesa, sobretudo, jurisdicionais – os *remedies*) que os indivíduos tinham ao seu dispor para tutela das *liberties*. O constitucionalismo informado pelo *rule of law* não se basta com a mera declaração dos direitos (que, *per se*, pode nada garantir); demanda ainda (e sobretudo) a existência de remédios destinados a protegê-los.

A partir de 1885, a teorização dogmática do *rule of law* encontra em Dicey[1030] uma expressão fundamental, na medida em que aparece (a par da soberania do parlamento) erigida num dos pilares da Constituição inglesa, com raízes que, em harmonia com a historicidade predicativa do modelo, o Autor faz remontar aos normandos. É a dicotomia entre estes dois pilares (*rule of law* e supremacia parlamentar[1031]) que permitirá compreender o específico papel do *rule of law*, dotado de um específico conteúdo material ou substancial, que constitui o resultado de um *acquis* construído durante séculos: por um lado, o princípio *nullum crimen sine lege*, que consubstancia a epítome da reação contra um poder de coação arbitrário e opressor[1032]; por outro lado, o princípio da igualdade perante a lei, a implicar a subordinação de todos os cidadãos à lei do reino e à jurisdição dos tribunais ordinários[1033]; por último, o reconhecimento de

1029 Cf. também Pietro Costa, «The Rule...», cit., p. 83.

1030 Dicey, *An Introduction...*, cit., pp. 179 e ss..

1031 Dicey (*An Introduction...*, cit., pp. 402 e ss., 406 e ss., respetivamente) sublinha que a supremacia do Parlamento não só favorece o *rule of law*, como é seu pressuposto.

1032 Dicey, *An Introduction...*, cit., pp. 183 e s..

1033 Dicey, *An Introduction...*, cit., pp. 189 e s..

que os princípios fundamentais da Constituição inglesa (entre os quais se contam os direitos e as liberdades) derivam das decisões judiciais, que, ao longo dos tempos, foram "descobrindo"[1034] os direitos individuais em casos concretos julgados pelos tribunais, cujas *rationes decidendi* se generalizaram, permitindo afirmar que a própria Constituição inglesa se baseia em decisões (eventual, mas não necessariamente, confirmadas, *a posteriori*, por atos do parlamento – como sucedeu, *v. g.*, com o *Habeas Corpus Act*)[1035].

Não se ignora que o constitucionalismo inglês convive com a centralidade da atividade parlamentar – o que não surpreenderá se, invocando também Dicey[1036], atentarmos na circunstância (de que também já fomos dando nota) de que a doutrina da supremacia do parlamento (*hoc sensu*, o corpo constituído pelo Rei, pela Câmara dos Lordes e pela Câmara dos Comuns[1037]), órgão dotado de "autoridade legislativa ilimitada"[1038], constitui a pedra angular (*keystone*) da Constituição inglesa. Neste sentido, por se tratar do órgão com responsabilidade na feitura (mas também na eliminação) das leis, não se encontraria limitado por qualquer lei, sendo à luz desses *acts of Parliament* que os juízes solucionarão os casos concretos[1039]. a ninguém (*hoc sensu*, a nenhuma autoridade) se conferia o

---

1034 Lembre-se um dos aforismos do constitucionalismo inglês, segundo o qual aCconstituição inglesa não foi feita, mas cresceu: "*the constitution has not been made, it has grown*" (também invocado por Dicey, *An Introduction...*, cit., p. 191). Trata-se, naturalmente, de uma metáfora – mas a sua natureza apodítica não deixou de impressionar negativamente Stuart Mill («Considerations...», cit., pp. 375 e s.), salientando, sob a inspiração de Walter Scott, que as instituições políticas não se asselharem a árvores que crescem enquanto os homens dormem; pelo contrário, não só o seu nascimento e a sua específica configuração, como também a respetiva evolução, dependem do agir humano. Simplesmente, e regressando ao tema do texto, o impulso humano foi dado pelo juiz e não pelo legislador constituinte.

1035 Dicey, *An Introduction...*, cit., pp. 191 e ss.. Precisamente ao contrário, como o Autor evidenciava, do que havia acontecido, *v. g.*, no constitucionalismo francês, em que os direitos individuais só estavam garantidos em virtude das disposições constitucionais (autoritariamente im-postas e pré-postas) que os consagravam. Em certo sentido, poder-se-á afirmar que a evolução da tutela jusfundamental inglesa segue um modelo *bottom-up*, enquanto, no continente, a tendência aponta no sentido de uma afirmação dos direitos num movimento *top-down*.

1036 Dicey, *An Introduction...*, cit., p. 68.

1037 Dicey, *An Introduction...*, cit., p. 69. *V.* também Pollock, «Sovereignty in English Law», in: *Harvard Law Review*, n.º 5, vol. VIII, 1894, p. 248.

1038 Dicey, *An Introduction...*, cit., p. 39; Blackstone, *Commentaries...*, cit., pp. 160 e s..

1039 Dicey, *An Introduction...*, cit., pp. 69 e ss..

poder de afastar uma lei aprovada pelo Parlamento, estando os tribunais vinculados a aplicá-la e devendo-lhe obediência[1040]. Daí a celebérrima máxima – devida a De Lolme[1041], na sua análise da Constituição inglesa – segundo a qual "o parlamento pode tudo, exceto fazer uma mulher a partir de um homem, e vice-versa". Em estreita consonância com tal perceção, o princípio da supremacia do Parlamento surge sempre conjugado com o *rule of law*, entendendo-se como seu pressuposto constitutivo e, neste sentido, enquanto (um dos elementos tido como) indispensável para garantir a subordinação dos poderes públicos ao direito[1042].

Todavia, não só a ideia da supremacia parlamentar coexistia, em certos momentos, com a conceção segundo a qual o parlamento não teria um poder *totalmente* ilimitado (encontrando-se, desde logo, impedido

1040 Assim, DICEY, *An Introduction...*, cit., p. 38. Ou, na síntese do mesmo Autor, "não há nenhum poder, à luz da Constituição inglesa, que possa rivalizar com a soberania legislativa do Parlamento" (*Op.* cit., p. 58). DICEY (*An Introduction...*, cit., p. 88) elenca, de modo expresso, as características que permitem identificar um parlamento (enquanto um dos órgãos incluído no conceito mais amplo de *law-making body*) não soberano e que acabam por se reconduzir às consequências essenciais do reconhecimento do princípio da constitucionalidade ou da supremacia da constituição – a saber, a existência de normas relativas à sua composição e competências que não podem ser livremente alteradas; a distinção entre leis ordinárias e leis fundamentais (ou constitucionais); e a previsão de mecanismos de controlo (jurisdicional ou de outra natureza) da constitucionalidade das normas aprovadas pelo parlamento. Por sua vez, POLLOCK («The Sovereignty...», cit., pp. 250 e s.) sublinha a originalidade do entendimento do princípio da soberania do parlamento no específico contexto inglês, salientando que o mesmo não quadra a outros sistemas jurídicos, nomeadamente aos que dispõem de uma constituição rígida (a que os atos do legislador se hão de subordinar).

1041 DE LOLME, *Constitution...*, p. 148, n. 1 (no original: *"c'est un principe fundamental chez les gens de robe de ce pays-là, que le parlement peut tout, excepté faire une femme d'un homme, et* vice versa"); uma expressão cujo sentido original, contextualmente compreendido, parece ir bem mais além do que resulta da sua posterior referência e tradução, em língua inglesa, por DICEY (*An Introduction...*, cit., p. 41): *"it is a fundamental principle with English lawyers, that Parliament can do everything but make a woman a man, and a man a woman"*.
Trata-se, porém, de um bordão que já vinha sendo repetido, pelo menos desde o século XVIII, e, de forma muito enfática, por BLACKSTONE (*Commentaries...*, cit., pp. 160 e s.): "[o Parlamento, na sua formação compósita – *King-in-Parliament*] tem uma autoridade soberana e incontrolável na elaboração, confirmação, alargamento, restrição, abrogação, desaplicação, repristinação e na interpretação das leis, relativas a matérias com todas as denominações possíveis, eclesiásticas ou temporais, civis, militares, marítimas ou criminais: este é o local em que o poder absoluto e despótico – que, em qualquer governo, tem de residir em algum lado – está confiado pela constituição destes reinos".
Para outras referências, inclusive de períodos anteriores, cf., *v. g.*, TILLET, *La Constitution Anglaise, un Modèle Politique et Institutionnel dans la France des Lumières*, Presses Universitaires d'Aix-Marseille, Aix-en-Provence, 2001, Parte I, Título II, Capítulo II, Secção I, § 1, n.º de margem 12.

1042 DICEY, *An Introduction...*, cit., pp. 402 e ss..

de adotar medidas tirânicas), como também os *acts of Parliament* estavam sujeitos, na experimentação a que se encontravam submetidos para a decisão de casos concretos, à prudencial mediação jurisdicional. Daí o relevo que a última dimensão substancial do *rule of law* assume para o constitucionalismo inglês: se o próprio Dicey[1043] admitia que se poderiam tutelar as liberdades quer através da sua consagração positivada num texto constitucional (declarações de direitos), quer mediante a sua descoberta a partir da jurisprudência, não deixava de acentuar que a solução inglesa se encontrava menos dependente das conjunturas (que ditariam a existência deste ou daquele direito) e acentuava a importância da construção de esquemas, de *remédios* ao abrigo dos quais tais liberdades se encontravam efetivamente protegidas.

Eis o ponto em que *rule of law* e *Rechtsstaat* (na conceção mais próxima da Escola Histórica) se encontram: se, no constitucionalismo alemão, a limitação da atividade do parlamento resultava da confiança (otimista) no povo e no devir histórico, no constitucionalismo inglês, os limites dos *acts of Parliament* decorriam da circunstância de que, na prática, aqueles pressupunham a mediação da interpretação do juiz que, a final, os reconduziria ao respeito pela *law of the land*, progressivamente sedimentada pela *praxis* jurisprudencial.

4.4. *Rule of law* nos Estados Unidos

A subordinação do poder público ao direito conhece no sistema norte-americano uma outra perspetiva, sob o mote inaugurado pela Constituição de Massachusetts de 1780, no sentido da construção de um *government of laws, not of men* (cf. artigo XXX da Parte I)[1044]. Eis-nos

1043 Dicey, *An Introduction...*, cit., pp. 193 e s..

1044 Nos termos deste preceito (que consagra o princípio da separação de poderes), "no governo desta comunidade (*commonwealth*), o departamento legislativo nunca deve exercer os poderes executivo e judicial, ou qualquer um deles; o executivo nunca deve exercer os poderes legislativo e judicial, ou qualquer um deles; o poder judicial nunca deve exercer os poderes legislativo e executivo, ou qualquer um deles; até ao fim, será um governo de leis e não de homens". Cf. também Adams, «Thoughts...», cit., p. 194 (considerando que a definição

diante de um aspeto o qual se revela na afirmação (quase panfletária) de Paine[1045], segundo a qual "na América, a lei (*the law*)[1046] é Rei", visto que, "se nos governos absolutos, o rei é a lei, nos países livres, a lei tem (*ought*) de ser rei, e não pode existir nenhum outro", ou muito especialmente na interrogação de Wilson[1047] sobre o perigo da existência de um "despotismo legislativo" (*legislative despotism*) – o que, afinal, acabaria por conduzir a uma atitude de veneração reverente perante a Constituição (*worship of the Constitution*[1048]), a que não teria sido alheio o período de prosperidade (também económica) que se seguiu à sua adoção[1049].

Comungando, com o modelo francês, da necessidade de elaboração de uma Constituição *escrita* (positivadora dos vários direitos fundamentais)[1050], e assemelhando-se ao ordenamento inglês na dupla medida em que reconhece a *constitution* como um elemento fundamental no equilíbrio dos poderes para a preservação das liberdades[1051], e em que,

de "república" se identifica precisamente com *"an empire of laws, not of men"*, sem deixar de reconduzir esta ideia ao pensamento filosófico-político inglês dos séculos XVII e XVIII).

1045 Paine, *Political Writings*, Cambridge University Press, Cambridge, 2000, p. 28.

1046 Aqui concebida como o *sovereign power*, distinto do *legislative power*: sobre os reflexos desta dissociação entre *sovereign* e *legislative power*, v. Stourzh, «The Declarations...», cit., pp. 356 e ss..

1047 Refletindo sobre a necessidade de restringir o poder legislativo, James Wilson [Farrand (ed.), *The Records of the Federal Convention of 1787*, vol. I, Yale University Press/Oxford University Press, New Haven/London, 1911, p. 254] entende que só a imposição de limites ao executivo se revelaria suscetível de garantir a estabilidade e as liberdades, na medida em que o despotismo pode surgir sob diversas formas, entre as quais, como "despotismo legislativo"; por este motivo, defendia a criação de um parlamento bicameral.

1048 A expressão alude à epígrafe do emblemático Capítulo II de Von Holst, *The Constitutional and Political History...*, cit., pp. 64 e ss.. Sob uma perspetiva muito crítica (que ressalta a "ingenuidade" dos pensadores da época na sua "admiração incondicional pela Constituição", qualificada também como "ruinosa idolatria"), o Autor disserta sobre as várias facetas desta veneração, acentuando que a mesma se revelava, *inter alia*, na conceção de que o texto constitucional não só era o melhor para os Estados Unidos, mas se assumia como uma obra-prima de aplicação universal; na sua compreensão como "Bíblia política do povo", enquadrando toda a sua existência; no entendimento de que todos estes fatores resultavam da circunstância de a elaboração da Constituição haver resultado do contributo dos *Fathers*, aos quais acabam por retirar a sua dimensão humana, reconduzindo-os a "fenómenos históricos isolados de pureza de intenções e de sabedoria política" (*Op.* cit., p. 70).

1049 Salientando este aspeto, Corwin, «The "Higher Law"...», cit., pp. 150 e s..

1050 Contribuindo para a «constitucionalização dos direitos fundamentais»: cf. Stourzh, «The Declarations...», cit., pp. 350 e s., e, especificamente quanto às declarações ou listas de direitos existentes nas colónias norte-americanas mesmo antes de 1776, *Op.* cit., pp. 351 e ss..

1051 E estamos a parafrasear um dos sentidos que os colonos norte-americanos atribuíam, em meados do século XVIII, à Constituição inglesa, de acordo com Adams, «On the British

consubstanciando um sistema de *Common law*, ainda herdou traços das mais inovadoras conceções jurídico-político-filosóficas que pontificaram durante o século XVII britânico, o debate em torno do sentido do texto constitucional revelaria a discrepância entre Federalistas e Antifederalistas, em particular, no que tange ao papel (e à força) do poder federal (essencialmente, em matéria militar e fiscal) sobre os poderes estaduais, com o propósito de garantir estabilidade e ordem[1052].

Ainda assim, torna-se viável a identificação do contributo determinante dos Estados Unidos para a compreensão da *rule of law*, o qual se reconduz à afirmação da parametricidade das normas constitucionais (consentânea com a reação contra a supremacia parlamentar) e, em especial, à criação de um meio jurisdicional destinado a assegurar essa superioridade hierárquica e, através dela, a submissão dos poderes públicos (em especial, do legislador) ao direito e às liberdades fundamentais[1053] – um mecanismo que, em consonância com as raízes anglo-saxónicas que o predicam, haveria de representar uma construção da jurisprudência e de assumir o valor de *binding precedent*. Reportamo-nos, evidentemente, à *judicial review of legislation*, inaugurada pela decisão proferida no caso *Marbury versus Madison*.

Portanto, ao relevo conferido à constituição formal enquanto traço fundamental do *rule of law* norte-americano não se revela alheia a evolução de sentido do constitucionalismo inglês, à importância atribuída por este último ao reconhecimento dos direitos (embora revelados, e não,

---

Constitution (The Earl of Clarendon to William Pym. No. III)», in: ADAMS (ed.), *The Works of John Adams*, vol. III, Charles C. Little and James Brown, Boston, 1851, p. 477 (aludindo à posição daqueles para quem a Constituição inglesa representava "a mais perfeita combinação dos poderes humanos numa sociedade, que a sabedoria finita inventou e pôs em prática, para a preservação da liberdade e a criação da felicidade").

1052 Muito desenvolvidamente, EDLING, *A Revolution in Favour of Government: Origins of the U.S. Constitution and the Making of the American State*, Oxford University Press, Oxford, 2003, *passim*. Sobre o caráter compromissório, a este propósito, do texto original da Constituição de 1787, *v.* FRUCHTMANN, *American Constitutional History: A Brief Introduction*, Wiley/Blackwell, Chichester, 2016, pp. 12, 16 e ss..

1053 Ainda que estas apenas tenham visto consagração constitucional com as primeiras emendas, em parte devido à influência do Antifederalista George Mason, mas também de Thomas Jefferson. Recorde-se que Hamilton considerava já a própria Constituição como um *bill of rights* (Federalist No. 74). VER bibliografia

como agora, necessariamente positivados) e à existência de remédios para os garantir. Assim, não obstante a ausência de contemporaneidade entre o nascimento da Constituição dos Estados Unidos e a introdução de um *bill of rights* (que só começaria a despontar com as nove primeiras emendas, de 1791)[1054], uma das marcas caracterizantes do *rule of law* norte-americano consiste na proteção constitucional positiva(da) dos direitos e das liberdades[1055]. Na verdade, desde a seminal assembleia de 21 de outubro de 1776, reunida em Concord (Massachussetts), que a Constituição surge definida como traduzindo a ideia de "um sistema de princípios estabelecido para assegurar ao sujeito a titularidade e o gozo dos seus direitos e privilégios, contra qualquer invasão perpetrada pelos governantes"[1056] – o que implicaria, como consequência, a impossibilidade de alteração do texto constitucional pelo legislador ordinário, porquanto só assim se alcançaria uma verdadeira (e efetiva) proteção daqueles direitos[1057].

O sentido e o valor conferidos à Constituição revelam-se consonantes com a experiência histórico-jurídica determinante da própria independência dos Estados Unidos, dirigida à reação contra o "insolente

1054 Como decorre do texto, esta referência não ignora o relevo conferido, durante todo o processo que conduziu à independência dos Estados Unidos, às diversas declarações de direitos emanadas em vários dos momentos naquele horizonte histórico: considerem-se, como exemplos paradigmáticos, o *Virginia Bill of Rights*, de 12 de junho de 1776 ou a Declaração de Independência, de 4 de julho de 1776 [ambos os documentos in: Morison (ed.), *Sources and Documents Illustrating the American Revolution 1764-1788 and the Formation of the Federal Constitution*, Oxford University Press, Oxford, 1965, pp. 149 e ss., 157 e ss. respetivamente). *V.* também as observações de Stourzh, «The Declarations…», cit., pp. 351 e ss., aludindo às raízes mais fundas dos catálogos de direitos nos Estado Unidos.

1055 Sem prejuízo da necessária contextualização temporal do reconhecimento destes direitos e do respetivo sentido – por este motivo, talvez se afigure totalmente justa a crítica desferida a um tal entendimento por Casalini [«Popular Sovereignty, the Rule of Law, and the "Rule of Judges" in the United States», in: Costa/Zolo (eds.), *The Rule…*, cit., p. 203], considerando que a visão salientada não corresponde senão a uma consideração parcial da história norte-americana, porquanto oblitera a circunstância de a titularidade dos direitos não abranger as mulheres, os afroamericanos ou os índios.

1056 Cf. «Concord Town Meeting demands a Constitutional Convention, 21 October 1776», in: Morison (ed.), *Sources…*, cit., pp. 176 e s.: *"we conceive that a Constitution in its proper idea intends a system of principles established to secure the subject in the possession and enjoyment of their rights and privileges, against any encroachments of the governing part"* (a citação pertence à p. 177, § 2).

1057 Cf. «Concord Town Meeting…», cit., p. 177, § 2, *in fine*.

despotismo"[1058] do parlamento inglês, cuja tirania se associava a atuações abusivas, quer dirigidas especificamente às colónias[1059], quer relacionadas com o funcionamento do próprio sistema de governo britânico (como sucedeu, por excelência, com o *Septennial Act*, de 1715-1716[1060], claramente demonstrativo, na perspetiva norte-americana, da ausência de uma distinção – imprescindível, sob o ponto de vista jurídico-constitucional – entre Constituição e atos do poder constituído[1061]). Não se estranhará, pois, que esta conjuntura viesse a propiciar uma "dissociação entre a soberania e o poder legislativo"[1062], que conhece uma refração decisiva na diferença (ou na distância) entre a Constituição (cuja elaboração se deve a uma manifestação da soberania do povo) e o poder legislativo do Congresso. Ademais, a subordinação deste à primeira não só é anterior à

1058 IREDELL, «To the Public», in: MCREE, *Life and Correspondence of James Iredell, One of the Associate Judges of the Supreme Court of the United States*, vol. II, D. Appleton and Company, New York, 1858, p. 146.

1059 JEFFERSON (*A Summary Review...*, cit., p. 9) acentuava justamente (a propósito das restrições impostas ao comércio com as colónias) que ao Parlamento inglês estava a ser conferido "um poder incontrolado", esclarecendo que "a história vem informando que os corpos constituídos por homens, tal como os indivíduos, são suscetíveis ao espírito da tirania". Considerando que a atuação daquele órgão extravasava o seu âmbito de jurisdição (qualificando-a como "exercício de um poder usurpado"), o Autor qualificava já os respetivos atos como nulos (*void*) (*Op.* cit., p. 11).

1060 Sem prejuízo das diversas alterações ocorridas no que respeita à duração dos parlamentos (*hoc sensu*, das legislaturas), o *Septennial Act* revogou o *Triennal Act*, de 1694, que fixava o limite máximo daquele período em três anos, estabelecendo agora (e aplicando retrospetivamente ao parlamento em funções) um mandato de sete anos. Cf. MAITLAND, *The Constitutional History...*, cit., pp. 292 e ss., esp.te p. 296, e pp. 373 e s., esclarecendo que se trata de uma "excelente ilustração da supremacia do parlamento" (*Op.* cit., p. 374).

1061 Cf. MADISON [«The Federalist No. 53: On the House of Representatives (February 9, 1788)», in: BLAISDELL (ed.), *Selected Federalist Papers*, Dover Publications, New York, 2001, p. 126], enfatizando o relevo da distinção ("tão bem compreendida na América", mas desconhecida na Grã-Bretanha) entre "uma Constituição estabelecida pelo povo e inalterável pelo governo, e o direito estabelecido pelo governo e alterável pelo governo" – o que teria levado o parlamento inglês a modificar os princípios fundamentais do sistema político, exemplificando o Autor precisamente com o caso em que aquele órgão, através de um ato legislativo por ele adotado, prolongou o próprio mandato por mais quatro anos, sem a realização de eleições (o *Septennial Act*, a que nos referimos em texto e na nota anterior). Daí o relevo do reconhecimento da autoridade de uma *"paramount Constitution"* (*Op.* cit., p. 127). *V.* também HAMILTON, «The Federalist No. 78: On the Judiciary Department (May 28, 1788)», in: BLAISDELL (ed.), *Selected Federalist Papers*, Dover Publications, New York, 2001, p. 174 (a que voltaremos, já a seguir, em texto).

1062 STOURZH, «The Declarations...», cit., p. 356, enfatizando as raízes desta dissociação, também em confronto com as realidades inglesa e francesa.

própria redação da constituição formal (no sentido de associar o conceito de constituição a um *design* institucional do poder político e da garantia das liberdades, imune às ofensivas do legislador)[1063], como também, mais tarde, encontra uma tradução literal logo no início da Primeira Emenda, que começa precisamente por estabelecer limites à ação daquele órgão, proibindo que o Congresso emane qualquer lei que ofenda a liberdade religiosa, a liberdade de expressão e de imprensa, o direito de reunião e o direito de petição[1064]. A própria noção de inconstitucionalidade encontra raízes no período imediatamente anterior à independência, como demonstrou a crise ocasionada pela emanação do *Stamp Act*, de 1765[1065] – o primeiro diploma a ser qualificado, de forma expressa, como inconstitucional por um órgão judicial, no mundo anglo-saxónico[1066].

Todavia, em termos jurídico-filosófico-políticos, a específica supremacia constitucional norte-americana resultava quer do entendimento de que a Constituição incorporava, senão verdades teoréticas[1067], pelo menos, as dimensões axiológicas fundamentais do Estado (e, como tal, imutáveis), às quais as leis (humanas) deveriam obedecer, quer, mais tarde, da circunstância de a sua emanação radicar na vontade popular (como recordariam as suas palavras iniciais: *We, the People*)[1068], fruto também da adoção de procedimentos constituintes representativos. Em 1795, e de forma muito impressiva, a *Supreme Court* definia a Constituição, simultaneamente em

---

1063 Cf. Bailyn, *The Ideological Origins...*, cit., p. 68.

1064 "Congress shall make no law *respecting an establishment of religion, or prohibiting the free exercise thereof; or abridging the freedom of speech, or of the press; or the right of the people peaceably to assemble, and to petition the Government for a redress of grievances*".

1065 Sobre este ato legislativo e a contestação que originou no plano jurídico-constitucional e, consequentemente, na *praxis* jurisprudencial da época, cf., por todos Nelson, *E Pluribus Unum: How the Common Law Helped Unify & Liberate Colonial America. 1607-1776*, Oxford University Press, Oxford, 2019, pp. 218 e ss..

1066 Assim, Stourzh, «The Declarations...», cit., p. 358, aludindo a uma decisão do *Northampton County Court of Virginia*, de fevereiro de 1766; sobre esta decisão, *v.* ainda Hamburger, *Law and Judicial Duty*, Harvard University Press, Cambridge/London, 2008, pp. 276 e s.. Repare-se, porém, que, um pouco por todos os Estados, os tribunais já vinham concluindo pela nulidade da lei, apontando-a como *void* (desta orientação nos dá conta, *v. g.*, Nelson, *E Pluribus Unum...*, cit., pp. 220 e ss.).

1067 *V.* Holst, *The Constitutional and Political History of the United States*, vol. I, Callaghan and Company, Chicago, 1889., p. 69.

1068 Cf. Corwin, «The "Higher Law"...», cit., p. 152.

termos materiais e formais, como "a forma de governo, delineada pela mão poderosa do povo, na qual se estabelecem alguns dos princípios primeiros das leis fundamentais. A Constituição é certa e fixa; contém a vontade permanente do povo, e é lei suprema do Estado; é paramétrica relativamente ao poder legislativo, e só pode ser revogada ou alterada pela autoridade que a fez"[1069]. Mais de vinte anos depois, o mesmo Tribunal, reforçando a visão sincrética do texto constitucional norte-americano, acentuava que a respetiva natureza pressupunha que dele constassem os grandes princípios e fundamentos, rejeitando a respetiva transformação num código prolixo, insuscetível de apreensão pelos cidadãos[1070].

Associado a este vetor, a especificidade do *rule of law* norte-americano cifra-se, como adiantámos, no reconhecimento do poder-dever jurisdicional de controlo da constitucionalidade dos atos dos poderes constituídos (em particular, do legislador). Subjacente àquele instituto encontra-se a ineliminável conexão entre o *rule of law* e o sistema de *checks and balances* pressuposto pela constituição norte-americana. O reconhecimento da competência dos tribunais para afirmarem a contrariedade entre a Constituição e uma norma aprovada pelo poder legislativo representa uma das bases do constitucionalismo norte-americano, tendo aparecido, como acabámos de salientar, mesmo em momento anterior ao da independência e da elaboração da Constituição federal: em perfeita coerência com a preocupação em reagir contra a omnipotência parlamentar, o poder legislativo surgia concebido como uma criação ou "criatura da Constituição"[1071], pelo que um ato daquele que contrarie esta é *void*; por sua vez, encontrando-se os tribunais vinculados a agir em conformidade com as *laws of the State*, entre as quais se incluíam

1069 «Vanhorne's Lessee *v.* Dorrance», cit., p. 308 (efetuando o contraponto com a Constituição inglesa). O relevo da citação justifica a transcrição do original: *"What is a Constitution? It is the form of government, delineated by the mighty hand of the people, in which certain first principles of fundamental laws are established. The Constitution is certain and fixed; it contains the permanent will of the people, and is the supreme law of the land; it is paramount to the power of the Legislature, and can be revoked or altered only by the authority that made it"*.

1070 «McCulloch v. Maryland», in: *United States Reports*, vol. 17, 1819, p. 407.

1071 Expressão igualmente recuperada pela *Supreme Court* no caso seminal «Vanhorne's Lessee *v.* Dorrance», in: *United States Reports*, vol. 2, 1795, p. 308.

as normas constitucionais (que *apenas* se diferenciavam das restantes pela sua natureza de *fundamental law*), não poderiam obedecer a leis nulas, na medida em que tal implicaria desobedecer à lei superior que os obriga e, em última análise, redundaria numa atuação que extravasaria os limites legais do exercício do seu poder[1072].

Os *Founding Fathers* apontavam igualmente nesta direção. Considere-se, de modo paradigmático, a (aparentemente contraditória, mas propositadamente conciliadora) posição de Hamilton. Nas vésperas da independência, Hamilton[1073] não se coibia de defender que o poder judicial seria sempre o menos perigoso para os direitos políticos consagrados na Constituição (*"the least dangerous to the political rights of the constitution"*), na medida em que não teria capacidade para os afetar ou ofender. Neste sentido, o poder judicial não empunhava a espada, nem comandava a bolsa, pelo que, em rigor, dele se poderia afirmar que não era nem Força (*Force*), nem Vontade (*Will*), mas simples Julgamento (*Judgement*). Por este motivo, concluía Hamilton, o poder judicial era o mais fraco dos três, nunca podendo atacar com sucesso qualquer dos outros dois. Mas deste arrazoado emergia uma consequência determinante: a insusceptibilidade de o poder judicial pôr em causa as liberdades dos cidadãos e a sua inerente independência que lhe permitiria assumir-se como "a cidadela da justiça pública e da segurança pública"[1074]. Se a supremacia da Constituição determinava impreterivelmente a invalidade dos atos que a contrariassem[1075], então, o poder judicial desempenharia a tarefa

1072 IREDELL, «To the Public», cit., pp. 146 e 148. Enquanto *Associate Justice* da *Supreme Court*, Iredell haveria de retomar esta argumentação (ainda que de forma mais cautelosa, designadamente quanto às hipóteses em que o tribunal poderia afirmar a nulidade de uma lei com fundamento na sua contrariedade com a Constituição, referindo-se, *v. g.*, a casos nítidos e urgentes) na declaração de voto aposta ao caso «Calder *v.* Bull», de 1798 (in: *United States Reports*, vol. 3, 1798, pp. 398 e ss., esp.[te] p. 399); no texto da decisão, o *Associate Justice* Chase escusava-se à apreciação do problema de saber se integrava o âmbito da jurisdição da *Supreme Court* decidir se uma lei do Congresso contrária à Constituição federal era *void*, mas afirmava expressamente que não competia àquele Tribunal apreciar se padecia de nulidade uma lei estadual incompatível com a constituição do mesmo estado – cf. p. 392).

1073 HAMILTON, «The Federalist No. 78...», cit., p. 173.

1074 HAMILTON, «The Federalist No. 78...», cit., pp. 173 e s..

1075 Na verdade, afirmava HAMILTON («The Federalist No. 78...», cit., p. 174), adotar uma posição contrária significaria admitir que os representantes do povo seriam superiores ao

de intermediário ente o povo e o legislador, no contexto do exercício da função (que lhe é própria) de intérprete do direito e, em particular, da Constituição, concebida, pelos tribunais, como lei fundamental – pelo que, em caso de incompatibilidade insanável entre uma norma emanada do poder legislativo e uma norma constitucional, sobre o juiz impenderia o dever de preferir a segunda à primeira. E tal não implica uma contradição com o ponto de partida, *i. e.*, a negação ao poder judicial de uma autoridade superior à do poder legislativo; exprime tão-só a superioridade do poder do povo, que se impõe, em simultâneo e de modo idêntico, ao legislador e ao juiz, impedindo aquele de emanar normas contrárias à lei fundamental e este (enquanto exteriorização do *Judgment*) de as aplicar[1076].

A sentença lavrada pelo *Chief Justice* Marshall assume-se, neste contexto, como o culminar[1077] de uma retórica argumentativa que representa uma consequência do específico sentido do *rule of law* norte-americano (incluindo o alcance da independência do poder judiciário[1078]), afirmando-se, *expressis verbis*, que os *framers* das constituições escritas sempre as conceberam como constituindo a "lei fundamental e suprema da nação" (*fundamental and paramount law of the nation*), daí decorrendo a teoria segundo a qual um ato que viole a constituição é nulo (*void*) e deve ser desaplicado pelo poder judicial – uma consequência que, para o Tribunal, se afigura essencialmente inerente a uma constituição escrita (sobretudo num país que lhe devota tanta reverência) e um dos princípios fundamentais da conformação político-jurídico-constitucional norte-americana[1079]. A garantia da constituição através da fiscalização da constitucionalidade reconduz-se, pois, a um mecanismo que viabiliza

---

próprio povo, ou que a Constituição viabilizaria aos representantes substituir a vontade dos seus constituintes pela sua.

1076 HAMILTON, «The Federalist No. 78...», cit., pp. 175 e s..

1077 Ancorada também em jurisprudência anterior: para uma revisão das decisões judiciais da *Supreme Court* anteriores ao caso *Marbury vs. Madison*, em que a questão surge tratada, *v.* o completo estudo de TREANOR, «Judicial Review before *Marbury*», in: *Stanford Law Review*, vol. 58, novembro 2005, pp. 455 e ss., esp.[te] pp. 474 e ss..

1078 Salientando esta nota, ROBERTSON, «The Constitution...», cit., p. 39.

1079 *V.* «Marbury v. Madison», in: *United States Reports*, vol. 5, 1803, pp. 137 e ss. (pp. 176 e ss.).

a estabilidade e coerência de um sistema jurídico que confere às normas constitucionais uma posição de supremacia face às demais. Estamos diante de uma dimensão da *estadualidade de direito* (se quisermos utilizar esta expressão da forma ampla como a tomámos no início deste ponto), que erige os tribunais nos "baluartes da Constituição", responsáveis pela "guarda da Constituição e dos direitos dos indivíduos", ou mesmo nos (já neste momento...) "fiéis guardiães da Constituição"[1080], *hoc sensu*, nos responsáveis pela realização dos princípios fundamentais da ordem jurídico-constitucional, e, como tal, nos intérpretes privilegiados do texto constitucional (retirando um tal poder da esfera do legislador e, por conseguinte, das maiorias conjunturais, restringindo o âmbito e o alcance da ação destas últimas)[1081].

4.5. Estado de direito em Portugal?

Sem prejuízo de alguns pontos de confluência com a doutrina norte-americana, francesa e, em menor grau, inglesa, será a teoria do *Rechtsstaat*, na fórmula desenvolvida pelo pensamento teutónico (em particular, Bahr e Gneist, em particular, pela leitura de Bluntschli[1082]), a receber acolhimento

---

1080 Hamilton, «The Federalist No. 78...», cit. pp. 176 (duas primeiras citações) e 177 (última citação).

1081 Assim, já Casalini, «Popular Sovereignty...», cit., p. 209.

1082 Bluntschli, *Allgemeines Staatslehre*, vol. I, 2.ª ed., J. G. Cotta'schen Buchhandlung, München, 1857, pp. 57 e ss. (a 1.ª ed. data de 1852). O Autor não segue explicitamente qualquer das perspetivas alemãs dominantes da teoria do *Rechtsstaat*, tendo, contudo, a virtualidade de, propondo várias definições do conceito, sintetizar as dimensões evolutivas da subordinação do Estado ao direito, apontando no sentido de que cabe ao Estado quer regular e reconhecer os direitos individuais dos cidadãos (os quais apenas podem sofrer limitações com uma base legal/jurídica), quer (sob pena de se excluir uma das dimensões mais relevantes do desenvolvimento do povo: o bem-estar) prosseguir livremente (dentro dos limites do direito) outras tarefas (nomeadamente, de natureza prestacional). Todavia, a circunstância de Bluntschli (*Allgemeines Staatslehre*, cit., pp. 51 e 347, respetivamente) também admitir a designação como *Rechtsstaat* do Estado medieval e do Estado feudal (*Lehenstaat*) empresta alguma equivocidade à sua posição. A obra de Bluntschli, de pendor organicista, em consonância com as perspetivas germânicas da segunda metade de oitocentos, mas também vocacionada para a conjugação entre direito e ciência política, chegara a ser adotada como "compendio" em momentos anteriores do estudo do Direito Constitucional na Universidade de Coimbra. Assim sucedera, *v. g.*, com Manuel Emídio Garcia (*Plano Desenvolvido do Curso de Sciencia Politica e Direito Politico*, 3.ª

da doutrina nacional, embora em assomos que remontam já às últimas décadas do século XIX. Dissertando sobre a teoria da soberania do Estado, José Alberto dos Reis[1083] e Marnoco e Souza[1084] detêm-se, momentaneamente, na doutrina do Estado de direito, assinalando que, segundo esta, todos – incluindo o próprio Estado (e não apenas os cidadãos) – devem obediência ao direito, concebido como norma objetiva (e não como faculdade); tal importava, como consequência, a natureza jurídica do próprio Estado, personificação da supremacia do direito e, como tal, detentor da soberania. Também não se revelou desconhecida, entre nós, a teoria da personalidade do Estado (concebido como pessoa coletiva ou organismo moral), dirigida a acentuar, *inter alia*, a titularidade (estadual) da soberania ou do poder público compreendido como direito subjetivo[1085].

Destarte, e embora a receção do significante "Estado de direito" também se revele, em Portugal, relativamente tardia, não persistem dúvidas de que também os nossos juristas e filósofos políticos do liberalismo primígeno acolheram a influência (sobretudo, francesa, mas também inglesa) da necessidade de limitações jurídicas dos poderes públicos e de garantia de liberdades fundamentais – a precipitar-se (ainda que nem sempre de forma expressa ou assumida) nas dimensões da constitucionalidade e da legalidade, e no princípio da separação de poderes.

Assim, logo no preâmbulo das *Bases da Constituição*, aprovadas em março de 1821, se entendia que cabia à Lei Fundamental consagrar os princípios "mais adequados para assegurar os direitos individuaes dos cidadãos" e estabelecer "a organização e limites dos Poderes Politicos do Estado"[1086]. Uma tal ideia material de Constituição acabaria por se pro-

---

ed., Typographia de Luiz Cardoso, Coimbra, 1885, *passim*, esp.te p. 3, e *Sciencia...*, cit., *passim*, esp.te pp. 48 e ss.); todavia, e talqualmente decorre da análise do programa elaborado por Emídio Garcia (e surge também confirmado por Marnoco e Souza/José Alberto dos Reis, *A Faculdade de Direito e o seu Ensino*, França Amado Editor, Coimbra, 1907, p. 25), não era recomendado aos estudantes a leitura do original alemão, mas antes a sua tradução, em língua francesa (Bluntschli, *Théorie Générale de l'Etat*, Librairie Guillaume et Cie., Paris, 1877).

1083 José Alberto dos Reis, *Sciencia...*, cit., p. 86.

1084 Marnoco e Souza, *Direito...*, cit., p. 26.

1085 Guimarães Pedrosa, *Curso de Ciência da Administração e Direito Administrativo*, vol. I, Imprensa da Universidade, Coimbra, 1908, pp. 72 e ss..

1086 *Diário das Cortes Geraes e Extraordinarias da Nação Portugueza*, n.º 30, 09.03.1821, p. 232.

jetar, mais tarde, no artigo 144.º da Carta Constitucional (à semelhança do artigo 178.º da Constituição brasileira de 1824), que identifica como tendo natureza constitucional as matérias relativas aos limites dos poderes políticos, assim como aos direitos dos cidadãos – em consonância, aliás, com o conceito dogmático que a doutrina também adotará[1087]. À luz desta perspetiva, autonomiza-se já o conceito de «*Estado constitucional*», concebido precisamente como aquele cuja organização circunscreve o poder dos governantes, com o propósito de garantir as liberdades[1088]. A esta dimensão associa-se também a relacionada com o princípio da separação de poderes, numa perspetiva simultaneamente orgânica e funcional[1089] – não com a geometria rígida própria da conceção francesa liberal, mas admitindo uma certa interdependência entre os vários órgãos e poderes. E se esta perceção do equilíbrio entre poderes se afigura relativamente nítida desde a Constituição de 1822, acentuar-se-á com a posterior organização funcional estabelecida pela Carta, sendo, por isso, objeto de reflexão por parte dos juristas nacionais, no contexto de uma apreciação jurídico-comparada e eventuais contributos a retirar para o direito constitucional português[1090].

1087 Cf., *v. g.*, Frederico Laranjo, *Principios de Direito Politico e Direito Constitucional Portuguez*, Imprensa da Universidade de Coimbra, Coimbra, 1907, p. 22; Manuel Emídio Garcia, *Sciencia...*, cit., p. 186; Marnoco e Souza (*Direito...*, cit., p. 350), definindo a constituição política como "a expressão da forma de organização política dum Estado", mas igualmente identificando, como "princípio orgânico" da constituição a necessária articulação entre a organização dos poderes do Estado e a garantias das liberdades dos cidadãos, com o propósito de "estabelecer uma harmonia perfeita e fecunda entre o direito do Estado e o direito do indivíduo" (*Op.* cit., pp. 352 e s.). *V.* ainda Lopes Praça, *Estudos...*, 1.ª Parte, cit., pp. XXI e ss.. Defendendo que a Constituição deve conter apenas as "Leis Fundamentais" (e não também aspetos "regulamentares", necessariamente mis contigentes), mas pondo a tónica, sobretudo, na dimensão organizatória, Basílio Alberto de Sousa Pinto (*Direito Publico Constitucional*, manuscrito, s. l., s.d., lições 4, 5 e 24, e *Analyse da Constituição Politica da Monarquia Portugueza, feita pela ordem dos artigos, collegida das prelecções do Lente...*, manuscrito, s.l., 1838-1839, pp. 5, 8 e 95) entendia que seriam três os elementos essenciais da Constituição: a definição das condições de reunião das Cortes, o estabelecimento da forma de governo e a designação da pessoa (física ou moral) que deve governar.

1088 Assim, Frederico Laranjo, *Principios...*, cit., p. 22, equiparando tendencialmente os estados constitucionais aos que são regidos por instituições liberais.

1089 Concebendo deste modo o princípio da separação de poderes no constitucionalismo liberal português, cf. já Maria da Glória Garcia, *Da Justiça...*, cit., p. 349.

1090 Cf., *v. g.*, Frederico Laranjo, «As Relações Recíprocas dos Poderes Publicos e a do Rei e dos Ministros no Regimen Constitucional», in: *O Instituto*, vol. XXXVI, dezembro 1888, pp. 328 e ss..

Estado (enquanto organização), poder político e direito possuiriam um sentido e um objetivo comuns, pois que o primeiro apenas se compreendia como "instrumento mais poderoso da realização das energias e aspirações" do indivíduo[1091], e, por conseguinte, enquanto dirigido a assegurar a propriedade, a liberdade e a segurança, valores que, por sua vez, apenas se conseguiriam atingir através da lei – aplicada em julgamentos justos e executada pela Administração[1092]. Daí que a limitação dos poderes públicos pelo direito (desde logo, pelas liberdades) surgisse apontada como uma das notas caracterizadoras do Direito Constitucional[1093], e que o Direito Público se concebesse como aquele que estudava não só a organização do Estado, mas também as relações entre este e os cidadãos (em especial, em matéria de liberdade, governo e administração), intuindo-se já a natureza não paritária daquelas relações jurídicas[1094]. E uma tal limitação militará, como veremos, em vários sentidos. Por um lado, admite-se que existem limites à lei, os quais se consubstanciavam, em particular, no respeito pelos direitos civis (formalmente consagrados no texto constitucional): a lei que os violasse (ou mesmo que os não garantisse) não seria, afinal, uma verdadeira lei, mas um abuso (de lei ou de poder)[1095]. Por outro lado, erguem-se

---

1091 Marnoco e Souza, *Direito...*, cit., p. 353.

1092 Cf., *v. g.*, Silvestre Pinheiro-Ferreira, *Cours de Droit Public Interne et Externe*, tomo 1, Rey et Gravier/J. P. Aillaud, Paris, 1830, pp. 1 e s.; em seguida, o Autor conclui que o objeto do direito público consiste precisamente no conjunto dos princípios a que os titulares de cada um dos poderes deve obedecer no exercício das suas funções.

1093 Lopes Praça, *Estudos...*, 1.ª Parte, cit., p. XVI.

1094 Cf. Frederico Laranjo, *Principios...*, cit., pp. 6 e s..

1095 Silvestre Pinheiro-Ferreira, *Cours...*, cit., pp. 47 e s. (no mesmo sentido, uma "lei tirânica" nunca se poderia considerar como uma lei). Tal representava o resultado de o legislador se conceber como "mandatário da nação", pelo que se afiguraria contraditório que tivesse recebido dos mandantes poderes para os esbulhar dos seus direitos. A consequência a retirar de uma atitude tirânica do legislador não legitimava, porém, uma defesa armada, mas antes uma reação (constitucionalmente enquadrada) dirigida a retirar o mandato (a confiança política) a quem dele(a) houvera feito mau uso (*Op.* cit., pp. 48 e s.) – distanciando-se agora das posições francesas mais revolucionárias, quando estas propugnavam um direito de resistência à opressão.
Também Madeira Abranches (*Dissertação*, 46) admitia expressamente a possibilidade de o legislador errar "arrastado ou por uma paixão violenta, ou por ignorancia, ou mesmo por consciencia depravada", emanando uma lei injusta, identificada com aquela que "não é expressão dos principios do direito".

limites à atividade da Administração a partir das normas emanadas pelo legislador, cuja emissão se reconduzia à defesa da liberdade, da propriedade e da segurança[1096] – sugerindo que a doutrina portuguesa da época não estava, afinal, muito longe da identificação de um conceito material de lei.

Assim, os prenúncios das dimensões inerentes ao Estado de direito surgiam através do reconhecimento de uma certa superioridade (senão hierárquica, pelo menos normativa) à constituição, diferenciando o poder constituinte do poder legislativo ordinário, com uma dupla projeção: a primeira reconduzia-se à progressiva consciencialização da noção de lei inconstitucional (instituindo, designadamente, mecanismos destinados a evitar a respetiva emissão)[1097]; a segunda identificava-se com a definição de uma "matéria constitucional", a qual impedia a livre modificação da Constituição pelo parlamento. Eis-nos diante de duas matérias que se assumem como duas faces da mesma moeda: é precisamente a consciência de que as normas do texto constitucional não podem sofrer uma alteração através do exercício do poder legislativo ordinário (impondo-se a observância de um conjunto de requisitos para a sua revisão) que, em simultâneo, justifica a subordinação deste à constituição, impondo-se retirar consequências, também institucionais, da violação das disposições constitucionais pelo legislador. Na verdade, se uma certa supremacia do poder legislativo não poderia ter passado despercebida à doutrina nacional[1098], enquanto consequência do exacerbar da perspetiva liberal-individualista conducente à identificação do direito com a lei e à construção de um conceito material de lei (com propósitos garantísticos)[1099], assistia-se, em simultâneo, à defesa da limitação

1096 Assim, Silvestre Pinheiro-Ferreira, *Cours...*, cit., p. 48; uma missão que, apesar de tudo, não pertenceria, em exclusivo, ao legislador ordinário, mas que, na perspetiva do Autor, caberia igualmente ao poder constituinte defender: cf. artigo 1.º das *Bases* de 1821 (*Op.* cit., p. 232).

1097 Salientando já este aspeto, *v.* Magalhães Collaço, *Ensaio...*, cit., pp. 47 e s..

1098 Cf., *v. g.*, Rodrigo Ferreira da Costa, *Cathecismo...*, cit., pp. 90 e 95.

1099 A associação entre a identificação do direito com a lei e a construção de um conceito material de lei em torno das liberdades fundamentais afigura-se, aliás, biunívoca. A conceção liberal-individualista dos direitos-liberdades determinava também que o direito – destinado a assegurar aquelas liberdades e a estabelecer as respetivas limitações, na medida em que se revelassem necessárias para a garantia da liberdade de todos – estendesse a sua ação à

do legislador (não só pelas condições de existência e desenvolvimento da sociedade, com as quais a lei se deve conformar, em coerência com o pensamento de cariz sociológico que dominou os juspublicistas da época, sobretudo, do crepúsculo da monarquia[1100], mas também) pelas disposições constitucionais.

Quanto à existência de mecanismos institucionais[1101] de controlo da conformidade constitucional dos atos dos poderes públicos, e se, de num primeiro momento, se não previa qualquer modalidade de fiscalização jurisdicional da constitucionalidade das normas, admitia-se a existência de formas de controlo político, através das designadas "atribuições de inspeção e exame" das Cortes[1102]. Confiava-se, pois, ao parlamento a garantia da "observância da Constituição" ou a "guarda da Constituição" (artigos 102, n.º II, da Constituição de 1822, e 37, n.º 2.º, da Constituição de 1838, e 15, § 7.º, da Carta Constitucional, respetivamente; cf. também artigo 139 da Carta). A estes ainda se poderia, eventualmente, associar o poder de recusa de sanção real (atribuído ao monarca pelo artigo 110 da Constituição de 1822, e pelos artigos 57 e seguinte da Carta), na medida em que o Rei se assumia como garante da Constituição (talqualmente decorria, no mínimo, do seu juramento – cf. artigos 126 da Constituição

esfera de todos e cada um dos indivíduos, não existindo espaço intermédio entre as esferas de liberdades que se não encontrasse ocupado pelo direito. Perfilhando esta posição, Vicente Ferrer Neto Paiva (*Principios...*, cit., pp. 131 e ss.) define o alcance das relações jurídicas (ou das relações regidas pelo direito) através dos limites da(s) esfera(s) de liberdade dos indivíduos, sinalizando ainda "a legislação jurídica (...) limita-se a reconhecer a liberdade jurídica da pessoa, a quem ella pertence, e a garantir diante dos seus similhantes e no fôro exterior essa liberdade" (*Op.* cit., p. 160).

1100 Assim, Marnoco e Souza, *Direito...*, cit., pp. 407 e s., aludindo ao limite político e ao limite jurídico ao exercício do poder legislativo, respetivamente (louvando-se em Orlando).

1101 E, portanto, sem aqui integrarmos a posição segundo a qual a garantia do respeito pela Constituição se assumiria como um direito e uma obrigação de todos os cidadãos: assim, Basílio Alberto de Sousa Pinto, *Direito...*, cit., lição 28, e *Analyse...*, cit., pp. 114 e s.). Em sentido distinto, cf. Magalhães Collaço, *Ensaio...*, cit., p. 49.

1102 Lopes Praça, *Estudos sobre a Carta Constitucional de 1826 e Acto Addicional de 1852*, 2.ª Parte - vol. I, Manuel de Almeida Cabral Editor, Coimbra, 1879, pp. 288 e ss.; trata-se de uma taxonomia também seguida por José Alberto dos Reis (*Sciencia...*, cit., pp. 289 e ss.; relativamente às atribuições de inspeção e exame, *v. Op.* cit., pp. 303 e s.) e Marnoco e Souza (*Direito...*, cit., pp. 587 e ss.; sobre as atribuições de inspeção e exame, *v. Op.* cit., pp. 600 e ss.). Cf. ainda Magalhães Collaço, *Ensaio...*, cit., pp. 49 e ss..

de 1822, e 76 da Carta Constitucional)[1103]. Contudo, a tematização do problema da fiscalização *jurisdicional* da constitucionalidade das leis haveria de surgir mais tarde, mediada quer pela jurisprudência norte-americana, quer pela experiência republicana brasileira. Tratou-se agora de retirar as consequências da ideia do papel conformador das disposições constitucionais relativamente às restantes normas do sistema jurídico, a qual começa a agitar a *praxis* (e, por consequência, a doutrina) no que tange ao problema da admissibilidade, à luz da Carta, dos designados decretos ditatoriais e, sobretudo, do poder (ou poder-dever) dos tribunais de os não aplicarem aos casos concretos. Será também a partir deste ponto que se equacionará a questão da desaplicação de normas (legislativas) inconstitucionais pelo poder judicial[1104].

No que tange à interferência normativa na "matéria constitucional", a doutrina confluía na negação da omnipotência do parlamento, que a não poderia conformar livremente. Partindo da inicial tendência para a imutabilidade das normas constitucionais, acabou por se admitir a sua alteração, embora acompanhada da necessidade da observância de requisitos (formais e/ou materiais) mais exigentes, por se tratar de "modificar os principios fundamentaes da organização politica do Estado" – daí que, embora aceitando que a "função constituinte" se configurasse como função legislativa, acrescentava-se que se tratava de uma "função legislativa duma maior importância", cujo exercício demandava formalidades adicionais[1105]. Se o artigo 28 da Constituição de 1822 já continha requisitos para a reforma, a Carta Constitucional de 1826 (o único texto constitucional objeto de revisão durante o período monárquico) previa uma disciplina desenvolvida sobre a matéria (cf. artigos 140 e seguintes),

1103 A associação entre controlo da constitucionalidade e recusa da sanção real surge defendida por Magalhães Collaço (*Ensaio...*, cit., pp. 50 e ss.) que, porém, a trata como uma situação singular no contexto da monarquia constitucional, pois que apenas foi utilizada uma vez enquanto "meio preventivo" contra leis inconstitucionais.

1104 Sobre esta matéria, cf. o nosso trabalho «A Justiça Constitucional no Ensino da Faculdade de Direito da Universidade de Coimbra», in: *Boletim da Faculdade de Direito*, vol. XCVI, tomo II, 2020, pp. 815 e ss..

1105 Cf., em termos praticamente iguais (pelo que todas citações constam de ambas as obras), José Alberto dos Reis, *Sciencia...*, cit., pp. 310 e s., e Marnoco e Souza, *Direito...*, cit., pp. 604 e s..

e a Constituição de 1838 dedicaria um título à "reforma da Constituição" (cf. artigos 138 e seguintes).

A específica projeção do Estado de direito no relacionamento entre os poderes legislativo e executivo – o princípio da legalidade da Administração – foi igualmente recebida. Entende-se que a lei funciona como *limite* da atividade administrativa, a qual, se o ultrapassar, padece de uma ilegalidade[1106]. Todavia, dentro de tais limites, pode a Administração mover-se livremente: o princípio da preferência de lei significa que a vontade do legislativo prefere sobre a do executivo, em consonância com a supremacia da lei face à vontade administrativa; o princípio da reserva de lei determina que "o executivo não é livre senão nos limites que lhe são impostos pela lei"[1107]. Ainda assim, na relação entre legalidade e Administração, afigura-se interessante salientar que encontramos já na Carta Constitucional as primícias do que viria a designar-se como o princípio da precedência da lei (ou do primado da lei em sentido positivo): enquanto identifica as "atribuições" do poder executivo, o § 12.º do artigo 75.º determina que entre elas se conta "expedir os decretos, instruções e regulamentos adequados à boa execução das leis" – a sugerir já o caráter heteronomamente definido da função administrativa[1108]. Esta conceção encontra-se, de algum modo, subjacente aos decretos emanados durante a ditadura da Terceira, onde se considerava que a Administração tinha na lei o seu motor[1109].

1106 Magalhães PEDROSA (*Curso...*, cit., p. 81) coloca esta questão sob uma perspetiva interessante: a do eventual conflito entre lei e regulamento. Entende o Autor que, quando um regulamento exorbita os limites da lei, estatui normas novas, que, por esse motivo, são inconstitucionais e não devem ser aplicadas pelos tribunais. Não parece excessivo encarecer as relevantes repercussões dogmáticas que estas reflexões merecerão nas posições da doutrina e da jurisprudência vindouras.

1107 Marnoco e SOUZA, *Direito...*, cit., pp. 681 e s. (a citação pertence à p. 682); concretizando estes princípios no âmbito da relação entre a lei e o regulamento, *v. Op.* cit., pp. 691 e s..

1108 Salientando também a especificidade assumida por este preceito, na medida em que justifica o exercício do poder executivo na necessidade de execução das leis, não o fundamentando numa competência originária inerente à função de governar, *v.* Gomes CANOTILHO, *Direito...*, cit., p. 146.

1109 Cf. «Relatório», in: *Collecção de Decretos e Regulamentos Publicados durante o Governos da Regência do Reino Estabelecida na Ilha Terceira*, Segunda Série, Imprensa Nacional, Lisboa,

Além disso, o caráter constitucional da monarquia postula sempre que o exercício do poder executivo se efetue com respeito por princípios (*in casu*, "princípios de moral, de justiça e de direito natural"[1110]). Trata-se de uma elaboração dogmática que encontrava respaldo em alguns textos constitucionais portugueses, onde se reconhecia, de algum modo, a primazia da lei, enquanto expressão da "vontade dos cidadãos declarada pela unanimidade ou pluralidade dos votos de seus representantes juntos em Cortes" (cf. artigo 104 da Constituição de 1822), cabendo ao poder executivo a respetiva execução (cf. artigo 122 da Constituição de 1822).

Neste primeiro momento, como bem nota Maria da Glória Garcia[1111], o Direito (Administrativo) surge tão-só como meio destinado a reprimir a Administração, e não como bússola orientadora da sua ação para a satisfação de determinados fins. Em consonância com esta perspetiva, e embora, a realização do Estado de direito não se tenha concentrado, como sucedeu na Alemanha, em torno da fiscalização da atividade administrativa[1112], verifica-se, a partir de meados do século XIX, uma preocupação com o contencioso, também relacionada com a garantia dos direitos individuais contra os abusos dos poderes públicos - sem prejuízo de a existência de mecanismos de tutela, rodeados de garantias processuais, já se verificar durante o Antigo Regime[1113]. Sob a inspiração da onda francesa, foram significativas, neste plano, as inovações introduzidas pela atividade legislativa de Mouzinho da Silveira, responsável pela modernização da Administração Pública Portuguesa[1114]. Trata-se,

---

1836, p. 63.

1110 *V.* Joaquim Thomaz Lobo D'Ávila, *Estudos de Administração*, Typographia Universal de Thomaz Quintino Antunes, Lisboa, 1874, p. 63.

1111 Maria da Glória Garcia, *Da Justiça*, 316.

1112 Talqualmente acentua já Maria da Glória Garcia, *Da Justiça...*, cit., p. 351.

1113 Lapidarmente, Marcello Caetano, *Manual de Direito Administrativo*, 10.ª ed. (reimp.), vol. II, Almedina, Coimbra, 1999, pp. 1277 e s.; desenvolvidamente, Maria da Glória Garcia, *Da Justiça...*, cit., *passim*.

1114 Ainda que com antecedentes anteriores, como bem nota Marcello Caetano, «Os Antecedentes da Reforma Administrativa de 1832 (Mouzinho da Silveira)», in: *Estudos de História da Administração Pública Portuguesa*, Coimbra Editora, Coimbra, 1994, pp. 360 e ss.. Sobre a relevância da ação legislativa de Mouzinho da Silveira, *v.*, por todos, Marcello

contudo, de uma matéria que a legislação subsequente haveria de desenvolver com sucessivos avanços e recuos. No crepúsculo da monarquia constitucional, a matéria do contencioso administrativo integra já as reflexões dos juspublicistas, encontrando-se concebido como garantia da esfera jurídica dos particulares contra as ilegalidades cometidas pelos agentes da Administração[1115].

Mas uma principiologia desenhada em torno da preeminência da legalidade conviveu de perto com a centralidade assumida pelo poder executivo no contexto jurídico-constitucional português, sobretudo a partir da vigência da Carta de 1826. Quer dizer, durante a monarquia constitucional, e em termos diversos do que sucedeu noutros ordenamentos, não se evoluiu verdadeiramente para a total subordinação da função legislativa à função legislativa. Na verdade, o reconhecimento de um valor próprio à função administrativa[1116] distanciava-se, pelo menos, em parte, das perspetivas liberais vigentes no resto da Europa (desde logo, embora em termos diferentes, em França e na Alemanha). Assim, por um lado, e em consonância com um entendimento do princípio da separação de poderes que não impunha uma independência absoluta entre ambos, admitia-se uma necessária articulação entre poderes legislativo e executivo[1117]. Por outro lado, alguma doutrina já reconhecia (por vezes, de forma até muito progressiva) a autonomia própria da função administrativa: recusando a ideia de que o poder executivo se

---

Caetano, «A Codificação Administrativa em Portugal (Um Século de Experiência: 1836-1935)», in: *Estudos de História da Administração Pública Portuguesa*, Coimbra Editora, Coimbra, 1994, pp. 372 e ss.; numa outra perspetiva, cf. Maria de Fátima Brandão/Rui Graça Feijó, «O Discurso Reformador de Mouzinho da Silveira», in: *Análise Social*, n.os 61/62, vol. XVI, 1980, pp. 237 e ss..
Todavia, é possível identificar um sistema de organização administrativa liberal anterior a 1832: referindo-se à "primeiríssima organização administrativa do Liberalismo" (decorrente dos decretos n.os 25 e 26, de 26 e 27 de novembro de 1830, respetivamente) e à difícil identificação da respetiva fonte oficial, cf. Victor de Sá, «A Reforma Administrativa Liberal que Precedeu a de Mousinho da Silveira», in: *Revista da Faculdade de Letras da Universidade do Porto - História*, n.º 2, 1985, pp. 201 e ss. (os diplomas vêm publicados a pp. 207 e ss.).

1115 Cf. Guimarães Pedrosa, *Curso... (Apêndice)*, cit., pp. 2 e s..

1116 Marnoco e Souza (*Direito...*, cit., p. 682) afirmava categoricamente que "o primado politico do poder legislativo não pode anullar a iniciativa e a liberdade proprias da funcção que o poder executivo é chamado a desempenhar no Estado".

1117 Cf., *v. g.*, Lobo d'Ávila, *Estudos...*, cit., p. 50, n. 2; *v.* também pp. 61 e s..

reconduzisse tão-só a um "instrumento passivo, um apparelho automático, subordinado ao impulso da lei, e, como tal, hierarchicamente inferior e dependente do poder legislativo", defendia-se a existência de uma relação de continuidade e cooperação entre ambas as funções estaduais[1118]. Por fim, a instabilidade política do regime oitocentista português levou a que muitas das providências normativas (algumas corporizando intervenções "legislativas" de vulto e mesmo em matéria com relevo jurídico-constitucional, como sucedeu com a aprovação do Código Penal de 1852, dos Códigos Administrativos de 1886 e de 1895, e do Código de Processo Comercial, além de alterações importantes ao Código Civil, em 1892, ou ainda com a revisão da Carta de 1895, respetivamente) assumissem a forma de decretos ditatoriais emanados pelo Governo. Por este motivo, entre nós, a (eventual) supremacia do Parlamento a que o Estado demoliberal haveria de conduzir, em resultado também da primazia da lei enquanto expressão da vontade geral, acabará por se dissolver, confundindo-se (também em termos de importância relativa) poder legislativo e poder executivo, numa centralidade conferida ao Governo, que normalizará o exercício da ditadura[1119].

1118 Manuel Emídio Garcia, *Plano...*, cit., pp. 34 e s..

1119 Cf. também Rui Ramos, «Concepções...», cit., p. 102.

Reflexões finais

> Der geschichtliche Blick auf das Recht ist der eines Beobachters; er richtet sich von außen auf das Recht. Sein Motiv ist die Neugier des Historikers, der herausfinden will, wie früheres Recht funktionierte, wie es die sozialen Beziehungen ordnete, welche «Spielregeln» galten und wie Regelverletzungen sanktioniert wurden[1120].

O estudo da dimensão histórica do Direito Constitucional confere um ângulo de visão privilegiado, enquanto permite ao sujeito que se assuma como um observador do passado que, em simultâneo, não deixa de estar no presente, relacionando ambas as realidades através de um vínculo espiritual, identificando continuidades e descontinuidades, na vida do(s) sistema(s) jurídico(s), em geral, e das instituições jurídicas, em especial, e dando, deste modo, um contributo para a compreensão do atual direito vigente[1121]. Repensar o constitucionalismo no momento presente significa também revisitar o passado[1122].

1120 Stolleis, Öffentliches Recht… Eine Einführung, cit., p. 9.

1121 Cf. também Grossi, *Società…*, cit., pp. 7 e 10, em geral, a propósito do historiador do direito. O Autor utiliza a expressiva metáfora do ponto e da linha para assinalar as diferenças entre o que designa como "jurista positivo" e o "historiador do direito": o primeiro cultiva um ponto, tem consciência dele e a ele se circunscreve, na medida em que tal é o âmbito da sua competência; todavia, esse ponto encontra-se inscrito numa linha, mais vasta, que se inicia antes e que continuará depois e no contexto da qual assumirá todo o seu significado – ora, é o sentido desta linha, a sua perceção, que constitui a tarefa do historiador do direito (*Op.* cit., p. 12).

1122 Em sentido próximo, Lacchè, «Rethinking Constitutionalism…», cit., p. 11.

E a matéria relacionada com a emergência do constitucionalismo oitocentista assume-se como um cenário particularmente profícuo neste horizonte, pois que a ele se pode, em última análise, fazer reconduzir o embrião de um direito constitucional (comum) europeu, decorrente da influência dos mesmos pensadores (e com raízes em séculos de pensamento filosófico-político), emergente dos contactos intensos entre os sistemas jurídicos propiciados pelas revoluções liberais (os quais proporcionaram inúmeros "empréstimos constitucionais", muitos deles bem-sucedidos), visando dar respostas a problemas transversais e, nessa medida, tendencialmente marcado por preocupações idênticas (que hoje, embora com alterações, ainda se mantêm)[1123], mas suficientemente associado à cultura filosófica, social e política dos diversos Estados para merecer um tratamento diferenciado em cada um deles[1124]. A digressão efetuada pelas coordenadas e pelos fundamentos da monarquia constitucional do século XIX demonstra, com nitidez esta dupla polaridade: sem prejuízo de uma unidade – garantida pelo objetivo comum de construção de um governo moderado, alicerçado na separação de poderes e dirigido à tutela das liberdades (atualmente, e de modo mais amplo, dos direitos) fundamentais –, a pluralidade e as especificidades nacionais determinaram modelações sensíveis deste modelo. Quer dizer, tais coordenadas e fundamentos não surgem todos de rajada, não possuem impactos exatamente idênticos, nem assumem sempre significados equivalentes: despontam com o pensamento moderno-iluminista, florescem com as primeiras revoluções liberais, consolidam-se ou modificam-se no Congresso de Viena, evoluem na primeira metade de oitocentos, sobressaltam-se com os ímpetos revolucionários de 1848, e vão-se conformando como resultado do funcionamento das (novas) instituições

1123 Cf. também Schulze, «Un Nouveau Domaine...», cit., pp. 39 e s. (salientando, porém, que, da perspetiva da formação de *ius commune* privatístico, o pensamento jurídico oitocentista representou, sobretudo, um momento de reivindicação de um direito nacional próprio – uma consequência a que não foi, evidentemente, alheia a influência da Escola Histórica).

1124 Recorde-se a expressiva afirmação de Stolleis («El Derecho Romano y la Formación del Estado Moderno», in: *La Historia del Derecho como Obra de Arte*, Editorial Comares, Granada, 2009, p. 61), justamente a propósito da emergência de um direito constitucional comum europeu: "o Estado tem, na Europa, cem caras".

liberais e democráticas. Tendo como pano de fundo o liberalismo individualista e os movimentos constitucionais, sem esquecer a permanência do pensamento conservador, e erigidas sobre os pilares da soberania popular e da democracia, da legitimidade monárquica e do Estado de direito, as considerações anteriores procuraram demonstrar que as monarquias constitucionais vão assentar em duas dimensões materiais e em duas dimensões formais: por um lado, e numa perspetiva material ou substancial, admite-se a existência de limites jurídicos ao exercício do(s) poder(es), através da sua subordinação ao direito (*hoc sensu*, às constituições escritas e à lei) e da garantia das liberdades individuais; por outro lado, e num plano formal ou organizatório, o exercício daquele(s) poder(es), de base democrática – *i. e.*, pressupondo a participação (direta ou indireta) dos cidadãos –, demanda a sua divisão (mas não independência absoluta) funcional e subjetiva, e convive com a consagração do rei como órgão jurídico-constitucional e órgão de Estado.

Mas esta perspetivação dogmática também não vive (não pode viver!) alheia à realidade constitucional. A forma como as constituições monárquicas e, entre nós, a Carta Constitucional, delinearam a arquitetura jurídico-institucional e a garantia de direitos (ou, se preferirmos, como construíram a constituição material) teria permitido, em muitos casos (embora não em todos) assegurar um certo equilíbrio na conjuntura política oitocentista. Todavia, como sabiamente sublinhou Joaquim Nabuco[1125], "a fatalidade das revoluções é que sem os exaltados não é possível fazê-las e com eles é impossível governar". Os pontos árduos residiriam, sobretudo, nos sobressaltos que, em especial, na Europa continental, as monarquias constitucionais nunca deixaram de sofrer durante todo o século XIX: por vezes, de cariz político-militar, mas, com frequência, de índole simplesmente política, estas dificuldades nunca viabilizaram o funcionamento, em termos de normalidade, dos sistemas jurídico-constitucionais instituídos. Embaraçados com a conciliação

1125 Joaquim Nabuco de Araújo, *Um Estadista do Império: Nabuco de Araujo - Sua vida, Suas opiniões, Sua Época, por seu filho Joaquim Nabuco*, tomo primeiro, H. Garnier, Rio de Janeiro/Paris, 1897, p. 28.

prática entre os arroubos mais revolucionários (partidários de soluções democráticas mais radicais) e as tendências reacionárias, entre a soberania do povo e a legitimidade monárquica, entre a defesa de uma conceção negativa das liberdades e as perplexidades que a mesma suscita quando emerge a questão social, entre a força normativa da constituição e a supremacia da lei, entre o equilíbrio das funções do Estado e a preponderância de um poder – os Estados monárquicos constitucionais de governo moderado oitocentistas encontraram inúmeros obstáculos em manter-se fieis aos modelos desenhados pelo pensamento jurídico-político ou mesmo pelos textos constitucionais que lhes serviram de base.

Mas foi significativo o contributo reflexivo que o pensamento e a experiência política de oitocentos deixaram para o desenvolvimento posterior do direito público. Na verdade, a ultrapassagem do absolutismo pelas revoluções liberais e a emergência do constitucionalismo ditaram uma mudança significativa nas relações entre direito e política, numa tentativa de "domesticar" o poder, submetendo-o à supremacia do direito, identificado agora não com uma fonte de origem divina, mas com uma fonte que repousava na vontade popular[1126].

1126 Grimm, *Constitutionalism...*, cit., pp. 199 e ss..

Fontes e Bibliografia Citadas

ABRANCHES, João de Pina Madeira, *Dissertação Inaugural para o Acto de Conclusões Magnas na Faculdade de Direito: Até onde se póde extender a acção do Estado em quanto á propriedade territorial, e com respeito á cultura e saude publica?*, Imprensa Litteraria, Coimbra, 1864.

ADAMS, John, *An Answer to Pain's Rights of Man*, Wogan, Byrne, Moore, Jones and Milliken, Dublin, 1793.

____, *A Defence of the Constitutions of the Government of the United States of America*, vol. III, John Stockdale, London, 1794.

____, «Thoughts on Government: Applicable to the Present State of the American Colonies» (1776), in: *The Works of John Adams*, ADAMS, Charles Francis (ed.), Charles C. Little and James Brown, Boston, 1851, pp. 189 e ss..

____ «Letter to John Penn. January 1776», in: *The Works of John Adams*, ADAMS, Charles Francis (ed.), Charles C. Little and James Brown, Boston, 1851, pp. 203 e ss..

____, «On the British Constitution (The Earl of Clarendon to William Pym. No. III)», in: ADAMS, Charles Francis (ed.), *The Works of John Adams*, vol. III, Charles C. Little and James Brown, Boston, 1851, pp. 477 e ss..

ALVES, Jorge Fernando, «Nos Trilhos da Cidade. Aspectos Históricos dos Transportes Colectivos no Porto», in: *História. Revista da Faculdade de Letras – Universidade do Porto*, III série, vol. I, 2000, pp. 102 e ss..

AMARAL, António Caetano do, «Memoria V. Para a Historia da Legislação, e Costumes de Portugal: I.ª Epoca da Monarchia Portugueza, desde o Conde D. Henrique até ao Fim do Reinado d'ElRei D. Fernando», in: *Historia e Memorias da Academia Real das Sciencias de Lisboa*, tomo VI, parte II, e tomo VII, Typrografia da Academia, Lisboa, 1820 e 1821, pp. 1 e ss. e 350 e ss..

Amaral, Diogo Freitas do, «As Sete Constituições Informais da Monarquia Portuguesa Antes do Liberalismo», in: *Estudos em Homenagem ao Prof. Doutor Martim de Albuquerque*, vol. I, Faculdade de Direito da Universidade de Lisboa/Coimbra Editora, Coimbra, 2010, pp. 431 e ss..

____, *História do Pensamento Político Ocidental*, Almedina, Coimbra, 2011.

Andrade, José Vicente Roque Cupertino de, «Estudos sobre a Mutualidade de Serviços», in: *O Instituto*, vol. XXIX, 1882, pp. 472 e ss.; vol. XXX, 1883, pp. 489 e ss., 529 e ss.; n.º 4, vol. XXXI, outubro 1883, pp. 178 e ss., n.º 6, vol. XXXI, dezembro 1883, 268 e ss., n.º 8, vol. XXXI, fevereiro 1884, 373 e ss..

Annals of Congress: History of the Proceedings and Debates of the House of Representatives of the United States, 1.ª sessão, Gales & Seaton's History, Washington, 1834.

Araújo, Ana Cristina, «Memória e Mitos da Guerra Peninsular em Portugal: *A História Geral da Invasão dos Franceses* de José Acúrsio das Neves», in: *Revista de História das Ideias*, vol. 29, 2008, pp. 241 e ss..

Araújo, Joaquim Nabuco de, *Um Estadista do Império: Nabuco de Araujo – Sua vida, Suas opiniões, Sua Época, por seu filho Joaquim Nabuco*, tomo primeiro, H. Garnier, Rio de Janeiro/Paris, 1897.

Aretin, Johann Christoph Freiherr von, *Staatsrecht der Konstitutionellen Monarchie*, vol. I, Literatur-Comptoir, Altenburg, 1824.

Aristóteles, *Constituição dos Atenienses*, trad. e notas por Leão, Delfim, 4.ª ed., Fundação Calouste Gulbenkian, Lisboa, 2015.

____, *Aristotle's* Politics, trad. por Lord, Carnes, 2.ª ed., The University of Chicago Press, Chicago/London, 2013.

Augsberg, Ino/Müller, Michael M., Verfassungshistoriographie zwischen Geschichtswissenschaft, Philosophie und Rechtsdogmatik, in: Augsberg, Ino/ Müller, Michael M. (ed.), *Theorie der Verfassungsgeschichte*, Mohr Siebeck, Tübingen, 2023, pp. 3 e ss..

Ávila, Joaquim Thomaz Lobo d', *Estudos de Administração*, Typographia Universal de Thomaz Quintino Antunes, Lisboa, 1874.

Bacot, Guillaume, *Carré de Malberg et l'Origine de la Distinction entre Souveraineté du Peuple et Souveraineté Nationale*, CNRS, Paris, 1985.

BAGEHOT, Walter, *The English Constitution*, Chapman and Hall, London, 1867.

____, «Caesarism as it existed in 1865», in: BARRINGTON, Russell (Mrs.) (ed.), *The Works and Life of Walter Bagehot*, vol. IV, Longmans, Green & Co., London, 1915, pp. 316 e ss..

BÄHR, Otto, *Der Rechtsstaat: Eine Publicistische Skizze*, G. H. Wigand, Cassel/Göttingen, 1864.

BAILYN, Bernard, *The Ideological Origins of the American Revolution*, ed. alargada, Belknap Press, Cambridge, 1992.

BALKIN, Jack M., *Constitutional Redemption: Political Faith in an Unjust World*, Harvard University Press, Cambridge/London, 2011.

BARNETT, Randy E., «Reconceiving the Ninth Amendment», in: *Cornell Law Review*, vol. 74, 1988, pp. 1 e ss..

BARRETO, Tobias, «Prelecções de Direito Constitucional» (1882), in: Tobias BARRETO, *Estudos de Direito*, vol. II. (*Obras Completas VII*), Edição do Estado do Sergipe, 1926, pp. 49 e ss..

BARROS, Henrique da Gama, *História da Administração Pública em Portugal nos Séculos XII a XV*, tomo I, Imprensa Nacional, Lisboa, 1885.

BARTHELEMY, Joseph, *L'Introduction du Régime Parlementaire en France sous Louis XVIII et Charles X*, Giard & Brière, Paris, 1904.

____, «Les Théories Royalistes dans la Doctrine Allemande Contemporaine: Sur les Rapports du Roi et des Chambres dans les Monarchies Particulières de l'Empire», in: *Revue du Droit Public et de la Science Politique*, tomo XXII, 1905, pp. 717 e ss..

BECCARIA, Cesare, *Dos Delitos e das Penas*, trad. por COSTA, José de Faria, Fundação Calouste Gulbenkian, Lisboa, 1998.

BENTHAM, Jeremy, *The Works of Jeremy Bentham*, vol. IX - *Constitutional Code*, BORWRING, John (ed.), William Tate, Edinburgh, 1843.

BERMEJO BATANERO, Fernando, «Del Estatuto de Bayona a la Constitución de 1812», in: PALACIOS BAÑUELOS, Luis/RUIZ RODRÍGUEZ, Ignacio (dir.), *Cádiz 1812: Origen del Constitucionalismo Español*, Dykinson, Madrid, 2013, pp. 167 e ss..

BERTHELEMY, H., «De l'Exercice de la Souveraineté par l'Autorité Administrative», in: *Revue du Droit Public et de la Science Politique*, tomo XI, 1904, pp. 209 e ss..

BLACKSTONE, William, *Commentaries on the Laws of England in Four Books*, J. B. Lippincott Co., Philadelphia, 1893.

BLINOFF, J., «Le Tsar», in: *Revue du Droit Public et de la Science Politique*, tomo XXII, 1905, pp. 545 e ss..

Bloch, Marc, *Les Rois Thaumaturges: Etude sur le Caractère Surnaturel Attribué à la Puissance Royale, particulièrement en France et en Angleterre*, Libraire Istra, Strasbourg, 1924.

Böckenförde, Ernst, *Die Verfassungstheoretische Unterscheidung von Staat und Gesellschaft als Bedingung der Individuellen Freiheit*, Westdeutscher Verlag, Opladen, 1973.

____, «Die Einheit von Nationaler und Konstitutioneller Bewegung im Deutschen Frühliberalismus», in: *Moderne Deutsche Verfassungsgeschichte (1815-1914)*, 2.ª ed., 1981, pp. 27 e ss..

____, «Origen y Cambio del Concepto de Estado de Derecho» in: *Estudios sobre el Estado de Derecho y la democracia*, Editorial Trotta, Madrid, 2000, pp. 17 e ss..

____, *Constitutional and Political Theory: Selected Writings*, edição por Künkler, Mirjam/Stein, Tine, trad. por Dunlap, Thomas, Oxford University Press, Oxford, 2017.

Bogdandy, Armin von/Hinghofer-Szalkay, Stephan, «European Public Law – Lessons from the Concept's Past», in: Bogdandy, Armin von/Huber, Peter M./Cassese, Sabino, *The Max Planck Handbooks in European Law*, vol. I – The Administrative State, Oxford University Press, Oxford, 2017, pp. 30 e ss..

Bonald, Louis de, *Théorie du Pouvoir Politique et Religieux dans la Société Civile Démontrée par le Raisonnement et par l'Histoire*, tomo I, Librairie d'Adrien Le Clere et C.ie, Paris, 1843.

Bonaparte, Louis Napoléon, *Histoire de Jules César*, tomo I, Imprimerie Impériale, Paris, 1865, e tomo II, Henri-Plon, Imprimeur-Editeur, Paris, 1866.

Bonavides, Paulo/Andrade, Paes de, *História Constitucional do Brasil*, Universidade Portucalense Infante D. Henrique, Porto, 2003.

Bonifácio, Maria de Fátima, «A Revolução de 9 de Setembro de 1836: A Lógica dos Acontecimentos», in: *Análise Social*, vol. XVIII, 1982, pp. 331 e ss..

____, «"A Guerra de Todos contra Todos" (Ensaio sobre a Instabilidade Política antes da Regeneração)», in: *Análise Social*, n.º 115, vol. XXVII, 1992, pp. 91 e ss..

____, *A Monarquia Constitucional: 1807-1910*, 3.ª ed., Texto Editores, Alfragide, 2010.

____, (ed.) *Memórias do Duque de Palmela*, D. Quixote, Alfragide, 2011.

Bornhak, Conrad, *Preußisches Staatsrecht*, tomo I, J. C. B. Mohr (Paul Siebeck), Freiburg i. B., 1888.

Boudon, Jacques-Olivier, *Citoyenneté, République et Démocratie en France (1789-1899)*, Armand Colin, Paris, 2014.

BLUCHE, Frédéric, «L'Adhésion Plébiscitaire», in: BLUCHE, Frédéric (dir.), *Le Prince, le Peuple et le Droit: Autour des Plébiscites de 1851 et 1852*, PUF, Paris, 2000, pp. 3 e ss..

BLUNTSCHLI, Johann Kaspar, *Allgemeines Staatslehre*, vol. I, 2.ª ed., J. G. Cotta'schen Buchhandlung, München, 1857.

____, *Théorie Générale de l'Etat*, trad. por RIEDMATTEN, Armand de, Librairie Guillaume et Cie., Paris, 1877.

BRACTON, Henry, *De Legibus et Consuetudinibus Angliæ – On the Laws and Customs of England*, trad. por THORNE, Samuel, Belknap Press, Cambridge, 1968.

BRANDÃO, António, *Terceira Parte da Monarchia Lusitana*, Pedro Craesbeck, Lisboa, 1632.

BRANDÃO, Maria de Fátima/FEIJÓ, Rui Graça, «O Discurso Reformador de Mouzinho da Silveira», in: *Análise Social*, n.ºs 61/62, vol. XVI, 1980, pp. 237 e ss..

BRANDES, Ernst, *Considérations Politiques sur la Révolution de France*, Laurent, Paris, 1791.

____, *Ueber einige bisherige Folgen der Französischen Revolution in Rücksicht auf Deutschland*, 2.ª ed., Christian Ritscher, Hannover/Osnabrück, 1793.

BRITO, Joaquim Maria Rodrigues de, *Resposta ás Breves Reflexões do Excelentíssimo Senhor Dr. Vicente Ferrer sobre a Philosophia do Direito*, Imprensa da Universidade, Coimbra, 1869.

____, *Philosophia do Direito*, 2.ª ed., Imprensa da Universidade, Coimbra, 1871.

BROERS, Michael, *Europe after Napoleon: Revolution, Reaction and Romanticism, 1814-1848*, Manchester University Press, Manchester/New York, 1996.

BRONZE, Fernando José, *Lições de Introdução ao Direito*, 3.ª ed., Gestlegal, Coimbra, 2019.

____, «Nótula sobre uma Efeméride que a Pandemia Quase Ofuscou» in: *De Legibus*, n.º 2, 2021, pp. 289 e ss..

BRUN DE LA COMBE, Joseph-André, *Réponse Laconique aux "Observations Sommaires" de M. l'Abbé Syéiès* [sic], *sur les Biens Ecclésiastiques, & Doutes sur les Principes Concernant la Constitution*, s. n., s. l., s.d..

BRUNNER, Otto, *Land and Lordship: Structures of Governance in Medieval Austria*, trad. por KAMINSKY, Howard/MELTON, James Van Horn, University of Pennsylvania Press, Philadelphia, 1992.

BRUSCHI, Ugo/GROSSI, Davide, «What is the English Constitution? The Answer of John James Park in the Crucial Year 1832», in: *Sources of Law and Legal Protection – Triestine Lectures*, Edizioni Università di Trieste, Trieste, 2012, pp. 25 e ss..

Bryce, James, «Flexible and Rigid Constitutions», in: *Studies on History and Jurisprudence*, vol. I, Oxford University Press, New York, 1901, pp. 124 e ss..

Bunzel, John H., «Liberal Ideology and the Problem of Power», in: *The Western Political Quarterly*, vol. 13, 1960, pp. 374 e ss..

Burke, Edmund, *A Vindication of Natural Society* (by a late Noble Writer), 2.ª ed., R. and J. Dodsley, London, 1757.

____, *Reflections on the Revolution of France*, 11.ª ed., J. Dodsley, London, 1791.

____, «To Captain Mercer: London, February 26, 1790», in: Fitzwilliam, Charles William, Earl/Bourke, Sir Richard (eds.), *Correspondance of the Right Honourable Edmund Burke between the year 1744, and the Period of His Decease, in 1797*, vol. III, Francis & John Rivington, London, 1844, pp. 141 e ss..

Cabral, Antonio, *Eça de Queiroz: A sua Vida e a Sua Obra. Cartas e Documentos Inéditos*, Livrarias Aillaud e Bertrand/Livraria Francisco Alves, Paris/Lisboa e Rio de Janeiro, 1916.

Caenegem, R. C. van, «Law in the Medieval World», in: *Legal History: A European Perspective*, The Hambledon Press, London/Rio Grande, 1991, pp. 115 e ss..

____, «The 'Rechtsstaat' in Historical Perspective», *Legal History: A European Perspective*, The Hambledon Press, London/Rio Grande, 1991, pp. 185 e ss..

____, *An Historical Introduction to Western Constitutional Law*, Cambridge University Press, Cambridge, 1995.

Caetano, Marcello, «Competência Contenciosa em Matéria de Contratos Administrativos», in: *O Direito*, ano 63, n.º 7, 1931, pp. 194 e ss..

____, *O Sistema Corporativo*, Oficinas Gráficas de O Jornal de Comércio e das Colónias, Lisboa, 1938.

____, *História Breve das Constituições Portuguesas*, 2.ª ed., Editorial Verbo, Braga, 1968.

____, «Os Antecedentes da Reforma Administrativa de 1832 (Mouzinho da Silveira)», in: *Estudos de História da Administração Pública Portuguesa*, Coimbra Editora, Coimbra, 1994, pp. 359 e ss..

____, «A Codificação Administrativa em Portugal (Um Século de Experiência: 1836-1935)», in: *Estudos de História da Administração Pública Portuguesa*, Coimbra Editora, Coimbra, 1994, pp. 371 e ss..

____, *Manual de Direito Administrativo*, 10.ª ed. (reimp.), Almedina, Coimbra, 1999.

Calheiros, Maria Clara, *A Filosofia Jurídico-Política do Krausismo Português*, Imprensa Nacional - Casa da Moeda, Lisboa, 2006.

CALISTO, Avelino César, *Licções de Philosophia do Direito - 1879-1880*, sebenta litografada, Lithografia da Rua das Cosinhas, Coimbra, 1879-1880.

CANAL, Jordi, «La Contrarrevolución en Movimiento: Carlismo y Violencia Politica en España, 1876-1939, in: *Prohistoria*, n.º 8, ano VIII, primavera 2004, pp. 87 e ss..

CANOTILHO, José Joaquim Gomes, *Direito Constitucional*, 6.ª ed. (reimp.), Almedina, Coimbra, 1995.

____, *Direito Constitucional e Teoria da Constituição*, 7.ª ed., Almedina, Coimbra, 2003.

____, «O Direito Constitucional Passa; O Direito Administrativo Passa Também», in: *Estudos em Homenagem ao Prof. Doutor Rogério Soares*, Studia Iuridica 61, Boletim da Faculdade de Direito/Coimbra Editora, Coimbra, 2001, pp. 705 e ss..

CARNEIRO, Manuel Borges, *Portugal Regenerado em 1820*, 3.ª ed., Typografia Lacerdina, Lisboa, 1820.

____, *Parabolas Accrescentadas ao Portugal Regenerado*, Impressão Régia, Lisboa, 1820.

____, *Parabola VI Accrescentada ao Portugal Regenerado: A Necessidade de Constituições Provada pela Injustiça dos Cortesãos*, Impressão Nacional, Lisboa, 1821.

CARRION-NISAS fils, *La Loi Salique, traduite en Français, et accompagnée d'observations et de notes explicatives, principalement sur le Titre LXII*, Delaunay, Corréard, Mongie, Paris, 1820.

CARVALHO, Joaquim Martins de, *Apontamentos para a História Contemporânea*, Imprensa da Universidade, Coimbra, 1868.

____, «Vicente Ferrer Neto Paiva», in: *Arunce - Revista de Divulgação Cultural*, n.ºs 13/15, 1998-2000, pp. 13 e ss..

CARVALHO, José Liberato Freire de Carvalho, *Ensaio Historico-Politico sobre a Constituiçaõ* [sic] *e o Governo do Reino de Portugal*, Hector Bossange, Paris, 1830.

____, *Ensaio Politico sobre as Causas que Prepararão a Usurpação do Infante D. Miguel no Anno de 1828, e com Ella a Quéda da Carta Constitucional do Anno 1826*, 2.ª ed., Imprensa Nevesiana, Lisboa, 1842.

CARVALHO, José Murilo de, «O Rei e a Representação da Nação», in: RAMOS, Rui/ CARVALHO, José Murilo de/ SILVA, Isabel Corrêa da (org.), *Dois Países, Um Sistema: A Monarquia Constitucional dos Braganças em Portugal e no Brasil (1822-1910)*, D. Quixote, Alfragide, 2018, pp. 123 e ss..

CASALINI, Brunella, «Popular Sovereignty, the Rule of Law, and the "Rule of Judges" in the United States», in: in: COSTA, Pietro/ZOLO, Danilo (eds.), *The Rule of Law: History, Theory and Criticism*, Springer, Dordrecht, 2007, pp. 201 e ss..

CASTRO, José da Gama e, *O Novo Principe, ou O Espirito dos Governos Monarchicos*, 2.ª ed., J. Villeneuve e Comp., Rio de Janeiro, 1841.

CASTRO, Zília Osório de, «Manuel Borges Carneiro e a Teoria do Estado Liberal», in: *Revista de História das Ideias*, vol. 1, 1977, pp. 119 e ss..

____, *Ideias Políticas (Séculos XVII-XIX)*, Livros Horizonte, Lisboa, 2002.

____, «A "Varanda da Europa" e o "Cais do Lado de Lá": Tratado de Paz e Aliança entre D. João VI e D. Pedro (29-08-1825)», in: CASTRO, Zília Osório de/SILVA, Júlio Rodrigues da/PIMENTA, Cristina Montalvão (eds.), *Tratados do Atlântico Sul: Portugal-Brasil, 1825-2000*, IDI-MNE, Lisboa, 2006, pp. 23 e ss..

CATROGA, Fernando, «A Maçonaria e a Restauração da Carta Constitucional em 1842. O Golpe de Estado de Costa Cabral», in: *Revista de História das Ideias*, vol. 7, 1985, pp. 155 e ss..

____, «Individualismo e Solidarismo: De Ferrer ao Sociologismo Jurídico», in: *Vicente Ferrer Neto Paiva: No Segundo Centenário do Seu Nascimento, a Convocação do Krausismo*, Studia Iuridica 45, Boletim da Faculdade de Direito/Coimbra Editora, Coimbra, 1999, pp. 131 e ss..

____, «Os Pais da Pátria Liberal», in: *Revista de História da Sociedade e da Cultura*, n.º 8, 2008, pp. 235 e ss..

CHATEAUBRIAND, François-René de, *Réflexions Politiques sur Quelques Ecrits du Jour et sur les Intérêts de Tous les Français*, Le Normant, Imprimeur-Libraire, Paris, 1814.

____, *De la Monarchie Selon la Charte*, Imprimerie de Le Normant, Paris, 1816. VER

____, *Mémoires d'Outre-Tombe*, tomo VI, Eugène et Victor Penaud Frères, Editeurs, Paris, 1849.

CHEVALLIER, Jacques, *L'Etat de Droit*, LGDJ, Paris, 2017.

CHORÃO, Luís Bigotte, *O Periodismo Jurídico Português do Século XIX*, Imprensa Nacional - Casa da Moeda, Lisboa, 2002.

CICERO, Marcus Tullius, *On the Republic and on the Laws*, trad. por Fott, David, Cornell University Press, Ithaca/London, 2014.

COELHO, Trindade, *Manual Politico do Cidadão Portuguez*, A. M. Pereira/Officinas Typographica e de Encadernação, Lisboa, 1906.

COLE, John R., *Between the Queen and the Cabby: Olympe de Gouges's Rights of Woman*, McGill-Queen's University Press, Montreal & Kingston/London/Ithaca, 2011.

COLLAÇO, João Maria Tello de Magalhães, *Ensaio sobre a Inconstitucionalidade das Leis no Direito Português*, França e Arménio Editores/Imprensa da Universidade, Coimbra, 1915.

____, «Um Plágio Famoso», in: *Boletim da Faculdade de Direito*, ano VI, 1920-1921, pp. 115 e ss..

____, *Concessões de Serviços Públicos (Sua Natureza Jurídica)*, Coimbra Editora, Coimbra, 1928.

COLÓN, José Joaquín, *España Vindicada en sus Clases y Autoridades de las Falsas Opiniones que se le Atribuyen*, 2.ª ed., Imprenta de Repullés, Madrid, 1814.

COMPAGNONI, Giuseppe, *Elementi de Diritto Costituzionale e Democratico, ossia Principi di Giuspubblico Universale*, Presso Giustino Pasquali Qu. Mario, Venezia, 1797.

CONDORCET, Jean-Antoine-Nicolas de Caritat, marquis de, *Réflexions sur ce qui été fait et sur ce qui reste à faire: Lues dans une Société d'Amis de la Paix*, Baudoin: Impr. de l'Assemblée Nationale, Paris, 1789.

CONSTANT, Benjamin, *De l'Esprit de Conquête et de l'Usurpation dans leurs Rapports avec la Civilisation Européenne*, 3.ª ed., Le Normand/H. Nicolle, Paris, 1814.

____, *Cours de Politique Constitutionnelle*, tomos I e II, *fac-simile* da 2.ª ed. (1872), Slatkine, Genève/Paris, 1982.

CORCIULO, Maria Sofia, *Le Istituzioni Parlamentari in Francia (1815-1816): Cento Giorni. Seconda Restaurazione*, Edizioni Scientifiche Italiane, Napoli, 1996.

CORONAS (GONZÁLEZ), Santos M., «El Pensamiento Constitucional de Jovellanos», in: *Historia Constitucional (Revista Electronica)*, n.º 1, 2000, pp. 63 e ss..

____, *Jovellanos y la Universidad*, Universidad de Oviedo/Fundación Foro Jovellanos del Principado de Asturias, Gijón, 2008.

____, «De las *Leyes Fundamentales* a la *Constitución Política* de la Monarquía Española (1713-1812)», in: *Anuario de Historia del Derecho Español*, tomo LXXXI, 2011, pp. 11 e ss..

CORREIA, Sérvulo, *Legalidade e Autonomia Contratual nos Contratos Administrativos*, Almedina, Coimbra, 1987.

CORWIN, Edward, «The "Higher Law" Background of American Constitutional Law», in: *Harvard Law Review*, vol. XLII, 1928, pp. 149 e ss., 365 e ss..

COSTA, Affonso, *Lições de Organização Judiciária*, França Amado, Coimbra, 1899.

COSTA, Jaime Raposo, «O Liberalismo Vintista e o Brasil (1820-1822)», in: *Boletim da Biblioteca da Universidade de Coimbra*, vol. 43, 1997, pp. 47 e ss..

Costa, Julio Pereira de Carvalho e, *O Principio do Direito. Breve Resposta ao Folheto O Contheúdo e o Criterio do Direito*, Typ. Aveirense – Vera-Cruz, Aveiro, 1871.

Costa, Mário Júlio de Almeida, «Uma Perspectiva da Evolução do Direito Português», in: *Boletim da Faculdade de Direito*, vol. LXIV, 1988, pp. 1 e ss. [também publicado em Castro, Maria João Padez de/Marcos, Rui de Figueiredo (coord.), *Orações de Sapiência da Faculdade de Direito. 1856-2005*, Imprensa da Universidade de Coimbra, Coimbra, 2007, pp. 329 e ss.].

____, *História do Direito Português*, 5.ª ed. revista e atualizada com a colaboração de Rui de Figueiredo Marcos, Almedina, Coimbra, 2011.

Costa, Pietro, «The Rule of Law: A Historical Introduction», in: Costa, Pietro/Zolo, Danilo (eds.), *The Rule of Law: History, Theory and Criticism*, Springer, Dordrecht, 2007, pp. 73 e ss..

Costa, Rodrigo Ferreira da, *Cathecismo Politico do Cidadão Portuguez: ou Exposição dos Direitos e Obrigações do Homem Natural e Social, e dos Principios da Ordem Politica segundo o Systema da Constituição da Monarquia Portugueza*, Imprensa Nacional, Lisboa, 1823.

Cruz, Guilherme Braga da, *História do Direito Português*, polic., Coimbra, 1955.

____, «O Movimento Abolicionista e a Abolição da Pena de Morte em Portugal», in: *Pena de Morte: Colóquio Comemorativo do Centenário da Abolição da Pena de Morte em Portugal*, vol. II, Imprensa da Universidade de Coimbra, Coimbra, s.d., pp. 423 e ss..

____, *A Revista de Legislação e de Jurisprudência: Esboço da sua História*, vol. I, Separata da *Revista de Legislação e de Jurisprudência*, Coimbra, 1975.

Cruz, Sebastião, *Direito Romano (Ius Romanum). Introdução. Fontes*, 4.ª ed., Gráfica de Coimbra, Coimbra, 1984.

Cunha, Paulo Ferreira da, «Mito e Constitucionalismo», in: *Boletim da Faculdade de Direito – Suplemento*, vol. XXXIII, 1990, pp. 315 e ss..

____, *Constitucionalismo Moderno: Origens e Futuro (1820-2023)*, Almedina, Coimbra, 2023.

De Lolme, Jean-Louis, *Constitution de l'Angleterre*, E. van Harrevelt, Amsterdam, 1774.

De Ruggiero, Guido, *Storia del Liberalismo Europeo*, 2.ª ed., Laterza, Roma-Bari, 2003.

Denninger, Erhard, «Sicherheit/Vielfalt/Solidarität: Ethisierung der Verfassung?», in: Preuss (org.), *Zum Begriff der Verfassung: Die Ordnung des Politischen*, Fischen Taschenbuch Verlag, Frankfurt am Main, 1994, pp. 95 e ss..

DEUS, Faustino José da Madre de, *A Constituição de 1822 Comentada e Desenvolvida na Pratica*, 2.ª ed., Typrografia Maigrense, Lisboa, 1823.

____, *Os Povos, e os Reis*, Impressão Regia, Lisboa, 1825.

DICEY, A. V., *An Introduction to the Study of the Law of the Constitution*, 8.ª ed., MacMillan, London, 1927.

DIDEROT, «Autorité Publique», in: DIDEROT/D'ALEMBERT (ed.), *L'Encyclopédie ou Dictionnaire Raisónné de Sciences, des Arts et des Métiers*, (1751), ed. Kindle (tomo I), 2012.

DIGEON, Claude, *La Crise Allemande de la Pensée Française (1870-1914)*, 2.ª ed., Presses Universitaires de France, Paris, 1992.

DIPPEL, Horst, «Die Kurhessische Verfassung von 1831 im Internationalen Vergleich», in: *Historische Zeitschrift*, vol. 282, 2006, pp. 619 e ss..

____, *História do Constitucionalismo Moderno: Novas Perspectivas*, trad. por HESPANHA, António, Fundação Calouste Gulbenkian, Lisboa, 2007.

____, «Can Constitutions Be Translated? The Case of the Cadiz Constitution in Germany», in: HOOK, David/IGLESIAS-ROGERS, Graciela (eds.), *Translations in Times of Disruption: An Interdisciplinary Study in Transnational Contexts*, Palgrave/MacMillan, London, 2019, pp. 20 e ss..

DONOSO CORTÉS, Juan, *Historia Política de la Regencia de la Reina Doña María Cristina de Borbón*, transcrição por SEGUÍ TEROL, María Rafaela, Centro de Estudios Políticos y Constitucionales, Madrid, 2016.

____, *L'Etat, de Droit Objectif et la Loi Positive*, Albert Fontemoing Editeur, Paris, 1901.

____, *Manuel de Droit Constitutionnel*, Albert Fontemoing Editeur, Paris, 1907.

____, «Jean-Jacques Rousseau, Kant et Hegel», in: *Revue du Droit Public et de la Science Politique*, tomo XXXV, 1918, pp. 173 e ss., 325 e ss..

DUPONT-WHITE, *L'Individu et l'Etat*, 3.ª ed., Librairie de Guillaumin & Cie., Paris, 1865.

EBERHARD, Johann August, *Uber Staatsverfassungen und Ihre Verbesserung*, s. n., Frankfurt/Leipzig, 1794.

EDLING, Max M., *A Revolution in Favour of Government: Origins of the U.S. Constitution and the Making of the American State*, Oxford University Press, Oxford, 2003.

ESMEIN, A., *Eléments de Droit Constitutionnel Français et Comparé*, 6.ª ed. (revista por BARTHELEMY, Joseph), Recueil Sirey, Paris, 1914.

____, *Cours Elémentaire d'Histoire du Droit Français*, 15.ª ed. (revista por GENESTAL, R.), Recueil Sirey, 1925.

Estatuto Real para la Convocación de las Cortes Generales del Reino, Imprenta Real, Madrid, 1834.

Estatutos da Universidade de Coimbra (1772) – Livro I, Imprensa da Universidade de Coimbra, Coimbra, 1972.

Farber, Daniel A., *Retained by the People: The "Silent" Ninth Amendment and the Constitutional Rights Americans Don't Know They Have*, Basic Books, New York, 2007.

Fernández García, Antonio, *Las Cortes y la Constitución de Cádiz*, Arco Libros, Madrid, 2010.

Fernández Sarasola, Ignacio, *La Constitución de Bayona*, Iustel, Madrid, 2007.

____, *La Constitución de Cádiz: Origen, Contenido y Proyección Internacional*, Centro de Estudios Políticos y Constitucionales, Madrid, 2011.

____, «Impresiones Europeas sobre la Constitución de Cádiz», in: Caballero López, José António/Delgado Idarreta, José Miguel/Viguera Ruiz, Rebeca (eds.), *El Debate Constitucional en el Siglo XIX: Ideología, Oratoria y Opinión Pública*, Fundación Práxedes Mateo-Sagasta/Marcial Pons, Madrid, 2015, pp. 15 e ss..

____, «Estudio Preliminar: Chateaubriand y el Origen del Sistema Parlamentario en Francia», in: Chateaubriand, François-René, *De la Monarquía Según la Carta*, Centro de Estudios Políticos y Constitucionales, Madrid, 2015, pp. XV e ss..

Ferreira, Fátima Moura, «Entre Saberes: A Centralidade do Saber Jurídico na Consubstanciação da Ordem Liberal», in: *Revista de História das Ideias*, vol. 24, 2003, pp. 177 e ss..

Ferreira, José Dias, *Annotações aos Elementos de Direito Natural do Excellentissimo Senhor Vicente Ferrer Neto Paiva pelo seu Discipulo*, Imprensa da Universidade, Coimbra, 1858.

____, *Noções Fundamentaes de Philosophia do Direito*, Imprensa da Universidade, Coimbra, 1864.

Fichte, Johann Gottlieb, *Considérations Destinées à Rectifier les Jugements du Public sur la Révolution Française*, trad. por Barni, Jules, F. Chamerot, Paris, 1859.

Fioravanti, Maurizio, *Stato e Costituzione: Materiali per una Storia delle Dottrine Costituzionali*, G. Giappichelli Editore, Torino, 1993.

____, *Constitución. De la Antigüedad a Nuestros Días*, Editorial Trotta, Madrid, 2001.

____, «Constitucionalismo e Historia del Pensamiento Jurídico», in: Varela Suanzes-Carpegna, Joaquín (ed.), *Historia e Historiografía Constitucionales*, Editorial Trotta, Madrid, 2015, pp. 83 e ss..

FLÓREZ ESTRADA, Álvaro, *O Monarcha Perfeito ou Instrucções para hum Joven Principe*, Impressão de João Nunes Esteves, Lisboa, 1822.

FRANCO, Francisco Soares, *Memoria em que se examina qual seria o estado de Portugal, se por desgraça os Francezes o chegassem a dominar*, Antonio Rodrigues Galhardo, Lisboa, 1809.

FRANKLIN, Benjamin, *The Writings of Benjamin Franklin (collected and edited with a life introduction by Albert Henry Smyth)*, vol. X: 1789-1790, Haskell House Publishers, New York, 1970.

FREEDEN, Michael «European Liberalisms: An Essay in Comparative Political Thought», in: *European Journal of Political Theory*, n.º 1, vol. 7, 2008, pp. 9 e ss..

FREIRE, Paschoal José de Mello, «Instituições de Direito Civil Português, Tanto Público Como Particular» (Livro I: 1789; Livros II e III: 1791; Livro IV: 1793), trad. por MENESES, Miguel Pinto de, in: *Boletim do Ministério da Justiça*, n.os 161, Dezembro 1966, pp. 89 e ss.; 162, Janeiro 1967, pp. 31 e ss.; 163, Fevereiro 1967, pp. 5 e ss.; 164, Março 1967, pp. 17 e ss.; 165, Abril 1967, pp. 39 e ss.; 166, Maio 1967, pp. 45 e ss.; 168, Julho 1967, pp. 27 e ss.; 170, Novembro 1967, pp. 89 e ss.; 171, Dezembro 1967, pp. 69 e ss..

____, *O Novo Código do Direito Público de Portugal, com as Provas*, Imprensa da Universidade, Coimbra, 1844.

FRUCHTMANN, Jack, *American Constitutional History: A Brief Introduction*, Wiley/Blackwell, Chichester, 2016.

FURET, François/HALÉVI, Ran, *La Monarchie Républicaine: La Constitution de 1791*, Fayard, s. l., 1996.

GAMMELGAARD, Karen/HOLMØYVIK, Eirik, «The Norwegian Constitution as a Text», in: GAMMELGAARD, Karen/HOLMØYVIK, Eirik (ed.), *Writing Democracy: The Norwegian Constitution 1814-2014*, Beghahn, New York/Oxford, 2014, pp. 1 e ss..

GARCIA, Manuel Emídio, «O Pauperismo I. Esmola ou Justiça? Imoralidade ou Trabalho?», in: *O Trabalho. Semanario Democratico*, n.º 2, 24.03.1870, pp. 9 e ss..

____, «O Pauperismo II. Direito? Dever? Virtude? Conveniência? Necessidade? Tudo», in: *O Trabalho. Semanário Democrático*, n.º 3, 02.04.1870, pp. 19 e ss..

____, «O Pauperismo IV. O Feudalismo – Realeza Absoluta – Realeza Constitucional Representativa – Republica Democratica», in: *O Trabalho. Semanario Democratico*, n.º 6, 23.04.1870, pp. 41 e s..

____, *Plano Desenvolvido do Curso de Sciencia Politica e Direito Politico. 1885-1886*, 3.ª ed., Typ. de Luiz Cardoso, Coimbra, s.d..

____, *Sciencia Politica e Direito Politico. 2.º Anno Juridico* – 4.ª Cadeira. 1889-1890, Lithografia Marco da Feira, Coimbra, 1889.

Garcia, Maria da Glória, *Da Justiça Administrativa em Portugal. Sua Origem e Evolução*, Universidade Católica Editora, Lisboa, 1994.

García de Enterría, Eduardo, *Revolución Francesa y Administración Contemporánea*, 4.ª ed. (reimp.), Aranzadi/Thomson Reuters, Cizur Menor, 2011.

Garrett, Almeida, *Portugal na Balança da Europa: Do que tem sido e do que convem ser na nova ordem de coisas do mundo civilizado*, Sustenance, Londres, 1830.

____, *Memoria Historica do Conselheiro A. M. L. Vieira de Castro*, Typographia de José Baptista Morando, Lisboa, 1843.

____, *Theatro de Almeida Garrett – Catão*, Imprensa Nacional, Lisboa, 1845.

____, *Versos do V. de Almeida Garrett: I – Lyrica*, 4.ª ed., Imprensa Nacional, Lisboa, 1869.

____, *Viagens na Minha Terra*, Porto Editora, Porto, s.d..

____, *Romanceiro*, Círculo de Leitores, Lisboa, 1997.

Gengembre, Gérard, *La Contre-Révolution ou l'Histoire Désespérante*, Imago, Paris, 1989.

Gentile, Emilio, *Il Mito dello Stato Nuovo: Dal Radicalismo Nazionale al Fascismo*, Laterza, Roma/Bari, 1999.

____, *Le Origini dell'Italia Contemporanea: L'Età Giolittiana*, Laterza, Roma/Bari, 2011.

Gentillet, Innocent, *Anti-Machiavel: A Discourse upon the Means of Well-Governing*, trad. por Patericke, Simon, ed. por Murtha, Ryan, Wipf and Stock, Eugene, 2018.

Gentz, Friedrich von, «Ueber den Unterschied zwischen den Lanständischen und Repräsentativ-Verfassungen», in: Klüber, Johann Ludwig/Welcker, Carl (org.), *Wichtige Urkunde für den Rechtszustand der Deutschen Nation*, Verlag von Friedrich Vassermann, Manheim, 1844, pp. 220 e ss..

Ginsburg, Tom, «Introduction», in: Ginsburg, Tom (ed.), *Comparative Constitucional Design*, Cambridge University Press, Cambridge, 2012, pp. 1 e ss..

Gladstone, «The County Franchise and Mr. Lowe Thereon», in: *The Nineteenth Century*, n.º IX, novembro 1877, pp. 537 e ss..

Gneist, Rudolf, *Der Rechtsstaat und die Verwaltungsgerichte in Deutschland*, 2.ª ed., Springer, Berlin, 1879.

____, *Englische Verfassungsgeschichte*, Springer, Berlin/Heidelberg, 1882.

Gouges, Olympe de, *Les Droits de la Femme. A la Reine*, s.n., Paris, 1791.

Gouveia, Francisco Velasco de, *Justa Acclamação do Serenissimo Rey de Portvgal Dom João O IV*, Officina de Lourenço de Anveres, Lisboa, 1644.

Gierke, Otto von, *Das Deutsche Genossenschaftsrecht*, vol. I, Weidmannsche Buchhandlung, Berlin, 1868.

Godechot, Jacques, *La Contre-Révolution 1789-1804*, 2.ª ed., PUF, Paris, 1984.

Grimm, Dieter, «Konstitution, Grundgesetz(e) von der Aufklärung bis zur Gegenwart», in: Mohnhaupt, Heinz/Grimm, Dieter, *Verfassung: Zur Geschichte des Begriffs von der Antike bis zur Gegenwart*, Duncker & Humblot, Berlin, 1995, pp. 100 e ss..

____, «The Protective Function of the State», in: Nolte, Georg (ed.), *European and US Constitutionalism*, Cambridge University Press, 2005, pp. 137 e ss..

____, «The Achievement of Constitutionalism and its Prospects in a Changed World», in: Dobner, Petra/Loughlin, Martin (eds.), *The Twilight of Constitutionalism?*, Oxford University Press, Oxford, 2010, pp. 3 e ss..

____, *Constitutionalism: Past, Present, and Future*, Oxford University Press, Oxford, 2016.

____, *Verfassung und Privatrecht im 19. Jahrhundert: Die Formationsphase*, Mohr Siebeck, Tübingen, 2017.

Grossi, Paolo, *Società, Diritto, Stato: Un Recupero per il Diritto*, Giuffrè Editore, Milano, 2006.

Guizot, François, *Du Gouvernement de la France depuis la Restauration et du Ministère Actuel*, Libraire Française de l'Advocat/Editeur des Fastes de la Gloire, Paris, 1820.

____, *Mémoires pour Servir à l'Histoire de Mon Temps*, tomos I e VIII, Michel Lévy Frères, Libraires-Editeurs, Paris, 1858 e 1867, respetivamente.

Häberle, Peter, «Die Verfassungsgebende Gewalt des Volkes im Verfassungsstaat – Eine Vergleichende Textstufenanalyse», in: *Archiv des Öffentlichen Rechts*, n.º 1, vol. 112, 1987, pp. 54 e ss..

____, *Gibt es eine Europäische* Öffentlichkeit?, De Gruyter, Berlin/New York, 2000.

Habermas, Jürgen, *The Structural Transformation of the Public Sphere: An Inquiry into the Category of Bourgeois Society*, trad. por Burger, Thomas, The MIT Press, Cambridge, 1991.

Hailbronner, Michaela, «Transformative Constitutionalism: Not Only in the Global South», in: *The American Journal of Comparative Law*, vol. 65, 2017, pp. 527 e ss..

Hamburger, Philip, *Law and Judicial Duty*, Harvard University Press, Cambridge/London, 2008.

Hamilton, Alexander, «The Federalist No. 78: On the Judiciary Department (May 28, 1788)», in: Blaisdell, Bob (ed.), *Selected Federalist Papers*, Dover Publications, New York, 2001, pp. 172 e ss..

HANSEN, Mogens Herman, «The Mixed Constitution Versus the Separation of Powers: Monarchical and Aristocratical Aspects of Modern Democracy», in: *History of Political Thought*, n.º 3, vol. 31, outono 2010, pp. 509 e ss..

HAURIOU, Maurice, *La Souveraineté Nationale*, Sirey, Paris, 1912.

____, *Principes de Droit Public*, 2.ª ed., Sirey, Paris, 1916.

HAYEK, Friedrich August von, *The Constitution of Liberty*, ed. por HAMOWY, Ronald, The University of Chicago Press, Chicago, 2011.

____, *Law, Legislation and Liberty*, Routledge, London/New York, 2013.

HEGEL, Friedrich, *Grundlinien der Philosophie des Rechts oder Naturrecht und Staatswissenschaft im Grundrisse*, Suhrkamp Verlag, Frankfurt am Main, 1970.

HESPANHA, António, *Guiando a Mão Invisível. Direito, Estado e Lei no Liberalismo Monárquico Português*, Almedina, Coimbra, 2004.

____, «Sob o Signo de Napoleão. A Súplica Constitucional de 1808», in: *Revista Brasileira de Direito Comparado*, n.º 34, 2008, pp. 47 e ss..

____, «Constitución, Historia Constitucional», in: *O Direito Imaginado para um Estado Imaginário: Mitos Doutrinais e Realidades Institucionais do Modelo Constitucional do Liberalismo Monárquico Português*, ed. do Autor (ed. Kindle), Lisboa, 2017.

____, *Uma Monarquia Constitucional: Elementos Estruturais do Constitucionalismo Monárquico Português*, ed. do Autor (ed. Kindle), Lisboa, 2019.

HERCULANO, Alexandre, *Ao Partido Liberal Portuguez: A Associação Popular Promotora da Educação do Sexo Feminino*, Imprensa União-Typrographica, Lisboa, 1858.

____, «A Voz do Profeta», in: *Opúsculos*, tomo I, Viúva Bertrand, Lisboa, 1873, pp. 1 e ss..

____, «Da Instituição das Caixas Económicas», in: *Opúsculos*, tomo I, Viúva Bertrand, Lisboa, 1873, pp. 155 e ss..

____, «Projecto de Caixa de Soccorros Agricolas», in: *Opúsculos*, tomo VII, Tavares Cardoso & Irmão – Editores, Lisboa, 1898, pp. 235 e ss..

____, «Instrucção Publica», in: *Opúsculos*, tomo VIII, Tavares Cardoso & Irmão – Editores, Lisboa, 1901, pp. 107 e ss..

HERDER, Johann Gottfried von, *Auch eine Philosophie der Geschichte zur Bildung der Menschheit*, s. n., s. l., 1774.

HEUSCHLING, Luc, *Etat de Droit, Rechtsstaat, Rule of Law*, Dalloz, Paris, 2002.

HIRSCHL, Ran, «From Comparative Constitutional Law to Comparative Constitutional Studies», in: *International Journal of Constitutional Law*, n.º 1, vol. 11, 2013, pp. 1 e ss..

Hobbes, Thomas, *Leviathan or The Matter, Form, and Power of a Commonwealth Ecclesiastical and Civil*, in: Molesworth, William, *The English Works of Thomas Hobbes*, vol. III, John Bohn, London, 1839.

Holst, Hermann, *The Constitutional and Political History of the United States*, vol. I, trad. por Lalor, John J./Mason, Alfred B., Callaghan and Company, Chicago, 1889.

Homem, António Pedro Barbas, *A Lei da Liberdade: Introdução Histórica ao Pensamento Jurídico. Épocas Medieval e Moderna*, vol. I, Principia, 2001.

____, «Do Direito Natural aos Direitos do Homem», in: Homem, António Pedro Barbas/ Brandão, Cláudio (orgs.), *Direito Natural aos Direitos do Homem*, Almedina, Coimbra, 2015, pp. 73 e ss..

____, «O Código de Seabra na História do Direito Civil», in: *Revista da Ordem dos Advogados*, ano 77, janeiro/junho 2017, pp. 45 e ss..

____, *O Essencial sobre a Constituição de 1822*, Imprensa Nacional – Casa da Moeda, Lisboa, 2023.

Höntzsch, Frauke, «Die Klassische Lehre vom Widerstandsrecht», in: Enzmann, Birgit (org.), *Handbuch Politische Gewalt: Formen, Ursachen, Legitimation, Begrenzung*, Springer, Wiesbaden, 2013, pp. 75 e ss..

Hugo, Victor, *Napoléon le Petit*, J. Hetzel et Cie. Editeurs, Paris, 1870.

Humboldt, Wilhelm von, *The Limits of State Action*, trad. por Burrow, J. W., Cambridge University Press, Cambridge, 1969.

Iredell, James, «To the Public», in: McRee, Griffith J., *Life and Correspondence of James Iredell, One of the Associate Judges of the Supreme Court of the United States*, vol. II, D. Appleton and Company, New York, 1858, pp. 145 e ss..

Israel, Jonathan, *Revolutionary Ideas: An Intellectual History of the French Revolution from* The Rights of Man *to Robespierre*, Princeton University Press, Oxford/ Princeton, 2014.

Jefferson, Thomas, *A Summary Review of the Rights of British America. Set Forth in Some Resolutions Intended for the Inspection of the Present Delegates of the People of Virginia. Now in Convention (by a Native and Member of the House of Burgesses)*, Clementina Rind, Williamsbrug, s.d.

Jellinek, Georg, *Die Entwickelung des Ministeriums in der Constitutionellen Monarchie*, separata da *Zeitschrift für das Privat- und Öffentliche Recht der Gegenwart*, vol. X, Alfred Hölder K. K. Hof- und Universitäts-Buchhändler, Wien, 1883.

____, *La Déclaration des Droits de l'Homme et du Citoyen: Contribution à l'Etude du Droit Constitutionnel Moderne*, trad. por Fardis, Georges, A. Fontemoing, Paris, 1905.

____, *Gesetz und Verordnung: Staatsrechtliche Untersuchungen auf Rechtsgeschichtlicher und Rechtsvergleichender Grundlage*, Mohr Siebeck, Tübingen, 1919.

____, *Allgemeine Staatslehre*, 3.ª ed. por Jellinek, Walter, Springer, Berlin/Heidelberg, 1921.

____, *System der Subjektiven Öffentliche Rechte*, *fac-simile* da 2.ª ed. (1905), Mohr Siebeck, Tübingen, 2011.

Jennings, Jeremy, «Early Nineteenth-Century Liberalism», in: Klosko, George (ed.), *The Oxford Handbook of the History of Political Philosophy*, Oxford University Press, Oxford, 2011, pp. 331 e ss..

Jovellanos, Gaspar Melchor de, *Memoria en que se Rebaten las Calumnias Divulgadas Contra os Inimigos da Junta Central*, Oficina de D. Francisco Cándido Perez Prieto, Coruña, 1811.

____, *Obras Completas*, tomo III – Correspondencia 2, tomo IV – Correspondencia 3 e tomo V – Correspondencia 4, Ayuntamiento de Gijón/Instituto Feijoo de Estudios del Siglo XVIII/KRK Ediciones, Oviedo, 1986.

Justo, António dos Santos, *Direito Privado Romano – I*, 6.ª ed., Studia Iuridica 50, Boletim da Faculdade de Direito/Coimbra Editora, Coimbra, 2017.

Kilgore, John Mac, *Mania for Freedom: American Literatures of Enthusiasm from the Revolution to the Civil War*, University of North Carolina Press, Chapel Hill, 2016.

Kant, Immanuel, *A Paz Perpétua e Outros Opúsculos*, trad. por Morão, Artur, Edições 70, Coimbra, 2009.

____, «Über den Gemeinspruch: Das Mag in der Theorie Richtig Sein, Taugt Aber Nicht für die Praxis», in: *Kant's Gesammelte Schriften*, vol. VIII (Abhandlungen nach 1781) – 1.ª parte, *fac-simile* da ed. de 1923, De Gruyter, Berlin, 2020, pp. 273 e ss..

Klare, Karl E., «Legal Culture and Transformative Constitutionalism», in: *South African Journal of Human Rights*, vol. 14, 1998, pp. 146 e ss..

Koskenniemi, Martti, «Constitutionalism as a Mindset: Reflections on Kantian Themes About International Law and Globalization», in: *Theoretical Inquiries in Law*, n.º 1, vol. 8, 2007, pp. 9 e ss..

Kotulla, Michael, *Thüringische Verfassungsurkunden: Vom Beginn des 19. Jahrunderts bis Heute*, Springer, Heidelberg, 2015.

Kriele, Martin, *Einführung in die Staatslehre: Die Geschichtlichen Legitimitätsgrundlagen des Demokratischen Verfassungsstaates*, 6.ª ed., Kohlhammer (ed. Kindle), Stuttgart/Berlin/Köln, 2003.

Laband, Paul, *Le Droit Public de l'Empire Allemand*, tomos I, II e VI, Giard & Brière, Paris, 1900, 1901 e 1904, respetivamente.

Lacché, Luigi, «Las Cartas Otorgadas: La Teoría de *L'Octroi* y las Experiencias Constitucionales en la Europa Post-Revolucionaria», in: *Fundamentos: Cuadernos Monográficos de Teoría del Estado, Derecho Público e Historia Constitucional*, n.º 6, 2010, pp. 269 e ss..

____, «Rethinking Constitutionalism between History and Global World: Realities and Challenges», in: *Giornale di Storia Costituzionale/Journal of Constitutional History*, n.º 2, vol. 32, 2016, pp. 5 e ss..

Lambert, Jean François, *Qu'est-ce une Nation, un Corps Politique, un Etat?*, s.n., s.l., 1792.

Laquieze, Alain, «Adolphe Thiers: Théoricien du Régime Parlementaire», in: *Revue Française d'Histoire des Idées Politiques*, n.º 5, 1997, pp. 59 e ss..

____, *Les Origines du Régime Parlementaire en France (1814-1848)*, PUF, Paris, 2002.

____, «*État de Droit* and National Sovereignty in France», in: Costa/Zolo (eds.), *The Rule of Law*, Springer, Dordrecht, 2007, pp. 261 e ss..

Laranjo, José Frederico, *O Conteúdo e o Critério do Direito: Exposição e Analyse do Neminem Laede e da Mutualidade de Serviços e sua Harmonia*, Imprensa Litteraria, Coimbra, 1871.

____, «As Relações Recíprocas dos Poderes Publicos e a do Rei e dos Ministros no Regimen Constitucional», in: *O Instituto*, vol. XXXVI, dezembro 1888, pp. 328 e ss..

____, *Principios de Direito Politico e Direito Constitucional Portuguez*, Imprensa da Universidade de Coimbra, Coimbra, 1907.

Lardizabal y Uribe, Miguel, *Manifiesto que presenta á la Nacion el Consejero de Estado D. Miguel de Lardizabal y Uribe, uno de los cinco que compusieron el Supremo Consejo de Regencia de España é Indias*, Nicolas Carratalá Menor y Hermanos, Alicante, 1811.

Lassalle, Ferdinand, *Ueber Verfassungswesen: Ein Vortrag gehalten in einem Berliner Bürger-Bezirks-Verein*, 3.ª ed., Verlag des Lassalle'schen Allgemeinen Deutschen Arbeitsverein, Leipzig, 1870.

___, «Das Arbeitsprogramm: Über den Besonderen Zusammenhang der Gegenwärtigen Geschichtsperiode mit der Idee des Arbeitstandes», in: *Gesammelte Reden und Schriften*, vol. II, Paul Cassirer, Berlin, 1919, pp. 139 e ss..

Laurent, Paul-Mathieu, *Réfutation de l'Histoire de France de l'Abbé de Montgaillard*, Delaforest Libraire/Ponthieu et Cie, Paris, 1828.

Lincoln, Abraham, *Gettysburg Address*, A Public Domain Book, s.l., s.d. (ed. Kindle).

Lisboa, José da Silva, «Prefacio», in: *Extractos das Obras Politicas e Economicas do Grande Edmund Burke por José da Silva Lisboa*, 2.ª ed., Nova Impressão da Viuva Neves e Filhos, Lisboa, 1822, pp. III e ss..

Livingston, William, *Examen du Gouvernement d'Angleterre Comparé aux Constitutions des Etats-Unis*, Froullé Librairie, Londres, 1789.

Lobo, António de Sousa Silva da Costa, *O Estado e a Liberdade de Associação: Dissertação Inaugural para o Acto de Conclusões Magnas*, Imprensa da Universidade, Coimbra, 1864.

____, «O Rei», in: *Anais das Bibliotecas e Arquivos de Portugal*, vol. I, 1914-1915, pp. 58 e ss., 118 e ss., 167 e ss., 222 e ss., vol. II, 1916, pp. 42 e ss., 90 e ss..

Lobo, Roque Ferreira, *Historia da Feliz Acclamação do Senhor Rei D. João O Quarto, Com Huma Serie Chronologica dos Senhores Reis de Portugal*, Officina de Simão Thadeo Ferreira, Lisboa, 1803.

Locke, John, *Two Treatises of Government*, 5.ª ed., Bettesworth, Pemberton & Simon, London, 1728.

Loewenstein, Karl, «Verfassungsrecht und Verfassungsrealität», in: *Archiv des Öffentlichen Rechts*, vol. 77, 1952, pp. 387 e ss..

____, *Verfassungslehre*, 4.ª ed., Mohr Siebeck, Tübingen, 2000.

Lopes, Maria Antónia, «Estereótipos de "a Mulher" em Portugal dos Séculos XVI a XIX (Um Roteiro)», in: Rossi, Maria Antonietta (ed.), *Donne, Cultura e Società nel Panorama Lusitano e Internazionale (Secoli XVI-XXI)*, Sette Città, Viterbo, 2017, pp. 27 e ss..

Loughlin, Martin, *Foundations of Public Law*, Oxford University Press, Oxford, 2010.

____, *Against Constitutionalism*, Harvard University Press, Cambridge/London, 2022.

Louis-Napoléon Bonaparte, Président de la République Française. Son Serment à la Constitution – Discours Adressé aux Représentants de l'Assemblée Nationale – Son Entrée au Palais de l'Elisé-National – Formation du Nouveau Ministère, Impr. de E. Bautruche, Paris, 1848.

LOUREIRO, João Carlos, *Direito da Segurança Social: Entre a Necessidade e o Risco*, Coimbra Editora, Coimbra, 2014.

____, «Da Legislação Operária ao Direito da Segurança Social (1914-2014)», in: *Boletim da Faculdade de Direito*, vol. XCI (volume comemorativo), 2015, pp. 673 e ss..

____, «Crise(s) de uma Nota Só? Constitucionalismo(s), Escassez e Neojoaquimismo», in: Paulo OLIVEIRA/Gabriel Prado LEAL (org.), *Diálogos Jurídicos Luso-Brasileiros: Perspetivas Atuais do Direito Público – O Direito em Tempos de Crise*, Editora JusPodium, Salvador, 2015, pp. 69 e ss..

____, «A Constituição da Noruega: Uma Fonte do Constitucionalismo Luso-Brasileiro: Nótula (Tardia) por Ocasião do Bicentenário da Constituição do Reino da Noruega (1814-2014) e dos 150 Anos do Caso Wedel-Jarlsberg (1866-2016)», in: *Boletim da Faculdade de Direito*, vol. XCIII, tomo II, 2017, pp. 969 e ss..

____, «Nas Vésperas da Revolução Liberal: Relendo a Questão Político-Constitucional a partir de *O Campeão Portuguez*», in: *Boletim da Faculdade de Direito*, vol. XCV, tomo II, 2019, pp. 1011 e ss..

LOUSADA, Maria Alexandre / FERREIRA, Maria de Fátima, *D. Miguel*, Círculo de Leitores, Mem Martins, 2006.

LUCAS, Bernardo, *O Concurso da Viação Americana – Exposição dos Direitos da Companhia Carris de Ferro do Porto*, Typographia a Vapor da Empreza Guedes, Porto, 1906.

LUCHAIRE, François, *Naissance d'une Constitution: 1848*, Fayard, s. l., 1998.

LUHMANN, Niklas, «Politische Verfassungen im Kontext des Gesellschaftssystems», in: *Der Staat*, n.º 1, vol. 12, 1973, pp. 1 e ss..

____, «Verfassung als Evolutionäre Errungenschaft», in: *Rechtshistorisches Journal*, vol. 9, 1990, pp. 176 e ss..

MACHADO, João de Melo, *Teoria Jurídica do Contrato Administrativo*, Coimbra Editora, Coimbra, 1937.

MADISON, James, «The Federalist No. 10: The Union as a Safeguard against Domestic Faction and Insurrection (November 22, 1787)», in: BLAISDELL, Bob (ed.), *Selected Federalist Papers*, Dover Publications, New York, 2001, pp. 24 e ss..

____, «The Federalist No. 51: The Structure of Government Must Furnish the Proper Checks and Balances between the Different Departments (February 6, 1788)», in: BLAISDELL, Bob (ed.), *Selected Federalist Papers*, Dover Publications, New York, 2001, pp. 120 e ss..

____, «The Federalist No. 53: On the House of Representatives (February 9, 1788)», in: Blaisdell, Bob (ed.), *Selected Federalist Papers*, Dover Publications, New York, 2001, pp. 125 e ss..

____, «The Federalist No. 48», in: Ball, Terence (ed.) *The Federalist with Letters of "Brutus"*, Cambridge University Press, Cambridge, 2003, pp. 240 e ss..

Maia, Francisco Machado de Faria e, *Determinação e Desenvolvimento da Idêa do Direito ou Synthese da Vida Juridica*, Imprensa da Universidade, Coimbra, 1878.

Maistre, Joseph de, *Considérations sur la France*, 2.ª ed., s. n., Londres, 1797.

____, «Etude sur la Souveraineté», in: *Œuvres Inédites du Comte Joseph de Maistre (Mélanges) publiés par le Comte Charles de Maistre*, Vaton Frères, Livraires-Editeurs, Paris, 1870, pp. 177 e ss..

Maitland, Frederic William, *The Constitutional History of England: A Course of Lectures Delivered*, Cambridge University Press, Cambridge, 1908.

Malberg, Raymond Carré de, *Considérations Théoriques sur la Question de la Combinaison du Referendum avec le Parlementarisme*, Marcel Giard, Paris, 1931 (separata da *Revue Française de Droit Public et de la Science Politique*, abril/maio/junho 1931).

___, *Contribution à la Théorie Générale de l'Etat*, Editions du CNRS (*fac-simile* da ed. de 1920-1922), Paris, 1962.

___, *La Loi, Expression de la Volonté Générale*, Economica (*fac-simile* da ed. de 1931), Paris, 1984.

Marcos, Rui de Figueiredo, «O "Ius Politiæ" e o Comércio. A Idade Publicista do Direito Comercial», in: *Estudos em Homenagem ao Prof. Doutor Rogério Soares*, Coimbra Editora, Coimbra, 2001, pp. 655 e ss..

____, «A Fundação do Boletim da Faculdade de Direito e o Periodismo Jurídico em Coimbra», in: *Boletim da Faculdade de Direito – Volume Comemorativo do 75.º Tomo*, 2003, pp. 11 e ss..

____, *Eça de Queirós, a Europa e a Faculdade de Direito de Coimbra no Século XIX*, Almedina, Coimbra, 2005.

____, «A Administração Visigótica Revisitada», in: *Estudos em Honra de Ruy de Albuquerque*, Faculdade de Direito da Universidade de Lisboa/Coimbra Editora, 2006, pp. 681 e ss..

____, «O Retrato de Machado Villela», in: *Boletim da Faculdade de Direito*, vol. LXXXVIII, tomo II, 2012, pp. 923 e ss..

____, *História da Administração Pública*, Almedina, Coimbra, 2016.

____, «A Morte da Pena de Morte em Portugal», in: *Pena de Morte: 150 Anos da Abolição da Pena de Morte em Portugal - Comemorações*, Faculdade de Direito da Universidade de Coimbra, Coimbra, 2019, pp. 36 e ss..

MARANINI, Giuseppe, *Le Origini dello Statuto Albertino*, Vallecchi, Firenze, 1926.

MARQUES, Mário Reis, «O Krausismo de Vicente Ferrer Neto Paiva», in: *Boletim da Faculdade de Direito*, vol. LXVI, 1990, pp. 1 e ss..

____, «Estruturas Jurídicas», in: MATTOSO, José (dir.), *História de Portugal*, vol. V - O Liberalismo (coord.: TORGAL, Luís Reis/ROQUE, João Lourenço), Editorial Estampa, s. l., 1998, pp. 141 e ss..

____, «A Determinação do "Princípio do Direito" em Vicente Ferrer Neto Paiva», in: *Vicente Ferrer Neto Paiva: No Segundo Centenário do Seu Nascimento, a Convocação do Krausismo*, Studia Iuridica 45, Boletim da Faculdade de Direito/ Coimbra Editora, Coimbra, 1999, pp. 171 e ss.

____, «O Itinerário Jusnaturalista dos Direitos Humanos da "Primeira Geração"», in: HOMEM, António Pedro Barbas/BRANDÃO, Cláudio (orgs.), *Direito Natural aos Direitos do Homem*, Almedina, Coimbra, 2015, pp. 187 e ss..

MARTÍNEZ MARINA, Francisco, *Ensayo Histórico-Crítico sobre la Antigua Legislacion y Principales Cuerpos Legales de los Reynos de Leon y Castilla, especialmente sobre el Codigo de D. Alonso El Sabio, Conocido con el Nombre de las Siete Partidas*, Imprenta de la Hija de D. Joaquin Ibarra, Madrid, 1808.

____, *Teoría de las Cortes ó Grandes Juntas Nacionales de los Reinos de León y Castilla*, tomo I, Imprenta de Collado, Madrid, 1820.

MARTINS, J. P. Oliveira, *Portugal Contemporaneo*, 3.ª ed., Livraria de Antonio Maria Pereira, Lisboa, 1895.

MATTEUCCI, Nicola, *La Revoluzione Americana: Una Revoluzione Costituzionale*, Il Mulino, Bologna, 1987.

____, *Organizzazione del Potere e Libertà: Storia del Costituzionalismo Moderno*, Il Mulino, Bologna, 2016.

MATHIEU, Bertrand/VERPEAUX, Michel, *Droit Constitutionnel*, PUF, Paris, 2004.

MATTA, José Caeiro da, *Condição Legal das Ordens e Congregações Religiosas em Portugal desde 1834*, Imprensa da Universidade, Coimbra, 1905.

MAYER, Otto, *Le Droit Administratif Allemand*, tomo I, V. Giard & E. Brière, Paris, 1903.

MCCONNELL, Michael W., «The Ninth Amendment in Light of Text and History», in: *Cato Supreme Court Review*, vol. 13, 2009-2010, pp. 13 e ss..

Mecham, J. Lloyd, «Latin American Constitutions: Nominal and Real», in: *The Journal of Politics*, n.º 2, vol. 21, março 1959, pp. 258 e ss..

Meierhenrich, Jens, *The Remnants of the Rechtsstaat: An Ethnography of Nazi Law*, Oxford University Press, Oxford, 2018 (*e-book*).

Menezes, Fernando Teles Caminha da Silva, *Dissertação a favor da Monarquia, onde se prova pela razão, auctoridade e experiência ser este o melhor e mais justo de todos os governos*, Regia Officina Typographica, Lisboa, 1799.

Merêa, Paulo, «Desenvolvimento das Ideias de Soberania Popular nos Séculos XVI e XVII (Apontamentos para a História das Nossas Ideias Políticas)», in: *Revista da Universidade de Coimbra*, vol. IV, 1915, pp. 43 e ss..

____, «As Ideas de Soberania Popular e de Contrato Social na "Ley Regia" de João Salgado de Araújo (Apontamentos para a História das Nossas Ideias Políticas)», in: *Revista da Universidade de Coimbra*, vol. V, 1916, pp. 381 e ss..

____, «Suarez Jurista: O Problema da Origem do Poder Civil», in: *Revista da Universidade de Coimbra*, vol. VI, 1917, pp. 70 e ss..

____, «De André de Resende a Herculano (Súmula Histórica da História do Direito Português)», in: *Estudos de História do Direito*, Coimbra Editora, Coimbra, 1923, pp. 7 e ss..

____, «As Teorias Políticas Medievais no "Tratado da Virtuosa Bemfeitoria"», in: *Estudos de História do Direito*, Coimbra Editora, Coimbra, 1923, pp. 183 e ss..

____, «A Idea da Origem Popular do Poder nos Escritores Portugueses Anteriores à Restauração», in: *Estudos de História do Direito*, Coimbra Editora, Coimbra, 1923, pp. 229 e ss..

____, *O Liberalismo de Herculano*, Separata de *Biblos*, vol. XVII, tomo II, Coimbra Editora, Coimbra, 1941.

____, «Projecto de Constituição de 1823», in: *Boletim da Faculdade de Direito*, vol. XLIII, 1967, pp. 133 e ss..

____, «Esboço de uma História da Faculdade de Direito», in: *Estudos de História do Ensino Jurídico em Portugal (1772-1902)*, Imprensa Nacional – Casa da Moeda, Lisboa, 2005, pp. 105 e ss..

Merriam, C. E., *History of the Theory of Sovereignty since Rousseau*, The Columbia University Press, New York, 1900.

Mill, John Stuart, *Principles of Political Economy with Some of Their Applications to Social Philosophy*, 7.ª ed., Longmans, Green and Co., London, 1909.

____, «De Tocqueville on Democracy in America (II)», in: *Essays on Politics and Society*, Collected Works of John Stuart Mill - vol. XVIII, University of Toronto Press/ Routledge & Kegan Paul, Toronto/London, 1977, pp. 153 e ss..

____, «On Liberty», in: *Essays on Politics and Society*, Collected Works of John Stuart Mill - vol. XVIII, University of Toronto Press/Routledge & Kegan Paul, Toronto/ London, 1977, pp. 213 e ss..

____, «Considerations on Representative Government», in: *Essays on Politics and Society*, Collected Works of John Stuart Mill - vol. XIX, University of Toronto Press/Routledge & Kegan Paul, Toronto/London, 1977, pp. 371 e ss..

Mirabeau, Honoré-Gabriel Riqueti, Comte de, «Sur la Nécessité de Convoquer une Assemblée des Trois Ordres», in: *Œuvres de Mirabeau, précédées d'une sur sa Vie et ses Ouvrages, par M. Mérilhou*, tomo I (*Discours et Opinions*), Lecointe et Pougin/Didier, Paris, 1834, pp. 3 e ss..

Miranda, Jorge, *O Constitucionalismo Liberal Luso-Brasileiro*, Comissão Nacional para as Comemorações dos Descobrimentos Portugueses, Lisboa, 2001.

____, *Teoria da Constituição*, Almedina, Coimbra, 2020.

____, *A Constituição Portuguesa: Uma Introdução Geral*, Almedina, Coimbra, 2022.

____, «Recordando a Constituição de 1822», in: *O Direito*, ano 154.º, 2022, pp. 9 e ss..

Mitchell, Mark T., *The Limits of Liberalism: Tradition, Individualism, and the Crisis of Freedom*, University of Notre Dame Press, Notre Dame, 2019.

Mohl, Robert von, *Das Staatsrecht des Könnigreiches* Württemberg, vol. I - Das Verfassungsrecht, Heinrich Laupp, Tübingen, 1829.

____, *Die Polizei-Wissenschaft nach den Grundsätzen des Rechtsstaates*, vol. I, Henrich Laupp, Tübingen, 1832.

____, *Staatsrecht, Völkerrecht und Politik*, vol. I, Laupp & Siebeck, Tubingen, 1860.

Mohnhaupt, Heinz, «Konstitution, Status, Leges Fundamentales von der Antike bis zur Aufklärung», in: Mohnhaupt, Heinz/Grimm, Dieter, *Verfassung: Zur Geschichte des Begriffs von der Antike bis zur Gegenwart*, Duncker & Humblot, Berlin, 1995, pp. 1 e ss..

Moncada, L. Cabral de, «Subsídios para uma História da Filosofia do Direito em Portugal», in: *Boletim da Faculdade de Direito*, ano XIV, 1937-1938, pp. 105 e ss., e 259 e ss.; vol. XV, 1938-1939, pp. 25 e ss..

____, «O Liberalismo de Vicente Ferrer Neto Paiva», in: *Estudos de História do Direito*, vol. II, Imprensa da Universidade, Coimbra, 1949, pp. 277 e ss..

____, «Epistemologia Jurídica», in: *Boletim da Faculdade de Direito*, vols. XXIV, XV, XVI e XXVII, 1948, 1949, 1950 e 1951, pp. 167 e ss., 409 e ss., 154 e ss., 211 e ss., respetivamente.

____, *Filosofia do Direito e do Estado*, Coimbra Editora, Coimbra, 1995.

Mónica, Maria Filomena, *Fontes Pereira de Melo: Uma Biografia*, 4.ª ed., Alêtheia Editores, Viseu, 2009.

Moniz, Ana Raquel Gonçalves, «Traços da Evolução do Direito Administrativo Português», in: *Boletim da Faculdade de Direito*, vol. LXXXVII, 2011, pp. 243 e ss..

____ *A Recusa de Aplicação de Regulamentos pela Administração com Fundamento em Invalidade: Contributo para a Teoria dos Regulamentos*, Almedina, Coimbra, 2012.

____, «A Justiça Constitucional no Ensino da Faculdade de Direito da Universidade de Coimbra», in: *Boletim da Faculdade de Direito*, vol. XCVI, tomo II, 2020, pp. 785 e ss..

Montesquieu, Charles de Secondat, Baron de la Brède et de, *L'Esprit des Lois*, Garnier-Frères Libraires-Editeurs, Paris, s.d..

Moreira, Vital/Domingues, José, «A Inauguração das Cortes Constituintes de 1821», in: *Anuário Português de Direito Constitucional*, vol. X, 2018-2020, pp. 155 e ss..

____, «Genealogia da Noção de Constituição em Portugal: As "Leis Fundamentais" e a "Constituição Civil"», in: *Anuário Português de Direito Constitucional*, vol. X, 2018-2020, pp. 217 e ss..

____, *No Bicentenário da Revolução Liberal I: Da Revolução à Constituição 1820-1822*, Porto Editora, Porto, 2020.

____, *No Bicentenário da Revolução Liberal II: Os 40 Dias que Mudaram Portugal*, Porto Editora, Porto, 2020.

____, *Há Constituição em Coimbra": No Bicentenário da Revolução Liberal*, Câmara Municipal de Coimbra, Coimbra, 2020.

____, *História Constitucional Portuguesa*, vol. I – Constitucionalismo antes da Constituição (Séculos XII-XIX), Assembleia da República, Lisboa, 2020.

____, *Para a História da Representação Política em Portugal: A Consulta Pública de 1820 sobre as Cortes Constituintes*, Assembleia da República, Lisboa, 2021.

Morgan, Edmund S., *Inventing the People: The Rise of Popular Sovereignty in England and America*, W. W. Norton & Company, New York/London, 1988.

Morison (ed.), Samuel Eliot, *Sources and Documents Illustrating the American Revolution 1764-1788 and the Formation of the Federal Constitution*, Oxford University Press, Oxford, 1965.

MORTATI, Constantino, *La Costituzione in Senso Materiale*, Giuffrè Editore, Milano, 1998.

MOTA, Isabel Ferreira da, «Portugal e o Governo das Paixões: História e Política em António Caetano do Amaral», in: *Revista Portuguesa de História*, tomo XLV, 2014, pp. 609 e ss..

MOUSSET, Sophie, *Olympe de Gouges et les Droits de la Femme*, Editions du Félin, Paris, 2003.

MÜCKE, Ulrich, *Gegen Aufklärung und Revolution: Die Entstehung Konservativen Denkens in der Iberischen Welt (1770-1840)*, Böhlau, Köln/Weimar/Wien, 2008.

MÜSSIG, Ulrike, «Juridification by Constitution. National Sovereignty in Eighteenth and Nineteenth Century Europe», in: MÜSSIG, Ulrike (ed.), *Reconsidering Constitutional Formation I: National Sovereignty*, Springer, s. l., 2016, pp. 1 e ss..

NELSON, William E., *E Pluribus Unum: How the Common Law Helped Unify & Liberate Colonial America. 1607-1776*, Oxford University Press, Oxford, 2019.

NEVES, António Castanheira, *Questão-de-Facto – Questão-de-Direito ou O Problema Metodológico da Juridicidade*, Almedina, Coimbra, 1967.

____, «O Pensamento Moderno-Iluminista como Factor Determinante do Positivismo Jurídico (A Origem Moderno-Iluminista do Legalismo)», in: *Curso de Introdução ao Estudo do Direito*, polic., Coimbra, s. d., pp. 1 e ss..

____, *Curso de Introdução ao Estudo do Direito (Extractos)*, polic., Coimbra, 1971-1972.

____, *Metodologia Jurídica*, Studia Iuridica 1, Boletim da Faculdade de Direito/Coimbra Editora, Coimbra, 1993.

____, «A Imagem do Homem no Universo Prático», in: *Digesta: Escritos Acerca do Direito, do Pensamento Jurídico, da sua Metodologia e Outros*, vol. 1.º, Coimbra Editora, Coimbra, 1995, pp. 311 e ss..

____, «Os "Elementos de Direito Natural" de Vicente Ferrer Neto Paiva», in: *Digesta. Escritos acerca do Direito, do Pensamento Jurídica, da sua Metodologia e Outros*, vol. 1.º, Coimbra Editora, Coimbra, 1995, pp. 337 e ss..

____, «Escola da Exegese», in: *Digesta: Escritos Acerca do Direito, do Pensamento Jurídico, da sua Metodologia e Outros*, vol. 2.º, Coimbra Editora, Coimbra, 1995, pp. 181 e ss..

____, «Método Jurídico», in: *Digesta: Escritos Acerca do Direito, do Pensamento Jurídico, da sua Metodologia e Outros*, vol. 2.º, Coimbra Editora, Coimbra, 1995, pp. 283 e ss..

____, «A Redução Política do Pensamento Metodológico-Jurídico», in: *Digesta. Escritos Acerca do Direito, do Pensamento Jurídico, da Sua Metodologia e Outros*, vol. 2.º, Coimbra Editora, Coimbra, 1995, pp. 379 e ss..

____, «Direito de Resposta», in: *Digesta: Escritos Acerca do Direito, do Pensamento Jurídico, da sua Metodologia e Outros*, vol. 2.º, Coimbra Editora, Coimbra, 1995, pp. 433 e ss..

____, «O Liberalismo Jurídico de Vicente Ferrer Neto Paiva: Terá Errado Simultaneamente Kant e Krause?», in: *Vicente Ferrer Neto Paiva: No Segundo Centenário do Seu Nascimento, a Convocação do Krausismo*, Studia Iuridica 45, Boletim da Faculdade de Direito/Coimbra Editora, Coimbra, 1999, pp. 195 e ss..

____, «O Direito como Validade: A Validade como Categoria Jurisprudencialista», in: *Revista de Legislação e de Jurisprudência*, n.º 3984, ano 143.º, janeiro/fevereiro 2014, pp. 154 e ss..

____, *O Instituto dos «Assentos» e a Função Jurídica dos Supremos Tribunais*, Coimbra Editora, Coimbra, 2014 (reimp.).

NEVES, José Acúrsio das, *Manifesto da Razão contra as Usurpações Francezas. Offerecido á Nação Portugueza, aos Soberanos, e aos Póvos*, Simão Thaddeo Ferreira, Lisboa, 1808.

____, *A Salvação da Patria. Proclamação aos Portuguezes sobre a sua Honra, e o seu Dever nas Actuaes Circumstancias da Monarquia*, Simão Thaddeo Ferreira, Lisboa, 1809.

____, *Historia Geral da Invasão dos Francezes em Portugal, e da Restauração deste Reino*, tomo I, Officina de Simão Thaddeo Ferreira, Lisboa, 1810.

NEVES, Marcelo, *A Constitucionalização Simbólica*, WMF – Martins Fontes, São Paulo, 2011.

NOGUEIRA, Ricardo Raymundo, *Prelecções de Direito Interno Público de Portugal no Anno Lectivo de 1795 a 1796*, Imprensa da Universidade, Coimbra, 1858.

NOVAIS, Jorge Reis, *Contributo para uma Teoria do Estado de Direito*, Almedina, Coimbra, 2006.

NOVELLA SUÁREZ, Jorge, «La Constitución de 1812 en su Contexto», in: NOVELLA SUÁREZ, Jorge (ed.), *La Constitución de Cádiz en su Bicentenario (1812-2012)*, Ediciones de la Universidad de Murcia, Murcia, 2013, pp. 47 e ss..

OLIVEIRA, A. Paulo Dias, «O Princípio do Direito: Uma Polémica Oitocentista», in: *Boletim da Faculdade de Direito*, vol. LXXXV, 2009, pp. 375 e ss..

Olmos, José María de Francisco, «El Problema de la Sucesión al Trono en la Monarquia Visigoda: Fuentes Numismáticas», in: *Anuario de Historia del Derecho Español*, tomo LXXVIII-LXXIX, 2008-2009, pp. 107 e ss..

Osterhammel, Jürgen, *The Transformation of the World: A Global History of the Nineteenth Century*, trad. por Camiller, Patrick, Princeton University Press, Princeton, 2014.

Otero, Paulo, «A Administração Local nas Cortes Constituintes de 1821-1822, in: *Revista de Direito e de Estudos Sociais*, n.º 2, ano XXX, 1988, pp. 237 e ss..

____, «O Brasil nas Cortes Constituintes Portuguesas de 1821-1822», in: *O Direito*, ano 120.º, 1988, pp. 399 e ss..

____, *Instituições Políticas e Constitucionais*, vol. I, Almedina, Coimbra, 2007.

____, «D. Afonso II e a Edificação do Estado: A Raiz do Constitucionalismo Português», in: *Estudos em Homenagem ao Prof. Doutor Martim de Albuquerque*, vol. II, Faculdade de Direito da Universidade de Lisboa/Coimbra Editora, Coimbra, 2010, pp. 523 e ss..

____, «O Significado Constitucional das Cortes de Coimbra de 1385 e das Cortes de Torres Novas de 1438», in: *Estudos em Homenagem ao Prof. Doutor José Joaquim Gomes Canotilho*, vol. V, Boletim da Faculdade de Direito/Coimbra Editora, Coimbra, 2012, pp. 231 e ss..

Paine, Thomas, *Rights of Man: Being an Answer to Mr. Burke's Attack on the French Revolution*, J. S. Jordan, London, 1791.

____, *Rights of Man. Part the Second. Combining Principle and Practice*, J. S. Jordan, London, 1792.

____, *Political Writings*, Cambridge University Press, Cambridge, 2000.

Paiva, Vicente Ferrer Neto, *Elementos de Direito Natural, ou de Philosophia de Direito*, 2.ª ed., Imprensa da Universidade, Coimbra, 1850.

____, *Principios Geraes de Philosophia de Direito ou Commentario à Secção I. da Parte I. dos Elementos de Direito Natural, ou de Philosophia do Direito*, Imprensa da Universidade, Coimbra, 1850.

____, *Reflexões sobre os Sete Primeiros Titulos do Livro Único da Parte I do Projecto do Codigo Civil Portuguez*, Imprensa da Universidade, Coimbra, 1859.

____, *Relatório e Projecto de Lei sobre as Congregações Religiosas*, Sociedade Typographica Franco-Portugueza, Lisboa, 1862.

Parma, Luigi, *Corso de Diritto Costituzionale*, vol. I, Giuseppe Pellas Editore, Firenze, 1877.

PASSOS, Manuel da Silva/PASSOS, José da Silva, *Memorial sobre a Necessidade e Meios de Destruir Promptamente o Tyranno de Portugal e Restabellecer o Throno da Senhora Dona Maria II e a Carta de 1826*, Imprimerie de Auguste Mie, Paris, 1831.

____, *Breve Razoamento a Favor da Liberdade Lusitana e da Wxcellente Senhora D. Maria II, Duqueza do Porto e Rainha Constitucional dos Portuguezes, no qual se mostra quaes são os perigos, que a liberdade e a coroa tem a correr, e como se hão de evitar*, Auguste Mie, Imprimeur, Paris,1832.

PATTERSON, Bennett B., *The Forgotten Ninth Amendment: A Call for legislative and Judicial Recognition of Rights Under Social Conditions of Today*, The Lawbook Exchange, Clark, 2008.

PEDROSA, A. L. Guimarães, *Curso de Ciência da Administração e Direito Administrativo*, vols. I e II (incluindo Apêndice), Imprensa da Universidade, Coimbra, 1908 e 1909, respetivamente.

PEREIRA, António J. da Silva, «O "Tradicionalismo" Vintista e o *Astro da Lusitânia*», in: *Revista de História das Ideias*, vol. I, 1977, pp. 179 e ss..

____, «Estado de Direito e "Tradicionalismo" Liberal», in: *Revista de História das Ideias*, vol. II, 1978-1979, pp. 119 e ss..

PEREIRA, Miguel Baptista, «Europa e Filosofia», in: *Revista Filosófica de Coimbra*, n.º 4, vol. 2, 1993, pp. 227 e ss..

PEREIRA, Miriam Haltern, *Do Estado Liberal ao Estado Providência: Um Século em Portugal*, Editora da Universidade do Sagrado Coração, São Paulo, 2012.

PESSANHA, Camilo, *Obras de Camilo Pessanha – II: Contos, Crónicas, Cartas Escolhidas e Textos de Temática Chinesa*, org. e notas de QUADROS, António, Publicações Europa-América, Mem Martins, 1988.

PIÇARRA, Nuno, *A Separação dos Poderes como Doutrina e Princípio Constitucional: Um Contributo para o Estudo das suas Origens e Evolução*, Coimbra Editora, Coimbra, 1989.

PINHEIRO-FERREIRA, Silvestre, *Cours de Droit Public Interne et Externe*, tomo 1, Rey et Gravier/J. P. Aillaud, Paris, 1830.

____, *Observações sobre a Constituição do Imperio do Brazil e sobre a Carta Constitucional do Reino de Portugal*, 2.ª ed., Rey e Gravier/J. P. Aillaud, Paris, 1835.

____, *Breves Observações sobre a Constituição Politica da Monarchia Portugueza*, Rey e Gravier/J. P. Aillaud, Paris, 1837.

PINTO, A. A. da Fonseca, «Vicente Ferrer», in: *O Instituto*, vol. XXXIII, janeiro 1886, pp. 369 e s..

PINTO, Basílio Alberto de Sousa, *Analyse da Constituição Politica da Monarquia Portugueza, feita pela ordem dos artigos, collegida das prelecções do Lente...*, manuscrito, s.l., 1838-1839.

____, *Direito Publico Constitucional*, manuscrito, s. l., s.d..

PLACIDUS, Johann Wilhelm (Petersen), *Litteratur der Staatslehre: Ein Versuch*, s. n., Strasburg, 1798.

POCOCK, J. G. A., *Virtue, Commerce and History: Essays on Political Thought and History, Chiefly in the Eighteenth Century*, Cambridge University Press, Cambridge/New York/Melbourne, 1985.

POLLOCK, Frederick, «Sovereignty in English Law», in: *Harvard Law Review*, n.º 5, vol. VIII, 1894, pp. 243 e ss..

PORTALIS, Jean-Etienne-Marie, «Discours Préliminaire sur le Projet de Code Civil», in: *Discours, Rapports et Travaux Inédits sur le Code Civil*, Joubert, Librairie de la Cour de Cassation, Paris, 1844, pp. 1 e ss..

PRAÇA, J. J. Lopes, *Estudos sobre a Carta Constitucional de 1826 e Acto Addicional de 1832* [sic], 1.ª Parte, Imprensa Litteraria, Coimbra, 1878.

____, *Estudos sobre a Carta Constitucional de 1826 e Acto Addicional de 1852*, 2.ª Parte - vol. I, Manuel de Almeida Cabral Editor, Coimbra, 1879.

____, *Estudos sobre a Carta Constitucional de 1826 e Acto Addicional de 1852*, 2.ª Parte - vol. II, Manuel de Almeida Cabral Editor, Coimbra, 1880.

____, *Collecção de Leis e Subsidios para o Estudo do Direito Constitucional Portuguez*, vols. I e II, ed. fac-simile (1894), Coimbra Editora, Coimbra, 2000.

PREUSS, Ulrich K., *Legalität und Pluralismus: Beiträge zum Verfassungsrecht der Bundesrepublik Deutschland*, Suhrkamp, Frankfurt am Main, 1973.

PREVOST-PARADOL, Lucien-Anatole, *La France Nouvelle*, Michel Lévy Frères, Libraires Editeurs, Paris, 1868.

PRUTSCH, Markus J., *Making Sense of Constitutional Monarchism in Post-Napoleonic France and Germany*, Palgrave Macmillan, Houndmills/New York, 2013.

QUENTAL, Anthero de, *Manifesto dos Estudantes da Universidade de Coimbra a Opinião Illustrada do Paiz (1862-1863)*, Typrographia da Aurora do Cávado, Barcellos, 1896.

QUEIROZ, Eça de, «A Europa», in: *O Reporter*, n.º 79, 20.03.1888, p. 1.

____, *Uma Campanha Alegre*, vol. I, Publicações Europa-América, 1987.

Ramos, Rui, *A Segunda Fundação*, 2.ª ed., vol. VI de Mattoso, José (dir.), *História de Portugal*, Editorial Estampa, s. l., 2000.

____, «Concepções do Poder Real na Monarquia Portuguesa», in: Ramos, Rui/Carvalho, José Murilo de/ Silva, Isabel Corrêa da (org.), *Dois Países, Um Sistema: A Monarquia Constitucional dos Braganças em Portugal e no Brasil (1822-1910)*, D. Quixote, Alfragide, 2018, pp. 87 e ss..

Rangel, Paulo de Castro. «A Separação de Poderes Segundo Montesquieu», in: *Estudos em Homenagem ao Prof. Doutor Rogério Soares*, Studia Iuridica 61, Boletim da Faculdade de Direito/Coimbra Editora, Coimbra, 2001, pp. 347 e ss.

Raynaud, Philippe, «Burke et les Allemands», in: Furet, François/Ozouf, Mona (eds.), *The French Revolution and the Creation of Modern Political Culture - Volume 3: The Transformation of Political Culture 1789-1848*, Pergamon Press, Oxford, 1989, pp. 59 e ss..

____, «Friedrich Gentz: Une Critique Non Romantique de la Révolution», in: *Cahiers de Philosophie Politique et Juridique*, n.º 16, 1989, pp. 123 e ss..

____, «Préface: Les Réflections sur la Révolution en France», in: Burke, Edmond, *Réflections sur la Révolution en France*, Les Belles Lettres (ed. Kindle), Paris, 2016.

Recueil des Traités et Conventions entre la France et les Puissances Alliées en 1814 et 1815, Suivi de l'Acte du Congrès de Vienne, Imprimerie Royale, Paris, 1815.

Redor, Marie-Joëlle, *De l'Etat* Légal à l'*Etat de Droit: L'Evolution des Conceptions de la Doctrine Publiciste Française 1879-1914*, Economica/Presses Universitaires d'Aix-Marseille, Paris/Aix-en-Provence, 1992.

Rehberg, A. W., *Recherches sur la Révolution Française*, Vrin, Paris, 1998.

Reis, José Alberto dos, *Sciencia Politica e Direito Constitucional*, Imprensa Académica, Coimbra, 1907.

____, «A Formação Social do Inglês e do Alemão e a Educação Portuguesa», in: Maria João Padez de Castro/Rui de Figueiredo Marcos (coord.), *Orações de Sapiência da Faculdade de Direito (1856-2005)*, Imprensa da Universidade de Coimbra, Coimbra, 2007, pp. 145 e ss..

Renaut, Alain, «Préface», in: Rehberg, A. W., *Recherches sur la Révolution Française*, Vrin, Paris, 1998, pp. 9 e ss..

Rens, Jean-Guy, «Pavane pour une Révolution Heureuse. Aperçu de la Pensée de Stanislas de Clermont-Tonnerre, 1757-1792», in: *Revue Française d'Histoire des Idées Politiques*, n.º 49, 2019, pp. 101 e ss..

Representación y manifiesto que algunos diputados á las Cortes Ordinarias firmaron en los mayores apuros de su opresion en Madrid, para que la Magestad del Señor D. Fernando el VII a la entrada en España de vuelta de su cautividad, se penetrase del estado de la nación, del deseo de sus provincias, y del remedio que creían oportuno; todo fue presentado á S.M. en Valencia por uno de dichos diputados, y se imprime en cumplimiento de real órden, Imprenta de Collado, Madrid, 1814.

RIBEIRO, Conde do, *Carta e Pariato*, Antiga Casa Bertrand – José Bastos, Lisboa, 1895.

RIBEIRO, Maria Manuela Tavares, «A Regeneração e o seu Significado», in: MATTOSO, José (dir.), *História de Portugal*, vol. V – O Liberalismo (coord.: TORGAL, Luís Reis/ROQUE, João Lourenço), Editorial Estampa, s. l., 1998, pp. 101 e ss..

RINKEN, Alfred, *Das Öffentliche als Verfassungstheoretisches Problem*, Duncker & Humblot, Berlin, 1971.

ROBERTSON, David Brian, «The Constitution from 1620 to the Early Republic», in: TUSHNET, Mark/GRABER, Mark A./LEVINSON, Sanford (eds.), *The Oxford Handbook of the U.S. Constitution*, Oxford University Press, Oxford, 2015, pp. 19 e ss..

ROCHA, M. A. Coelho da, *Ensaio sobre a Historia do Governo e Legislação de Portugal para servir de Introducção ao Estudo do Direito Patrio*, 7.ª ed., Imprensa da Universidade, Coimbra, 1896.

RÖHL, John C. G., *The Kaiser and His Court: Wilhelm II and the Government of Germany*, trad. por COLE, Terence F., Cambridge University Press, Cambridge, 1994.

ROMIEU, Auguste, *L'Ere des Césars*, Auguste Pagny, Editeur, Bruxelles, 1850.

ROSENBERG, Werner, *Die Staatsrechtliche Stellung des Reichskanzlers*, Strassburger Druckerei und Verlagsanstalt, [Strassburg], 1889.

ROSENBLATT, Helena, *The Lost History of Liberalism: From Ancient Rome to the Twenty-First Century*, Princeton University Press, Princeton/Oxford, 2018.

ROSENFELD, Michel, «Modern Constitutionalism as Interplay Between Identity and Diversity: An Introduction», in: *Cardozo Law Review*, vol. 14, 1993, pp. 497 e ss..

ROUSSEAU, Jean-Jacques, *Le Citoyen ou Discours sur l'Economie Politique*, s.n., Genève, 1765.

____, *Les Rêveries d'un Promeneur Solitaire*, s.n., Genève, 1782.

____, *Du Contrat Social ou Principes du Droit Politique*, J.-P. Bresson, Autun, 1795 (an 3 de la République Française).

____, *Emile, ou De l'Education*, Librairie de Firmin Didot Frères, Paris, 1854.

RUIZ RODRÍGUEZ, Ignacio, «Aproximación a los Aspectos Intrínsecos de la Constitución Española de 1812», in: PALACIOS BAÑUELOS, Luis/RUIZ RODRÍGUEZ, Ignacio (dir.), *Cádiz 1812: Origen del Constitucionalismo Español*, Dykinson, Madrid, 2013, pp. 13 e ss..

SÁ, Victor de, «A Reforma Administrativa Liberal que Precedeu a de Mousinho da Silveira», in: *Revista da Faculdade de Letras da Universidade do Porto – História*, n.º 2, 1985, pp. 201 e ss..

SANTOS, António Ribeiro dos, *Notas ao Título II das Leis e do Costume do Novo Codigo de Direito Publico de Portugal*, s. n., s. l., s. d..

____, *Notas ao Plano do Novo Codigo de Direito Publico de Portugal*, Imprensa da Universidade, Coimbra, 1844.

SARAIVA, António Ribeiro, *Á Nação Portugueza: por occasião do dia anniversario (25 de abril) do fausto nascimento de S.M.I. e R. a Senhora D. Carlota Joaquina de Bourbon, Imperatriz e Rainha Fidelissima; Depois do Regresso Feliz a Portugal do seu Augusto Filho o Senhor Infante D. Miguel, Successor Legitimo na Coroa do mesmo Reino, Ode (seguida de um breve commentario politico-moral)*, Delaforest Libraire, Paris, 1828.

____, *Eu não sou hum rebelde; ou a questão de Portugal em toda a sua simplicidade: oferecida aos politicos imparciaes e aos homens de boa fé*, Nova Impressão Silviana, Lisboa, 1828.

____, *Injustice et Mauvaise Foi de la plupart des journaux de Londres et de Paris, au sujet de la question du Portugal, des Droits de la Nation Portugaise, et ceux de Don Miguel*, Delaforest Libraire, Paris, 1828.

SARDICA, José Miguel, «Crise e Queda da Monarquia Liberal Portuguesa», in: RAMOS, Rui/CARVALHO, José Murilo de/SILVA, Isabel Corrêa da (org.), *Dois Países, Um Sistema: A Monarquia Constitucional dos Braganças em Portugal e no Brasil (1822-1910)*, D. Quixote, Alfragide, 2018, pp. 379 e ss..

SARTORI, Giovanni, «Constitutionalism: A Preliminary Discussion», in: *The American Political Science Review*, n.º 4, vol. 56, dezembro 1962, pp. 853 e ss..

SCHMIDT-DE CALUWE, Reimund, *Der Verwaltungsakt in der Lehre Otto Mayers: Staatstheoretische Grundlagen, Dogmatische Ausgestaltung und deren Verfassungsbedingte Vergänglichkeit*, Mohr Siebeck, Tübingen, 1999.

SCHNUR, Roman (org.), *Zur Geschichte der Erklärung der Menschenrechte*, Wissenschaftliche Buchgesellschaft, Darmstadt, 1964.

SCHÖNBERGER, Christoph, «De la Souveraineté Nationale à la Souveraineté du Peuple: Mutation et Continuité de la Théoria Générale de l'Etat de Carré de Malberg», in: *Revue Française d'Histoire des Idées Politiques*, n.º 4, 1996, pp. 297 e ss..

Schulze, Reiner, «Un Nouveau Domaine de Recherche en Allemagne: L'Histoire du Droit Européen», in: *Revue Historique de Droit Français et Etranger*, n.º 1, vol. 70, janeiro/março 1992, pp. 29 e ss..

Schultz, Kirsten, «News of Constitutions: Luso-Atlantic Politics in the 1810's and 1820's», in: *Revista de História das Ideias*, vol. 40 (2.ª série), 2022, pp. 13 e ss..

Seydel, Max von, *Grundzüge einer Allgemeinen Staatslehre*, A. Stuber's Buchhandlung, Würzburg, 1873.

Sieyes, Emmanuel-Joseph, *Préliminaire de la Constitution Françoise. Reconnoissance et Exposition Raisonnée des Droits de l'Homme & du Citoyen*, s. n., s. l., 1789.

____, *Quelques Idées de Constitution, Applicables à la Ville de Paris*, Baudouin, Versailles, 1789.

____, *Qu'est-ce que le Tiers-Etat?*, 3.ª ed., s. n., s. l., 1789.

Silva, Armando B. Malheiro da, «O Discurso Ideo-Político de Faustino José da Madre de Deus: Contribuição para a História das Ideias Anti-Liberais em Portugal», in: *Estudos de História Contemporânea Portuguesa*, Livros Horizonte, Porto, 1991, pp. 163 e ss..

____, *Miguelismo: Ideologia e Mito*, Minerva, Coimbra, 1993.

Silva, Nuno Espinosa Gomes da, «Reflexões sobre a Génese do "Projecto" de Constituição de 1808, a outorgar, por Napoleão, a Portugal», in: *Direito e Justiça*, vol. XVIII, tomo II, 2004, pp. 39 e ss..

Silveira, Luís Nuno Espinha da/Fernandes, Paulo Jorge, *D. Luís*, Círculo de Leitores, Lisboa, 2006.

Smend, Rudolf, «Zum Problem des Öffentlichen und der Öffentlichkeit», in: *Staatsrechtliche Abhandlungen und Andere Aufsätze*, 3.ª ed., Duncker & Humblot, Berlin, 1994, pp. 462 e ss..

Soares, Rogério Ehrhardt, *Interesse Público, Legalidade e Mérito*, Atlântida, Coimbra, 1955.

____, «O Conceito Ocidental de Constituição», in: *Revista de Legislação e de Jurisprudência*, ano 119.º, 1986, pp. 36 e ss., 69 e ss..

____, *Direito Público e Sociedade Técnica*, Tenacitas, Coimbra, 2008.

Sousa, Jorge Pedro, «A Imprensa Portuguesa sob o Signo da Mudança: A *Gazeta de Lisboa* Antes e Depois da Revolução Liberal de 24 de Agosto de 1820», in: Sousa, Jorge Pedro (coord.), *Imprensa e Mudança: Portugal e Brasil no Primeiro*

Quartel de Oitocentos, ICNOVA – Instituto de Comunicação da Nova, Lisboa, 2020, pp. 139 e ss..

Souza, Marnoco e, *Direito Político: Poderes do Estado*, França Amado, Coimbra, 1910.

Souza, Marnoco e/Reis, José Alberto dos, *A Faculdade de Direito e o seu Ensino*, França Amado Editor, Coimbra, 1907.

Stahl, Friedrich Julius, *Die Philosophie des Rechts*, vol. 2 (Rechts- und Staatslehre auf der Grundlage christlischer Weltanschauung) – 1.ª parte, 2.ª ed., Mohr, Heidelberg, 1845.

____, *Der Christliche Staat und sein Verhältniß zu Deismus und Judenthum*, Verlag von Ludwig Dehmigke, Berlin, 1847.

____, *Die Philosophie des Rechts*, vol. 1 (Geschichte der Rechtsphilosophie), 3.ª ed., Mohr, Heidelberg, 1856.

____, *Die Staatslehre und die Principien des Staatsrechts*, 3.ª ed., Mohr, Heidelberg, 1856.

Stolleis, Michael, «Rechtsstaat», in: *Handwörterbuch zur Deutschen Rechtsgeschichte*, vol. IV, Erich Schmidt Verlag, Berlin, 1990, pp. 368 e ss..

____, *Public Law in Germany, 1800-1914*, Berghahn Books, New York/Oxford, 2001

____, «Escribir Historia del Derecho: ¿Reconstrucción, Narración o Ficción?», in: *La Historia del Derecho como Obra de Arte*, trad. por Gutiérrez Gutiérrez, Ignacio, Editorial Comares, Granada, 2009, pp. 1 e ss..

____, «La "Casa Europea" y su Constitución», in: *La Historia del Derecho como Obra de Arte*, trad. por Gutiérrez Gutiérrez, Ignacio, Editorial Comares, Granada, 2009, pp. 63 e ss..

____, Öffentliches Rechts in Deutschland: Eine Eiführung in Seine Geschichte (16.-21. Jahrhundert), Beck, München, 2014.

____, *Geschichte des Öffentlichen Rechts in Deutschland*, vol. I – Reichpublizistik und Policeywissenschaft: 1600-1800, 2.ª ed., Beck, München, 2017.

Stourzh, Gérald, «The Declarations of Rights, Popular Sovereignty and the Supremacy of Constitutions: Divergencies between the American and the French Revolutions», in: *La Révolution Américaine et l'Europe*, Editions du Centre National de la Recherche Scientifique, Paris, 1979, pp. 347 e ss..

Strauss, David A., «The Irrelevance of Constitutional Amendments», in: *Harvard Law Review*, vol. 114, 2001, pp. 1457 e ss..

Sylva, Jozeph Seabra da, *Deducção Chronologica e Analytica na qual se manifestão pela sucessiva serie de cada hum dos Reynados da Monarquia Portugueza, que decorrerão desde o Governo do Senhor Rey Dom João III, até ao presente, os horrorosos estragos, que a* Companhia *denominada* de Jesus *fez em Portugal e em todos seus Dominios, por hum Plano, e Sistema por Ella inalteravelmente seguido desde que entrou neste Reyno, até que foi dele proscrita, e expulsa pela justa, sabia e providente Ley de 3. de Setembro de 1759*, Officina de Miguel Manescal da Costa, Lisboa, 1767.

Talleyrand-Périgord, Charles-Maurice de, *Mémoires du Prince de Talleyrand*, vol. II, Calmann Lévy Editeur, Paris, 1891.

Teles, Miguel Galvão, «Temporalidade Jurídica e Constituição», in: *20 Anos da Constituição de 1976*, Studia Iuridica 46, Boletim da Faculdade de Direito/ Coimbra Editora, Coimbra, 2000, pp. 25 e ss..

Tengarrinha, José, *História da Imprensa Periódica Portuguesa*, Portugália Editora, Lisboa, 1965.

____, «Um Importante Instrumento de Trabalho», in: Rafael, Gina Guedes/Santos, Manuela (coord.), *Jornais e Revistas Portugueses do Século XIX*, reimp., Biblioteca Nacional, Lisboa, 2001, pp. 9 e ss..

Thiers, Adolphe, «Articles Publiés dans le Journal *Le National* de Janvier à Juillet 1830», in: *Revue Française d'Histoire des Idées Politiques*, n.º 5, 1997, pp. 127 e ss..

Thomson, Ron B., *The Concession of Évora Monte*, Lexington Books, Lanham/Boulder/ New York/London, 2014.

Tillet, Edouard, *La Constitution Anglaise, un Modèle Politique et Institutionnel dans la France des Lumières*, Presses Universitaires d'Aix-Marseille, Aix-en-Provence, 2001 (doi: 10.4000/books.puam.1452).

Tocqueville, Alexis de, *Discours de M. Tocqueville Prononcé dans la Séance Publique du 21 Avril 1842*, Typographie de Firmin Didot Frères, Paris, 1842.

____, *De la Démocratie en Amérique*, 12.ª ed., tomos I, II, III e IV, Pagnerre Editeur, Paris, 1848.

Torgal, Luís Reis, *Tradicionalismo e Contra-Revolução: O Pensamento e a Acção de José da Gama e Castro*, Imprensa da Universidade, Coimbra, 1973.

____, *Ideologia Política e Teoria do Estado na Restauração*, vol. I, Biblioteca Geral da Universidade, Coimbra, 1981.

____, «O Tradicionalismo Absolutista e Contra-Revolucionário e o Movimento Católico», in: Mattoso, José (dir.), *História de Portugal*, vol. V – O Liberalismo (coord.: Torgal, Luís Reis/Roque, João Lourenço), Editorial Estampa, s. l., 1998, pp. 196 e ss..

Tractado sobre a Igualdade dos Sexos, ou Elogio do Merecimento das Mulheres, Offerecido, e Dedicado as Senhoras Illustres de Portugal, por hum Amigo da Razão, Officina de Francisco Luiz Ameno, Lisboa, 1790.

Treanor, William Michael, «Judicial Review before *Marbury*», in: *Stanford Law Review*, vol. 58, novembro 2005, pp. 455 e ss..

Treumann, Rudolf, *Die Monarchomachen: Eine Darstellung der Revolutionären Staatslehren des XVI. Jahrhundertes (1573-1599)*, Duncker & Humblot, Berlin, 2016.

Troper, Michel, «La Notion d'Exécution dans les Constitutions Révolutionnaires, in: *Revue Française d'Histoire des Idées Politiques*, n.º 34, 2011, pp. 299 e ss..

Tushnet, Mark, «Comparative Constitutional Law», in: Reimann, Mathias/Zimmermann, Reinhard, (eds.), *The Oxford Handbook of Constitutional Law*, Oxford University Press, Oxford, 2006, pp. 1225 e ss..

Uhlenbrock, Henning, *Der Staat als Juristische Person: Dogmengeschichtliche Untersuchung zu einem Grundbegriff der Deutschen Staatsrechtslehre*, Duncker & Humblot, Berlin, 2000.

Valente, Vasco Pulido, *Os Militares e a Política (1820-1856)*, Imprensa Nacional Casa da Moeda, Lisboa, 1997.

Vaquinhas, Irene, «A Época Contemporânea – Introdução», in: Mattoso, José (dir.), *História da Vida Privada em Portugal* | Vaquinhas, Irene (coord.), *A Época Contemporânea*, Círculo de Leitores, Lisboa, 2011, pp. 6 e ss..

Varela Suanzes-Carpegna, Joaquín, «Estudio Preliminar», in: Park, John James, *Los Dogmas de la Constitución*, Ediciones Istmo, Madrid, 1999, pp. 7 e ss..

____, «La Historia Constitucional: Algunas Reflexiones Metodológicas», in: Varela Suanzes-Carpegna, Joaquín (ed.), *Historia e Historiografía Constitucionales*, Editorial Trotta, Madrid, 2015, pp. 13 e ss..

____, *Liberalismos, Constituciones y Otros Escritos*, In Itinere, Oviedo, 2017.

____, *Historia Constitucional de España*, ed. por Fernández Sarasola, Ignacio, Marcial Pons, Madrid, 2020.

Vargues, Isabel Nobre/Ribeiro, Maria Manuela Tavares, «Os Liberalismos», in: Mattoso, José (dir.), *História de Portugal*, vol. V – O Liberalismo (coord.: Torgal, Luís Reis/Roque, João Lourenço), Editorial Estampa, s. l., 1998, pp. 182 e ss..

Vattel, Emer de, *Le Droit des Gens ou Principes de la Loi Naturelle*, tomo I, s.n., Londres, 1758.

VEDEL, Georges, «Le Hasard et la Nécessité», in: *Pouvoirs*, n.º 50, 1989, pp. 15 e ss..

VÉLEZ, Rafael de, *Apologia del altar y del trono, ó, Historia de las reformas hechas en España en tiempo de las llamadas Cortes, e impugnación de algunas doctrinas publicadas en la Constitucion, Diarios, y outros escritos contra la Religión y el Estado*, Imprenta de Cano, Madrid, 1818.

VILE, Maurice J. C., «Política y Constitución en la Historia Británica y Estadounidense», in: VARELA SUANZES-CARPEGNA, Joaquín (ed.), *Historia e Historiografía Constitucionales*, Editorial Trotta, Madrid, 2015, pp. 58 e ss..

VITROLLES, Eugène-François-Auguste-d'Arnauld, Baron de, *Du Ministère dans le Gouvernement Représentatif*, Dentu, Libraire, Paris, 1815.

WELCKER, Carl Theodor, *Die Letzten Gründe von Recht, Staat und Strafe: Philosophisch und nach den Gesetzen der Merkwürdigsten Völker Rechtshistorisch Entwickelt*, Heyer, Gießen, 1813.

____, «Octroi», in: *Staats-Lexikon*, vol. 11, Verlag von Johann Friedrich Hamerich, Altona, 1841, pp. 747 e ss..

WESTLER, Brendon, «Between Tradition and Revolution: The Curious Case of Francisco Martínez Marina, the Cádiz Constitution, and Spanish Liberalism», in: *Journal of the History of Ideas*, vol. 76, n.º 3, julho 2015, pp. 393 e ss..

WIEACKER, Franz, *História do Direito Privado Moderno*, Fundação Calouste Gulbenkian, Lisboa, 1981.

www.ingramcontent.com/pod-product-compliance
Lightning Source LLC
LaVergne TN
LVHW050840051026
849532LV00006BA/2039
* 9 7 8 9 8 9 2 6 2 5 2 2 5 *